परिवर्तन और राजनीति

एक परिदृश्य

एन. के. सिंह

राजपाल

THE EXPRESS GROUP

अनुवादक
भवानीशंकर बागला

संकल्पना व विक्रय सहयोग के लिए
विशेष आभार : अम्बरीन खान और पंकज भूटानी

मूल्य : रु. 295/- (दो सौ पचानवे रुपये)

ISBN : 978-81-7028-719-3
PARIVARTAN AUR RAJNEETI : Ek Paridrishya
Hindi Translation of 'Politics of Change : A ringside V
By N. K. Singh
Printed at Deepika Enterprises, Delhi

राजपाल एण्ड सन्ज़, कश्मीरी गेट, दिल्ली-110 006
website : www.rajpalpublishing.com
e-mail : mail@rajpalpublishing.com

मेरे स्वर्गीय माता-पिता माधुरी एवं त्रिभुवन को
तथा
प्रेमकुमारी, मीनाक्षी, अभिजीत और माधवी को

इस विश्वास के साथ कि एक समृद्ध भारत का स्वागत करने
के लिए राजनीति को बदलना होगा

अनुक्रम

IV. बहुपक्षीय संबंध

V. आधारभूत संरचना

VI. ऊर्जा

VII. सुधार

अग्रलेख

एन. के. सिंह उर्फ़ एन. के. या तीन पीढ़ियों में खुद को समेटे विशाल मित्र समुदाय के लिए सिर्फ 'नन्दू' के एक योग्य प्रशासनिक अधिकारी, कुशल अर्थशास्त्री, जटिल समस्याओं के सर्वसम्मत हल ढूंढनेवाले, खुशपोश और मनमोहक व्यक्ति हैं। उनकी अनेक प्रतिभाओं में एक है किस्सागोई। उनके सुनाए अनेक किस्सों में से दो की बात यहाँ बड़ी प्रासंगिक होगी। ये दोनों प्रसंग नरसिंह राव-मनमोहन सिंह सरकार के भुगतान-शेष संकट काल के प्रारंभिक दिनों से सम्बद्ध हैं और दोनों में उसी पीढ़ी के एक प्रमुख एवं प्रखर सुधारवादी मोंटेकसिंह आहलूवालिया भी सम्मिलित हैं।

एन. के. बताते हैं कि वे दोनों बैंक ऑफ फ्रांस के तत्कालीन गवर्नर जेक्वेज द लारोजिअर द चेम्फ्फू से मिलने के लिए गए थे और लिफ्ट से बाहर निकल रहे थे। मोंटेक ने कहा कि मैं जल्दी से कपड़े बदलकर आता हूं दरअसल उन्हें अपने कपड़ों से पेट्रोल की गंध आ रही थी। उस ज़माने में आधुनिक ड्राइक्लीनिंग उपकरणों के आयात पर प्रतिबन्धकारी सीमाशुल्क लगते थे और भारतीय ड्राइक्लीनर मजबूरी में काफी महंगा तथा प्रदूषक पेट्रोल प्रयोग करते थे जो कपड़ों में अपनी तीखी गंध छोड़ देता था। अन्तर्राष्ट्रीय स्थलों पर चुटकुले के तौर पर कहा जाता था कि लिफ्ट को सूँघने से ही पता चल जाएगा कि कोई भारतीय अधिकारी उसमें चढ़ा था या नहीं। बाद में राजस्व सचिव बनते ही एन. के. ने आधुनिक ड्राइक्लीनिंग उपकरणों पर आयात शुल्क में कटौती करवाई!

दूसरा किस्सा 1993 का है। घटनास्थल न्यूयार्क। एन. के. तथा तत्कालीन वित्त सचिव मोंटेक भुगतान-शेष संकट के बाद की उच्चस्तरीय समझौता-वार्ताओं में व्यस्त थे। दोनों मैनहट्टन के मध्यस्तरीय होटल यू.एन. पार्क प्लाज़ा में रुके थे। यह होटल बहुत कम निर्वाह भत्ते पर यात्रा कर रहे विकासशील देशों के अधिकारियों को बहुत प्रिय था। होटल के स्वागताधिकारी उन्हें दिखाए बिना अपने क्रेडिट कार्ड निवास रजिस्टर में अपना नाम दर्ज करने की अनुमति देने को

तैयार नहीं थे। किन्तु उस समय तक तो शायद ही किसी भारतीय को विदेशों में क्रेडिट कार्ड प्रयोग करने की अनुमति मिल पाती थी—सरकारी अफसरों को तो बिल्कुल ही नहीं। आखिर भारतीय वाणिज्य दूतावास के एक अताशे ने उनकी ओर से अपने क्रेडिट कार्ड की सूचनाएँ रजिस्टर में दर्ज कीं, तब जाकर उन्हें होटल में कमरे मिल पाए। अगली सुबह ही उस समय के भारतीय रिज़र्व बैंक के गवर्नर एस. वेंकटरमणन को फोन पर कह दिया गया कि अक्सर विदेश जाने वाले नागरिकों और सरकारी अधिकारियों को विदेशों में भी क्रेडिट कार्ड प्रयोग करने की अनुमति दे दी जाए।

एन. के. आपको ऐसी हज़ारों घटनाएँ सुना सकते हैं, परन्तु उपरोक्त दोनों घटनाएँ इस लिए उल्लेखनीय हैं कि इनसे तुरन्त विचार कर निर्णय लेने वाले सुधारवादी व्यक्ति की चिन्तनशैली और उसकी उद्योग बुद्धि की झलक मिलती है। इनसे यह भी स्पष्ट होता है कि आज हम पुराने युग से कितने आगे निकल आए हैं और छद्म-समाजवादी मानसिकता के समय में सुधार पथ पर चलनेवाले अग्रगामियों को कैसी कठिनाइयाँ झेलनी पड़ी होंगी।

मैं एन. के. की मनमोहकता, मेज़बानी, मानसिकता आदि की चर्चा में समय नहीं लगाना चाहता, क्योंकि यह तो सर्वविख्यात है। मैं उनकी सुवेशप्रियता की बात भी नहीं करूँगा, क्योंकि इस विषय में कुछ भी कह पाने में मैं स्वयं को सर्वथा अयोग्य मानता हूँ। किन्तु उनके बारे में एक बात अवश्य कहूँगा—यदि कोई ऐसी जटिल समस्या हो जहाँ राजनीति, अफसरशाही तथा व्यवसायी अलग-अलग एवं टकरावपूर्ण निजी स्वार्थों की पूर्ति में व्यस्त हों तो वहाँ एन.के. की उपस्थिति निश्चय ही समाधान की प्राप्ति में बहुत उपयोगी सिद्ध हो सकती है।

उनकी सर्वाधिक उल्लेखनीय प्रतिभा है—समस्याओं का उचित हल ढूंढकर कार्य को पूर्णता तक पहुंचाना। तो ऐसे में कोई आश्चर्य नहीं कि आर्थिक सुधारों के प्रारम्भिक दिनों में ही बिना किसी विरोध के स्वर के आई सी आई सी आई को एक निजी बैंक बना दिया गया। और आज, आर्थिक सुधारों के सूत्रपात के 15 वर्षों बाद भी न्येवेली लिग्नाइट की मात्र 5 प्रतिशत अंश पूंजी की बिक्री नहीं हो पा रही?

इंडियन एक्सप्रेस और *फाइनेंशियल एक्सप्रेस* में छपी एन. के. की लेखमाला के यह चुने हुए लेख भारत के आर्थिक सुधारों के उन अध्येताओं के लिए अत्यावश्यक सन्दर्भ-लेख सिद्ध होंगे जिनकी रुचि आधारभूत संरचना, बीमा, केन्द्र-राज्य सम्बन्धों, साँझा सरकारों की राजनीति, भारत पर वैश्विक परिदृष्य तथा आर्थिक सुधार की राह पर चलते हुए राष्ट्र के समक्ष आ रही चुनौतियों में है।

मुझे आशा है कि *परिवर्तन और राजनीति* के प्रकाशन से एन. के. अपने

संस्मरण लिखने को प्रोत्साहित होंगे। हमें उनका बेसब्री से इन्तज़ार रहेगा। संस्मरणों के साथ बस एक समस्या होती है—उनका लेखन लोग सेवा निवृत्ति के बाद क़रते हैं—और एन. के. महाशय तो अपने पूर्व बॉस अटल बिहारी वाजपेयी की ही तरह जल्दी थकने या सेवानिवृत्त होते नहीं दिखते। उनका कोई शुभाकांक्षी ऐसा चाहेगा भी नहीं कि वे थक जाएँ या रुक जाएँ।

28 मई, 2007 **—शेखर गुप्ता**

नई दिल्ली

प्राक्कथन

प्रस्तुत लेख हमारे राष्ट्र के समक्ष खड़ी कुछ महत्त्वपूर्ण आर्थिक चुनौतियों पर टिप्पणियाँ ही हैं। यद्यपि यह टिप्पणियाँ अपने रचनाकाल की समसामयिकता की प्रतिच्छायाओं से मुक्त नहीं हैं, फिर भी आर्थिक वृद्धि के मौजूदा दौर को और सशक्त बनाने के लिए आवश्यक नीतिगत परिवर्तनों के लिए आज भी सार्थक हैं।

बात 6 जून, 2004 की है। पाँचवीं वार्षिक स्टैनफोर्ड इंडिया इकॉनॉमिक कॉन्फरेंस से वापस लौटते हुए सैन फ्रांसिस्को से लन्दन आ रहे विमान में ही *इंडियन एक्सप्रेस* के प्रधान सम्पादक शेखर गुप्ता ने मुझसे पूछा कि 'भारत सरकार की सेवा से निवृत्त होने के बाद क्या मेरे पास कुछ और कार्य करने की पक्की पेशकश है? मैंने कुछ अध्ययन-लेखन करने तथा कई शोध-संस्थानों से अपने सम्बन्धों का हवाला देते हुए उनके काम में ही और समय लगाने की बात कही। इस पर शेखर ने आग्रह किया कि यदि मैं *इंडियन एक्सप्रेस* में नियमित रूप से एक स्तम्भ लिखना शुरू करूँ तो उससे सभी को बहुत लाभ होगा।

दिल्ली लौटने के बाद मैंने पी. चिदंबरम् से शेखर के प्रस्ताव पर चर्चा की। उन्होंने मुझे यह प्रस्ताव स्वीकार कर लेने के लिए प्रोत्साहित ही किया। साथ ही उन्हें यह विश्वास भी था कि एक नियमित स्तम्भ लिखने का अनुशासन मुझे अपने व्यक्तित्व के अनेक अनजाने आयामों से परिचित कराएगा। चिदंबरम् स्वयं सत्ता से बाहर रहते हुए *पॉलिटिकली करेक्ट* शीर्षक से स्तम्भकार के रूप काफी ख्याति अर्जित कर चुके हैं। *इंडियन एक्सप्रेस* से औपचारिक रूप से आमन्त्रण मिलने से पूर्व ही मैं उसे स्वीकार करने का मन बना चुका था। सुहेल सेठ ने स्तम्भ का नाम 'फ्रॉम दि रिंगसाइड' तय करने में मेरी सहायता की। अंग्रेजी में पुस्तक का यही उपशीर्षक रखा गया है।

मैं कैलिफोर्निया विश्वविद्यालय, सैन डिएगो की सहायक प्रोफेसर जैसिका एस. वैल्लेक का आभार विशेष रूप से व्यक्त करना चाहूँगा। उन्होंने न केवल मेरे इस लेखन में निरन्तर सहयोग दिया है, बल्कि कई लेख तो हम दोनों ने मिलकर

ही लिखे हैं।

आंकड़े उपलब्ध कराने और उनके विश्लेषण में सहयोग के लिए मैं शोध सहायकों वैभव गुप्ता, श्रीधर कुंडु और शिव प्रसाद त्रिपाठी का भी आभारी हूँ। एस. आर. राजा और उनके सहयोगी एस. गोपालकृष्णन ने उत्कृष्ट सचिवीय सहयोग से मेरे कार्य को निरन्तर सहज बनाया है।

'आब्ज़र्वर रिसर्च फाउंडेशन' का मैं विशेष रूप से ऋणी हूँ जिसके सहयोग के बिना इन लेखों की रचना ही सम्भव नहीं हो पाती।

इस नए सृजन प्रयास से मुझे बहुत आनन्द मिला है। इस पुस्तक के प्रकाशित होने तक मेरे सवा सौ से अधिक लेख छप चुके होंगे। उन सभी का सार-सत्त्व यहाँ संगृहीत है।

प्रस्तुत पुस्तक के गुणदोषों का निर्णय सुधी पाठक करेंगे, यह उन्हीं को समर्पित है।

17 मई, 2007 —एन. के. सिंह

नई दिल्ली

भूमिका

भारत में कुछ भी बहुत जल्दी नहीं बदल पाता। हमने बहुत ही ऊँचे-ऊँचे आदर्शों और आकांक्षाओं के साथ स्वतन्त्रता पाई थी, किन्तु अनेक दशकों तक हम 3 प्रतिशत की वार्षिक संवृद्धि से ही जूझते रहे। हमने खाद्य असुरक्षा की भावना पर तो पार पा लिया, किन्तु कृषि-व्यवसाय और कृषिक-प्रसंस्करण की अगली सीढ़ी की ओर पाँव भी नहीं बढ़ा पाए। आज भी कृषिक क्षेत्र सुधारों की ओर आँखें लगाए बैठा है।

हमने आर्थिक नियोजन, औद्योगीकरण और निवेश आदि के लिए बहुत ही विशालकाय सरकारी तन्त्र को शीघ्र ही गढ़ लिया था—उस युग में यही सर्वसम्मत विचार भी था—परन्तु सभी विद्वानों के चिन्तन के बदलने के बाद भी हमने उसके प्रशासकीय तन्त्र को बदला नहीं। इसके विपरीत सत्तर के दशक में हमारे प्रशासकीय तन्त्र का निरन्तर पोषण-संवर्धन ही होता रहा।

1980 के दशक में कुछ ढुलमुल-से सुधार किए गए तो 1990 के दशक में कुछ और बदलाव आए। परन्तु 1991 के भुगतान-शेष संकट ने तो हमें सुधार पथ पर ज़बर्दस्ती धकेल ही दिया (यह संकट कई अर्थों में पूर्ववर्ती दशक में सुधारों से मुँह चुराने और इसी क्रम में अपनाई गई राजकोषीय नीतियों का परिणाम भी था)। फिर तो हमने आयातशुल्क बाधाएँ हटाईं, औद्योगिक लाइसेंस नीति निरस्त की, प्रायः सभी क्षेत्रों को विदेशी निवेशकों के लिए खोला और संरचना तथा सामाजिक क्षेत्रों में सरकारी-निजी भागीदारी के एक सशक्त प्रतिमान की खोज आरम्भ की (यह खोज अभी तक चल रही है)। अब तो हमारी शब्दावली भी बदल गई है—अब हम नयी पहलकदमियों को 'व्यवसाय योजना' कहने लगे हैं।

हमारी यह यात्रा सीधे सपाट मार्ग पर ही चली है—दूरसंचार क्षेत्र की बात ही करें तो इस क्षेत्र की सरकारी नियन्त्रण से विमुक्ति और सरकार के दूरसंचार सेवा प्रदायक विभाग के व्यावसायिक निगम के रूप में पुनर्गठन के दर्शन होते हैं। यह पिछले दशक का एक बड़ा नीतिगत परिवर्तन रहा है।

यह बदलाव कैसे आ गया? वास्तव में इतना बड़ा बदलाव दूरसंचार कर्मचारियों को मिल रही सुविधाओं और सेवा-लाभ में उदारता लाने की पहल का ही एक अंग रहा है। उस समय के संचार मन्त्री राम विलास पासवान ने, रेल विभाग में लोकप्रियता दिलाने वाली नीतियों की घोषणा करने की अपनी आदत को इस विभाग में भी जारी रखते हुए, 12 जून, 2000 को यहाँ के कर्मचारियों के लिए अनेक उदार लाभों की घोषणा कर डाली। उन्होंने विभाग के सभी 3.2 लाख कर्मचारियों को 250 निःशुल्क काल प्रतिमाह तथा मासिक फोन भाड़े में 150 रुपये की रियायत सहित विभागीय फोन प्रदान कर दिए। इससे बजट पर 300 करोड़ रुपये का वार्षिक बोझ पड़ने का अनुमान था। इस निर्णय की व्यापक आलोचना हुई। वित्त मन्त्रालय तो बहुत ही मुखर रहा—सभी ने इसे वापस लेने की माँग की। उस समय के प्रधानमन्त्री वाजपेयी के निवास पर हुई बैठक में अन्ततः उस घोषणा के संशोधित स्वरूप पर सहमति बन गई (मैं भी उस बैठक में अपने विभाग की ओर से उपस्थित था)। बैठक के अन्त में एक और बड़ी घोषणा भी की गई : 31 अक्तूबर 2000 से देश की दूरसंचार सेवाओं के संचालन के लिए भारत संचार निगम लिमिटेड का गठन किया जाएगा।

उसके बाद के परिणाम अपनी कहानी स्वयं सुना रहे हैं। पिछले डेढ़ दशक के भारत की आर्थिक नीतियों के परिवर्तनों ने देश के उन आयामों को उजागर किया है जिनसे आज सारा विश्व आश्चर्यचकित हो रहा है। आज हम विश्व के एक प्रमुख संवृद्धि केन्द्र के रूप में प्रतिष्ठित हो चुके हैं, सॉफ्टवेयर और सूचना प्रौद्योगिकी के विकास-परिमार्जन में आज हमारा योगदान बहुत ऊँचा स्थान पा चुका है, हम प्रायः सारे विश्व के व्यवसायियों को पृष्ठपोषी सेवाएँ (बैक ऑफिस सर्विसिज़) प्रदान कर रहे हैं—अब तो भारत निश्चय ही 'अतुल्य भारत' हो चला है। आर्थिक संवृद्धि दर 8 प्रतिशत के आंकड़े को पार कर 1960 और 1970 के दशकों से तीन गुनी हो चुकी है।

आइए, इन परिवर्तनों की पृष्ठभूमि की एक झलक देखें। बात 1991 की है। मोंटेक आहलूवालिया और मैं अन्तरराष्ट्रीय मुद्रा कोष (IMF) द्वारा लगाई जा रही कड़ी शर्तों में कुछ रियायत की गुहार लगाने के लिए डेविड मल्फोर्ड के दफ्तर के बाहर इन्तज़ार किया करते थे। बाद में हम अमरीकी वित्तमन्त्री लॉरेंस समर्स के कार्यालय पर भी यही गुहार दोहराने के लिए जाते थे। कुछ ही वर्षों बाद मल्फोर्ड मुझसे मिलने भारत के वित्त मन्त्रालय और प्रधानमंत्री कार्यालय में आने लगे। वही लैरी समर्स आए दिन भारत में हमारी उपलब्धियों का गुणगान करते दिखाई दे जाते हैं (वे अन्य अनेक परिवर्तनों की आवश्यकता पर भी आग्रह करते रहते हैं)।

अन्तरराष्ट्रीय निवेशकों के विमर्श में भारत के प्रति आरम्भ में कुछ 'सतर्कतापूर्ण आशावाद' दिखाई दिया, जो 2005-06 की उच्च संवृद्धि दर से

प्रभावित हो 'उत्साह' में परिवर्तित हो गया। आज भी उनका रवैया सकारात्मक ही है। इस पुस्तक में संकलित कुछ प्रारम्भिक लेखों में भारत के प्रति विश्व के उन दृष्टिकोणों/विचारों को संकलित किया गया है जिन्हें मैंने स्वयं देखा और अनुभव किया है। ये सभी अनुभूतियाँ मुझे अपनी यात्राओं, देवॉस अथवा एस्पन के वैश्विक आर्थिक महासम्मेलनों की भागीदारी और अनेक आयोगों में अपने कार्य के दौरान ही हुई हैं।

पर हमारी यात्रा अभी समाप्त नहीं हुई है; हम यह भी नहीं जानते कि ये सुयोग और हमारे बारे में विश्व के सकारात्मक विचार कब तक बने रहेंगे। यह भी कह पाना कठिन है कि केन्द्र और राज्य सरकारों द्वारा और आगे सुधारों के बिना वर्तमान संवृद्धि दर कब तक बनी रह पाएगी। राज्यों के निर्णय न केवल राष्ट्रव्यापी राजकोषीय सन्तुलन को प्रभावित करते हैं, बल्कि वे सारे आर्थिक सुधारों में भागीदार भी होते हैं (देखें—चुनावी घोषणा-पत्र : आर्थिक निरक्षरता और सस्ती लोकप्रियता)।

आज सभी के मानस की चिन्ताओं का रूप भी बदल रहा है। ऋण और ऋण-संकट, जिन्हें प्रायः शून्य-योग द्यूत कहा जा सकता है—आज भी चिन्ता का विषय हैं और वैश्विक वित्तीय तथा जनांकिकीय असन्तुलन पहले से कहीं अधिक अनिश्चयपूर्ण हो चले हैं। इन्हीं पर 'एक संकल्पातीत नव वर्ष' लेख में चर्चा की गई है। अब हमारी चिन्ताक्रम में ऊर्जा सुरक्षा और 'ग्लोबल वार्मिंग' का स्थान उच्च हो रहा है। भारत की आन्तरिक ऊर्जा नीतियों—विशेषकर ऊर्जा कीमत निर्धारण—का विश्व के पर्यावरण की धारणीयता पर प्रभाव पड़ता है। हमारी अपनी विकास-प्रक्रिया की पर्यावरणीय धारणीयता भी इनसे अवश्य प्रभावित होती है। 'ऊर्जा : भविष्य की चिन्ता' लेख में इसी विषय में कुछ जोखिमों पर विचार किया गया है, तो 'ऊर्जा कीमतें बनाम ग्लोबल वार्मिंग' में भारत की आन्तरिक नीतियों के विश्वस्तरीय परिणामों पर विचार किया गया है।

यदि थॉमस फ्रीडमैन की उक्ति नए 'सपाट-विश्व' ('फ्लैट वर्ल्ड') का प्रयोग करें तो भारत को विश्व स्तर पर उभर रहीं अनेक भ्रंश रेखाओं के प्रति अपनी प्रतिक्रियाएँ तय करनी होंगी। जनांकिकीय और आर्थिक कार्यों के स्वरूप परिवर्तनों तथा अन्य देशों में सुलभ अवसरों की बेहतर जानकारी ने जनप्रवाह के दबाव को बहुगुणित कर दिया है। संयुक्त राष्ट्र विश्व प्रवासन आयोग में किये गये कार्यों पर आधारित मेरे लेखों 'विश्व प्रवासन : बहुमुखी चुनौतियाँ' और 'प्रतिभा लाभ बनाम प्रतिभा पलायन' में जनप्रवाहों की आकार और तत्सम्बन्धी प्रश्नों पर विचार-विमर्श किया गया है। अन्तरराष्ट्रीय जनप्रवाह बहुत सीमित ही रहा है और इसमें भाँति-भाँति के राष्ट्रस्तरीय कानूनों के कारण बहुत बाधाएँ आती हैं। उद्गम एवं गन्तव्य देशों पर पड़ने वाले जन-प्रवाह के प्रभावों पर राजनीतिज्ञों एवं नीति

निर्धारकों का ध्यान तो जा रहा है, पर अन्तरराष्ट्रीय स्तर पर इस दिशा में कोई प्रभावी पहल नहीं दिखाई दे रही।

दूसरे, आर्थिक गुरुत्व केन्द्रों के विवर्तन के इस युग में आर्थिक सहयोग और स्पर्धा का एक बड़ा ही असहज-सा सहअस्तित्व दिखाई देता है। भारत और चीन संबंधी लेखों में इन दो देशों के सम्बन्धों के महत्त्व के विभिन्न आयामों पर चर्चा हुई है। एक ओर तो हम यह प्रश्न उठा रहे हैं कि इनमें से अन्ततः कौन आगे निकल पाएगा तो दूसरी ओर इनके पारस्परिक सहयोग में दोनों को ही लाभान्वित होने की विशाल सम्भावनाएँ भी स्पष्ट दृष्टिगोचर हो रही हैं।

विश्व अर्थव्यवस्था के विकासक्रम के साथ-साथ ये तनाव और अनिश्चितताएँ निश्चय ही और गहन होंगी। हमारा लेख 'क्या विश्व समुदाय में विश्वस्तरीय जोखिम का सामना करने का साहस है?' कुछ ऐसी चुनौतियों पर एक विहंगम दृष्टिपात करता है जिनका कि आज अन्तरराष्ट्रीय संस्थानों को सामना करना पड़ रहा है। किन्तु विश्व-सन्दर्भ से जुड़े लेख प्रश्न अधिक उठा रहे हैं जबकि उनके समाधान कम सुझाए गए हैं। पर वे ऐसे प्रश्न हैं जिन पर भारत को परिवर्तनशील विश्व सन्दर्भों और सुयोगों के साथ-साथ निरन्तर विचार और मूल्यांकन करना ही होगा।

कितने ही लोगों का कहना है कि हम आज एक अनम्य बिन्दु पर आ पहुँचे हैं और हम एक ऐसा परिबल एकत्र कर रहे हैं कि अब बचा-खुचा राजकीय नियन्त्रण तन्त्र भी उसे रोक नहीं पाएगा। भारत एक भावी आर्थिक महाशक्ति है, अगले ही दशक में गरीबी अनुपात आधा रह जाएगा, किन्तु देश के विभिन्न राज्यों में अपनाई जा रही नीतियों और उनके प्रभावों से यह स्पष्ट हो रहा है कि यह त्वरण स्वचालित नहीं है।

भले ही विश्व की आर्थिक परिस्थितियाँ आज भारत जैसे देशों के पक्ष में हो रही हैं, किन्तु भारत को स्पर्धा के लिए तो स्वयं ही तैयार होना होगा। हमें अपनी आर्थिक कूटनीति की पुनःरचना कर उसे अधिक स्फूर्तिशील बनाना होगा। कुछ मामलों में तो इसके लिए हमें सरकारी और गैरसरकारी दोनों ही स्तरों पर अधिक घनिष्ठ सम्बन्ध बनाने होंगे। कहीं यह व्यापार समझौतों का रूप धारण करेंगे (देखें : 'व्यापार-वरीयता अनुबंध : संरोध या निर्माण आधार'), कहीं छात्र आदान-प्रदान, कहीं रणनीतिक संवाद का। यहाँ तक कि खेलों में भागीदारी या पर्यटन-संवर्धन हेतु आधारभूत संरचना का निर्माण भी इसी के अंग होंगे। 'आर्थिक कूटनीति के सिद्धान्त' में अन्तरराष्ट्रीय अर्थतन्त्र से संवाद-विमर्श के अनेक आयाम सुझाए गए हैं, तो 'फ्रांस से सम्बन्ध : वाइन और चीज़ से आगे की मंज़िलें' में इन्हीं सिद्धान्तों को व्यावहारिक रूप प्रदान करने का प्रयास किया गया है। किन्तु हमें एक बात याद रखनी होगी : 'आर्थिक कूटनीति आन्तरिक परिवर्तन को अनिवार्य बना देती है।'

हमें अपने आन्तरिक मामलों पर भी ध्यान देना होगा। कुछ ऐसे संकेत उभर रहे हैं कि वर्तमान संवृद्धि के रुझान तो सारी व्यवस्था में वर्षों से व्याप्त शैथिल्य को सक्रिय करने का ही परिणाम हैं। यह कुशल श्रमशक्ति और अल्पविकसित बाज़ार की विद्यमान क्षमता का विदोहन ही है। आर्थिक गति में सुधार से अनेक बाधाएँ भी सिर उठा रही हैं। एक ओर तो आधारभूत संरचना की त्रुटियाँ तो दूसरी ओर उपयुक्त प्रकार के कौशल से युक्त श्रम शक्ति की समस्या है। जल-अभाव और वायु प्रदूषण की पर्यावरणीय सीमा बाधाएँ भी अब बहुत दूर नहीं हैं।

अन्तरराष्ट्रीय आर्थिक सुयोगों का भरपूर लाभ उठाने के लिए आन्तरिक सुधारों की आवश्यकता हमारे आन्तरिक व्यवसायी वातावरण और अन्य देशों से उसकी स्पर्धाशीलता में जितनी स्पष्ट है उतनी अन्यत्र नहीं। भारतीय उद्योग महासंघ (CII) के समक्ष मार्च 2006 के अभिभाषण में लैरी सम्मर्स ने भारत के बढ़ते हुए महत्त्व और बची-खुची नीतिगत बाधाओं के सन्दर्भ में बहुत ही सटीक बात कही थी : "हमें भयहीनता से अवश्य भयभीत होना चाहिए।"

'भारत प्रथम की खोज' और 'जो मापा सो पाया' मेरे अनेक लेखों में यही दो ऐसे हैं जो मैंने अन्तरराष्ट्रीय तुलनात्मक सन्दर्भ में भारत के व्यावसायिक वातावरण और विभिन्न अन्तरराष्ट्रीय मंचों के विमर्श पर इसके प्रभावों के विषय में लिखे हैं।

यदि शिक्षा व्यवस्था और बौद्धिक सम्पत्ति अधिकारों के कानूनी पक्षों की अवहेलना चलती रही तो भारत की 'ज्ञान-आधारित अर्थतन्त्र' के रूप में विकास की सम्भावनाएँ भी धूमिल हो जाएँगी। एक स्तर पर तो बौद्धिक सम्पत्ति का संरक्षण बहुत सरल लगता है—यह नए आर्थिक तन्त्र की रचना ही तो है। किन्तु दूसरी ओर 'ज्ञान' का वाहनों, खिलौनों या अन्य विनिर्मित वस्तुओं की भाँति सहज वर्गीकरण सम्भव नहीं होता। मेरे लेख 'पेटेंट अधिनियम : आवश्यक दवा की गोली' और 'ज्ञान-आधारित अर्थव्यवस्था : वर्चस्व का संघर्ष' ऐसे ही कुछ मुद्दों पर चर्चा कर रहे हैं।

राजकोषीय खाते में भी व्यवस्था स्थापित करना आवश्यक है। वैसे तो कई लेखों में राजकोषीय नीतियों तक बात पहुँच ही जाती है पर 'क्रॉस-सबसिडी की निरर्थकता' और 'अब लघु उपकर अधिनियम निरस्त करें' लेख राजकोषीय विवेकशीलता की ओर सुनिश्चित कदम सुझा रहे हैं।

हमारे राजकोष तन्त्र का वास्तविक आधार तो केन्द्र-राज्य सम्बन्धों की संरचना है और प्रशासन के इन दोनों स्तरों पर बजट निर्माण के लिए सुलभ संप्रेरणाएँ हैं। हमारा 'राजकोषीय गृह' एक 'राजकोषीय प्रांगण' अधिक है, जिसमें अनेक सरकारी बजट, व्यय योजनाओं और राजस्व प्रयासों का परस्पर प्रभावोत्पादक

सम्मिश्रण मौजूद रहता है। मैंने अपने लेखों में अनेक प्रकार के सुधार सुझाए हैं। वर्तमान समय की सबसे बड़ी आवश्यकता तो यही है कि संसाधनों के आबंटन की एक समीकृत और स्पष्ट व्यवस्था की रचना की जाए। योजना आयोग तथा वित्त आयोग स्वतन्त्र रूप से कार्य करते हैं—कदाचित् इनके कार्य-सम्पादन में असामंजस्य भी होता है। पर ये दोनों आयोग इस प्रकार से साधन अन्तरण करते हैं कि सारा राजकोषीय आयोजन ही गड़बड़ा जाता है—इनके द्वारा आबंटित अतंरणों को 'पृथक' स्वरूप देना ही सबसे बड़ा अव्यवस्थाकारी कारक होता है।

राजकीय व्यय का उचित प्रबन्धन भी राजस्व के प्रयोग का लाभ अधिकतम स्तर तक पहुँचाने में उतना ही महत्त्वपूर्ण होता है जितना कि राजकोषीय नीतियों की रचना। राजकीय व्यय की निर्णय पद्धति की समालोचना ही 'ग्यारहवीं योजना या उसी योजना का ग्यारहवां संस्करण?' तथा 'वित्त मन्त्रालय भी सुधार मार्ग पर चले' लेखों में निहित है। 'व्यय और उपलब्धियों में संतुलन' और 'प्रकल्पों को पटरी पर लाना' लेखों में प्रकल्प प्रबन्धन और उत्तरदायिता के प्रश्नों पर अधिक व्यष्टिस्तरीय दृष्टिकोण अपनाया गया है। यहाँ भी राज्यों को आबंटनों और उपलब्धियों में तालमेल बिठाने में बहुत महत्त्वपूर्ण योगदान देना होगा। अनेक राज्यस्तरीय प्रकल्पों के लिए सुनिश्चित केन्द्रीय धनराशियाँ खर्च ही नहीं हो पातीं। इसका कारण यह नहीं है कि राज्यों में ग्रामीण सड़कों के निर्माण, ग्रामीण विद्युतीकरण आदि की आवश्यकता नहीं है—मुख्य कारण तो यही है कि राज्य सरकारें उस धन राशि को खर्च करने में असमर्थ रहती हैं। यद्यपि राज्य और स्थानीय प्रशासन को ही व्यय प्रकल्पों का सही क्रम निर्धारण करने में सक्षम माना जाता है, किन्तु उनके पास इस कार्य के लिए कुशल प्रशासकों और प्रशासकीय संरचनाओं का नितान्त अभाव बना हुआ है।

किन्तु सार्वजनिक व्यय-व्यवस्था के इन सुधारों के बाद भी विकास में सार्वजनिक क्षेत्र की भूमिका पर पुनः विचार की आवश्यकता समाप्त नहीं हो जाएगी। विनिवेश या निजीकरण डेढ़ दशक से राजनीति की तीसरी पटरी बना हुआ है—इसके पक्ष-विपक्ष के तर्क आज भी उतने ही 'सशक्त' प्रतीत होते हैं। कई निबन्धों में मैंने अकर्मण्यता के परिणामों की चर्चा की है—संरचनागत क्षेत्र में तो ये दुष्परिणाम बहुत ही गम्भीर हो सकते हैं। बिजली, परिवहन और दूरसंचार की व्यवस्थाएँ तो शृंखलाजाल की भाँति होती हैं। समस्त व्यवस्था की गुणवत्ता अथवा दक्षता का मानदण्ड उसकी सबसे कमज़ोर कड़ी ही मानी जाती है।

आधारभूत संरचना ही वह वरीयता है जिसके निमित्त इतने अधिक लेख लिखे गए हैं। इनमें आधारभूत संरचना से जुड़ी दुविधाओं के विभिन्न आयामों पर विचार-मंथन किया गया है। इनके विषय दीर्घकाय सार्वजनिक उद्यम (चौराहों पर गौ माताओं के धरने), नागर विमानन (उड़ान का भय), वित्त (विदेशी मुद्रा भंडार कोई

जादुई छड़ी नहीं) और दूरसंचार (दूरसंचार गाथाएँ : भारत के समक्ष उपस्थित चयन) आदि हैं। यह निश्चय ही निराशाजनक है कि इन लेखों में उठाए गए प्रश्न आज भी प्रासंगिक प्रतीत होते हैं।

वैसे तो दूरसंचार क्षेत्र नियम-नियमन के बदलाव तथा परिणामों की कसौटी पर संरचनागत सुधारों का सबसे सफल उदाहरण माना जाता है। हम एक अच्छे-खासे स्वतन्त्र रूप से कार्य करने वाले 'नियामक' की रचना करने में सफल रहे हैं (यह सफलता पहली नहीं, दूसरी बार प्राप्त हुई है) और इस क्षेत्र में हम विशाल स्तर पर निजी निवेश को आकर्षित कर पाए हैं। सार्वजनिक दूरसंचार निकायों की कारगुज़ारियों में भी काफी सुधार आया है : बात चाहे स्थिर फोन लाइनों को लगाने की हो, स्पर्धात्मक कीमत निर्धारण की अथवा उपभोक्ता की पसंद पर ध्यान देने की—सभी क्षेत्रों में बहुत प्रगति दिखाई दे रही है। पर इस क्षेत्र में भी हम अपनी सभी क्षमताओं और सम्भावनों का भरपूर प्रयोग नहीं कर पाए हैं। ग्रामीण दूरसंचार घनता अभी भी बहुत न्यून है तथा सार्वजनिक संचार व्यवस्था से अन्तर्निमेय बिन्दुओं (इंटरचेंज प्वाइंट्स) पर तन्त्रसंकुलन (नेटवर्क कन्जेशन) की समस्या से भी छुटकारा नहीं मिल पाया है। वर्णक्रम आबंटन (स्पेक्ट्रम एलोकेशन) का विवाद तो (राजनीति और निहित स्वार्थों को अनदेखा करने के बाद भी) केवल तकनीकी आधारों पर ही बहुत लम्बा खिंच गया है।

परिवहन सुधारों की भी प्रायः यही दशा है। कुछ क्षेत्रों में बड़ी उपलब्धियाँ भी हुई हैं। राष्ट्रीय राजमार्ग व्यवस्था ने बड़े आर्थिक केन्द्रों के बीच व्यावहारिक सम्पर्क स्थापित कर दिए हैं, और राष्ट्रीय राजमार्ग अधिकरण (National Highways Authority) ने निजी क्षेत्र के साथ भागीदारी की सशक्त नींव रखी है। ऊर्जा अधिभार का वित्त जुटाने के लिए ऋणाधार के रूप में प्रयोग सफल रहा है। 1994 में निजी कम्पनियों को अनुमति के बाद से नागर विमानन क्षेत्र ने भी बहुत ऊँची उड़ान भरी है—अब अनेक विमानन कम्पनियाँ बहुत कम किरायों पर पहले से कई गुना यात्रियों को अपनी सेवाएँ सुलभ करा रही हैं। बन्दरगाहों पर भी अब माल उतारने-चढ़ाने का कार्य अधिक सुचारू रूप से चल रहा है और कुछ निजी गोदियाँ भी काम करने लगी हैं।

किन्तु रेलवे अभी भी बदलने को तैयार नहीं है। भले ही एक-आध साल से इसके वित्तीय निष्पादन में सुधार आया है, किन्तु यह कह पाना कठिन है कि यह स्थायी बदलाव है या दीर्घकालिक पूंजी के रख-रखाव में कटौती कर अल्पकाल में अच्छी कारगुज़ारी का ढिंढोरा मात्र है।

जैसे-जैसे व्यवस्था तन्त्र के कुछ अंशों में उदारीकरण हो रहा है और आवागमन में वृद्धि हो रही है हमारे अनेक परिवहन केन्द्रों में भीषण संकुलन (भीड़ का जमाव) होने लगा है। कोई बन्दरगाह कितनी ही विकसित हो जाए परन्तु

अन्तःक्षेत्रक कंटेनर डिपो व्यवस्था के अल्प विकास के कारण उसकी क्षमता का प्रयोग बाधित हो ही जाता है। विमानपट्टनों पर हवाई पट्टियों के अभाव और अपर्याप्त विमान परिवहन नियंत्रक संख्या से उड़ानों में विलम्ब की समस्या पैदा हो रही है। शहरी क्षेत्रों में वाहनों की भीड़ से तो सिर चकरा रहा है। नए सड़क पुलों की निर्माण दर वाहन वृद्धि दर से बहुत पिछड़ रही है और भूमि अधिग्रहण की कठिनाइयों के कारण शहरी परिवहन पर नए सिरे से विचार कर पाना भी असम्भव प्रतीत हो रहा है।

किन्तु बिजली के क्षेत्र में तो सुधार नीतियों और सुधार की वास्तविकताओं के बीच की खाई विशालतम दिखाई दे रही है। अनेक लेखों में इस विषय से संबंधित नीतिगत सुधारों पर विचार हुआ है। विद्युत सन्नियम-2003, विराटकाय विद्युत परियोजनाएँ, एकीकृत ऊर्जा नीति आदि सब कुछ बनते रहे हैं, किन्तु वास्तव में कुछ भी नहीं बदला। विद्युत क्षेत्र का भविष्य तो राज्य सरकारों के हाथों में ही है—वे ही स्वायत्त नियामकों की स्थापना, वितरण-व्यवस्था सुधार और विद्युत उत्पादन व्यवस्था में नवजीवन का संचार करने, नई संवहन परिसम्पत्तियों के निर्माण और उत्पादक निवेश द्वारा क्षमता बढ़ाने की अधिकारी हैं।

अन्ततः इन सभी नीतिगत लक्ष्यों की प्राप्ति का सार ही परिवर्तन की राजनीति है। इस पुस्तक में संकलित प्रत्येक लेख में कहीं न कहीं राजनीतिक संकेत भी निहित हैं। यह अपरिहार्य हो गया था—मैंने वर्षों तक अनेक संगठनों-संस्थाओं में कार्य किया है—ये चाहे बिहार राज्य विद्युत मण्डल हो या वित्त मन्त्रालय, योजना आयोग, प्रधानमंत्री कार्यालय या फिर बिहार राज्य योजना आयोग—सभी ने मुझे राजकीय नीतियों की राजनीति के सभी आयामों को बहुत नज़दीक से देखने का अवसर दिया है।

बिहार में प्रशासकीय सेवा के प्रारम्भिक काल में ही मुझे एक अतिनियन्त्रित अल्पविकसित राज्य के विद्युत आपूर्ति बढ़ाने, अपनी वित्त व्यवस्था का पुनः निर्माण करने और ग्रामीण विकास कार्यक्रमों का कुशल संचालन करने के संघर्ष का प्रत्यक्ष अनुभव हो गया था।

अनेक दृष्टियों से राज्य प्रशासन ही भारत की विकास नीतियों को लागू करने वाला 'हरावल दस्ता' या 'प्रथम पंक्ति' होता है। केन्द्र द्वारा प्रायोजित अनेक प्रकल्पों को क्रियान्वित करना इसी का काम होता है। अनेक ऐसी समस्याएँ जिनके लिए कोई योजना नहीं बनती, उन्हें सुलझाना भी इसी का दायित्व होता है। यही नहीं, नागरिक और सामान्य मतदाता अपने प्रतिनिधियों से ऐसी ही आशा भी करते हैं। हमें यह सोचना ही होगा कि राज्य प्रशासन को और अधिक प्रभावोत्पादक किस प्रकार बनाया जा सकता है।

बिहार से केन्द्र सरकार की सेवा में आते ही मुझे वाणिज्य मन्त्रालय में

विदेशोन्मुखी व्यापार व्यवस्था की रचना को निकट से देखने का अवसर मिला। उस समय तो सब कुछ बहुत नियन्त्रणों के अधीन होता था—परिमाणात्मक प्रतिबन्ध और उच्च सीमाशुल्क दरों का ही बोलबाला था। रूस और पूर्वी यूरोपीय देशों के साथ द्वि-पक्षीय व्यापार समझौतों के माध्यम से बाज़ार में सीमित-सी पैठ बना पाना भी एक कड़ा संघर्ष ही सिद्ध हुआ था।

मैं अगले पाँच वर्ष (1981-85) तोकियो में रहा—उस समय सुधार मार्ग पर हिचकिचाहट-भरे कदम उठाना प्रारम्भ हो गया था। मुझे अन्तरराष्ट्रीय वाणिज्य कूटनीति का कुछ अनुभव मिला। सुज़ुकी के साथ मेरी सफल व्यापार-वार्ता ने भारत में वाहन बाज़ार को बंधनमुक्त करने की दिशा प्रशस्त की। आज हमें विकास-पथ की ओर चलाने में यह बाज़ार एक बड़ा योगदान दे रहा है।

आगे चलकर अपने सेवा कार्य में मैं इस अनुभव से बहुत लाभान्वित हुआ। वित्त मन्त्रालय में कार्य के दौरान मुझे अन्तरराष्ट्रीय मुद्राकोष और विश्व बैंक के साथ अनेक समझौतों पर वार्ताएँ करने का दायित्व मिला। 1991-93 की अवधि में बहुपक्षीय संस्थाओं से समझौता वार्ताओं के इस प्रथम अवसर पर उपर्युक्त (सुज़ुकी से सौदेबाज़ी) अनुभव बहुत उपयोगी सिद्ध हुआ। यहाँ हमारा सारा आग्रह सामाजिक समरसता और परिवर्तन की रफ्तार के बीच सामंजस्य बनाने पर ही रहा। किसी न किसी रूप में य़ही वार्ताकलाएँ देश के आन्तरिक क्षेत्र में भी उपयोगी रही हैं।

बाद के वर्षों में तो व्यय सचिव, राजस्व सचिव आदि के दायित्वों ने मुझे बजट बनाने, व्यय प्रबन्धन सुधारने और कर नीति सुधारों आदि के लिए सुझाव गढ़ने में व्यस्त रखा। इसी कारण आज तक मुझे इन विषयों की जानकारी से संबद्ध रहने का अवसर मिला।

1990 के दशक में मुझे अनेक प्रकार की नीतियों के निर्धारण से जुड़ने के अवसर मिले। मैं प्रधानमंत्री का सचिव, योजना आयोग का सदस्य, दूरसंचार, विदेशी निवेश, विद्युत्, वस्त्र और ऊर्जा सुधारों पर कार्य दलों का अध्यक्ष रहा और इस नाते भुगतान-शेष संकट के बाद से हुए समस्त वि-नियमन कार्यक्रम का एक अंग रहा हूँ।

योजना आयोग के कार्यकाल में मुझे केन्द्र-राज्य सम्बन्धों की गत्यात्मकता, प्रशासकीय गुणवत्ता की विविधताओं और परामर्श व्यवस्था को सुधारने के नवीन परिप्रेक्ष्यों की अच्छी शिक्षा प्राप्त हुई।

अनेक वर्षों तक मुझे विश्वस्तरीय बहुपक्षीय संस्थाओं के साथ काम करने के अवसर मिले हैं—इनसे मेरे दृष्टिकोण और चिन्तन पर गहरी छाप पड़ी है। ये संस्थाएँ रही हैं : अन्तरराष्ट्रीय पर्यावरण सुविधा, निजीकरण पर वीपो का सलाहकार दल (WIPO Advisory Group) और संयुक्त राष्ट्र अन्तरराष्ट्रीय

प्रवासन आयोग (UN Global Mission on International Migration)। डेवोस, एस्पन इन्सीड (व्हार्टन) तथा स्टैनफोर्ड में वार्षिक महासम्मेलनों में नीति-निर्माताओं और विद्वानों के साथ वार्तालापों से ही मुझे उन जटिलताओं की अनुभूति हुई जो अनिश्चयपूर्ण समझौतों की राजनीति के युग में तकनीकी विशेषज्ञों के परामर्श को लागू करने में पेश आती हैं। बात चाहे राजनीतिज्ञों के बीच की हो या पूरे समाज की—एक बात तो बिल्कुल स्पष्ट है : सहमति को बनाए रखना विवाद की अपेक्षा कहीं कठिन होता है। इस पुस्तक के आधे अंश में तो परिवर्तन की राजनीति अपने चरमोत्कर्ष में दिखाई देगी—अतः मैं कुछ ऐसे उपाख्यान भी इसमें सम्मिलित कर रहा हूँ जो हमें यह बताते हैं कि हमें किस प्रकार की राजनीति को बदल देना चाहिए।

वित्तीय क्षेत्र के सुधारों की बात तो बहुत अरसे से चल रही है—कुछ प्रगति भी हुई, पर अन्य क्षेत्रों से कम ही रही। वित्तमन्त्री यशवंत सिन्हा ने संसद में बैंक राष्ट्रीयकरण संशोधन विधेयक प्रस्तुत करते हुए स्टेट बैंक ऑफ इंडिया को छोड़ सभी सरकारी बैंकों में सरकारी अंश पूँजी घटाकर 33 प्रतिशत करने की बात उठाई थी। इससे बैंकिंग क्षेत्र में स्पर्धा को बढ़ावा मिलता और वित्तीय मध्यस्थता की लागतों में भारी कमी आती।

यह विधेयक संसद की स्थायी समिति को भेज दिया गया और जब बहुत समय तक वहाँ कोई सहमति नहीं बन पाई तो अधिकारियों के जिस समूह को सभी पक्षों के सांसदों से बातचीत के लिए नियुक्त किया गया उसमें मैं भी था। जब मैं उस समय राज्य सभा में विपक्ष के नेता मनमोहन सिंह से मिला तो उन्होंने स्पष्ट रूप से यह माना कि उनकी पार्टी (कांग्रेस) में इस बारे में सहमति नहीं बन पा रही—भले ही उनके अपने विचार कुछ भी हों। उनकी पार्टी के सदस्य अभी भी इस बात को याद कर भाव-विभोर हो जाते हैं कि श्रीमती इन्दिरा गाँधी ने 1969 में बैंकों का राष्ट्रीयकरण किया था। वह विधेयक पारित नहीं हो पाया और वर्तमान संयुक्त प्रगतिशील गठबंधन सरकार से उस विधेयक को किसी भी रूप में पुनः जीवित किए जाने की आशा भी नहीं की जानी चाहिए।

यह तो एक विशेष उदाहरण रहा दार्शनिक स्तर के मतभेद का—किन्तु अनेक बार तो बदलावहीनता की राजनीति मात्र राजनीति ही होती है। बीमा क्षेत्र में विदेशी निवेश एक विवादास्पद मामला रहा है। बीमा नियमन और विकास अधिकरण विधेयक (IRDA Bill), 1999 ने इस क्षेत्र को कुछ खोलने का प्रयास किया किन्तु लोकसभा में हुई बहस इस बात को प्रमाणित करती है कि विदेशी निवेश सीमा 26 प्रतिशत रखने और इसमें परिवर्तन के लिए नए विधेयक की आवश्यकता पर सहमति आदि सब कांग्रेस के प्रतिनिधियों के साथ की गई सौदेबाज़ी का ही परिणाम थी। विदेशी निवेश पर 2003 की अपनी रिपोर्ट में मैंने

इस निवेश सीमा को 26 से बढ़ाकर 49 प्रतिशत करने की बात की थी किन्तु कुछ ही समय बाद महानिर्वाचन की घोषणा हो जाने के कारण उस प्रस्ताव पर कोई गम्भीरतापूर्ण चर्चा नहीं हो पाई।

विचित्र-सा लगता है—पर दो वर्ष पूर्व जब चिदंबरम ने अपने बजट में इसी विचार को उठाया तो उसके विरोध में उनके अपने संयुक्त प्रगतिशील गठबंधन के सदस्य ही उठ खड़े हुए। अभी भी वह प्रस्ताव ठण्डे बस्ते में पड़ा है। शुरू में कांग्रेस ने ही 26 प्रतिशत की निवेश सीमा पर आग्रह किया था पर अब वही आग्रह उसे पहले प्रस्तावित उच्चतर सीमा की ओर जाने में बाधक प्रतीत हो रहा है। हमें केन्द्र, राज्य और केन्द्र-राज्य, सभी स्तरों पर राजनीति को बदलना ही होगा।

भले ही संविधान ने राज्य सरकारों को अनेक प्रकार की नीतियाँ अपनाने के अधिकार दिए हैं किन्तु उन अधिकारों पर केन्द्र की वित्तीय 'सम्प्रभुता' और कांग्रेस जैसे 'सर्व समाहनकारी' राजनीतिक दलों की आन्तरिक राजनीति भारी पड़ती है। अब तो केन्द्रीय स्तर पर सांझा सरकारों के गठन से राज्य स्तरीय दलों को भी अनेक मामलों से अड़ंगी अटकाने के अधिकार मिल गए हैं। कुल मिला कर अनेक स्तरों पर नीतियों में परिवर्तन आवश्यक प्रतीत हो रहे हैं किन्तु अन्तर-सरकार-स्तरीय सम्बन्धों की परम्परागत संरचना इस कार्य के लिए आवश्यक युक्तिपूर्ण समन्वयन का आधार प्रदान नहीं कर पाती।

प्रस्तुत पुस्तक में कई लेखों में ऐसी व्यवस्था के निर्माण पर बल दिया गया है कि केन्द्र-राज्य मतभेदों के कारण प्रकल्पों व नीतियों के निर्माण में बाधाएँ उत्पन्न न हों और राज्यों के पक्ष तथा सरोकारों को सार्थक रूप से उन नीतियों/प्रकल्पों में स्थान भी दिया जा सके।

अब तक पाठक यह तो समझ ही गए होंगे कि पुस्तक का मूल सन्देश क्या है : परिवर्तनशील विश्व-अर्थव्यवस्था में भारत को अनेक स्पर्धात्मक हितलाभ सहज सुलभ हो सकते हैं, किन्तु उन्हें पाने के लिए हमें (अपने आन्तरिक स्तर पर) बहुत कुछ बदलना होगा।

कुछ लेखों में चर्चित नीतियाँ अब कुछ पुरानी पड़ गई प्रतीत होंगी, पर मुख्य बात तो यही है कि बहुत कुछ बदला है और बहुत अधिक बदलने की ज़रूरत है ये परिवर्तन हमारी संस्थागत रचना के चलते इतने सहज नहीं हैं। किन्तु हमें परिवर्तन-पथ पर चलते रहना होगा—हमें परिवर्तन और राजनीति को विभाजक नहीं, वरन एक समन्वयकारी स्वरूप प्रदान कर अपनी अप्रयुक्त विकास-क्षमता के भरपूर प्रयोग का मार्ग प्रशस्त करना होगा।

•

I
भारत का वैश्वीकरण

1

'अन्य' उदीयमान महाशक्तियाँ

हेराक्लिटस ने कभी कहा था : 'परिवर्तन ही चिरस्थायी होता है।' उनका यह कथन विश्व-अर्थव्यवस्था के संदर्भ में विशेष रूप से सच है। विश्व का आर्थिक गुरुत्वाकर्षणाकर्षण केन्द्र अब पूर्व और दक्षिण की ओर खिसक रहा है। 'वर्ल्ड इकानॉमिक आउटलुक' के नवीनतम अनुमानों के अनुसार 2004 में विश्व की संवृद्धि पर 4.1 प्रतिशत रहेगी, पर विकासशील देशों की औसत संवृद्धि दर 5.6 प्रतिशत होने का अनुमान है। विशेष रूप से विकासशील एवं संक्रान्तिमान एशिया उच्च संवृद्धि क्षेत्र के रूप में उभर रहा है। अगले वर्ष भारत और चीन में संवृद्धि दर के न्यूनतम अनुमान क्रमशः 5.9 और 7.5 प्रतिशत हैं।

2004 में मलेशिया में 5.3 प्रतिशत तो थाईलैंड में 5.1 प्रतिशत संवृद्धि की आशा की जा रही है। भारत और चीन, दोनों ही देशों में वास्तविक संवृद्धि वर्ल्ड इकॉनॉमिक आउटलुक के अनुमानों से कहीं अधिक रही है। चालू वर्ष में भारत की संवृद्धि दर 8 प्रतिशत के आंकड़े को छूने को तैयार है तो चीन में इसके कुछ और अधिक रहने की अपेक्षा है। वियतनाम के भी 7 प्रतिशत संवृद्धि दर दर्ज करने की आशा है। एशिया की उच्च संवृद्धि में एक और महत्त्वपूर्ण भागीदार बांगलादेश है जहाँ 5.8 प्रतिशत संवृद्धि की पूर्वाशा व्यक्त की जा रही है।

'ग्लोबल इकानॉमिक प्रॉस्पेक्ट्स' के नवीनतम संस्करण में लैटिन अमेरिका के अगले वर्ष के अनुमान 'मिश्रित से' रहने की आशा व्यक्त की गई है—किन्तु इस प्रकाशन में भी ब्राज़ील जैसी बड़ी अर्थ-व्यवस्थाओं के लिए दीर्घकालिक पूर्वानुमान काफी आशापूर्ण बताए गए हैं। इन अनुमानों के अनुसार विश्व की औसत संवृद्धि दर 5.6 प्रतिशत (2004) रहेगी—किन्तु उप-सहारा अफ्रीका और यूरोप में कुछ शिथिलता रहेगी जिसके दुष्परिणाम इनके पूर्वी यूरोपीय व्यापार सहयोगियों को भी सहन करने होंगे। विश्व मुद्रा कोष की एक ताज़ा रिपोर्ट में कहा गया है कि संयुक्त राज्य अमेरिका का वृद्धिमान घाटा पूरी विश्व-अर्थव्यवस्था

के लिए एक संकट बन सकता है।

कुल मिलाकर विकसित देशों की 2.9 प्रतिशत औसत संवृद्धि का अनुमान विश्वव्यापी दर से काफी कम है। भविष्य के अनुमान तो और भी बड़े परिवर्तन की ओर संकेत कर रहे हैं : अगले 40 वर्षों में ब्राज़ील, रूस, भारत और चीन की अर्थव्यवस्थाओं का अमेरिकी डालरों में 'आकार' आज के 66 देशों को पीछे छोड़ सकता है।

इस नए आर्थिक गुरुत्वाकर्षण केंद्र के विश्व अर्थव्यवस्था पर क्या प्रभाव होंगे? सीधी बात तो यही है कि एशिया क्षेत्र की गतिशीलता शेष विश्व पर भी अपनी समृद्धि छलकाए बिना नहीं रहेगी। लगता है कि शेष विश्व से नई एशियाई आर्थिक शक्तियों का सम्बन्ध मौजूदा व्यापार-प्रवाह प्रभाव से काफी आगे तक जाएगा। जिसमें तेजी से बढ़ते बाजार निर्यातों के उपभोक्ता बनकर दूसरे देशों की संवृद्धि को प्रेरित करते हैं। विकासशील एशियाई देशों की संवृद्धि निवेश पर उच्च दर से लाभ के स्रोत के रूप में निम्न संवृद्धि क्षेत्रों की आय की संवृद्धि में भी योगदान करेगी।

गुरुत्वाकर्षण का यह नया केन्द्र संभवतः कुछ स्थायित्व पैदा करनेवाली शक्तियों का भी संचार करेगा। एक सम्भावना तो यही है कि एशिया और अन्य विकासशील उभरते बाज़ारों की संवृद्धि रणनीतियां अमेरिका के घाटे की भरपाई करते हुए विश्व अर्थतंत्र की व्यापक संवृद्धि में सहायक होंगी। कहा जा रहा है कि एशिया की निर्यातोन्मुखी विकास युक्तियों का एक प्रमुख लक्ष्य अमेरिका को अधिक निर्यात करना ही है। अमेरिका से आयात कम रहने पर इन देशों की सरकारें अमेरिकी प्रतिभूतियाँ खरीद कर भी इस निर्यात को बढ़ावा देने को तत्पर रहेंगी।

इस तर्क को मानें तो घाटे में वृद्धि के और अपने निवेश पर अधिक कमाना चाहनेवाले ऋणदाताओं द्वारा जोखिम के लिए कुछ अधिभार की माँग के बावजूद एशियाई देश अमेरिका को और उधार देने को तैयार होंगे। यह नई विश्व अर्थव्यवस्था का एक आयाम हो सकता है, किन्तु मुझे इस आयाम के बने रहने पर सन्देह है। माइकेल डूले एवं अन्य विशेषज्ञ वर्तमान व्यवस्था के शीघ्र समाप्त हो जाने की सम्भावना से इन्कार ही कर रहे हैं।

इनका अनुमान है (और यह सही लगता है) कि एशिया व अन्य विकासशील देशों में अभी इतनी अप्रयुक्त विकास क्षमता विद्यमान है कि ये अमेरिकी घाटे की पूर्ति में महत्त्वपूर्ण योगदान बरते रहेंगे। किन्तु इनकी यह आशा कुछ ठीक नहीं लगती कि इन देशों की सरकारें अमेरिका को निर्यात करने पर इस हद तक उतारू रहेंगी कि बिना जोखिम अधिभार की चिन्ता किए अमेरिकी प्रतिभूतियाँ खरीदती ही चली जाएँगी। अमेरिका को निर्यात करने में लाभ कम हो रहे हैं और लागतों

में वृद्धि हो रही है; किसी न किसी बिन्दु पर परिधि पर स्थित अर्थतंत्र केन्द्र में स्थित अर्थतंत्रों को पोसना बन्द कर देंगी।

हमारे विवेचन के लिए इन नए गुरुत्वाकर्षण केन्द्रों में अप्रयुक्त विराट श्रम-शक्ति के गुरुत्वाकर्षण का महत्त्व कहीं अधिक है। एकीकृत विश्व अर्थतन्त्र में आर्थिक गतिविधियों की बदलती अवस्थिति और औद्योगिक परिवर्तनों के प्रभावों से सामंजस्य बिठाना हमारे समक्ष सबसे बड़ी चुनौती होगा। भारत और चीन के जनबल तो विश्व में सबसे बड़े हैं ही, ब्राज़ील, इंडोनेशिया और पाकिस्तान तथा अन्य विकासशील देश भी अधिक पीछे नहीं हैं। विश्व के सर्वाधिक जनबल सम्पन्न दस देशों में से केवल अमेरिका और जापान ही उद्योग प्रधान देश हैं।

जनसंख्या सम्बन्धी परिवर्तन भी पूर्वी गुरुत्वाकर्षण केन्द्र के विचार का पोषण कर रहे हैं। आर्थिक सहयोग और विकास-संगठन के देशों की जनसंख्या की माध्य आयु में तीव्र वृद्धि हो रही है। अमेरिका की श्रमशक्ति में 2020 तक एक करोड़ सत्तर लाख की कमी की सम्भावना है तो जापान में 90 लाख की कमी आने के अनुमान हैं। यूरोप की जनसंख्या सम्बन्धी प्रवृत्तियाँ भी ऐसे ही संकेत दे रही हैं : अगले दो दशकों में फ्रांस, स्पेन और जर्मनी की श्रमशक्तियों में भी तीस-तीस लाख की कमी आने की संभावनाएँ हैं। इनके विपरीत भारत में चार करोड़ सत्तर लाख नए श्रमिक होंगे। पाकिस्तान में भी एक करोड़ नब्बे लाख की वृद्धि अपेक्षित है। जनसंख्या सम्बन्धी बदलावों के मामले में चीन और रूस तो आर्थिक सहयोग और विकास-संगठन समूह की राह पर चल पड़े हैं लेकिन बाकी विकास एवं संक्रातिशील देशों में श्रमशक्ति-संवर्धन की संभावनाएँ प्रबल हैं।

विराट श्रमिक संख्याएँ अपने आपमें निम्न-कौशल युक्त उत्पादन उद्योगों के प्रसार का कारण और आधार बन जाती हैं। कौशल आधार में सुधार के साथ-साथ व्यवसायी अब कॉल सैंटर, कार्यालय सेवाओं—यहाँ तक कि सॉफ्टवेयर रचना और शोध तथा विकास कार्य भी किसी बाहरी संस्था के सुपुर्द करने लगे हैं। अमेरिका में एक लेखाकार की लागत 5000 डालर मासिक बनती है, किन्तु भारत या आयरलैंड में यही काम मात्र 300 डालर में चल जाता है। इसी प्रकार चीन में किसी कम्प्यूटर चिप डिजाइनर को 1000 डालर प्रतिमाह देना किसी भी व्यापारी को अमेरिका में 7000 डालर चुकाने की अपेक्षा अधिक 'आकर्षक' प्रतीत होगा। फिलिपीन्स में एयरोस्पेस इंजीनियर की लागत अमेरिकी इंजीनियर के वेतन का मात्र दशांश ही रहती है। ग्राहकों का खुद चलकर सेवाप्रदाताओं के पास पहुँचना आर्थिक गतिविधियों के अवस्थिति परिवर्तन की इस प्रवृत्ति का दूसरा विशेष आयाम है।

आर्थिक सहयोग और विकास-संगठन समूह के वासियों का चिकित्सा-उपचार आदि के लिए भारत, थाईलैंड आदि एशियाई देशों में अधिकाधिक आना। भविष्य

में अन्य क्षेत्रों में होने वाले परिवर्तनों का द्योतक है। ऐसे अर्थतन्त्र में परिवर्तन ही चिरस्थायी रह सकता है। अनेक औद्योगिक देशों में कम से कम श्रमलागतों की अंधी दौड़ निर्माण उद्योग को खोखला कर चुकी है। और यह प्रवृत्ति उन्हीं देशों तक सीमित नहीं है।

उदाहरण के लिए, 1990 के दशक में मेक्सिको में अमेरिकी फर्मों के लिए निम्न कौशल निर्माण का कार्य विदेशी मुद्रा कमाने का सबसे प्रमुख स्रोत था। 2002 में दस लाख से अधिक श्रमिक विदेशी फर्मों के कारखानों में काम कर रहे थे। उसी वर्ष फॉर्च्यून-1000 कम्पनियों में से 700 ने मैक्सिको में स्वयं या अपने सहयोगियों के माध्यम से कल-पुर्ज़े या कुछ न कुछ बनाने के काम चला रखे थे। श्रमिकों के कौशल के साथ-साथ उनकी उत्पादकता में भी सुधार आते हैं और उसके साथ ही मज़दूरी की दर भी बढ़ने लगती है। किन्तु यह मज़दूरी वृद्धि अमेरिकी फर्मों को निम्नतम कौशल की माँग करने वाले उत्पादन कार्य के लिए कम से कम मजदूरी माँगनेवाले श्रमिकों की खोज में लगा देती है। अब अनेक ऐसे उद्योग भारत व चीन आदि देशों में स्थानांतरित हो गए।

अगले दो-एक दशकों में आर्थिक गतिविधियों की बदलती अवस्थिति के साथ-साथ श्रमिक प्रवासन भी महत्त्वपूर्ण आयाम बन जाएगा। विश्व श्रम-संगठन का अनुमान है कि 2002 में लगभग 5 करोड़ विदेशी श्रमिक अमेरिका और यूरोप के अनेक देशों में कार्य कर रहे थे। उत्पादन और कुछ-एक सेवाएँ तो देश की सीमा के पार से भी प्राप्त हो सकती हैं किन्तु अनेक आवश्यक मामलों में यह सम्भव नहीं हो पाता। अब यह बात समझ में आने लगी है कि बूढ़ी हो रही श्रम शक्ति को एशिया तथा अन्य उदीयमान बाज़ारों से आ रही कुशल और अकुशल श्रमशक्ति का सहारा लेना ही पड़ेगा। इस नए वैश्विक श्रम बाज़ार से तालमेल बैठाने की प्रक्रिया में कई महत्वपूर्ण घटक हैं।

पहला आयाम है श्रमिकों को उत्पादन शृंखला में उच्चतर स्तर के कार्य के लिए प्रशिक्षित करने के लिए धन की व्यवस्था ऐसे में जब निम्न कौशल कार्य निरन्तर नए गुरुत्वाकर्षण केन्द्रों की ओर चले जा रहे हैं तब विकसित देशों में रोज़गार में टिकाऊ वृद्धि श्रमिकों को उच्च मूल्य वृद्धिकारी रोज़गार के लिए प्रशिक्षित कर पाने पर ही टिकी है।

दूसरा, वित्तीय बाज़ार को श्रमप्रेरित औद्योगिक पुनः अवस्थिति के लिए धन जुटाने को तैयार होना होगा। औद्योगिक देशों को उच्च कौशल उद्योगों में शोध और विकास पर अधिक धन लगाना होगा, इन्हीं में इन देशों को तुलनात्मक लाभ सुलभ हो सकते हैं। विकासशील देशों को लचीलापन अपनाना होगा, क्योंकि यही देश बहुत तेज़ी से कौशल की सीढ़ी पर चढ़ने वाले हैं। तेज़ी से नई दिशाओं में अग्रसर हो पाने में सक्षम छोटे एवं मध्यम उद्योगों के लिए वित्त प्रक्रिया की

शुरुआत जुटाने से की जा सकती है।

तीसरे, लचीली आप्रवास नीतियाँ वैश्विक संवृद्धि में महत्वपूर्ण योगदान करेंगी। प्रवासन से मूल देश को तो लाभ होता ही है—विदेशों में कार्य कर रहे श्रमिकों द्वारा स्वदेश भेजी गई धनराशियाँ अभूतपूर्व रूप से विशाल हो चुकी हैं। गन्तव्य देशों को भी कम श्रम लागत, बढ़ी उत्पादकता और नए विचारों के त्रिविध लाभ मिलते हैं। विकसित देशों में आश्रितों का अनुपात तथा वृद्ध जन समुदाय के स्वास्थ्य पर खर्च में निरंतर वृद्धि के सन्दर्भ में यह लाभ बहुत ही महत्त्वपूर्ण हो जाएँगे।

अभी-अभी संयुक्त राष्ट्र संघ ने अंतर्राष्ट्रीय प्रवास पर वैश्विक प्रवासन आयोग की स्थापना की है जो प्रवासन व्यवस्था के ढांचे की रचना के प्रति विश्वस्तरीय प्रतिबद्धता का एक प्रमाण है। फिर भी इस दिशा में प्रगति अधिकांशतः राष्ट्रीय नीति निर्धारकों के प्रयासों पर ही निर्भर रहेगी। जिस तरह अमेरिका में विदेशी संस्थाओं को कार्य सौंपने के विरुद्ध और वैध और अवैध प्रवासन नियन्त्रण नीतियों की रचना हो रही है उनसे तो अपेक्षित समन्वय के विपरीत दिशा में चलने के ही संकेत मिल रहे हैं। वीज़ा कोटे में कमी, विशेषकर कुशल कर्मियों के एच-1बी में कमी से सिलिकॉन वैली की अनेक कंपनियों की हालत पतली हो रही है। दूसरी ओर विदेशों को कार्य सौंपने का प्रतिरोध कर रहे राज्य स्तरीय कानून अनेक सामाजिक सेवाओं के स्तर को बनाए रखने में बाधक हो रहे हैं। उनके कारण बजट में घाटे को सीमित करने के प्रयास भी बाधित हो रहे हैं।

और अन्त में, नए गुरुत्वाकर्षण केन्द्रों के रूप में उदित हो रहे देशों को भी कई प्रकार के समन्वय करने होंगे। बौद्धिक संपदा अधिकार संरक्षण की लचर व्यवस्था न केवल विदेशी निवेश बल्कि किसी न किसी रूप में बाहर से आ सकने वाले कार्य अवसरों को भी दुष्प्रभावित कर रही है। प्रौद्योगिकीय कल-पुर्ज़ों और दवा निर्माण उद्योगों में तो यह प्रवृत्ति बहुत ही स्पष्ट दिख रही है। इन उद्योगों में शोध एवं विकास लागतें बहुत भारी होती हैं लेकिन इनके उत्पादन की नकल करना बहुत सरल होता है। लेकिन विश्व को नई वास्तविकताओं और नए गुरुत्वाकर्षण केन्द्रों से सामंजस्य बिठाना ही पड़ेगा। उदीयमान प्रवृत्तियाँ और अन्य सभी साक्ष्य इसी दिशा में संकेत कर रहे हैं। वर्तमान आर्थिक शक्ति केन्द्रों द्वारा इस संदर्भ में अपनाई जा रही नकारात्मक नीतियों से इन प्रवृत्तियों को और अधिक बल मिलेगा। इसे नकारात्मक कहें या सकारात्मक, सच्चाई यही है कि विश्व का आर्थिक गुरुत्वाकर्षण-केन्द्र खिसक रहा है और सभी को इस नई वास्तविकता के साथ सामंजस्य बिठाना होगा।

उपलेख

विश्व संवृद्धि निरंतर चल रही है। 2006 के लिए संवृद्धि अनुमान 3.6 प्रतिशत है जो 2004 से कुछ कम है किन्तु फिर भी वैश्विक स्तर पर बढ़त की प्रवृत्ति बनी हुई है। एशिया में भी संवृद्धि की दर ऊँची है। वैश्विक स्तर पर कुछ शिथिलता की आशंका के बावजूद मध्यम अवधि की सम्भावनाओं को लेकर सभी आशावादी ही प्रतीत होते हैं।

एलेन ग्रीन स्पेन के कथन : 'अमेरिका का मंदी में फंस जाना सम्भव तो था पर अवश्यम्भावी नहीं' ने एक बार फिर वैश्विक संरचनागत असन्तुलनों से जुड़े मुद्दों की ओर ध्यान आकर्षित किया है। अमेरिका ने अपने बजट घाटे को तो कुछ संभाला है, किन्तु चालू खाते का व्यापार घाटा अभी भी काफी बड़ा है। अब इस बात पर चर्चा उठने लगी है कि एशिया कब तक इस घाटे की भरपाई करता रहेगा? आर्थिक गुरुत्वाकर्षण केन्द्र के एशिया की ओर खिसकने के प्रमाण और प्रबल हो रहे हैं। किन्तु इन देशों में मज़दूरी वृद्धि दर तथा मानवीय संसाधन विकास में अपर्याप्त निवेश से अन्ततः इनके अपने विकास और विदेशों से काम प्राप्त होने के अवसर सीमित रह सकते हैं।

अन्तर्राष्ट्रीय प्रवासन सम्बन्धी विमर्श का फोकस अभी स्पष्ट नहीं है। संयुक्त राष्ट्रसंघ के प्रवासन आयोग की रिपोर्ट पर उच्चस्तरीय वार्ताएं तो हुईं पर अनेक विवादास्पद मामलों पर खास प्रगति नहीं हुई है। प्रवासन के मुख्य मुद्दे राजनीति से बँधे हुए हैं।

20 फरवरी, 2004

2

देवॉस को रफ़्तार दो

अब तो देवॉस (Davos) 2007 भी बीत गया। वर्षों से विश्व आर्थिक मंच (World Economic Forum) का यह वार्षिक सम्मेलन वैश्विक संवृद्धि, गरीबी, अफ्रीका में विकास, आतंकवाद, ईराक और जलवायु-परिवर्तन जैसे अनेक मुद्दों पर व्यापक विचार-मंथन का मंच बन चला है।

इन परिचर्चाओं में राष्ट्र और राज्याध्यक्ष, नीति-निर्धारक, विद्वान और व्यवसाय जगत के अगुआ बड़ी उदारता और उत्साह से भागीदारी करते रहे हैं। भारतीय शिष्टमण्डल में तो राहुल बजाज, ध्रुव साहनी और तरुण दास जैसे अनेक अनुभवी भागीदार हैं जो पिछले पच्चीस वर्षों से नियमित रूप से देवॉस जा रहे हैं। मैं इस सम्मेलन से नब्बे के दशक के अंतिम वर्षों में ही जुड़ा हूँ और मुझे इस अवधि में ही महत्त्वपूर्ण परिवर्तन दिखे हैं।

सबसे पहला बदलाव तो यही है कि खुद पर अभिजात्य वर्गीय क्लब बनते जाने के आरोपों की प्रतिक्रिया में देवॉस सम्मेलन ने कला, संस्कृति, भौतिक, आध्यात्मिक उन्नयन आदि से जुड़े लब्धप्रतिष्ठित विशेषज्ञों को भी अपने मंच पर उतार लिया है। इससे भागीदारी का विस्तार तो हुआ ही है, भागीदारों की रूपरेखा भी बदली है। इसका एक विपरीत प्रभाव भी हुआ है—सम्मेलन का पूर्व स्वरूप बदल गया है—यह अब बहुत ही विविधतापूर्ण हो गया है और इसी कारण समान चिंतन वाले व्यक्तियों की अंतरंग एकजुटता की अपनी विशिष्टता खो बैठा है। इसी का दूसरा पक्ष भी है : अब चयन के अधिक अवसर सुलभ हो गए हैं।

दूसरे, सम्मेलन के कर्ताधर्ताओं को समझ आ गया है कि राजनीतिक सहभागिता के बिना अकेली आर्थिक वैचारिकता कहीं नहीं पहुँच पाएगी। सुरक्षा के प्रश्न भी सामाजिक कुशल-क्षेम के ही प्रश्न हैं। विश्व के महत्त्वपूर्ण राजनेताओं और विभिन्न विचारधाराओं के इस सम्मिलन के कारण अब राजनीति और अर्थशास्त्र के बीच के संवाद अधिक सारपूर्ण होने लगे हैं।

तीसरी मुख्य बात है कि अब इस सम्मेलन के क्षेत्रीय सत्र भी अपना स्वतन्त्र स्वरूप पा गए हैं। वार्षिक एशिया शिखर सम्मेलन (अगला सिंगापुर में होगा), चीन बैठक तथा भारत शिखर सम्मेलन आदि के साथ-साथ युवा वैश्विक नेताओं के कार्यक्रमों ने देश-सम्बन्धी प्रश्नों पर ध्यान आकर्षित कर देवॉस के वार्षिक महासम्मेलन की परिचर्चाओं को और महत्त्वपूर्ण बना दिया है।

तो अब इस तीखे प्रश्न का जवाब सहज ही दिया जा सकता है कि क्या एक अधिक एकीकृत विश्व में देवॉस की प्रासंगिकता समाप्त हो चली है? मेरा उत्तर होगा—नहीं, देवॉस ने परिवर्तनों को भांप कर नए मुद्दों और भागीदारों को साथ ले अपनी प्रासंगिकता को एक नवीन छवि प्रदान की है।

क्या भारत के सन्दर्भ में देवॉस अभी भी अर्थपूर्ण हो सकता है? मुझे ध्यान है कि सुधार कार्यक्रम के शैशव काल (नब्बे के दशक मध्य) में जब हमारे यहाँ आर्थिक सुधार कुछ अनिश्चित से ही थे, परिवर्तनों की अनुत्क्रमणीयता को भावपूर्ण स्वर में बार-बार दोहराया जाता था। भले ही कुछ निवेशकों पर इनका सकारात्मक प्रभाव भी पड़ता था, किन्तु हमारी सुधार पहलों की स्थायिता को लेकर चिन्ताएँ बनी ही रहती थीं।

अब यह सब नाटकीय रूप से बदल चुका है। हमारी शानदार आर्थिक सफलताओं ने न केवल अनेक आलोचकों की बोलती बन्द कर दी है, बल्कि अब भारत के प्रति अनजाना-सा व्यवहार भी कोई नहीं कर पाता। देवॉस में मिले निवेशक अक्सर भारत में भी दिखाई देते हैं। अब वे हमारी प्रगति पर बधाई देने तक सीमित नहीं रह जाते, भारत में नए अवसरों की खोज और सुधारों के अगले क्रम के बारे में पूछताछ उनका सहज स्वभाव बन गया है। भले ही सांझा सरकारों की रचना और राजनीति के चलते आगामी सुधारों की गति को लेकर कुछ आशंकाएँ हों, किन्तु भारत की विभिन्न सरकारों के निष्पादन के आधार पर अब किसी को भी नीति अनुत्क्रमण या उसमें गम्भीर बाधा की चिन्ता नहीं सताती।

हमारे वित्त और बैंक क्षेत्रों में सुधारों की धीमी गति को लेकर चिन्ताएँ बनी ही हुई हैं। नागरिक उड्डयन और दूरसंचार की सुविधाओं के विस्तार-प्रसार से सभी उत्साहित हैं, लेकिन बिजली क्षेत्र के बारे में ऐसा कुछ कह पाना सम्भव नहीं होगा।

आज भी नए व्यवसाय प्रारम्भ करने के लिए अनेक प्रकार की सहमतियाँ-अनुमतियाँ आवश्यक हैं और प्रत्येक में काफी समय लग जाता है। 'एक ही कार्यालय में सारी कार्यवाही' अभी तक दिवास्वप्न ही है। विभिन्न राज्यों में धीमी कार्यवाही और केन्द्र-राज्य सम्बन्धों को लेकर भी चिन्ता देखी जाती है। कुल मिलाकर भारत के विचार को बेच पाने का कार्य तो हो गया है किन्तु भारत में निवेश को लुभा लाना अभी बाकी है।

भारत की दृष्टि से अब देवॉस विपणन केन्द्र से निवेश आकर्षण केन्द्र बन गया है। वैश्विक स्तर पर देखें तो किसी भी सम्मेलन में इतने अधिक निवेशक जमा नहीं होते। अतः क्षेत्र/उद्योगवार निवेश प्रस्तावों की रचना और पहले से ही उन पर बैठकों को तय कर रखना हमारे लिए अनेक प्रकार से लाभप्रद सिद्ध होगा। इस प्रकार से निवेश आकृष्ट करने की युक्तियों में राज्य सरकारों को भी भागीदार बनाना होगा।

पिछले देवॉस सम्मेलन में 200 से अधिक ऐसी उपसमितियाँ बनीं और परिचर्चाएँ सम्पन्न हुई हैं जिनका हमारे सामाजिक जीवन से प्रत्यक्ष सम्बन्ध है। सच यह भी है कि इन सभी में विभाजक खाइयों को पाटने पर अधिक आग्रह रहा, जलवायु परिवर्तनों पर बहुत ध्यान दिया गया।

विश्व के तीव्रतम संवृद्धिशील क्षेत्र से जुड़े मुद्दों पर 'एशिया विचार मंथन' उस महासम्मेलन की एक विशेष गोष्ठी रहा। अनेक सर्वेक्षणों और चर्चाओं से यही बात उभर कर आई कि इस विकास क्षेत्र में ऊर्जा, सुरक्षा पर्यावरण आदि पर विचार करने के लिए किसी प्रकार की क्षेत्रीय संस्थागत संरचना का अभी तक विकास नहीं हो पाया है।

भारत और चीन की तीव्र संवृद्धि से क्षेत्र के अन्य देशों की स्पर्धा क्षमता पर संभावित प्रभावों को लेकर भी कुछ आशंकाएँ व्यक्त की गईं। जोखिम प्रबंधन घटकों के संदर्भ में तेल की कीमतों और पक्षियों से फैल रहे संक्रामक रोगों से अधिक चिन्ता स्थानीय स्तर पर व्याप्त भ्रष्टाचार को लेकर दिखी।

इन अनेक विचारों में कहीं न कहीं भारत की चिन्ताएँ भी साफ झलकती हैं। प्रधानमन्त्री अनेक बार एशियाई आर्थिक समुदाय को और सशक्त बनाने की बात उठा चुके हैं—वह बार-बार व्यापार वरीयता समझौतों से कहीं आगे निकलने वाले सहयोग की व्यवस्था की रचना पर आग्रह कर रहे हैं। एशियाई मुद्रा की रचना का समय भले ही अभी न आया हो किन्तु चीन, जापान और कोरिया में जनसमुदाय में वृद्धों की बढ़ती संख्या के आर्थिक परिणामों के प्रबंधन के प्रश्न को बहुत देर तक टाल पाना सम्भव नहीं होगा।

एशिया वैश्विक चिन्तन पर छा चुका है। देवॉस निरन्तर अपनी कार्यसूची का परिमार्जन-संवर्धन कर उसमें नई चुनौतियों का समावेश कर रहा है।

4 फरवरी, 2007

3

विश्व स्तरीय खतरों को जानो

आजकल चल रहे आर्थिक उत्साह के दौर में यदि कोई किसी खतरे या जोखिम की बात भी करे तो उसे अति निराशावादी मान लिया जाएगा। सभी को तात्कालिक समस्या के रूप में कीमत वृद्धि ही दिखाई देती है और कहते हैं कि संरचना तथा अर्थव्यवस्था की नियमन-व्यवस्था में सुधारों की आवश्यकता बनी हुई है।

निस्संदेह पिछले पाँच वर्षों की विश्व स्तरीय सम्पन्नता और निकट भविष्य में भी अच्छी सम्भावनाओं ने हमारी स्पर्धा क्षमता को बढ़ाया है और हमारे देश को और वित्तीय प्रवाहों को सबल बनाया है। विश्व व्यवस्था से सम्बन्धों के गहरे होने के दोनों प्रभाव होते हैं—कहीं हम विश्व घटनाक्रम से लाभान्वित होते हैं तो कभी हमें उसकी मार भी झेलनी पड़ती है।

विश्व स्तरीय जोखिमों पर अभी तक समन्वित रूप से विचार नहीं किया गया है। विश्व आर्थिक मंच ने 'विश्व स्तरीय जोखिम 2007' शीर्षक से एक रिपोर्ट तैयार की है। इसमें 'ह्वार्टन स्कूल रिस्क सैंटर' स्विस री, मार्श एंड मक्लेन्नान कम्पनियाँ और सिटी ग्रुप ने सहयोग दिया है। इस रिपोर्ट में विश्व समाज के सभी घटकों से इन जोखिमों से जूझने में सहयोग का आग्रह किया गया है—क्योंकि इनका मानना है कोई कि एक समुदाय इन जोखिमों को निपटा पाने में समर्थ नहीं हो सकता।

प्रमुख विश्व जोखिमों को पाँच वर्गों में बाँटा जा सकता है। आर्थिक जोखिमों में तेल कीमतों के झटके, ऊर्जा आपूर्ति व्यवधान, जनांकिकीय परिवर्तनों के कारण पैदा होने वोल राजकोषीय संकट, चीन की अर्थव्यवस्था में कोई दुर्घटना और वर्तमान संरचनागत असंतुलनों को निपटाने के अव्यवस्थित (उग्र) प्रयास आदि को रखा जा सकता है।

पर्यावरणीय आपदाओं के वर्ग में मौसम में परिवर्तन, ताज़ा पानी से जुड़ी

सेवाओं के पतन, प्राकृतिक उठा-पटकों में वृद्धि आदि सम्मिलित हैं। उष्ण कटिबंध से तूफान और आन्तरिक क्षेत्रों में बाढ़ के प्रकोप इन्हीं संकटों के स्वरूप होते हैं॥

समाजस्तरीय आपदाओं में किसी बीमारी का देश में घर कर जाना, विकासशील देशों में संक्रामक रोगों का प्रसार और उनसे जुड़ी तकनीकी समस्याएँ आदि। इस सन्दर्भ में अत्यावश्यक सूचना-प्रणाली में व्यवधान तथा अतिसूक्ष्म प्रौद्योगिकी से जुड़ी समस्याएँ विशेष महत्त्वपूर्ण प्रतीत होती हैं।

गम्भीर भू-राजनीतिक समस्याएँ तो हमारे सामने मुँह फैलाए खड़ी ही हैं। अन्तरराष्ट्रीय आतंकवाद, मध्यपूर्व की अस्थिरता, महाविनाशकारी शस्त्रास्त्रों की भरमार, वैश्वीकरण के कारण बड़े स्तर पर रोज़गार छिनना तथा असफल और असफल हो रहे राज्यों की समस्याएँ इसी वर्ग में सम्मिलित होंगी।

'ग्लोबल वार्मिंग' तथा मौसम परिवर्तन की समस्याओं का चित्रण 'ग्लोबल वार्मिंग की कड़ाही से निकले तो वित्तीय आग में झुलसे' शीर्षक लेख में किया गया है।

'तेल कीमतों का झटका और उसके परिणाम' शीर्षक लेख में अव्यवस्थित परिवर्तनों और वैकल्पिक ऊर्जा की खोज की आर्थिक गतिविधियों तथा संक्रमण की भारी लागतों पर चर्चा की गई है।

असुरक्षा की भावना के कुछ वित्तीय और मानवीय दुष्प्रभावों से तो सभी परिचित हो चुके हैं।

यह सत्य है कि यदि अधिक सजगता कुछ आपदाओं की गहनता को कम कर सकती है—फिर भी अनेक पूर्व धारणाएँ हमारी आपदा आकलन क्षमता को ही कुण्ठित कर देती हैं। हमारे निर्णय आसपास की स्थिति के आधार पर अटकलबाज़ी पर आधारित होकर रह जाते हैं, हम निरन्तर प्रबुद्ध आकलन के वेश में 'संकरी गलियाँ' तलाश करते रहते हैं। इन आपदाओं का सामना करने के लिए बनाई जा रही नीतियों में अनेक प्रकार की त्रुटियाँ घर कर लेती हैं। भले ही कभी कभार इनसे लाभ हो जाए पर प्रायः पूर्व धारणाएँ संकटों को और गहन ही करती हैं।

रिपोर्ट का सुझाव है कि शोध, सूचना प्रवाह का संवर्धन, आपदा निवारण हेतु संप्रेरणाओं की पुनः रचना और इन क्षेत्रों में निवेश बढ़ाना महत्त्वपूर्ण होगा। साथ ही आपदाओं के प्रति प्रतिक्रिया को समन्वित स्वरूप प्रदान करने के लिए हमें एक संस्थागत व्यवस्था भी गढ़नी होगी।

रिपोर्ट में दो 'संस्थागत नव प्रवर्तन' भी सुझाए गए हैं। पहला तो प्रत्येक देश में एक 'आपदा जोखिम अधिकरण' की स्थापना है—इसे अन्तर्क्षेत्रक के आधार पर आपदाओं का क्रम निर्धारण करने, निजी क्षेत्र की तत् विषयक

तकनीकों का मूल्यांकन, प्रबन्धन और अन्तरण आदि के अधिकार दिए जाएँ।

दूसरा सुझाव विभिन्न देशों को प्रभावित करने वाले संकटों का सामना करने के लिए स्वेच्छया सहयोग को तत्पर देशों को एकजुट करने की पर्याप्त रूप से लचीली व्यवस्था की रचना है।

एक विश्वस्तरीय आपदा प्रबन्धन संस्थान विभिन्न क्षेत्रकों तथा विशिष्ट ज्ञान-आधारों के विशेषज्ञों के बीच सर्वहितकारी संवाद विमर्श का केन्द्र बन सकता है। जोखिम पूर्वानुमान, मूल्यांकन और अन्ततः उसे कम करने के अध्ययन आदि से जुड़े विशेषज्ञ इस संस्थान के माध्यम से एक सूत्र में बँध सकते हैं।

मैं तो यहाँ तक कहूँगा कि ऐसे संस्थान के लिए सबसे अच्छा स्थान भारत ही होगा। मेरे इस आग्रह के कई आधार हैं : भारत की विशाल जनसंख्या के कारण किसी भी आपदा के कारण व्यापक जनहानि की आशंकाएँ, अनेक प्रकार से आपदापरकता और साथ ही यहाँ स्थानीय रूप से अन्यान्य विशेषज्ञताओं से सम्पन्न प्रतिभा भंडार की उपलब्धता।

निश्चय ही ऐसा संस्थान निजी-सार्वजनिक सहयोग की सफलता का एक सशक्त उदाहरण बन सकता है।

18 फरवरी, 2007

4

निवेशक : उड़ान और अवतरण

पद-भार संभालने के बाद प्रधानमंत्री के पहले इंग्लैंड और अमेरिका के दौरे से पूर्व भारत के सरकारी क्षेत्रों में बहुत गहमा-गहमी रही। मंत्रिमण्डल ने तीन अध्यादेशों को स्वीकृति प्रदान की। ये थे : बैंकिंग नियमन (संशोधन एवं विविध प्रावधान), प्रतिभूति अनुबन्ध (नियमन) अधिनियम, 1956 और न्यासागार अधिनियम, 1996। साथ ही एक स्पर्धा आयोग की स्थापना का भी निर्णय लिया गया। अधिकारी वर्ग को एक आदत-सी पड़ गई है—जब भी प्रधानमंत्री विदेश जाने वाले हों, वे लम्बित पड़े मुद्दों पर तुरन्त फैसलों की झड़ी लगा देते हैं। उन्हें लगता है कि इससे भारत के प्रति निवेशकों के आकलन और अनुभूतियों में सुधार आएगा। कोई प्रधानमंत्री इससे अछूता नहीं रहता। जब उनका यान उड़ान की तैयारी में होता है तो वे निवेशक वर्ग के सरोकारों के प्रति बहुत सचेत दिखाई देने लगते हैं। किन्तु जैसे ही वापस आने पर अवतरण की तैयारी होती है तो तुरन्त आन्तरिक मुद्दे और राजनीतिक विवशताएँ उनके चिन्तन पर हावी हो जाती हैं।

वर्तमान प्रधानमंत्री की व्यावसायिक सत्यनिष्ठा और अन्तरराष्ट्रीय विश्वसनीयता के उच्च स्तर के कारण वे सहज ही लन्दन और न्यूयार्क के उद्यम जगत के मुख्य कार्यकारी अधिकारियों के बीच लोकप्रिय हो गए। उनकी यात्रा के तुरन्त बाद वाशिंगटन में अन्तरराष्ट्रीय मुद्राकोष और विश्व बैंक की वार्षिक बैठक के उपरान्त वित्तमंत्री की भी बैंक व्यवसायियों और निवेशकों के साथ न्यूयार्क और लन्दन में चर्चाएँ-वार्ताएँ हुईं। एक प्रकार से भारत की शानदार शोभा यात्रा प्रारम्भ हो गई है, अन्तरराष्ट्रीय व्यवसायियों को इतनी शीघ्र नई सरकार के वित्त-मंत्रियों और प्रधानमंत्रियों से वार्तालाप के अवसर मिल गए हैं।

तो इस घटनाक्रम से क्या उम्मीदें लगाई जा सकती हैं?

सर्वप्रथम तो हमें यह समझ लेना चाहिए कि एक दशक से अधिक समय से हम आन्तरिक उदारीकरण की राह पर बड़े लम्बे-लम्बे डग भर रहे हैं किन्तु

वार्षिक प्रत्यक्ष विदेशी निवेश बस 4 से 5 सौ करोड़ डालर के बीच ही मँडरा रहा है; यह बहुत ही नगण्य-सा है। नब्बे के दशक में भारत के सकल घरेलू उत्पाद की बहुत अच्छी संवृद्धि को देखते हुए तो यह निवेश दर बहुत ही शर्मनाक प्रतीत होती है। संरचना क्षेत्र में व्यापक वि-नियमन हुए हैं—दूरसंचार और सड़क निर्माण तो इसके बड़े उदाहरण हैं ही, बैंक और वित्तीय क्षेत्रों में भी सुधार की बयार बहने लगी है। वर्तमान आर्थिक वातावरण स्थिरतापूर्ण और आकर्षक है। समष्टि अर्थशास्त्रीय कसौटियों पर भी अच्छे आर्थिक स्वास्थ्य के संकेत मिल रहे हैं। राजकोषीय घाटा नियन्त्रण में है, कर राजस्व में पर्याप्त उछाल दिख रही है और बाज़ार से उधार अपेक्षित से भी कम है। मुद्रास्फीति भी उच्च स्तर से ढल रही है और बाह्य क्षेत्रक का स्वास्थ्य अच्छा लग रहा है। इन सबसे ऊपर है प्रधानमंत्री का आश्वासन कि मानवीय छवि से सम्पन्न सुधार कार्यक्रम सतत् रूप से अपने पथ पर बढ़ रहा है। (वैसे प्रधानमन्त्री बहुत ही वाक्‌पटु होते हैं, वे अपने श्रोताओं के मन को भाने वाले लच्छेदार शब्दों का जाल बुनते ही रहते हैं)। इन सबके बाद भी निवेशकों को किस बात की चिन्ता सता रही है?

(क) सबसे पहली चिन्ता तो यही है कि सांझी सरकार की राजनीति सुधारों में बाधक हो सकती है। नित्य ही सांझा सरकार के भागीदारों और अन्य बाह्य क्षेत्रों के असहमति स्वर सुनाई दे जाते हैं। भले ही प्रधानमंत्री कहते रहें कि पहले किए गए सभी निर्णय पूर्णतः लागू किए जाएँगे, किन्तु विश्वास तो तभी होगा जब वे लागू हो जाएँ।

(ख) दूरसंचार और नागर विमानन क्षेत्रों की निवेश सीमाओं सम्बन्धी बजट प्रस्तावों को अभी तक अधिसूचित नहीं किया गया है। संसद में विधेयक लाना तो दूर, अभी तक मंत्रिमण्डल ने बीमा उद्योग में प्रत्यक्ष विदेशी निवेश सीमा 26 से बढ़ाकर 49 प्रतिशत करने के प्रस्ताव को स्वीकार भी नहीं किया है। सुना है कि इस बारे में अभी और विचार-विमर्श होगा; किन्तु क्या इसके पक्ष-विपक्ष से सभी तर्क बार-बार की सार्वजनिक बहस में सामने नहीं आ चुके हैं? यदि हाँ, तो फिर विचार-विमर्श के लिए क्या बचा है? चिदंबरम इतने अनजान नहीं कि यह सोचते हों कि इन निवेश सीमाओं के हटते ही देश में निवेश की बाढ़ आ जाएगी। ये मुद्दे तो सरकार की अपनी विश्वसनीयता से जुड़े हैं—ये बताते हैं कि सरकार कहाँ तक अपने सुविचारित निर्णयों को गम्भीरतापूर्वक लागू कर रही है। किसी भी उद्‌घोषणा से पूर्व खूब खुलकर विचार-विमर्श होना ही चाहिए; किन्तु घोषित नीतियों पर तुरन्त कार्य भी होना चाहिए। क्षेत्रवार निवेश सीमा से आगे बढ़ें तो विदेशी निवेश से संबद्ध नीतियों, कार्यविधियों पर भी एक समग्र दृष्टिपात की आवश्यकता है। विमान पत्तन निजीकरण और विद्युत क्षेत्रक सुधार भी इसी की बाट जोह रहे हैं। वास्तव में कुछ पश्चगामी फिसलाव भी कहीं न कहीं दिख रहा है। विमान पत्तन

क्षेत्र में विदेशी निवेश सीमा 74 से घटाकर 49 प्रतिशत कर दी गई है और साझेदारी के लिए दस कम्पनियों की चयनित सूची बनाने के बाद भी यह स्पष्ट नहीं हो पा रहा कि हम किधर जा रहे हैं। इस विषय में निर्णय की समय सीमा हाल ही में कुछ महीने और बढ़ा दी गई है। विद्युत् क्षेत्रक में तो अब प्रयोक्ता दरों को लागू करने के प्रतिष्ठित प्रश्न के साथ-साथ तिर्यक साहाय्यों के स्तर को सीमित करने (ताकि उत्पादन स्पर्धाहीन नहीं हो) की बात भी जुड़ गई है। साथ ही विद्युत् अधिनियम और राष्ट्रीय विद्युत् पालिसी एवं विद्युत प्रभार दरों पर कार्यवाही निवेशकों को असमंजस में डाले हुए है।

(ग) कुछ प्रश्न भी निवेशकों को परेशान कर रहे हैं। एनरॉन का मसला अभी नहीं सुलझा है, बैंक उदारीकरण से भी सरकार अपने कदम वापस खींच रही है, कम्पनियों में विदेशी मताधिकार की 10 प्रतिशत सीमा हटाने और विदेशी निवेश सीमा 74 प्रतिशत करने आदि ऐसे ही मुद्दे हैं। साथ ही यह भी सवाल है कि हम संरचना सुविधाओं की लागतें सीमित रखते हुए गुणवत्ता कैसे सुधारेंगे? दूरसंचार को छोड़ प्रायः सभी संरचना-सुविधाओं में हमारी लागतें चीन से डयोढ़ी-दुगुनी अधिक बैठती हैं। चीन का राष्ट्रीय राजमार्ग जाल भारत से 7 गुना बड़ा है और वह अपने सकल घरेलू उत्पाद का 2.5 प्रतिशत उसके विकास पर खर्च कर रहा है। भारतीय बंदरगाहों पर माल की ढुलाई लागत मूल्य का 11 प्रतिशत बनती है। विश्व में तो यह औसत मात्र 5 प्रतिशत ही है।

हमारी विनिवेश नीति की स्पष्ट अभिव्यक्ति और उस पर आचरण की समय संहिता निश्चय ही इस समय सरकार के अगले कदम का अन्दाज़ा लगाने में व्यस्त व्यवसासियों की बहुत सहायता कर सकती हैं। श्रमशक्ति को कौशल-सम्पन्न बनाने और श्रम-उत्पादिता विषयक सरोकार भी निवेशकों की विषय सूची में बहुत महत्त्वपूर्ण स्थान पर अवस्थित हैं।

(घ) पिछले बजट सत्र में संसद ने कोई विधेयक पारित नहीं किए। अतः सरकार के पास अध्यादेश जारी करने के अतिरिक्त कोई चारा नहीं बचा था। किन्तु शीघ्र ही इन्हें विधेयक बनाना होगा। क्या ये विधेयक पारित हो पाएँगे? और अनेक महत्त्वपूर्ण विधेयकों का भविष्य क्या होगा? निवेशक आस लगाए बैठे हैं कि पाकिस्तान के मुद्दे पर वर्तमान और पूर्ववर्ती प्रधानमंत्रियों की सुबह के नाश्ते की भेंट निर्णायक आर्थिक मामलों पर दोनों प्रमुख दलों के बीच व्यापक सहयोग के प्रारम्भ का मार्ग भी प्रशस्त करेगी। जब तक यह नहीं होगा तब तक अनेक महत्त्वपूर्ण विधेयक सरकार की अपनी सीमाओं, विवशताओं के कारण अधर में लटके रहेंगे। आखिर अध्यादेशों के माध्यम से काम चलाने की भी सीमा होती है—पर इस दिशा में आगे कैसे बढ़ा जाए? इस महत्त्वपूर्ण प्रश्न का कोई स्पष्ट उत्तर नहीं सूझ रहा।

हो सकता है कि महाराष्ट्र के चुनावों के बाद सरकार और मुख्य विपक्ष के बीच सहयोग का कोई रास्ता निकल आए। किन्तु ये सुयोग भी अल्पकालिक होगा—बिहार का चुनाव बहुत दूर नहीं है और फिर अन्य किसी न किसी राज्य में चुनाव होते ही रहेंगे। सारा साल ही हमारे यहाँ निर्वाचन काल रहता है। द्विपक्षीय सहयोग को चुनावी गणित से ऊपर उठाए जाने की नितान्त आवश्यकता अब अनुभव होने लगी है।

प्रधानमंत्री ने ठीक ही विदेशी निवेशकों को केन्ज महाशय की यह उक्ति याद दिलाई है—'निवेश तो विश्वास की अभिव्यक्ति होता है'। यह सत्य है, पर केन्ज ने यह भी कहा था, ''कुशल निवेश का सामाजिक ध्येय समय की उन काली परिछायाओं और अज्ञान को पराजित करना भी है जो हमारे भविष्य की सम्भावनाओं को उजागर नहीं होने दे रहीं।'' भरोसे और विश्वसनीयता के अभाव में कोई भी विश्वासाभिव्यक्ति स्थायी नहीं रह सकती। क्या हम अपने वचनों को निभाने और अपने ही निर्णयों को लागू करने की 'निष्ठा' दिखा पाएँगे? अन्ततः, अवतरण वेला में हमें यह नहीं भूलना चाहिए कि व्यवहार शब्दों से अधिक प्रखर होता है।

26 सितम्बर, 2004

5

आइए, अपनी उपलब्धियों को सुदृढ़ करें

भारत के एक प्रमुख आकर्षण, जयपुर ने हाल ही में बड़े उच्च स्तर के निवेशकों की एक बैठक की मेज़बानी की है। मेरिल लिंच द्वारा प्रायोजित दशम भारत निवेशक कांफ्रेंस में विश्व स्तर के इतने बड़े निवेश संस्थानों की भीड़ जमा थी कि उसे 'पाँच दिन में बासठ' की संज्ञा दे दी गई। दो वर्ष पूर्व उदयपुर में एक ऐसी ही गोष्ठी में मेरा वास्ता केवल पचास भागीदारों से पड़ा था, जबकि इस बार तो एक सौ पचास का आँकड़ा पार हो गया। हेमेन्द्र कोठारी अध्यक्ष, डी एस पी मेरिल लिंच का दावा है कि अनेक भागीदारी के इच्छुकों को उन्होंने मना ही कर दिया। कारण यही था कि जयपुर में उनके रहने योग्य कमरे नहीं मिल पा रहे थे। उन्हें कम से कम 250 कमरों की ज़रूरत थी, किन्तु वे 180 की ही व्यवस्था कर पाए.। महत्त्वपूर्ण आर्थिक गोष्ठियों के आयोजन में भारत में होटलों के कमरों की कमी एक बड़ी बाधा सिद्ध होती है—पर उस बारे में हम किसी और लेख में चर्चा करेंगे। इस बार की गोष्ठी का आयोजन बहुत ही अच्छे सुअवसर पर हुआ था—सेंसैक्स ने अभी-अभी 10,000 का महत्त्वपूर्ण मनोवैज्ञानिक पड़ाव पार किया है—और सकल घरेलू उत्पाद में 8 प्रतिशत की वृद्धि का बड़ा उत्साहवर्धक अनुमान भी अभी सामने आया है। इन दोनों ही बातों ने निवेशकों में एक नई स्फूर्ति का संचार कर दिया है। इस बार की गोष्ठी के भागीदार संसाधन-सम्पन्न और उत्साह से ओतप्रोत थे—आमतौर पर हमारा वास्ता बात-बात में शिकायतें करने वालों से अधिक पड़ता रहा है। द्विपक्षीय बैठकों (आमने-सामने बैठकर सम्भावित सहयोगियों से विचार-विमर्श) में प्रायः अधिक सकारात्मक परिणाम सम्भव होते हैं। इस बार भारत के अनेक दिग्गज इन बैठकों में भाग ले रहे थे—कुछ एक नाम इस प्रकार है : रिलायंस, इन्फोसिस, भारती, टिस्को, रैनबैक्सी, जैट ऐयरवेज़ और एल एंड टी। इनके अतिरिक्त भी अनेक बड़े उद्योगपति जयपुर में डेरा डाले हुए थे। आखिर पिछले दो-तीन वर्षों में ऐसा क्या बदल गया है? सबसे बड़ा बदलाव तो

अपेक्षाओं में आया है। यह विश्वास दृढ़तर हो रहा है कि भारत की सफलता धारणीय है और जोखिम की आशंकाएँ कहीं क्षीण ही हैं। पहले ऐसी सभी बैठकों/गोष्ठियों में अपूर्ण सुधारों, नीतिगत त्रुटियों, नियमन व्यवस्था की अपारदर्शिता और नौकरशाही एवं व्यवस्था की चिर-परिचित जटिलताओं को लेकर अतृप्त इच्छाओं और अभिलाषाओं की विशाल सूचियों का पठन-पाठन होता रहता था। किन्तु इस बार ये अभिलाषा सूचियाँ संरोधों से नहीं, सुयोगों से जुड़ी थीं। निवेशक भारत में दिखाई दे रहे सुयोगों से लाभान्वित होने के लिए यहाँ अपने-अपने सम्भावित सहयोगी उद्यमियों से तालमेल की रूपरेखा गढ़ने में व्यस्त थे। उनके इरादे मज़बूत दिखाई दे रहे थे—वे भारत के उन्नयन में सम्भावित लाभ से अपने को लाभान्वित करने को उत्सुक थे।

दूसरे, अनेक दिशाओं में अब सुधार कार्यों के संवेग को अब सभी स्वीकार कर रहे हैं। सड़कें सुधर रही हैं, नागर विमानन उदार हो रहा है, विमानपट्टनों के आधुनिकीकरण के आसार बन रहे हैं और दूरसंचार तो सफलता का सर्वोत्कृष्ट उदाहरण ही है—हाँ, एक विद्युत् क्षेत्रक में कुछ ढुलमुलपन अभी बना हुआ है। जगजाहिर सफलता, सरकार द्वारा समय-समय पर उपयुक्त घोषणाएँ (भले ही सभी पर आचरण नहीं हो पाया हो।) अमेरिका से युक्तिपरक सहयोग और चीन तथा दक्षिण पूर्व एशियाई देशों के संघ से सम्बन्धों में सुधार ने निश्चय ही एक सकारात्मक और निर्णायक मनोवैज्ञानिक प्रभाव छोड़ा है।

तीसरे, संस्थागत निवेशक स्वभावतः ही एकदम नए तथा दीर्घ निर्माणकाल के प्रकल्पों में धन लगाने में संकोच करते हैं। उन्हें तो पहले से ही स्थापित कम्पनियाँ अच्छी लगती हैं और उनमें भी निवेश विविधता द्वारा वे जोखिम का पूर्वोपाय करना श्रेयस्कर मानते हैं। इसीलिए प्रमुख भारतीय उद्यमियों से उनके द्विपक्षीय विमर्श बहुत ही उत्पादक रहे। मध्यम अवधि की दृष्टि से शहरी उपनगर निर्माण में बहुत रुचि दिखाई दी। परिवहन, निर्माण, विशेष आर्थिक क्षेत्र और नव प्रकल्प वित्तीयन के लिए बन रही विशेष उद्देशी कंपनियों में भागीदारी को लेकर भी बहुत उत्साह दिखाई पड़ा। मेरिल लिंच ने भारतीय बाज़ार और अर्थव्यवस्था पर अपने 'दस विचार—2006' भी प्रस्तुत किए। इनमें प्रमुख थे : वर्ष 2006 एक सुदृढ़ीकरण का वर्ष होगा, बाज़ार कुछ उतार-चढ़ाव सहित संवृद्धिशील बना रहेगा और सभी उदीयमान बाज़ारों के साथ इसका गहरा सह-सम्बन्ध रहेगा। बढ़ती हुई ब्याज दरों के बावजूद उपभोग-चक्र के उन्नयन के कारण आर्थिक संवेग बना रहेगा और संरचना क्षेत्र में भारी निवेश आर्थिक संवृद्धि का बहुत बड़ा संप्रेरक सिद्ध होगा। वृद्धिमान ब्याज दरें स्फीतिकार अपेक्षाओं का दमन करेंगी, चालू खाते का घाटा कुछ बढ़ेगा और विदेशी मुद्रा भंडार संचयन की रफ्तार कुछ कम होगी। एक सुखद आशा यह भी है कि पश्चिम बंगाल, केरल, आसाम, तमिलनाडु और

पांडिचेरी के विधान सभा चुनावों के बाद केन्द्र सरकार के सहयोगी दल सुधारों की गति बढ़ाने में अधिक सहयोग को तत्पर दिखाई देंगे। तेल कीमतों में सम्भावित गिरावट से ब्याज दर और स्फीति दर पर अंकुश लगेगा। पेन्शन कोष सुधार विधेयक पारित होने पर अंश पूंजी में निवेश को बहुत संबल मिलने की आशा है। हाँ, ये आशंका भी है कि कई वर्षों से भारत में विदेशी संस्थागत निवेश की अच्छी आगम रही है किन्तु विश्व तरलता वातावरण में किसी बड़े परिवर्तन के कारण कहीं यह आगम विशुद्ध भारी निर्गम में न बदल जाए।

ये सारी आशावादिता प्रयोजनयुक्त कार्यवाही की मान्यता पर ही आधारित है। अत्यधिक लोकरंजनाहीन बजट, राजकोषीय सद्विवेक की पुनः प्रतिष्ठा, सीमा करों को एसिआन की दरों के अनुरूप करना, उदार कर दरें और कर-व्यवस्था का सरलीकरण (शब्दजाल गढ़ कर अनावश्यक मीनमेख की रचना से रहित) बीमे में निवेश की आश्वासित सीमा का विधेयन, पेन्शन विधेयक शीघ्र पारित करना, बैंक सुधार की दिशा में ठोस कदम (निरे आश्वासन नहीं) और श्रमनीतियों में लचीलापन आदि वे पूर्व शर्तें हैं जिनके पूरा होने पर वर्तमान उच्चापेक्षताओं का वातावरण 'स्थायी' रूप धारण कर सकेगा। नीति निर्धारकों को लक्ष्य स्तम्भों के और खिसक जाने की चिन्ता नहीं करनी चाहिए—आखिर हम नित्य निरन्तर नव क्षितिजों की ओर अग्रसर हैं। किन्तु यदि 2006 का वर्ष एक सुदृढ़ीकरण का वर्ष भी सिद्ध हो तो हमें हताश नहीं होना चाहिए।

12 फरवरी, 2006

6

व्यापार-वरीयता अनुबंध : संरोध या निर्माण आधार

लगता है भारत ने व्यापार-वरीयता अनुबन्धों के नवीन निदर्शन को पूरी तरह अंगीकार कर लिया है। भारत-चीन संयुक्त अध्ययन दल द्वारा दोनों देशों के प्रधानमंत्रियों के प्रस्तुत प्रतिवेदन हमें भारत-चीन व्यापार-वरीयता अनुबन्ध—यहाँ तक कि सर्वग्राही आर्थिक सहयोग अनुबन्ध के जटिलता-भरे उद्यम की ओर अग्रसर कर रहा है। सिंगापुर के साथ भी ऐसा ही सर्वग्राही अनुबन्ध होने वाला है। हम ब्राज़ील, अर्जेन्टीना, उरुग्वे और पराग्वे के संयुक्त 'मर्कोसर' गुट के साथ भी इसी प्रकार की वार्ताएँ प्रारंभ कर चुके हैं।

थाईलैंड और आसिआन देशों के साथ पहले से निर्धारित विषय-सूची के अनुसार वार्ताएँ चल रही हैं। वरीयता अनुबन्धों के आधार पर आज हमारे व्यापार का 55 प्रतिशत सम्पन्न हो रहा है। यूरोपीय यूनियन और नेफ्टा ने मार्ग प्रशस्त किया है, उसी का अनुसरण कर आज अनेक देश अपने-अपने बड़े व्यापार गुट बनाने का प्रयास कर रहे हैं। भले ही 1991 के बाद से भारत के व्यापार—सकल घरेलू उत्पाद अनुपात में काफी सुधार आया है किन्तु यह अभी भी (2003) में 32 प्रतिशत पर ही टिका हुआ है। विश्व विकास सूचक के आँकड़ों का प्रयोग करें तो 2003 में विश्व में केवल तीन ऐसे देश थे जिनके ये अनुपात भारत से कम थे। ये देश थे सीरिया, बुरुंडी और सूडान। बुरकीना फॉसो और बंगला देश भी भारत से बस ज़रा-सा ही आगे निकल गए थे (34 प्रतिशत)। भारत के व्यापार निष्पादन को मिल रही व्यापक वाह-वाही को देखते हुए ये आँकड़े कुछ विचित्र से लगते हैं। यह बात तो ठीक है कि हमारे आयात-निर्यात बड़े विशाल लगते हैं किन्तु सकल उत्पाद के रूप में तो उपलब्धियाँ कुछ 'फीकी' ही लगती हैं।

हम बड़ी तेज़ी से वरीयता अनुबन्धों की ओर दौड़ रहे हैं, किन्तु कुछ

महत्त्वपूर्ण मुद्दों का स्पष्टीकरण होना अभी बाकी है। हमें भेदभाव रहित बहुपक्षीय व्यवस्था की तुलना में द्विपक्षीय वरीयता अनुबन्ध क्यों भा रहा है? कहीं इसका कारण यह तो नहीं कि ये अनुबन्ध छोटे-छोटे होते हैं। दरवाज़े नहीं, छोटी-छोटी खिड़कियाँ ही खुलती हैं और इसी नाते इनका आन्तरिक हितों पर विशेष प्रभाव नहीं पड़ता? या इनके कारण रूढ़ आन्तरिक हितों पर आघात नहीं होता, भले ही उत्पादित दक्षता में वृद्धि भी सीमित रह जाती हो? क्या हम ये अनुबन्ध इस 'विश्वास' के कारण तो नहीं कर रहे कि थोड़ा-बहुत उदारीकरण करना बिल्कुल न करने से तो बेहतर होगा? और कि कुछ खुलापन पूर्ण प्रतिबन्ध से तो श्रेयस्कर ही होगा?

यदि ध्यान से मूल्यांकन किया जाए तो व्यापार वरीयता अनुबन्धों के ये लाभ स्पष्ट होते हैं :

- ये अनुबन्ध भी व्यापार अनुबन्ध हैं और इनसे तुलनात्मक लाभों का संवर्धन अभीष्टतम स्तर पाना सम्भव हो सकता है।
- इन अनुबन्धों की राजनीतिक व्यवहार्यता अधिक होती है, बिना अधिक आनतरिक विरोधों के इन्हें लागू किया जा सकता है।
- इनसे भी बाज़ार का आकार विस्तृत होता है, और दक्षता, उत्पादिता वृद्धि के परिणामस्वरूप बाह्य मितव्ययताओं में अविवर्तनीय सुधार आता है
- अनुबन्ध सहभागियों के बीच प्रत्यक्ष विदेशी निवेश को बढ़ावा मिलता है। सहभागियों के बीच सुरक्षा आदि को लेकर अविश्वास की भावना का निवारण होता है। व्यापार और आर्थिक परस्परता में वृद्धि देशों के बीच विश्वास की भावना को सुदृढ़ करने में सहायक होती है।
- इनसे व्यापार-वरीयताओं के दायरों का विस्तार होता है, और अन्ततः ये व्यापक बहुमुखी व्यापार-व्यवस्था में विलीन हो जाते हैं।

इसके विपरीत कुछ नकारात्मक प्रभाव भी होते हैं—जिनकी ओर ध्यान देना भी उतना ही ज़रूरी है :

- उपलब्ध आँकड़ों से आभास होता है कि वरीयता अनुबन्ध उस स्तर पर उत्पादिता वृद्धि नहीं कर पाते हैं जो बहुपक्षीय व्यवस्था में प्राप्त हो जाता है। इनके सदस्यों और अन्य देशों के बीच व्यापार का स्वरूप विकृत हो जाता है और इस प्रकार अकुशलतायुक्त विशिष्टीकरण की सम्भावनाएँ प्रबल हो जाती हैं।
- वरीयता अनुबन्धों के आधार पर सृजित नवीन उत्पादन विश्व बाज़ार में स्पर्धात्मक कीमतों पर नहीं बिक पाता। वर्तमान उद्योगों की स्पर्धा क्षमता कम रह जाती है। इस प्रकार से बाजार में पहुँच से होने वाले क्षेमलाभ तो राष्ट्रस्तरीय सुधारों से सम्भावित लाभ से भी कम रह जाते हैं। यह तो

गरीबों की और आय के प्रवाह को बढ़ाने की एक निकृष्ट विधि ही सिद्ध होगी।

- एक और समस्या निवेश के अपरिवर्तनीय स्वरूप के कारण पैदा होती है। यह भागीदार देशों में ऐसी अकुशल क्षमताओं का निर्माण कर देता है। वे विश्व-स्तरीय स्पर्धाक्षमता को खो कर भी वर्षों तक परस्पर ही व्यापार करने के लिए बाध्य बने रहते हैं।
- वरीयता अनुबन्धों से बँधे देश सशक्त प्रतिरक्षण संगुटों का रूप धारण कर सकते हैं। इन संगुटों का विघटन बहुत जटिल हो जाता है। यही नहीं, इन संगुटों की राजनीतिक क्षमता भी बहुत विशाल हो जाती है। किसी देश को एक अकुशल उत्पादन तन्त्र का बन्दी बनाकर ये अनुबन्ध उसकी अधिक स्पर्धाशील अन्तरराष्ट्रीय व्यापार से लाभान्वित होने की क्षमता को ही कुण्ठित कर देते हैं। केवल उसी दशा में कोई देश वरीयता अनुबन्ध से लाभ उठा सकता है जबकि इस अनुबन्ध के सहभागियों के साथ उसकी तुलनात्मक लाभ की स्थिति और शेष विश्व की तुलना में विशिष्टीकरण में कोई अन्तर न हो।

तो फिर भारतीय सन्दर्भ में इसके निहितार्थ क्या होंगे? हमारे देश में सीमाशुल्क दरें आसपास के देशों से उच्च ही हैं। अतः हमारे लिए व्यापार से लाभ तो अधिक आकर्षक नहीं लगता। किन्तु यदि इन अनुबन्धों में निवेश, सेवाएँ और कुशल श्रमशक्ति का अधिक स्वतन्त्रतापूर्वक आवागमन भी समाहित कर दिया जाए तो फिर इनके प्रभावों का मूल्यांकन करना अधिक जटिल हो जाएगा।

फिर इन अनुबन्धों का मूल्यांकन केवल व्यापार उदारीकरण के स्तर के आधार पर नहीं बल्कि अधिक निवेश, तकनीकी सहयोग, आप्रवासन समझौतों और इनके गुणक प्रभावों के आधार पर करना अधिक तर्कसंगत होगा। हमारी उच्च सकल घरेलू उत्पाद संवृद्धि दर, शहरी और ग्रामीण क्षेत्रों की विशाल मध्य आय जनशक्ति द्वारा सृजित विशालकाय बाज़ार में भागीदार बनने को तो सभी देशों के व्यापारी व्यवसायी लालायित होंगे।

फिर भी भारत की दृष्टि से भी ये वरीयता अनुबन्ध बहुराष्ट्रीय व्यापार का स्थान नहीं ले सकते। हम ऐसी किसी व्यवस्था को बढ़ावा नहीं दे सकते जो देशों को ऐन क्रूगर के शब्दों में 'परस्पर असंगत व्यापार प्रतिबन्धों के गुच्छों से भरे भँवर' में झोंक दे। बस यही आशा की जा सकती है कि यह अनुबन्धों की खोज हमें आसियान की उच्चतम सीमाशुल्क दरों की ओर शीघ्र अगसर होने में सहायक सिद्ध होगी।

इन अनुबन्धों का मूल्यांकन निवेश के बेहतर प्रवाहों, श्रम उत्पादिता वृद्धि और अनेक क्षेत्रों में हमारी अप्रस्फुटित तुलनात्मक योग्यताओं का पूरा लाभ उठाने

में सफलता के आधार पर ही होना चाहिए। इनका दीर्घकालिक महत्त्व तो नीति परिवर्तन की गति में त्वरण और राजकोषीय, कर नीति, श्रम कानूनों, विदेशी निवेश के प्रति व्यवहार और पर्यावरण नियमन आदि में अन्तरराष्ट्रीय स्तर की व्यवस्थाओं की रचना में ही उजागर होगा। तभी ये वरीयता अनुबन्ध तीव्रतर विकास में सहायक सिद्ध होंगे—बाधक नहीं।

अनुलेख

सिंगापुर के साथ व्यापक आर्थिक सहयोग अनुबन्ध जून, 2005 में अन्तिम रूप पा गया था। किन्तु इसके क्रियान्वयन में कुछ समस्याएँ सामने आई हैं जिनका निराकरण अभी नहीं हो पाया है।

वरीयता अनुबन्धों और बहुमुखी व्यापार के मुद्दों पर विचार-विमर्श अभी चल रहा है। भले ही कुछ सकारात्मक स्वर सुनाई दे रहे हों किन्तु 'विकास दौर' कहे जाने वाले 'दोहा वार्ता' दौर में अभी गतिरोध बना हुआ है। यह भी अभी स्पष्ट नहीं है कि अमेरिकी संसद द्वारा उसके वार्ताकारों को दिए गए शीघ्र निर्णय अधिकार इस वर्ष जुलाई के बाद भी जारी रहेंगे या नहीं।

हाँ, भारत अनेक एशियाई देशों के साथ वरीयता अनुबन्धों के प्रयास कर रहा है और सीमा शुल्क दरों को आसियान स्तर पर ले जाने के प्रयास इसमें बहुत सहायक होंगे। किन्तु ऐसी 'अनाभीष्ट' आर्थिक गतिविधियाँ निश्चय ही भविष्य में बहुराष्ट्रीय व्यवस्था से तालमेल में बाधक सिद्ध होंगी। अर्थशास्त्रियों और पत्रकारों की टिप्पणियों में तो निरन्तर 'नहीं के स्थान पर कुछ प्रगति बेहतर है', की अनुगूँज सुनाई दे रही है।

24 अप्रैल, 2005

7

आर्थिक कूटनीति के सिद्धान्त

जैसे-जैसे भारत की अर्थक्षमता में वृद्धि हो रही है और विश्व का आर्थिक समेकन हो रहा है वैसे-वैसे ही आर्थिक कूटनीति का महत्त्व भी अधिक होता जा रहा है। ये बात प्रधानमंत्री ने कार्यभार संभालते ही समझ ली थी। इसी सूझ का एक सकारात्मक परिणाम अन्तरराष्ट्रीय आर्थिक सम्बन्धों पर उच्च शक्ति प्राप्त समिति का गठन रहा। स्वतन्त्रता के बाद चार दशकों तक तो हम खाद्य-सुरक्षा और अपने नाज़ुक 'भुगतान सन्तुलन' की चिन्ता में ही व्यस्त रहे थे। हमारी सारी आर्थिक कूटनीति पारस्परिक सम्बन्धों को मज़बूत कर विश्व बैंक प्रायोजित भारत सहायता क्लब में अपने लिए समर्थन जुटाने तक ही सीमित रह जाती थी। किन्तु उन दोनों उद्देश्यों की प्राप्ति में सफलता के बाद '90 के दशक मध्य से हमारी कूटनीति के स्वरूप में एक बड़ा बदलाव आ गया है। अब हम उच्च संवृद्धि दर, विदेशी मुद्रा कोष में निरन्तर वृद्धि, आर्थिक उदारीकरण और अधिक विदेशी निवेश को आकर्षित करने के प्रयास में नवीन कूट युक्तियों को अपना रहे हैं। तो फिर इस परिवर्तित परिवेश में आर्थिक कूटनीति के सिद्धान्त क्या होने चाहिए?

- सर्वप्रथम तो व्यापक विदेश नीति के घटक के रूप में इन नीतियों को भी हमारे सभी युक्तिगत हितों के संवर्धन में सहायक होना चाहिए; इनमें पड़ोसियों से सम्बन्धों को बनाए रखने, प्रतिरक्षा आवश्यकताओं को पूरा करने, ऊर्जा सुरक्षा की प्राप्ति और संयुक्त राष्ट्र सुरक्षा परिषद् की स्थायी सदस्यता पर भारत के न्यायाधारित दावे के लिए समर्थन जुटाने की क्षमता होनी चाहिए।
- वृद्धिमान निर्यातक समुदाय मंचों के हितों का संरक्षण-संवर्धन करने तथा बहुराष्ट्रीय मंचों पर हमारी स्थिति को सुदृढ़ करते हुए अपने लिए व्यापार वरीयता अनुबन्धों में बेहतर शर्तों की खोज भी इस आर्थिक कूटनीति का एक प्रमुख ध्येय होना चाहिए।
- इसे भारत को विदेशी निवेश के एक लाभप्रद गन्तव्य के रूप में निरूपित करना चाहिए; साथ ही उदारीकरण द्वारा सुयोग संवर्धन, संसाधन और

उच्च योग्यता सम्पन्न पूँजी की अन्वेषण के माध्यम से अपनी स्पर्धा का परिपोषण भी इस नीति द्वारा होना ही चाहिए।

- निवेश को आकर्षित करने में 'भारत के नाम' की विशिष्टता, पर्यटन के महत्त्वपूर्ण केन्द्र के रूप में इसकी प्रतिष्ठा, व्यवसायी सेवाओं को आकर्षित करने और इनसे जुड़ी अनेक आर्थिक गतिविधियों को बढ़ावा देने पर भी इन नीतियों को केन्द्रित होना चाहिए।
- भारतीय उद्यमी अब अन्तरराष्ट्रीय स्तर पर स्पर्धा में समर्थ हो रहे हैं, वे अपनी जटिल एवं बहुमुखी आवश्यकताओं की पूर्ति हेतु अन्तरराष्ट्रीय स्तर पर निवेश के अवसर खोज रहे हैं। उनके लिए उचित जानकारी समुच्चय या आधार की रचना, उस जानकारी का व्यापक संप्रेषण, उनके व्यापार हितों के संवर्धन के लिए विदेशी सरकारों के साथ वार्तालाप, विदेशी कानूनी समस्याओं आदि के निदान में उनकी सहायता करना भी आर्थिक कूटनीति का एक महत्त्वपूर्ण घटक होना चाहिए।

और अन्ततः निकट पड़ोस से आगे बढ़कर अन्य उदीयमान विश्व बाज़ारों में युक्तिसंगत निवेश द्वारा प्रतिष्ठा-संवर्धन और विश्व नेतृत्व के अपने दावों को पुष्ट करना भी इस नीति का लक्ष्य होना चाहिए। ये इधर-उधर सहायता अनुदान देने से कहीं आगे निकलकर उन देशों में संरचनागत निवेश, अधिक तकनीकी सहयोग और मानवीय पूंजी संवर्धन में सहायता के माध्यम से सम्पन्न होने वाले कार्य हैं।

क्या इन उद्देश्यों की पूर्ति के लिए हमने उचित संरचनाओं की रचना कर ली है? शायद अभी तक तो नहीं। भारतीय कूटनीतिज्ञों की क्षमताओं पर किसी को सन्देह नहीं करना चाहिए—वे किसी से कम नहीं हैं, और अपने सीमित संसाधनों का प्रयोग कर देश की बहुमुखी आवश्यकताओं की सम्पूर्ति में सदैव प्रयत्नशील रहे हैं। यह ठीक है कि दशकों तक आर्थिक मामलों की वरीयता का स्तर न्यून ही रहा है। पर अब बात बदल चुकी है। किन्तु हमारे दूतावासों में जन और धन शक्तियों का निरन्तर अभाव बना रहता है। कुछ एक मामलों को छोड़कर प्रतिनिधित्व हेतु अनुदान बहुत ही अपर्याप्त रहते हैं। उनका भी अधिकांश प्रतिनिधि मण्डलों के विदेशी दौरों पर ही खर्च हो जाता है, नवीन आवश्यकताओं की व्यवस्था पर व्यय के लिए बहुत कम राशि बच पाती है।

इस दिशा में एक व्यावहारिक एवं ठोस योजना बनाने की आवश्यकता है। उसमें इन बातों को समाहित किया जाना चाहिए।

- भारत के विदेश मन्त्रालय के बजट पर पुनः विचार होना चाहिए। हमारा यह बजट राष्ट्रीय बजट का मात्र 0.75 प्रतिशत है, जबकि कनाडा में यह 2.15 प्रतिशत, न्यूज़ीलैंड में 1.3 प्रतिशत और सिंगापुर में एक प्रतिशत से अधिक है। हमारे देश का यह अनुपात बहुत से देशों की तुलना में कम है। यही नहीं, दूतावासों में तो विदेश मंत्रालय के मात्र पाँच में से एक कर्मचारी

ही कार्य कर रहे हैं। शेष विश्व में प्रायः दो तिहाई कर्मचारी दूतावासों में काम करते हैं। अतः सबसे पहले तो बजट बढ़ाया जाना चाहिए और दूसरे अधिक कर्मचारियों को दूतावासों की ओर रवाना किया जाना चाहिए।

- कभी विदेश मन्त्रालय देश के गोलरक्षक की केन्द्रभूत या महती भूमिका निभाता था। अब अनेक मन्त्रालय विदेशों से सम्बन्ध सुधारने/विकसित करने की पहल कर रहे हैं। अतः पैट्रोलियम, वाणिज्य और आर्थिक कार्य विभागों के प्रयासों को और प्रभावी बनाने के लिए उनमें समन्वय का दायित्व विदेश विभाग को सौंपा जा सकता है। इसके लिए उन विभागों के दायित्व विदेश विभाग को हस्तान्तरित करने की आवश्यकता नहीं है—केवल अन्तरविभागीय समन्वय व्यवस्था को सुधारना पर्याप्त होगा। इस प्रकार विदेश विभाग के पुनर्गठन के साथ-साथ हमें वाणिज्य और आर्थिक कार्यविभागों की भी पुनःरचना करनी होगी। वाणिज्य विभाग के पुनर्गठन में अमेरिका के व्यापार प्रतिनिधि विभाग की नकल तो आवश्यक नहीं है (वहाँ इस विभाग में अनेक गणमान्य विधि विशेषज्ञ भी काम करते हैं) फिर भी वाणिज्य विभाग के व्यापार नीति खण्ड में संसाधन उपलब्धता की स्थिति बहुत ही दयनीय है। इसी प्रकार यदि आर्थिक कार्य विभाग को घरेलू क्षेत्र में आर्थिक सुधारों को तीव्र करने और विदेशी निवेश को आकृष्ट करने की दोहरी भूमिका प्रभावी रूप से निभानी है तो इसे पुनर्गठित करना ही होगा। इसके अनेक निर्णायक पक्षों को सशक्त बनाना होगा।
- भारतीय दूतावासों के पुनर्गठन के लिए अच्छा आँकड़ा आधार विकसित करने और विभिन्न विशेषज्ञता सम्पन्न विभागों-संस्थानों (जैसे कि विभिन्न व्यापार व्यवसाय उद्योग संगठन आदि) से चुने हुए प्रतिभाशाली व्यक्तियों को उनमें (दूतावासों में) नियुक्त करना होगा। देश में विदेश विभाग तथा महत्त्वपूर्ण देशों में स्थित दूतावासों में प्रतिभा और विशिष्ट योग्यताओं के समावेश की तथा मानवीय पूँजी विकास की आवश्यकता को अब और अधिक समय तक दृष्टिगत नहीं किया जा सकता। हमें उन देशों से बहुत कुछ सीखना होगा जिन्होंने इस कार्य में बड़ी सफलताएँ अर्जित की हैं।

साझा सरकार की राजनीति ने प्रधानमंत्री को प्रशासन सुधारने की अधिक फुरसत नहीं दी है। इस दिशा में कोई भी प्रयास मंत्रालयों और विभागों की पूर्णरूपेण पुनःरचना के बिना सार्थक सिद्ध नहीं होगा। अन्तरराष्ट्रीय सम्बन्धों से सम्बद्ध आर्थिक विभागों के साथ तालमेल सहित विदेश विभाग का पुनर्गठन और इसके कार्यों का पुनः केन्द्रण अब आवश्यक हो चला है। अब वह समय आ गया है जब हमारी आर्थिक कूटनीति को भारत के विषय में उभर रही नवीन अनुभूति (कि भारत एक उदीयमान आर्थिक महाशक्ति है) के अनुरूप बनाने का कार्य आरम्भ किया जाना चाहिए।

20 नवम्बर, 2005

8

फ्रांस से सम्बन्ध : वाइन और चीज़ से आगे की मंज़िलें

मैं आजकल भारत-फ्रांस संघ की द्वितीय भारत विषयक बैठक में भाग लेने पेरिस आया हुआ हूँ। यह बैठक संघ के अध्यक्ष क्रिश्चियन पोंसेले के सान्निध्य में फ्रांस की सीनेट के भवन में हो रही है। फ्रांस के सैनेटरों, प्रमुख व्यवसायियों और फ्रांसीसी समाज के गणमान्य वर्ग के प्रतिनिधियों के समक्ष अपने विचार प्रस्तुत करने का यह सौभाग्य मुझे दूसरी बार प्राप्त हुआ है। इस बैठक में भारत पर एक समग्र दृष्टि से चर्चा होगी—यहाँ भारत की आर्थिक प्रगति, प्रौद्योगिक परिवर्तन, सांस्कृतिक धरोहर, कानूनी व्यवस्था आदि के साथ-साथ फिल्म उद्योग तक पर परिचर्चाएँ आयोजित की जा रही हैं। अतः यह विचार करना आवश्यक है कि भारत-फ्रांस सम्बन्धों को और आगे बढ़ाने के सुयोग क्या हो सकते हैं, इस कार्य में क्या बाधाएँ सम्भावित हैं—विशेष रूप से नए आर्थिक सुअवसर किस प्रकार के हैं। उन्हें यह शिकायत है कि हमने सुरक्षा परिषद् की स्थायी सदस्यता पर उनके समर्थन और परमाणु परीक्षण के बाद भी (फ्रांस द्वारा) अस्पृश्यतापूर्ण व्यवहार न किए जाने का उचित प्रतिदान नहीं दिया है।

गोलमेज़ सम्मेलन, युक्तियुक्त विमर्श और दोनों पक्षों के राजनेताओं के दौरों ने परस्पर समझबूझ को और उच्च स्तर तक पहुँचाया है। फिर भी आर्थिक सम्बन्धों में स्थिरता नहीं, तदर्थता ही दृष्टिगोचर हो रही है। फ्रांसीसी व्यवसायी भारत की आर्थिक और वित्तीय प्रगति पर सकारात्मक टिप्पणियों से बहुत प्रभावित हैं और भारत में अपनी उपस्थिति दर्ज करना चाहते हैं किन्तु अभी उनका प्रारम्भिक 'संकोच' बना हुआ है।

पुराने कटु अनुभवों की स्मृतियों को दूर करना ही होगा। निवेश को समाज, बैंक और वित्तीय संस्थानों के बड़े सक्रिय रूप से अपने साथ जोड़ने की आवश्यकता

है। इस सन्दर्भ में इन बातों पर विचार किया जाना चाहिए—

द्विपक्षीय व्यापार की दृष्टि से फ्रांस यूरोपीय देशों में हमारा पाँचवां 'बड़ा' भागीदार है—पर इससे हमारा समग्र व्यापार मात्र 230 करोड़ डालर का ही होता है। भारत से निर्यात का मूल्य 120 करोड़ डालर और शेष फ्रांस से आयात है। हमारे समग्र विश्व को निर्यात अधिक नहीं हैं और उनमें से भी फ्रांस को केवल 2.3 प्रतिशत माल ही भेजा जाता है—वहाँ से आयात हमारे समस्त आयात का 1.3 प्रतिशत रहता है। फ्रांस के कुल आयात में भारत से आया माल 0.45 प्रतिशत ही है—यह हमारे विश्व व्यापार के अंश से भी कम है। निवेश के आंकड़े भी इसी प्रकार नगण्यता की अनुभूति कराते हैं। अभी तक भारत सरकार द्वारा प्रत्यक्ष विदेशी निवेश के जिन प्रकल्पों को स्वीकृति दी गई है उनमें फ्रांसीसी कम्पनियाँ केवल तीन प्रतिशत अर्थात् 172 करोड़ डालर का निवेश करने जा रही हैं।

वास्तविक निवेश प्रवाह भी तीन प्रतिशत ही है। फ्रांस के साथ आर्थिक नीति युक्तियों पर वार्तालाप को एक 'गुणात्मक' लाभ माना गया है। इसके आर्थिक परिणाम अस्पष्ट ही हैं—पर ऐसे वार्तालाप आदि आवरण में ही ढके रहें तो बेहतर होता है—परदा उठा देने पर उनकी समस्त महिमा खण्डित होकर रह जाती है।

इन मामलों पर ये सुझाव कुछ काम आ सकते हैं; भारत से 500 के लगभग विद्यार्थी ही प्रतिवर्ष फ्रांसीसी संस्थाओं में अध्ययन के लिए जाते हैं। अगर ब्रिटेन जा रहे 15,000 तथा अमेरिका जा रहे 70,000 से तुलना करें तो यह संख्या बहुत ही क्षुद्रता की अनुभूति प्रदान करेगी। एक बड़ी बाधा तो भाषा की ही होती है। फ्रांसीसी सरकार ने भारत में अपनी सांस्कृतिक प्रशाखा एलाएंस फ्रेंकेसे (Alliance Francaise) के कार्यों का विस्तार करने के प्रयास किए हैं। किन्तु ये पर्याप्त नहीं कहे जा सकते। भारतीय विश्वविद्यालयों को फ्रांसीसी भाषा सिखाने के विशेष प्रयास करने चाहिए। भारतीय उद्योग महासंघ आदि इस भाषा के अध्ययन हेतु छात्रवृत्तियों आदि के माध्यम से सहयोग कर सकते हैं। अविचारित व्यवधान के बाद हमने फिर से फ्रांसीसी सहायता लेना आरम्भ कर दिया है—ये सहायता राशियाँ भाषाशिक्षण कार्यक्रमों में भी प्रयुक्त हो सकती हैं। फ्रांसीसी विश्वविद्यालयों में भारतीय छात्रों की संख्या वृद्धि के बहुगुणित सद्प्रभाव होंगे। भारत में निवेश के अवसर तो विद्यमान हैं ही। भारत द्वारा फ्रांस से वायुयान, पनडुब्बियों और लड़ाकू हवाई जहाज़ों (मिराज) की खरीदारी में विलम्ब भी फ्रांस को बहुत अखर रहा है।

भले ही फ्रांस की कम्पनियों में भारत-विषयक जानकारी का स्तर अभी निम्न ही है किन्तु यहाँ ऊर्जा, विशेषकर विद्युत और परमाणु ऊर्जा और जल प्रबंधन आदि क्षेत्रों में व्यावसायिक सहयोग के विस्तृत अवसर पैदा हो रहे हैं। जीवाश्मीय ऊर्जा के सिमटते साधनों और विराट जन सम्पदा तथा निरन्तर विकास

के कारण ऊर्जा की बढ़ती खपत के सन्दर्भ में परमाणु ऊर्जा निश्चय ही उज्ज्वल भविष्य का मार्ग प्रशस्त कर सकती है। इस ऊर्जा के उपलब्धता सुधारने में फ्रांसीसी सहयोग की तुरन्त आवश्यकता प्रतीत हो रही है। मध्यम अवधि में भी हाल ही में यूरोपीय यूनियन शिखर सम्मेलन द्वारा अनुमानित 1,00,000 मैगावाट परमाणु ऊष्मा आधारित विद्युत् उत्पादन क्षमता का लक्ष्य निर्धारित करना ही होगा। आज भले ही यह लक्ष्य बहुत महत्त्वाकांक्षी लग रहा हो किन्तु यह हमारी सारी विकास प्रक्रिया को एक नया रूप और कलेवर प्रदान कर सकता है। संयुक्त कार्य दलों को ठोस प्रकल्प तय करने चाहिए, उनमें फ्रांसीसी संस्थाओं की अंश पूंजी में भागीदारी या उद्यमीय सहयोग अवश्य होना चाहिए। यह इस कारण से भी आवश्यक है कि भारत में तो विद्युत् विशेषकर परमाणु ऊर्जा क्षेत्रों में अभी तक सार्वजनिक उद्यम ही छाए हुए हैं।

कृषि क्षेत्र में भारी-भरकम साहाय्यों की कमी होने पर फ्रांस हमारे कृषि उत्पादनों का एक अच्छा बाज़ार बन सकता है। भारत में भी फ्रांसीसी उत्पादों के बाज़ार के विकास की सम्भावनाएँ विद्यमान हैं। अनेक देशों से कड़ी स्पर्धा के बाद भी फ्रांस—सुरा उत्पादन में अपना अग्रणी स्थान बनाए हुए है। किन्तु भारत में सुरा पर 180 प्रतिशत का भारी आयात शुल्क और इसके ऊपर से कई प्रकार के केन्द्रीय और राज्य स्तरीय कर-उपकर आदि लगते हैं। आजकल संयम में सुरापान, विशेषकर लाल द्राक्ष सुरापान के स्वास्थ्य सम्बन्धी सद्गुणों का व्यापक प्रचार-प्रसार चल रहा है। यदि शुल्कों में कमी हो तो फिर आयात सरल होगा तथा उपयुक्त क्षेत्रों में (जहाँ जलवायु और मृदा उपयुक्त हों) सुरा उत्पादन के संयुक्त उद्यमों की स्थापना सम्भव हो सकती है।

कृषि उत्पाद प्रसंस्करण क्षेत्रों में तो हमारे यहाँ कानूनों की ऐसी भरमार है कि किसी भी निवेशक के छक्के छूट जाएँगे। निश्चय ही दुनिया के 130 से अधिक देशों में बिक रहे पेरियर बोतलबन्द पानी को यदि भारत में प्रदूषित घोषित कर दिया जाए तो बड़ा विचित्र लगेगा। खाद्य पदार्थों पर एक कानून को अन्तिम रूप देने के लिए दो वर्ष पूर्व गठित मन्त्रियों का समूह अभी तक किसी निर्णय पर नहीं पहुँच पाया है। अधिक मतभेद कानूनों पर नहीं, बल्कि इस बात पर है कि उन्हें लागू करने का विशेषाधिकार किसे हो। खाद्य इंस्पेक्टर अभी भी इस मोटी कमाई के धन्धे को अपने हाथों से खिसकते नहीं देख पाएँगे।

यदि भारत को आँखें खोलने की ज़रूरत है तो फ्रांस को भी अपनी नींद से जागना होगा। बीएनपी पारिबस और सोयइटे जेनेरल जैसे फ्रांसीसी बैंकों में निजी एवं खुदरा बैंक व्यवसाय में भागीदारी को लेकर अमेरिकी प्रतिद्वन्द्वियों जैसी तत्परता और व्यग्रता कहीं भी नहीं दिखाई देती।

इसी प्रकार वाहन और वाहन कल-पुर्ज़ों के निर्माण उद्योग की बात, स्थायी

उपभोक्ता पदार्थों की या खनन् एवं धातु परिशोधन की, फ्रांसीसी उद्योगों ने इन सभी क्षेत्रों में विद्यमान भागीदारी के सभी अवसरों की अनदेखी ही की है। वास्तव में तो अब भारतीय उद्यमी ही अपने कार्यों में विविधता और दक्षता की प्राप्ति के लक्ष्य को सामने रख कर विदेशी कम्पनियों के अधिग्रहण में जुट गए हैं। लगता है उन्हें फ्रांस में निवेश के उपयुक्त अवसर भी शीघ्र ही दिखाई दे जाएँगे।

ऐस्पेन फ्रांस सत्र के भूतपूर्व फ्रांसीसी प्रधानमंत्री रेमण्ड बार्रे ने मुझसे पूछा था कि ऐटलांटिक पार तक जा रहे भारतीय छात्रों का समूह कब यूरोप को प्रशिक्षित श्रम शक्ति के अभाव से मुक्ति दिलाएगा? अमेरिका की असुरक्षा की भावना है और इंग्लैण्ड में अतिप्लावन बिन्दु पहुँचने ही वाला है। हमें भी अपने सम्पर्क सूत्रों को व्यापक बना नवीन सुअवसरों का अन्वेषण करना ही चाहिए।

फ्रांस यहाँ हमारी सहायता कर सकता है और भारतीयों को कार्याधिकार पत्र पाने में सहायक होकर वह स्वयं भी लाभान्वित हो सकता है। सौभाग्यवश भारत में हो रहे सकारात्मक परिवर्तनों को अब अनदेखा करना सम्भव नहीं रह गया है। कुछ-एक संयुक्त प्रकल्पों पर बातचीत चल रही है और निकट भविष्य में उनके व्यावहारिक स्तर तक पहुँच जाने की आशा है। भारत-फ्रांस सम्बन्धों को मनभावन पाकशास्त्रीय प्रलोभनों से कहीं आगे तक झाँकना होगा। अब वे वाइन और चीज़ तथा करी-बिरयानी तक सीमित नहीं रह सकते। जैसे पाकशास्त्री पूर्व और पश्चिम का सम्मिश्रण कर नवीन नैवेद्य सृजन कर रहे हैं, हमारे व्यावसायिक सम्बन्धों को तो नवीन आर्थिक वास्तविकताओं पर आधारित विकास करना ही होगा।

28 नवम्बर, 2004

II
भारत और चीन

9

ज्ञान-आधारित अर्थव्यवस्था : वर्चस्व का संघर्ष

भारत और चीन द्वारा अपनी-अपनी जनांकिकीय विशिष्टताओं के आधार पर उच्च ज्ञानक्षमता और नवप्रवर्तन सम्पन्न उद्यमों में दिखाई जा रही 'आक्रामकता' को लेकर अन्य क्षेत्रों में बहुत बेचैनी दिखाई पड़ रही है। संयुक्त राज्य अमेरिका में यह चिन्ता पराकाष्ठा तक पहुँच गई है। हाल ही में वहाँ एक उच्चस्तरीय समिति की रिपोर्ट आई है। इसका शीर्षक है; उमड़ते तूफान से ऊपर उठकर; बेहतर आर्थिक भविष्य के लिए अमेरिका को ऊर्जस्वी बना कार्य में जुटाना।—इसमें अनेक दूरगामी सिफारिशों द्वारा ज्ञान, श्रम एवं नवसृजना उद्यमों में अमेरिकी नेतृत्व को बनाए रखने के उपाय सुझाए गए हैं।

इस रिपोर्ट पर 'चिन्तास्पद सूचकों' के सन्दर्भ में गौर करना अधिक सार्थक होगा। अमेरिका के चौथी और आठवीं कक्षाओं के एक तिहाई छात्र भी गणित में कुशलता की कसौटी तक नहीं पहुँच पाते। बारहवीं के विद्यार्थी भी गणित और विज्ञान में 21 देशीय औसत से नीचे ही रह जाते हैं। वर्ष 2004 में अमेरिका में 70,000 इंजीनियरों ने प्रशिक्षण पाया तो चीन में 6,00,000 तथा भारत में भी 3,50,000 इस योग्यता को अर्जित कर पाए। कहीं-न-कहीं शोध और विकास व्यय में शिथिलता भी चिन्ता का विषय हो रही है। आज अमेरिकी उद्यमी शोध-विकास की अपेक्षा कहीं अधिक धनराशि का व्यय मुकदमे बाज़ी पर कर रहे हैं।

इन जानकारियों के आधार पर उस समिति ने चार मुख्य सिफारिशें की हैं। यह मानवीय, वित्तीय और ज्ञानपूंजी के आधार पर अमेरिकी समृद्धि की योजना का प्रारूप निर्धारित करेंगी। इसमें शिक्षा बहुत महत्त्वपूर्ण मानी गई है। पहली सिफारिश का तो शीर्षक ही ''10,000 शिक्षक, 10 मिलियन (एक करोड़) मस्तिष्क' रखा गया है। शेष तीन सिफारिशें हैं—शोध : बीज की बुवाई, उच्च शिक्षा (सर्वश्रेष्ठ के लिए सर्वोत्कृष्ट) और नव प्रवर्तन दर संधारण। इस कार्य योजना

में विज्ञान और गणित के शिक्षकों की अधिक नियुक्तियों, विज्ञान में अल्पावधि विशेष पाठ्यक्रमों, शिक्षकों, शोधकर्ताओं और विद्यार्थियों के लिए विशेष वित्तीय प्रोत्साहनों, उदार छात्रवृत्तियां आदि का सहारा लेकर आगे क्षरण को रोकने के उपाय सुझाए गए हैं।

साथ ही यह भी कहा गया है कि नव प्रवर्तन के लिए संप्रेरणाओं को सुदृढ़ बनाने, निवेश वातावरण सुधारने तथा बौद्धिक सम्पदा प्रतिरक्षण के साथ-साथ पेटेंट और ट्रेडमार्क कार्यालय की कार्यपद्धति को सुधारने के उपाय भी किए जाने चाहिए।

भारत को इस नई पहलकदमी के प्रति क्या दृष्टिकोण अपनाना चाहिए। अगस्त माह में ही एक ज्ञान आयोग की स्थापना की गई है। यह आयोग प्रधानमंत्री को ज्ञानोत्पादन संस्थानों, ज्ञान कोषों की रचना और ज्ञान एवं विचार प्रसार संप्रेषण आदि विषयों पर ऐसे सुझाव देगा कि भारत की ज्ञान-आधारित कुशाग्रता और तीक्ष्ण हो सके। इसकी स्थापना के अवसर पर प्रधानमंत्री ने अपने संभाषण में यही आग्रह किया है कि भारत की आर्थिक स्पर्धा क्षमता को बनाए रखने में मस्तिष्कीय शक्तियों का भरपूर प्रयोग ही निर्णायक सिद्ध होगा।

वास्तव में ज्ञान-आधारित अर्थतन्त्र में दो ही प्रमुख आयाम होते हैं : अच्छे शोधकर्ताओं को प्रशिक्षित करने के लिए शिक्षा और मानवीय संसाधनों का विकास तथा बौद्धिक सम्पदा संरक्षण और शोध-विकास के निमित उचित धनराशि का प्रावधान कर उन शोधकों को ज्ञानोत्पादन में लगाए रखने की व्यवस्था करना।

मानव संसाधन विकास का प्रश्न मूलतः शिक्षा के माँग एवं आपूर्ति पत्रों पर विचार करते हुए शोध कर्ता व्युत्पत्ति आधार को विस्तृत करने से ही बँधा हुआ है।

छात्रों में सीखने की लगन और उस लगन के निमित्त कुछ त्याग करने की भावना होनी चाहिए। उन्हें उन विषयों का अध्ययन करने को तत्पर होना चाहिए जिनसे राष्ट्रीय ज्ञान-आधारित अर्थतन्त्र और आगे बढ़ेगा और इसी में उन्हें अपना निजी हित भी दिखाई देना चाहिए।

अभिभावकों को भी उनकी इस तत्परता में सहयोग देने का महत्त्व समझना चाहिए।

अमेरिका तथा किसी सीमा तक भारत में भी स्कूली शिक्षा के निम्न स्तर के कारण उच्च शिक्षा की माँग में 'शिथिलता' आई है। दोनों ही देशों में प्रत्येक स्तर पर नागरिकों को श्रेष्ठ शिक्षा का अभाव रहता है। उच्च गुणवत्ता के स्तर पर तो शिक्षा की माँग है (भारत में भारतीय प्रौद्योगिक संस्थानों और प्रबन्ध संस्थानों तथा अमेरिका के आइवी लीग विश्वविद्यालयों की प्रवेश परीक्षाओं की भीड़ से यही संकेत मिलते हैं) किन्तु सामान्य शिक्षा की माँग में ऐसी प्रखरता नहीं दिखती।

उस अमेरिकी रिपोर्ट में अधिकांश सिफारिशों में आपूर्ति पक्ष पर अधिक बल दिया गया है।

यह उचित भी है, भारत में तो इसकी विशेष आवश्यकता भी है। यहाँ शिक्षकों की अपर्याप्तता एक बड़ी समस्या है, छात्र-शिक्षक अनुपात भी निरन्तर बढ़ता जा रहा है। किन्तु केवल नए भवनों के निर्माण और शिक्षकों की नियुक्ति मात्र से आपूर्ति संवर्धन पर्याप्त नहीं होगा। शैक्षणिक उपलब्धियों के स्तर में दीर्घकालिक सुधार की दृष्टि से कुछ और भी करना होगा—कुछ ऐसा करना होगा कि छात्र इस संवर्धित आपूर्ति का सही अर्थों में पूरा-पूरा लाभ उठा पाएं।

आपूर्ति संवर्धन में यह सब कुछ समाहित होना चाहिए—

- शिक्षकों, शिक्षाविदों को इतने वेतन देना कि यह पेशा भी योग्य व्यक्तियों को आकर्षित कर सके, इसकी यह दशा न रहे कि या तो "कोई ढंग का काम मिलने तक" यहाँ रहता रहे या फिर आदर्शवाद के कीड़े के काटे हुए लोग ही यहाँ दिखाई देते रहें;
- सूचना प्रौद्योगिकी का सहारा ले ज्ञान-प्रसारण और दूर शिक्षा को बढ़ावा; और—
- कक्षाओं में शिक्षण-विधा में वास्तविक विश्व के क्रियात्मक अनुभवों का समावेश।

बौद्धिक संरक्षण के सम्बन्ध में तो यही कहा जा सकता है कि शोध कार्यों को दो प्रकार से बढ़ावा दिया जा सकता है; शोध पूर्व धन व्यवस्था द्वारा तथा शोध पश्चात् उदारतापूर्ण पुरस्कारों द्वारा। अमेरिका की उपर्युक्त रिपोर्ट में दोनों पक्षों पर आग्रह किया गया है जबकि इस सम्बन्ध में भारतीय चिन्तन केवल द्वितीय पक्ष पर ही ध्यान दे रहा है।

दोनों ही देशों में एक प्रश्न तो अनुत्तरित ही रह जाता है—शोध को पहचान कर शोध प्रक्रिया को किस प्रकार से पुरस्कृत किया जाए? शोध पूर्व पुरस्कार तभी अच्छे परिणाम दिखा पाएँगे जबकि अच्छे शोधकर्ता विद्यमान हों। किन्तु अच्छे शोधकर्ता कौन होते हैं? शोध-पश्चात् पुरस्कारों से जुड़े प्रश्न कुछ अलग हैं : अच्छे शोधकर्ताओं ने तो अपने शानदार काम को ही अपनी पहचान बना लिया है—किन्तु उन्हें कितना पुरस्कार दिया जाना चाहिए?

इन दोनों आयामों में सन्तुलन बनाना बहुत सहज नहीं है। एक शोध प्रयास की पहचान कर पाना कठिन है, अत शोध प्रयासों को प्रत्यक्षतः पुरस्कृत करना सम्भव नहीं होता। इस समस्या का निदान कैसे किया जाए या इस विषय में सामाजिक दृष्टि से कार्यश्रम प्रत्ययन की व्यवस्था किस प्रकार गढ़ी जाए? ये प्रश्न अभी अनुत्तरित ही बने हैं।

13 नवम्बर, 2005

10

सावधान : भारत अभी तो उड़ान पूर्व गति ही धारण कर रहा है

कोई भी अश्व तभी अपने तीव्रतम वेग को पाता है जब उसे अन्य अश्वों से आगे निकलना हो!—ऑविड

क्या यह कहना उचित होगा कि भारत नीतिगत परिवर्तनों के माध्यम से अपनी संवृद्धि दर बढ़ाने को चीन की शानदार उपलब्धियों से प्रेरित हुआ है? भारत और चीन के बीच तुलनाएँ तो ऊबाऊ हो चली हैं। फिर भी यह सच है कि भले ही भारत ने 1980 से ही कुछ अनमने-से सुधार आरम्भ कर दिए थे किन्तु उसके सुधार कार्यक्रम ने 1991 के बाद से ही गम्भीरता पाई है। पिछले पाँच वर्षों में तो यह कार्यक्रम बहुत ही ओजस्वी रूप धारण कर गया है।

दूसरी ओर चीन ने तो एक दशक पहले ही 1977-78 में गम्भीरतापूर्वक सुधार कार्य आरम्भ कर दिए थे। संवृद्धि दर में सुधार आते ही ग्रामीण गरीबी दर भी 1979 की 30.7 प्रतिशत से कम होकर 1998 में 4.6 प्रतिशत रह गई। विश्व बैंक किन्हीं अन्य कसौटियों पर आधारित ग्रामीण गरीबी अनुपात परिवर्तन का अनुमान 1990 में 40.8 प्रतिशत से 1997 में 24.2 प्रतिशत लगा रहा है।

भारत और चीन के बीच अन्तर 1970 तथा 1980 के दशकों में ही बहुत विस्तृत हो गया था। जहाँ 1950-80 में भारतीय अर्थव्यवस्था 3.5 प्रतिशत वार्षिक संवृद्धि दर्ज कर रही थी वहीं चीन की इसी अवधि की संवृद्धि दर 4.5 प्रतिशत रही।

भारत अभी तक चीन की पहली बढ़त को नहीं छू पाया है। फिर भी 1980 व 1990 के दशकों के सुधारों ने भारत में अनेक सामाजिक सूचकों में अच्छा-खासा परिवर्तन पैदा किया है : गरीबी दर ’80 के दशक के 44.5 प्रतिशत से कम

होकर 2000 में 26.1 प्रतिशत हो गई, तो साक्षरता दर 44 से बढ़कर 65 प्रतिशत पर पहुँच गई और जीवाशा (जन्म के समय से जीवित रहने की आशा) 56 वर्ष से बढ़कर 61 वर्ष हो गई।

नीति परिवर्तनों ने संवृद्धि दर को भी 3 प्रतिशत की 'हिंदू दर' से ऊपर उठाकर 80 के दशक में 5-6 प्रतिशत और 90 के दशक के पूर्वार्द्ध में 6.7 प्रतिशत तक पहुँचा दिया।

बाद में सुधारों में शिथिलता ने 1997-2002 की संवृद्धि दर को भी शिथिल कर पुनः 5.5 प्रतिशत वार्षिक पर पहुँचा दिया। किन्तु चीन इस अवधि में भी 7-8 प्रतिशत की दर से ही आगे बढ़ता रहा है।

संवृद्धि दरों के अन्तरों के प्रभावों को कुछ ही आँकड़ों के माध्यम से स्पष्ट किया जा सकता है; पिछले तीन दशकों में चीन की प्रति व्यक्ति आय में 7 प्रतिशत वार्षिक वृद्धि हुई है जबकि भारत में यह वृद्धि मात्र 2.5 प्रतिशत ही रही है।

जहाँ 1950 में भारत में विनिर्माण उद्योगों का कुल उत्पादन चीन से थोड़ा ही कम था वहीं शती के अन्त तक यह चीन के उत्पादन का मात्र एक चौथाई रह गया। श्रम उत्पादिता, टेलीफोन घनता और बिजली के प्रयोग आदि सभी सूचक इसी पथ पर चलते रहे हैं।

नई शती के आरम्भ पर चीन विश्व व्यापार में 3.3 प्रतिशत का भागीदार था, पर भारत का अंश 0.7 प्रतिशत ही रहा। चीन में प्रत्यक्ष विदेशी निवेश भी भारत से आठ गुना था।

किन्तु इन ऐतिहासिक कीर्तिमानों का अधिक सारपूर्ण विश्लेषण अन्तरों की चुभन को कुछ कम कर सकता है। भले ही भारत की संवृद्धि दर चीन से कम रही हो, पर भविष्य में धारणीय विकास के सशक्त आधार की रचना अवश्य हुई है। हरित क्रांति ने पहले ही खाद्य सुरक्षा की व्यवस्था कर दी थी। अनेक पूंजी सघन उद्योगों की स्थापना की गई है। भारत के विश्वविख्यात अध्ययन केन्द्र—भारतीय प्रौद्योगिकी संस्थान—आदि की स्थापना भी 1950 व 1960 के दशकों में हो गई थी।

तो फिर भविष्य में क्या होगा? कभी एडमंड बर्के ने कहा था 'भविष्य की रचना अतीत के आधार पर नहीं हो सकती।'' एशिया की आर्थिक महाशक्ति भारत होगा या चीन? यह प्रश्न तो मात्र अटकलबाज़ी ही है। इसका उत्तर इन दोनों देशों के भविष्य के संवृद्धि पथों में ही छिपा होगा।

मेरा तो आग्रह है कि भारत को कई प्रकार की निहित बढ़तें सुलभ हैं। चीन की संवृद्धि दर भारत से आगे है—अधिकाधिक रूप से इस वर्ष इसे 9 प्रतिशत आँका गया है—पर अनधिकृत सूत्र 11-12 प्रतिशत का भी अनुमान लगा रहे हैं।

इस प्रकार की संवृद्धि दर और निवेश आदि अत्यन्त प्रभावकारी हैं। किन्तु

अनेक विशेषज्ञ इसमें अति-ऊष्मन की जोखिम भी भाँप रहे हैं।

अक्तूबर माह में पिछले वर्ष की तुलना में औद्योगिक उत्पादन 17 प्रतिशत अधिक हुआ है और निवेश 32 प्रतिशत अधिक रहा है; जबकि कार निर्माण और तटवर्ती सम्पत्तियों में अतिनिवेश के लक्षण स्पष्ट दृष्टिगोचर हो रहे हैं।

हाल ही में 'एशिया टाइम्स' ने भवन सम्पत्ति के बुलबुले की आशंका व्यक्त करते हुए एक लेख भी प्रकाशित किया है। सशक्त पूंजी आगम और स्थिर विनिमय दर ने मुद्रा की आपूर्ति को बढ़ाया है। भविष्य में युवान की विनिमय दर में सुधार की आशा में अनेक सट्टेबाज़ों ने भी चीन में वित्तीय निवेश कर डाला है।

नवंबर 2003 तक की स्फीति दर (3 प्रतिशत) भले ही विश्व स्तर से कम हो किन्तु चीन की अपनी ही दृष्टि से 1997 से अब तक की उच्चतम स्फीति दर है।

किन्तु भारत भी अपने संवृद्धि पथ में एक बड़े परिवर्तन के लिए आवश्यक निर्णायक ऊर्जा संग्रहीत कर चुका है। विकास के सभी सूचक सकारात्मक हो चले हैं; गरीबी दर तथा शिशु मृत्यु दर गिरावट का क्रम चल रहा है। साक्षरता, स्कूल में भर्ती, जीवाशा तथा बिजली और स्वच्छता-सुविधाओं की सुलभता में सुधार आ रहे हैं।

अभी-अभी संवृद्धि दर में भी सुधार आया है—उद्योग और सेवा क्षेत्र का निष्पादन विशेष सराहनीय रहा है। विश्व बैंक ने 2003-04 के लिए 7 प्रतिशत संवृद्धि का पूर्वानुमान लगाया है, किन्तु इस वर्ष की द्वितीय तिमाही की 8.2 प्रतिशत संवृद्धि को देख यही लगता है कि वर्ष भर की संवृद्धि बहुत अधिक होगी।

आगामी वर्षों में भारतीय अर्थव्यवस्था की चार प्रमुख विशेषताएँ ही संवृद्धि के आधार पर काम करेंगी। सर्वप्रथम तो भारत की जनसंख्या की आन्तरिक रचना का स्वरूप ही है। भारत की जनसंख्या विश्व की सबसे अधिक युवा जनसंख्या होगी। शेष विश्व की तुलना में यहाँ न केवल अधिक विशाल कार्यश्रम जन-बल होगा बल्कि यह श्रमशक्ति नवीनतम प्रौद्योगिकी के प्रयोग हेतु प्रशिक्षित भी होगी।

दूसरे, देश में आन्तरिक उपभोग में भी निरन्तर वृद्धि का क्रम चलेगा। प्रतिवर्ष भारत में बसे 4 करोड़ व्यक्ति मध्यम आय वर्ग में सम्मिलित हो रहे हैं। यह अपने-आप में उपभोग-व्यय में विशाल अतिरिक्त वृद्धि का सूचक है। संरचना सुविधाओं के विकास ने ग्रामीण क्षेत्रों को भी इस विस्तारमार्गी बाज़ार से जोड़ दिया है और उपभोग-व्यय को और बढ़ावा दिया है।

तीसरे, भारत का ज्ञान भण्डार निरन्तर संवृद्धिशील है—इसकी जनसंख्या (अन्यों की तुलना में) अधिक उच्च शिक्षा प्राप्त है तथा जैव प्रौद्योगिकी और सॉफ्टवेयर आदि अनेक क्षेत्रों में इसके कार्य की प्रतिभा जगजाहिर है। यह भी

उच्च संवृद्धि प्राप्ति में अपना योगदान देगी।

और अन्ततः तीव्र दर से उत्पादिता वृद्धि भारत की संवृद्धि दर को त्वरित करेगी। हाल ही के तकनीकी परिवर्तनों और अतिरिक्त पूंजी उत्पाद अनुपात में सकारात्मक परिवर्तनों के कारण कम निवेश भी उत्पादन में भारी वृद्धि में सहायक होगा।

दोनों देशों को बड़ी-बड़ी चुनौतियों का सामना करना है, किन्तु मेरा दावा है कि बहुदलीय संसदीय प्रणाली का दशकों का अनुभव भारत में सुधार कार्यों (आर्थिक और राजनीतिक) को जारी रखना अधिक सहज बना देता है और यही सुधार भविष्य में उच्च संवृद्धि का आधार होंगे।

अनुलेख

इस लेख के बाद की अवधि में भारत में अप्रत्याशित प्रणवता आई है, पिछले तीन वर्षों से सकल घरेलू उत्पाद संवृद्धि दर 9 प्रतिशत से अधिक रही है, विनिर्माण और सेवा क्षेत्र पूर्ववत उच्च विकास पथ पर अग्रसर हैं। ग्यारहवीं योजना के लिए तैयार कार्य पत्रक में निर्धारित उच्च लक्ष्यों की संप्राप्ति के लिए यह संवृद्धि अनुभव एक सकारात्मक आधार सिद्ध होगा। कृषि की शिथिलता एक चिन्ता का विषय है और 2007 के बजट से ही इस दिशा में आवश्यक कदम उठाना आरम्भ हो गया है। इसी प्रकार देश के प्रतिभा आधार को और विकसित करने के लिए विभिन्न प्रदेशों में नए व्यावसायिक शिक्षा संस्थानों आदि की स्थापना तथा शिक्षा पर व्यय में वृद्धि भी सकारात्मक पहल है। भारतीय अर्थव्यवस्था के लिए मध्यमकाल में तो वातावरण आशावादी ही प्रतीत हो रहा है, फिर भी बहुत कुछ इस बात पर निर्भर रहेगा कि हम अपने विचारों को कहाँ तक लागू कर पाते हैं—अर्थात् हम कितनी जल्दी कम लागतों पर संरचनागत सुविधाएँ विकसित कर पाते हैं। विद्युत् क्षेत्र में अभी भी कुछ सुनिश्चित नहीं है। आज भारत की चर्चा एक फैशन हो चला है किन्तु नीति-निर्धारकों को यह ध्यान रखना होगा कि वे जो बड़ी-बड़ी बातें कहते हैं उन्हीं के अनुरूप वास्तविक ठोस कदम उठाना भी आवश्यक होगा।

23 जनवरी, 2004

11

भारत-चीन : महान एशियाई संयुक्त उद्यम

भारत के समक्ष मुख्य कार्य बजट के बढ़ते हुए घाटे में कमी और बाज़ार-व्यवस्था के संरोधों को कम करना ही है। मार्च 2003 में सकल सार्वजनिक ऋण (राजकीय उद्यमों के ऋण सहित) सकल घरेलू उत्पाद का 95 प्रतिशत हो चला था और प्राथमिक घाटा भी 3 प्रतिशत था।

दशम योजना के 2006-07 तक कर-सकल उत्पाद अनुपात 10.3 प्रतिशत तक ले जाने का लक्ष्य था—इसलिए सतत् प्रयास की आवश्यकता है। राज्य और केन्द्रीय बजटों में कृषि और विद्युत् साहाय्यों की सेंध लगी है—इस अप-प्रवाह को रोकना ही होगा।

नवीन केन्द्रीय राजकोषीय उत्तरदायित्व एवं बजट प्रबंधन विधेयक और इसी के अनुरूप राज्य स्तरीय विधेयकों को वित्तीय अनुशासन की दिशा में महत्त्वपूर्ण कदम माना जा सकता है। ये कदम और आगे बढ़ने चाहिए।

भारतीय अर्थव्यवस्था के संरोधों के निवारण हेतु प्रमुख बाधाओं की पहचान अब तक हो चुकी है। इसमें बाह्य विशेषज्ञ और सरकारी रिपोर्टों में सादृश्य दिखाई दे रहा है। सबसे बड़ी चुनौतियाँ तो संरचनागत सुधारों की सम्पूर्ति, बची-खुची व्यापार बाधाओं की निरस्ती, श्रमकानूनों में लचीलेपन का समावेश और वैल्यू एडिड टैक्स लागू करके आवश्यक कर-सुधार प्रक्रिया को सम्पूर्ण करना ही है।

भविष्य की संवृद्धि वित्तीय क्षेत्र के उदारीकरण, औद्योगिक नीति में सुधार और कृषि क्षेत्र में विकृतिकारी साहाय्यों के उन्मूलन पर भी निर्भर रहेगी। सरकार द्वारा किए जा रहे सुधार संवृद्धि के लिए समष्टि-स्तरीय नीतियों की रचना कर रहे हैं। किन्तु 'सुधार त्वरक' की ये प्रक्रिया शिथिल नहीं होनी चाहिए।

चीन में भी भारत की ही भाँति राजकोषीय घाटे की समस्या है। यद्यपि यह सकल घरेलू उत्पाद का 5.3 प्रतिशत ही है, पर अन्तरराष्ट्रीय मुद्रा कोष के अनुसार परिमाणात्मक दृष्टि से भारत से कम होने के बाद भी इसी समस्या का

स्वरूप भारत से अलग नहीं है। चीन में भी समस्या का प्रमुख कारण राज्य स्तर पर राजस्व और व्यय में भारी विसंगति ही है। अन्ततः चीन को भी अधिक अनावृत राजनीतिक व्यवस्था के लिए अपने-आपको तैयार करना होगा—इस दिशा में एक स्वतन्त्र रूप से कार्य कर पाने में सक्षम निजी क्षेत्र का विकास बहुत सहायक सिद्ध होगा।

पिछले कुछ दशकों की आर्थिक संवृद्धि तो सरकारी और निजी कम्पनियों की साझेदारी पर आधारित आर्थिक संरचनाओं के माध्यम से प्राप्त हुई है। अभी तक यह प्रतिमान बहुत सफल रहा है, सार्वजनिक उद्यमों का उत्पादन 1978-97 की अवधि में 13 गुना हो गया है किन्तु सरकार के नेतृत्व में चल रहे आर्थिक कार्यों की कुछ अन्तरनिहित सीमाएँ भी होती हैं।

अब चीन की अधिकांश संवृद्धि उन्हीं उद्यमों के निष्पादन के सहारे हो रही है जिनमें निजी क्षेत्र की भागीदारी है। निजी क्षेत्र के विकास के साथ-साथ उद्यमीय प्रशासन सुधारने और उनके उपर्युक्त रूप से नियमन की समस्या भी उठ खड़ी हुई है। चीन के समक्ष उसके अकुशल सार्वजनिक उद्यमों के विशाल तन्त्र की पुनः रचना करने की दीर्घकाय राजनीतिक चुनौती भी है। ये उद्यम ही इस समय श्रमिकों के लिए एक 'सुरक्षा कवच' की भाँति कार्य कर रहे हैं।

संवृद्धि को बनाए रखने के लिए चीन में भी और अधिक दूरगामी वित्तीय सुधार आवश्यक हो रहे हैं। सुदक्ष पूंजी आबंटन की कुंजी कहा जाने वाला यह क्षेत्र अभी तक प्रायः अविकसित ही पड़ा है। अनेक निजी उद्यम, विशेषकर छोटे और मध्यम ऊर्जस्वी उद्यम तो बड़ी उच्च दरों पर काले बाज़ार से उधार लेने को विवश हो रहे हैं। उन्हें प्रायः सरकारी बैंकों से उधार नहीं मिल पाता।

बहुत बड़े उद्यमों को छोड़ प्रायः सभी की विनिमय लागत की अधिकता स्टाक एक्सचेंज में नाम दर्ज कराने में बाधक सिद्ध हो रही है। वित्तीय व्यवस्था में पुराने अनुत्पादक ऋणों का बोझ भी बहुत विशाल है। इस क्षेत्र के निजीकरण की कोई योजना बनाने से पूर्व इस समस्या का भी समाधान करना होगा।

भारत में लोकतन्त्र का लम्बा इतिहास आने वाले दशकों में बहुत महत्त्वपूर्ण भूमिका निभाने वाला है। यह सत्य है कि अनेक पूर्ववर्ती सुधार कहीं न कहीं वितरण के राजनीतिक दृष्टि से संवेदनशील मुद्दे पर आकर अटकते रहे हैं—इन्हीं के कारण वर्षों तक अकुशल औद्योगिक नीतियों का अनुसरण हुआ है। लघु उद्योगों के लिए कार्य नियत रखना, बीमार औद्योगिक कम्पनी अधिनियम आदि अनेक व्यवस्थाएँ इसी के उदाहरण रहे हैं।

धीमी गति से प्रगति का अपना एक बड़ा लाभ रहा है। प्रायः सभी भागीदारों के बीच अब अनेक प्रश्नों पर सहमति विकसित हो चली है। भारत को एक ऐसे समाज के रूप में काम करना सीखने में बहुत वर्ष लगे हैं जहाँ शक्ति

का संकेन्द्रण नहीं है, जहाँ अनेक प्रकार के स्वर उठते रहते हैं और सभी हित-टकरावों का समंजन परस्पर वार्तालाप द्वारा आम सहमति के विकास के माध्यम से होता है।

पूर्व उल्लिखित सुधारों के लिए आज भारत में राजनीतिक-आर्थिक सहमति का एक सशक्त आधार रचा जा चुका है। सुधारवादी सरकार को आज व्यापक जन-समर्थन प्राप्त है और संवृद्धि मान मध्यमवर्ग विकास के नए अवसरों को जन्म देने वाले परिवर्तनों की बहुत बेचैनी से प्रतीक्षा कर रहा है।

अनेक राज्यों में सम्पन्न हुए चुनावों ने देश के मतदाता की मनःस्थिति पर आर्थिक मुद्दों की गहरी पकड़ को स्पष्ट किया है। ऐसा लगता है कि आगामी महानिर्वाचन अन्य सब बातों को भुला सरकार की विकासवादी नीतियों पर 'जनमत संग्रह' जैसा ही होगा। मुख्य प्रश्न उच्च संवृद्धि दर बनाए रखना, सुधार कार्य जारी रखना और लाभकारी रोज़गार के अवसरों का सृजन करना ही होंगे।

चीन को भी वितरण के प्रश्न का सामना करना पड़ रहा है। इसकी आर्थिक संक्रान्ति से यह प्रश्न एक नया रूप धारण कर रहा है और इसके पास भारत जैसी सर्वसम्मति विकसित करने का कोई भी अनुभव नहीं है।

आर्थिक संक्रान्ति यात्रा ने नए राजनीतिक तनाव पैदा किए हैं। एक ओर समाज में नव-आर्थिक शक्ति से सम्पन्न वर्ग उभर रहा है तो दूसरी ओर सार्वजनिक उद्यमों के बन्द होने को लेकर व्यापक स्तर पर व्यग्रता भी फैल रही है। अति गरीब, मंथर गति से चल रहे आन्तरिक प्रान्तों को तीव्रगति युक्त तटीय प्रदेशों से समन्वित रख पाने में श्रमिकों के आवागमन जैसे संवेदनशील मुद्दों पर भी धैर्यपूर्वक ध्यान देने की आवश्यकता होगी।

इन संक्रान्तियों का प्रबन्धन सहज नहीं होता। सौभाग्यवश चीन के वर्तमान नेतृत्व ने इस क्षेत्र में अभी तक बहुत बुद्धिमत्ता और व्यावहारिक ज्ञान का परिचय दिया है। अभी भी एशिया की आर्थिक महाशक्ति कौन होगा, भारत या चीन? इस प्रश्न का उत्तर स्पष्ट नहीं हो पा रहा। मुझे तो लगता है कि इस प्रश्न का अपना महत्त्व ही बहुत सीमित है।

ये दोनों देश इस क्षेत्र में बहुत बड़ा योगदान देने वाले हैं। दोनों में स्पर्धा अपरिहार्य है। ये प्रत्यक्ष विदेशी निवेश के लिए स्पर्धा करेंगे, यह स्पर्धा कार्यालयों की पृष्ठसेवाओं के लिए भी होगी, निर्यात बाज़ारों के बड़े अंश, सेवाओं की आपूर्ति और शेष विश्व को कुशल कर्मचारियों की आपूर्ति को लेकर भी इन देशों में मुकाबला चलता रहेगा।

इस स्पर्धा से भी अधिक महत्त्वपूर्ण तो इन देशों के बीच विद्यमान सकारात्मक परस्पर पूरकता है। अनेक क्षेत्रों में व्यापक सहयोग के विशाल अवसर सामने आ रहे हैं : भारतीय सॉफ्टवेयर और चीनी मशीनें, भारतीय शोध एवं

विकास और चीनी विनिर्माण आदि सहज-स्पष्ट उदाहरण हैं।

भारत और चीन दोनों ही गतिशील एवं विशाल संवृद्धिशील बाज़ार हैं। अतः इनका परस्पर व्यापार इस सारे क्षेत्र की संवृद्धि को गति प्रदान करेगा। यदि दोनों देश मिलकर विदेश व्यापार व्यवस्थाओं के सुधार पर ध्यान दें तो वस्तुओं और सेवाओं के ये प्रवाह बहुत ही अधिक प्रभावशाली हो सकते हैं। इसी प्रकार से परस्पर निवेश भी क्षेत्रीय विकास में सहायक सिद्ध होगा।

सबसे बड़ी परस्परता तो आज के राज्य निर्देशित अर्थतन्त्र को भविष्य में पूर्णतः बाजार निर्देशित स्वतन्त्र व्यवस्था में ढालने के अनुभवों से सीख लेने की आवश्यकता में छिपी है। हिन्दू धर्म की एक उक्ति है : किसी अन्य से श्रेष्ठ होने में कोई महानता नहीं है; सही महानता तो अपने ही पूर्व स्वरूप से श्रेष्ठ होने में है—निश्चय ही अत्यन्त सारगर्भित है।

24 जनवरी, 2004

12

भविष्य : उत्पादिता और धारणीयता

जून 3, 2006 को सम्पन्न हुई 'एशिया में आर्थिक नीति सुधार की चुनौती' विषयक स्टेनफोर्ड आर्थिक संगोष्ठी में एशिया के भविष्य से जुड़े अनेक प्रश्नों पर विचार-विमर्श हुआ। भारत और चीन को प्रभावित करने वाली एक चर्चा तो 'राजकोषीय संघवाद' पर ही थी। मेरा एक लेख इसी विषय से जुड़ा रहा है। इन दोनों देशों से जुड़ी अन्य परिचर्चाएँ उत्पादिता की तुलना, ऊर्जा, पर्यावरण और विकास की धारणीयता से सम्बन्धित रहीं।

उत्पादिता के विषय में तो चर्चा का मुख्य मुद्दा यही था कि चीन में समग्रकारक उत्पादिता वृद्धि भारत की अपेक्षा अधिक तीव्रगति से क्यों बढ़ रही है। दो मुख्य निष्कर्ष उभर कर आए; प्रौद्योगिकी प्रसार की बाधाएँ तथा फर्मों के बीच संसाधनों का अकुशल आबंटन। समग्र कारक उत्पादिता दुगुनी हो सकती है किन्तु इसके लिए पूँजी और श्रम का दक्षतापूर्ण विभाजन करना होगा और बड़े संयंत्रों को और विस्तार करने देना होगा। मध्यम श्रेणी के संयत्र भी इसी प्रकार और अधिक उत्पादक बन सकते हैं। इस प्रकार पूंजी के व्यापक प्रसार और संसाधनों की प्रयुक्ति में कुशलता लाने के लिए उपयुक्त नीति क्या होगी? लचीली श्रम नीति तथा फर्मों के लिए किसी उद्योग में प्रवेश व वहाँ से निकास की बाधाएँ कम करना। इससे न केवल प्रौद्योगिकी के सुअवसरों का अभीष्ट स्तर पर प्रयोग सम्भव होगा बल्कि साथ ही साथ उत्पादक गतिविधियों का भौगोलिक दृष्टि से भी अधिक प्रसार होगा (क्षेत्रीय असंतुलन को सुधारने में सहायता मिलेगी)। अन्य नीतिगत वरीयताओं में वित्तीय विसंगतियों में कमी, क्षमता के नाम पर दक्ष फर्मों पर अतिशय करों के बोझ को कम करना, और उन नीतियों का निरस्तीकरण जो फर्मों के आकार को सीमित बनाए रखती हैं, आदि शामिल होंगी। इन सभी से प्रौद्योगिकी के बेहतर प्रयोग में सहायता मिलेगी।

चाहे जिस मार्ग को अपनाया जाए, किन्तु भारत को समग्र कारक उत्पादिता

बढ़ानी ही होगी। इसी के द्वारा अतिरिक्त पूंजी-उत्पाद अनुपात में यथेष्ट कमी आएगी—उसी से ग्यारहवीं योजना के विशालकाय लक्ष्यों की प्राप्ति सम्भव हो पाएगी। केवल निवेश और बचत को बढ़ाना पर्याप्त नहीं होगा। पिछले कुछ वर्षों से भारत में अतिरिक्त पूँजी उत्पाद अनुपात अपरिवर्तित ही रहे हैं। यह एक ऐसा क्षेत्र है जिसमें नीतिगत परिवर्तनों के तुरन्त और अच्छे सुखकर परिणाम अन्य क्षेत्रों की अपेक्षा बहुत कम प्रयास से ही पाए जा सकते हैं।

प्रौद्योगिकी के विषय में उपरोक्त गोष्ठी का निष्कर्ष था कि यद्यपि भारत में शोध और विकास को बढ़ावा मिल रहा है किन्तु नवीन प्रवर्तनों को स्थायी बनाने व व्यापक स्तर पर उनके प्रयोग को बढ़ावा देने के प्रयास अपर्याप्त हैं। अभी पारित बौद्धिक संपदा संरक्षण अधिनियम को एक अच्छी शुरुआत माना गया, किन्तु अभी इसकी व्यावहारिक परीक्षा होनी बाकी है। मध्यम अवधि में तो आयातित एवं भारतीय कम्पनियों द्वारा विकसित प्रौद्योगिकी पर आधारित उन नव-प्रवर्तनों पर ही दृष्टि लगी है जो भारत की आर्थिक संवृद्धि को बढ़ाने से ही प्रेरित है। वित्त क्षेत्र में इन नव-प्रवर्तनों की वित्त-व्यवस्था करने के लिए उपयुक्त संरचनाएँ बनाने के लिए वित्तीय सुधारों की बात कुछ अधिक जटिलता भरी है। यहाँ सिलिकॉन वैली की कुछ उद्यम पूँजी कम्पनियों के कौशल की ओर ध्यान आकर्षित किया गया। कहा गया कि नव-प्रवर्तनकारी कम्पनियों और निवेशकों के बीच सम्बन्धों की जटिलता-भरी संरचना का समर्थन करने के लिए उपयुक्त कानूनी रचनाओं के निर्माण पर ध्यान दिया जाना चाहिए।

एक अन्य रोचक चर्चा प्रतिमान एवं कम्प्यूटर अनुमानन पर आधारित थी। विषय था : चीन, अमेरिका और धारणीयता : सर्वांगसम्मत सम्पत्ति पर आधारित परिदृश्य।—यह चर्चा नोबेल पुरस्कृत अर्थविद केनैथ ऐरो, पार्थ दासगुप्त, लॉरेंस गोल्डर, केविन ममफोर्ड और किर्स्टन ऑल्सन की उपर्युक्त रचना पर आधारित रही। इसके विश्लेषण में जन कुशलक्षेम और विकास की धारणीयता पर सर्वांगसम्मत संपदा लेखांकन के माध्यम से विचार किया गया। अतः इसमें स्वच्छ वायु, जल जैसे प्राकृतिक संसाधनों के मूल्यांकन और मानवीय कुशलक्षेम पर भी विचार किया गया।

धारणीयता के प्रश्न पर बड़े व्यापक स्वरूप में विचार हुआ। यहाँ भावी पीढ़ियों के क्षेमसंरक्षण की क्षमता पर आग्रह रहा। स्वास्थ्य का सर्वांगसम्मत सूचक बाज़ार और गैर बाज़ार, दोनों प्रकार की परिसंपत्तियों पर आधारित रहा। प्रारम्भिक निष्कर्ष प्रचलित धारणाओं के विपरीत रहे—चीन में उत्पादित पूंजीगत पदार्थों में निवेश से सामान्य सम्पत्ति में योगदान मिलने के अनुमान चौंका देने वाले थे। प्रौद्योगिकी का योगदान भी महत्त्वपूर्ण रहा। अभी चीन में प्राकृतिक सम्पदा के विदोहन से सम्पदा पर इतना गम्भीर प्रभाव नहीं पड़ा है और मानवीय पूंजी व पुनः

उत्पादनीय पूंजी के विकास योगदान से उसकी भरपाई से अधिक प्राप्ति हो रही है।

अमेरिका में भी यही कहानी दोहराई जा रही है। वहाँ मानवीय पूँजी की वृद्धि प्राकृतिक संसाधन की क्षति और उच्च तेल कीमतों की भरपाई कर रही है।

अध्येताओं का मानना है कि इनमें से अनेक निष्कर्ष तो छाया मूल्यों और प्रौद्योगिकी परिवर्तनों की अनिश्चितता पर आधारित हैं। फिर भी इनसे उस व्यापक रूप से फैली भ्रान्ति का निवारण तो हो ही जाएगा कि चीन की सारी प्रगति उन गतिविधियों पर आधारित है जिनसे जल और वायु की गुणवत्ता दुष्प्रभावित होती है।

जनसंख्या वृद्धि, उत्पादिता प्रवृत्तियाँ और प्रौद्योगिकीय परिवर्तनों के निष्कर्ष बहुत ही संवेदनशील हैं। इनमें नाटकीय बदलाव आ सकता है। विनोद खोसला का सुझाव था कि प्रौद्योगिकी से वैकल्पित ऊर्जा की उपलब्धता तथा लागत में भारी बदलाव आ सकता है। साथ ही उनका आग्रह था कि देशव्यापी ऊर्जा और उसकी अनिश्चितता पर विशेषकर भारत के सन्दर्भ में मूलतः पुनर्विचार करने की आवश्यकता है। उस विश्लेषण ने अन्य पक्ष पर भी कोई ध्यान नहीं दिया : भले ही चीन की विकास प्रक्रिया आन्तरिक दृष्टि से धारणीय हो, किन्तु विश्व स्तर पर उसके प्रभावों की भी समीक्षा होनी चाहिए। आखिर प्रदूषण राष्ट्रीय सीमा रेखाओं से कब बँधा रहा है?

फिर भी वह विश्लेषण अपने आप में बहुत 'समृद्ध' था। भारत जैसे विशाल देश में उस आकलन को दोहराया जाना ही चाहिए, क्योंकि यह भी एक बड़ा ऊर्जा उपभोक्ता देश होने जा रहा है और परम्परागत विद्वत्ता का आग्रह तो यही है कि इस नाते यह एक बड़ा प्रदूषक भी बन जाएगा। इस अध्ययन को यहाँ दोहराना इतना सरल नहीं है किन्तु भारत को ऐसे अध्ययन से बाहर रखना उसकी अपनी उपादेयता को भी कुंठित कर सकता है। अनिश्चितता की बात तो छोड़ भी दें तो भी ऊर्जा, इसकी सुरक्षा, धारणीय प्रयोग और कम लागत पर वैकल्पिक ऊर्जा के स्रोतों की अन्वेषणा से उत्पादिता वृद्धि की धारणीयता में सुधार ही अन्ततः विश्व राजनीति का मुख्य सरोकार बनता जा रहा है। इस प्रकार इन मुद्दों पर ध्यान केन्द्रित कर स्टेनफोर्ड गोष्ठी ने एक मूल्यवान योगदान दिया है।

11 जून, 2006

III

विश्वस्तरीय प्रवासन

13

फिर चलें गाँव की ओर

इस वर्ष का प्रवासी भारतीय दिवस सप्ताह भर पूर्व ही सम्पन्न हुआ है। प्रधानमंत्री ने अपने अभिभाषण में अप्रवासी भारतीयों की आर्थिक, वित्तीय, बौद्धिक और भावनात्मक भागीदारी की एक बड़ी कार्यसूची पर आग्रह किया है। वित्तमंत्री भी एक विशेष प्रयोजन माध्यम की रचना कर एक संरचना विकास कोष की स्थापना कर रहे हैं। इससे अप्रवासियों को अच्छी कमाई का अवसर मिलेगा तो देश की संरचनागत सुविधा विकास की विराटकाय आवश्यकता के लिए वित्त जुटाने में सहायता भी मिलेगी।

परम्परा से ही हमारे अप्रवासी मित्र भले ही बहुत कुछ माँगें नहीं करते, किन्तु वे निरन्तर कुछ न कुछ शिकायत अवश्य करते रहते हैं। किन्तु पिछले दो वर्षों में उनकी इस मानसिकता में काफी बदलाव आया है।

एक तो संवृद्धि की नई रफ्तार और नए सुयोग उन्हें विकास-प्रक्रिया में भागीदारी का अवसर प्रदान कर रहे हैं। दूसरे, अब अमेरिका और यूरोप में उनकी नव समृद्धि ने उन्हें महत्त्वपूर्ण भागीदार बना दिया है। उनके योगदान को स्थानीय स्तरों पर सराहा जा रहा है। उनका समृद्धि आधारित आत्मविश्वास उन्हें निवास के देश में राजनीतिक निर्णय प्रक्रिया में भी महत्त्वपूर्ण भागीदार बना रहा है। इस सन्दर्भ में भारतमूलक अमरीकियों द्वारा परमाणु ऊर्जा के नागरिक प्रयोग सम्बन्धी विधेयक को अमेरिकी संसद में पारित कराने में निभाई भूमिका एक नवीन अनुभव है।

प्रवासियों का देश से भी लगाव है, किन्तु अपने जन्म के गाँव, ज़िले, प्रान्त, स्कूल, कॉलेज आदि (जहाँ उन्होंने अपने प्रारम्भिक वर्ष बिताए थे) से उनका विशेष सम्बन्ध स्पष्ट दिखाई देता है। ऐसे भी हैं जिन्हें अपने पूर्वजों की जन्मभूमि के प्रति श्रद्धा है और वे किसी न किसी रूप में अपने सम्बन्धों को पुनः जीवित करने व कुछ न कुछ योगदान देने की उत्सुकता से ओतप्रोत हैं।

पुरातन गौरव की अनुभूति और अपनी अस्मिता की खोज महत्त्वपूर्ण प्रेरणाएँ हैं और उनके चलते प्रवासियों का विभिन्न राज्यों से सम्बन्ध सरोकार सार्थक ही होगा। आन्ध्र प्रदेश, महाराष्ट्र और गुजरात राज्यों ने प्रवासियों से राज्य स्तर जो विमर्श प्रारम्भ किया है वह निश्चय ही बड़ा अर्थपूर्ण सिद्ध होगा।

अमेरिका, इंग्लैंड में बिहार से गए प्रवासियों का बहुत ही सफल एवं समृद्ध समाज बसा है। केरीबियन देशों और मॉरीशस आदि की तो बात ही और है। किन्तु बिहार ने अभी तक उनका सहयोग आमन्त्रित करने की कोई सार्थक पहल नहीं की है। इस दृष्टि से इसी सप्ताह पटना में 'नवोत्साही बिहार : एक विश्व सम्मेलन' एक नई पहल का परिचायक है। राष्ट्रपति ए. पी. जे. अब्दुल कलाम ने अपने उद्घाटन भाषण में विस्तार से उन सुअवसरों की चर्चा की है जो बिहार में सहज-सुलभ है।

मेघनाद देसाई, सी रंगराजन, किरीट पारिख, वाई. सी. देवेश्वर तथा अन्तरराष्ट्रीय संस्थानों एवं राज्य नौकरशाही की व्यापक भागीदारी में 'बिहार के विकास के नवीन अवसर एवं चुनौतियों' पर विमर्श को बहुत सारपूर्ण बना दिया है। मानव विकास संस्थान के निर्देशक अलख शर्मा ने इस सम्मेलन का संचालन किया और विभिन्न देशों में उच्च पदस्थ बिहारियों की व्यापक भागीदारी सुनिश्चित करने के लिए बड़े मनोयोग से कार्य किया। इससे एक ही बात स्पष्ट होती है : शेष हर स्थान पर बिहारी तो प्रगति कर रहे हैं किन्तु बिहार पिछड़ता जा रहा है।

ये व्यष्टि स्तरीय प्रयास भले ही बड़े पैमाने पर वित्त नहीं जुटा पाएँ, किन्तु इनसे भावनात्मक सम्बन्ध अवश्य संपुष्ट होंगे। अधिकांश प्रवासी ऐसे किसी बहुत बड़े कोष में योगदान के इच्छुक नहीं दिखते जिसके प्रयोजन की दिशाएँ स्पष्ट नहीं हों—उन्हें लगता है कि जाने उनका धन किस काम में खर्च हो जाए। यही कारण है कि शिक्षा कोष में उनका योगदान नगण्य प्राय ही रहा है। कभी-कभी नीतियाँ भी ये योगदान कठिन बना देती हैं। हमें ऐसे मार्गदर्शन सूत्रों की रचना करनी होगी जो उनकी (प्रवासियों की) भागीदारी को सहज बना सके। इस दृष्टि से कुछ सुझाव ये हैं :

- उनके प्रिय प्रकल्पों के लिए विशेष वित्तीय कोष की रचना। ये उन्हें भी रुचिकर लगेगा जो सहज भाव से कुछ योगदान देना चाहते हैं।
- ग्राम, ज़िला स्तरीय स्कूलों, चिकित्सालयों को ऐसी सहयोग राशियाँ स्वीकार करने एवं इनके दानदाताओं का उचित सम्मान करने की स्वतन्त्रता दी जानी चाहिए।
- ग्राम/ज़िला स्तर पर संरचना सुधार में निवेश की अनुमति और इसके लिए 'एक ही पटल' पर सभी कानूनी कार्यवाहियों की व्यवस्था आरम्भ की जाए।

- प्रवासियों से निरन्तर सम्पर्क के लिए न्यास संस्थान आदि की स्थापना। कुछ राज्यों ने ऐसे प्रयास प्रारम्भ भी किए हैं।
- अन्तरराज्यीय/अन्तरराष्ट्रीय धन प्रवाह अब एक महत्त्वपूर्ण वित्तीय संस्थान बन चुके हैं। यद्यपि ये मुख्यतः उपभोग संवर्धक और कहीं-कहीं गृह-निर्माण आदि सामाजिक कार्यों के निमित्त निजी धन प्रवाह ही हैं; फिर भी इन प्रवाहों को पूंजीगत सम्पदा सृजन में समर्थ बनाना आज हमारे समक्ष उपस्थित एक बड़ी नीतिगत चुनौती है।

  इस दिशा में प्रवासियों से व्यष्टि स्तर पर विमर्श एक नई राह दिखा सकता है।

21 जनवरी, 2007

14

प्रवासन प्रबंधन

राष्ट्रीय व्यावहारिक आर्थिक शोध परिषद् द्वारा वैश्वीकरण पर आयोजित संगोष्ठी ने इस विषय से जुड़े विवाद को पुनः उजागर कर दिया है। भले ही वैश्वीकरण के सभी लोग मनमाने अर्थ लगाते हों किन्तु विभिन्न देशों के बीच आर्थिक निर्भरता के ऐतिहासिक सत्य को नकारा नहीं जा सकता। इसीलिए जोखिमें कम करते हुए बहुमुखी सुअवसरों का संवर्धन सभी के हित में होगा। कोई ऐसी पूर्व निर्धारित नीति संरचना नहीं है जो इस विषय से जुड़े प्रश्नों का पूर्ण समाधान कर सके।

यद्यपि अभी तक वैश्वीकरण वस्तुओं, पूँजी (मुख्यतः वित्तीय) और संवहन सेवाओं के प्रवाहों तक ही सीमित रहा है; फिर भी हमारे प्रधानमंत्री ने वैश्वीकरण के विविध आयामों की चर्चा करते हुए फुकुयामा की उत्प्रेरक अवधारणा 'एक सीमा बाधा रहित विश्व' की भी बात उठाई है। अभी तक व्यक्तियों के प्रवाह को लेकर कोई विश्व व्यवस्था नहीं गढ़ी गई है। उन्होंने खेद व्यक्त किया कि जिस अनिश्चितता भरे विश्व में हम रह रहे हैं उसमें प्रवासन प्रबंधन की अर्थ एवं राजनीतियों पर अभी तक बहुत कम ध्यान दिया गया है।

प्रधानमंत्री ने अन्तरराष्ट्रीय नीतियों के तन्त्र की एक बहुत ही कमज़ोर कड़ी की ओर सबका ध्यान आकर्षित किया है। प्रवासन प्रबन्धन की उपयुक्त नीति के निर्माण में असमर्थता पर ध्यान तो दिया गया है पर विश्व समुदाय इस विषय में आम सहमति अभी तक नहीं बना पाया है।

मैं अन्तरराष्ट्रीय प्रवासन पर विश्व आयोग का सदस्य रहा हूँ। उसी की रिपोर्ट के आधार पर संयुक्त राष्ट्र संघ ने उच्चस्तरीय परिचर्चा आयोजित की थी। किन्तु खेद है कि सभी ने बातें तो बहुत अच्छी-अच्छी बनाईं, पर इस विषयक नीतियों को मुख्यधारा में सम्मिलित करने से सभी मुँह चुराते दिखे। प्रो. जगदीश भगवती ने इस विषय पर कुछ मौलिक कार्य किया है और बौद्धिक योगदान दिया है।

सम्पूर्ण दृष्टि से देखें तो इस विषय के पाँच प्रमुख मुद्दे या आयाम हैं। सबसे पहला प्रश्न तो एक संसक्तिपूर्ण राष्ट्रीय नीति का ही है। भारत में विश्व में सबसे अधिक अनियमित आप्रवासन हुआ है (वैसे आप्रवासन की वैधानिकता सदैव सन्देहपूर्ण ही रहती है)। इसी देश से विभिन्न प्रकार के कौशलों से सम्पन्न नर- नारियों के विशाल समुदाय अन्य देशों में बेहतर जीवन स्तर को खोजने के लिए गए भी हैं।

इस चुनौती के इन दो पक्षों में तालमेल सरल नहीं होता। प्रवसन सम्बन्धी प्रश्नों पर अभी तक भारत में अनेक मन्त्रालयों में अलग-अलग स्तरों पर निर्णय लिए जाते हैं। गृह मन्त्रालय और गुप्चतर विभाग आदि मुख्यतः सीमाओं पर आप्रवासन की 'समस्या' से जूझते हैं। प्रवासी भारतीय मन्त्रालय में अब प्रवासियों के हितों का विभाग भी जुड़ गया है। विदेश मन्त्रालय का कार्य इस विषय में अन्तरराष्ट्रीय परम्पराओं और समझौतों के अनुपालन से जुड़ा है।

किन्तु योग्यता संवर्धन, प्रशिक्षण, कौशल की माँग एवं पूर्ति में समन्वयन किसका दायित्व है। इसीका निर्वाह प्रतिभा पलायन की समस्या को जन्म दिए बिना विश्व की प्रतिभा आवश्यकताओं की सम्पूर्ति में सहायक हो सकेगा।

प्रवासन इच्छुकों में अप्रशिक्षित श्रमिकों से लेकर कुशाग्र सॉफ्टवेयर इंजीनियर, चिकित्सा सहकर्मी और व्यवसायी बैंकर तक सभी प्रकार के व्यक्ति होते हैं। क्या संयुक्त राज्य अमेरिका की नर्सों/सहायकों की कमी को देखते हुए हमें बाज़ार की शक्तियों का अनुसरण कर अपने देश में अनेक नर्सिंग प्रशिक्षण संस्थानों की स्थापना होने देनी चाहिए? ये संस्थान हमारी तथा शेष विश्व की आवश्यकताओं को पूरा कर सकेंगे।

सत्य तो यही है कि हमारे देश में कोई प्रवसन नीति है ही नहीं। हमें ऐसी नीति की अत्यन्त आवश्यकता है। हमें एक विशेष कार्यालय की भी आवश्यकता है जो इस नीति के संचलन का भार वहन कर सके (प्रवासन एवं प्रवासी भारतीय मन्त्रालय का गठन उपयुक्त हो सकता है)। ऐसा मन्त्रालय ही एक संसक्त एवं उचित नीति की रचना भी कर पाएगा।

दूसरा मुदा उन पूर्वाग्रहों (और आशंकाओं) का है जो अन्तरराष्ट्रीय जन-प्रवाहों के साथ जुड़े हैं। उच्च बेरोज़गारी दर से पीड़ित यूरोपीय देशों को बड़े पैमाने पर जन-प्लावन से वर्तमान सामाजिक और धार्मिक तनावों के और गहन हो जाने की आशंका है। सभी जानते हैं कि प्रवसन सम्बन्धी आशंकाएँ ही अभी तक यूरोपीय राष्ट्रों की परस्पर एकात्मकता में भी बाधक रही हैं।

शायद यूरोप के सभी देश उतनी कुशलता से इस विषय में अपनी नीतियों का निर्धारण-संचालन नहीं कर पाए है जितनी कुशलता का परिचय इंग्लैंड ने दिया है। संयुक्त राज्य अमेरिका परम्परागत रूप से कहीं अधिक खुले समाज में

विश्वास करता रहा है और मैक्सिको से आ रहे आप्रवासियों की भीड़ के बाद भी शेष विश्व नवकौशल सम्पन्न व्यक्तियों का स्वागत कर अपनी सामाजिक-आर्थिक परम्पराओं को निबाह रहा है। सम्भवतः यूरोपीय अर्थव्यवस्था में प्रगति और फ्रांस में बेरोज़गारी कम होने पर प्रवासन पर एक अधिक तर्कसंगत दृष्टिकोण का अपनाना सम्भव हो जाएगा।

प्रवसन का तीसरा प्रश्न तो निजी एवं सार्वजनिक क्षेत्रों की भागीदारी ही है। व्यवसायी निकाय अपनी जनशक्ति आवश्यकताओं की सम्पूर्ति की योजनाएँ बनाते हैं परन्तु उनके ये प्रयास बिखरे हुए-से ही रहते हैं, उनमें बृहत्तर परिप्रेक्ष्य समाहित नहीं हो पाता। विभिन्न निकायों की जनशक्ति आवश्यकताओं पर आधारित कोई एकीकृत कार्य योजना नहीं बन पाती।

ऐसी योजना के अभाव में मानव संसाधन विकास में उचित स्तर पर निवेश द्वारा प्रवसन के लाभों को अभीष्ट स्तर तक पहुँचाना सम्भव नहीं होता। व्यावसायिक जनशक्ति आवश्यकताओं को राष्ट्रीय नीति तन्त्र की मुख्यधारा में स्थान देना ही प्रवसन विषयक अनेक विवादों का समाधान कर सकता है। कौशल-संवर्धन एवं प्रबन्धन के लिए विश्वस्तरीय कार्ययोजना की रचना और उसका क्रियान्वयन हमारे युग का एक बहुत बड़ा तकाज़ा बन गया है।

अन्तिम प्रश्न विभिन्न अन्तरराष्ट्रीय संस्थाओं, व्यवस्थाओं के बीच अन्यान्य सन्धियों आदि के क्रियान्वयन के दायित्व के बिखराव से जुड़ा है। इसके कारण कोई समन्वित कार्य सम्भव नहीं हो पाता।

सितम्बर माह का उच्चस्तरीय विमर्श इन्हीं प्रश्नों पर विचार के लिए आयोजित हुआ था। किन्तु समस्या की गम्भीरता को समझने के बाद भी इस सम्मेलन ने एक ऐच्छिक विश्वस्तरीय मंच (जिसका पहला सत्र 2007 में बेल्जियम में होगा) के गठन से आगे बढ़ने में कोई रुचि नहीं दिखाई।

मुझे लगता है कि वहाँ भी फिर वहीं बातें दोहराई जाएँगी जो अनेक बार कही व सुनी जा चुकी हैं। भले ही 'सीमा रेखा रहित विश्व' की कल्पना से राजनीतिक विश्व शरमा रहा हो किन्तु अब विश्व की पारस्परिक आर्थिक निर्भरता हमें प्रवसन के प्रश्न पर एक नए सिरे से विचार करने को बाध्य कर रही है।

प्रधानमन्त्री की इस विषय में चिन्ता से लगता है कि भारत इस कार्य में अग्रणी भूमिका निभा सकता है। वर्तमान अन्तरराष्ट्रीय विमर्श को और ऊर्जा प्रदान करने की आवश्यकता है। प्रवसन प्रबन्धन की गतिशीलता जटिल एवं विवादपूर्ण है। किन्तु इससे मुँह चुराना बहुत महँगा सिद्ध होगा।

24 दिसम्बर, 2006

15

एक हृदयस्पर्शी प्रश्न

दशम वार्षिक व्हार्टन भारतीय आर्थिक मंच की बैठक पिछले सप्ताह हुई। इसमें विभिन्न क्षेत्रों के विद्वानों और निजी क्षेत्र के प्रतिनिधियों ने भाग लिया। इस आर्थिक मंच का आयोजन 'व्हार्टन विश्व व्यवसाय मंच' द्वारा किया जाता है। ये बड़ा मंच अफ्रीका, यूरोप, लेटिन अमेरिका, भारत एवं एशिया पर केन्द्रित विमर्शों का आयोजन करता है। एशिया-विषयक विमर्श मुख्यतः चीन, जापान और ऑसिआन देशों से ही संबद्ध रहता है। संगठनात्मक पक्ष तो छात्र संभालते हैं—संकाय सदस्यों का भी सहयोग रहता है, पर व्हार्टन बिजनेस स्कूल की प्रतिष्ठा ही बड़े-बड़े विद्वान वक्ताओं को इस सम्मेलन में आकर्षित करती है।

आदित्य पारिख की आयोजन प्रतिभा ने इस सम्मेलन को सफल बनाने में बहुत बड़ा योगदान किया है।

व्हार्टन तो मुझे लघु भारत जैसा ही प्रतीत हुआ। यहाँ स्नातकपूर्व एवं स्नातकोत्तर, दोनों ही स्तरों पर भारतीय छात्रों का अनुपात सबसे बड़ा है। भारत सम्मेलन में भाग ले रहे 300 से अधिक छात्रों के साथ संकाय सदस्य और पूर्व स्नातकों आदि ने हयात होटल के विशाल बालरूम को ठसाठस भर दिया था। यह कक्ष सहज ही मुम्बई के ताज होटल के क्रिस्टल रूम का भ्रम पैदा कर रहा था। उप-संकायाधीश अंजनी जैन, और जितेन्द्र सिंह जो वरिष्ठ आचार्य हैं और दो दशकों से अधिक समय से उस संस्थान में सेवारत है। साथ ही डायरेक्टरर्स मैडल से सम्मानित किए जा रहे छात्रों में भारतीयों की भारी संख्या भी सम्मेलन को भारतीयता के रंग में रंगे दे रही थी।

भारत सम्मेलन की मुख्य विषयवस्तु भारत का सफलता मन्त्र को रखा गया था। यहाँ सफलता का सीधा-सा अर्थ 'भारत की आर्थिक सामाजिक विकास सम्भावनाओं की प्राप्ति में सफलता' माना गया था। विभिन्न परिचर्चाओं के विषय थे 'उद्यम का परिपोषण', 'भारत में निवेश करना', 'उदीयमान कम्पनियों के

वृत्त', 'भारत के मूलभूत तत्त्वों का दिग्दर्शन' और 'भारत में निर्मित' आदि रहे और अन्त में सभी चर्चाएँ 'सरकार : एक उत्प्रेरक या बाधा' पर जाकर सम्पूर्ण हुईं। वक्ताओं में सम्मिलित थे मेरिल लिंच के उपाध्यक्ष एवं मुख्य प्रशासकीय अधिकारी एहमास फाकाहनी, वारवग पिंक्स के सह-अध्यक्ष चार्ल्स केए, सैम पित्रोदा, दीपक पारेख, स्वामीनाथन अय्यर और मैं स्वयं। ईबे के अध्यक्ष अविनाश बजाज, यूरिंडिया के अध्यक्ष विनोद गंजूर आदि ने अनेक सफलता की कहानियाँ सुनाईं तो इंडिकोर्प्स की संस्थापक, गोल्डमैन सैचस एंड कम्पनी की उपाध्यक्ष सोनल शाह ने बहुत प्रभावपूर्ण ढंग से परिचर्चाओं में भागीदारी की।

एक बात जो मुझे समझ आई वह यह थी : प्रायः सभी छात्र भारत लौटने को इच्छुक थे। वे अपने पारिवारिक व्यवसाय से जुड़ने नहीं, कुछ न कुछ अलग एवं रचनात्मक करके समाज को कुछ देने को उत्साहित थे—क्योंकि समाज ने ही उन्हें उस स्तर की योग्यता प्राप्त करने का अवसर दिया था। आनन्द पीरामल ने पिता के व्यवसाय से जुड़ने के स्थान पर राजस्थान के एक गरीब जनपद झुंझुनु में उद्यम की ज्योति जगाने के लिए 'दीया' नामक संस्था की स्थापना की है। सोनल जैन ने अपनी ही बचतों को कोषाधार बनाकर एक अतिलघु बचत संगठन खड़ा किया है। कितने ही छात्र पिछड़े हुए स्कूलों में शिक्षा का स्तर सुधारने में लग जाना चाहते हैं। कितने ही अन्य छात्र पर्यावरण सुधार, विशेषकर शहरी प्रदूषण निवारण, और अधिक कुशल ऊर्जा प्रयोग प्रबन्धन के क्षेत्रों में कार्य करना चाहते हैं। स्पष्ट है भारत को मात्र लाभ कमाने का एक मौका नहीं माना जा रहा—यह तो एक नवीन राष्ट्रप्रेम की भावना का उदय प्रतीत हो रहा है। इस भावना को परिवर्तन एवं विकासोन्मुखी वातावरण ने परिपोषित किया है।

वहाँ मैं अपने-आप से बार-बार एक ही प्रश्न पूछता रहा; व्हार्टन के प्रतिभाशाली भारतीय तो बहुत कुछ करने को तत्पर हो रहे हैं पर क्या भारत उनकी प्रतिभा और सदुत्साह का भरपूर प्रयोग करने को तैयार है? यहीं पर 'सरकार एक उत्प्रेरक या बाधा' की बात महत्त्वपूर्ण हो जाती है। यह ठीक है कि भारत बदल रहा है, नियमों में बदलाव आ रहे हैं किन्तु बहुत कुछ बहुत तेज़ी से करने की ज़रूरत है ताकि उन युवा मानसों में प्रज्ज्वलित अग्नि और प्रचण्ड हो सके। इससे जुड़े अनेक प्रश्न तो वही पुराने सवाल हैं कि प्रशासन कैसे सुधारा जाए, अच्छे लोगों को कैसे विधान मण्डलों व संसद में लाया जाए और नई पीढ़ी को किस प्रकार राजनीतिक गतिविधियों में आकर्षित किया जाए। वही अपने गुणक प्रभाव से राजनीतिक वातावरण को बदल पाने में सफल होंगे। कई छात्र तो भारत में एड्रियन और डेवन टेलवट द्वारा स्थापित अमरीकन जेनरेशन एंगेज' (अमेरिकी पीढ़ी मंच) जैसी संस्था की स्थापना पर भी विचार करते मिले।

एक अन्य महत्त्वपूर्ण प्रश्न है कि पिछड़े प्रान्तों को किस प्रकार प्रेरित किया

जाए कि वे भी प्रगतिशील प्रदेशों की राह चलें और सामान्य हितवर्धन में बाधक अनुमति अनुज्ञा तन्त्र को सुधारें और भ्रष्टाचार को कम करें। वहाँ तो परिवर्तन की चाह ही दिखाई नहीं दे रही। चुनावी बदलाव के बिना भ्रष्टाचार में कमी की सम्भावना नहीं दिखाई देती—राजनीतिक आवश्यकताओं के इर्द-गिर्द ऐसी संप्रेरणा संरचनाएँ बनानी होंगी कि इनमें और अधिक पारदर्शिता आ सके। यह परिवर्तन युवाओं की ऊर्जा को शिथिल होने से बचाने के लिए अत्यन्त आवश्यक है। हमारी न्याय व्यवस्था निष्पक्ष तो है किन्तु बहुत बोझिल है और इसमें समय भी बहुत लग जाता है। इसमें भी लम्बित मामलों के भार को कम करने के लिए आधारभूत परिवर्तनों की आवश्यकता है।

एक बात और। ह्वार्टन के छात्र ये भी जानते हैं कि भारत में सबसे बड़ा मुकदमेबाज़ तो सरकार है और इसी के मुकदमे वर्षों तक लम्बित रहते हैं। भारतीय विधान व्यवस्था की जटिलताओं के मारे सभी विभाग न्याय-व्यवस्था में सुलभ सभी अपीलों का सहारा लेकर अपने को निर्दोष एवं निष्पक्ष सिद्ध करने में व्यस्त रहते हैं। प्रशासकीय संस्थाओं को अत्यधिक राजनीतिकरण से बचाना ही होगा, किन्तु इसके लिए भी कुशल प्रशासन तथा राजनीतिक और चुनाव प्रणालीगत परिवर्तनों की आवश्यकता होगी। सरकार को प्रत्येक युवा की आशाओं-अपेक्षाओं का व्यष्टि प्रबन्धन तो नहीं करना चाहिए, किन्तु ऐसी परिस्थितियों और वातावरण का निर्माण इसी का दायित्व है जिनमें युवा पीढ़ी की योग्यताओं और क्षमताओं का श्रेष्ठतम प्रयोग सम्भव हो सके।

ह्वार्टन में युवा भारतीयों का जोश और प्रतिबद्धता निश्चय ही हृदयस्पर्शी थे। क्या भारत उतनी ही तीव्रगति से कदम उठा कर उनकी ऊर्जा का प्रयोग करते हुए किसी न किसी रूप में उनके उदात्त स्वप्नों में बसे भारत की सफलता के मन्त्र की सिद्धि में सहायक बन पाएगा?

27 नवम्बर, 2005

16

विश्व प्रवासन : बहुमुखी चुनौतियाँ

न्यूयार्क : चार दिन पहले संयुक्त राष्ट्र महासचिव कोफी अन्नान को अन्तरराष्ट्रीय प्रवसन पर विश्व आयोग की रिपोर्ट : 'परस्पर जुड़े विश्व में प्रवसन : नई कार्य दिशाएँ' प्रस्तुत की गई। यह आयोग 2003 में स्थापित हुआ था, मैं भी इसका सदस्य हूँ, इसकी रचना एक स्वायत्त संस्था के रूप की गई थी। इसका दायित्व प्रवसन नीतियों की त्रुटियों का अन्वेषण कर महासचिव एवं अन्य सम्बद्ध अधिकारियों को उन्हें दूर करने के उपाय सुझाना था। पिछले दो वर्षों में आयोग ने 6 क्षेत्रीय सुनवाइयाँ कीं। ये सुनवाइयाँ एशिया प्रशान्त, भूमध्य, मध्यपूर्व, यूरोप, अफ्रीका और अमेरिकी महाद्वीपों में की गई। इनमें समाज के प्रायः सभी वर्गों, सरकार, श्रमिक संघ, प्रवासीजन संगठन, शिक्षाविद, व्यवसाय जगत और सभ्य समाज के प्रहरी—सभी इन सुनवाई सत्रों में भागीदार रहे।

प्रवसन तो वैश्वीकरण का एक अपरिहार्य आयाम है। जैसे-जैसे नवीन प्रौद्योगिकी पूंजीगत पदार्थों, वस्तु, सेवाओं, जानकारी, ज्ञान आदि के अन्तरण को सहज (बाधाविहीन) बनाती है, व्यक्तियों का देशों की सीमाओं के पार कार्य के लिए आवागमन एक वास्तविकता बन जाता है। ज़रा इन तथ्यों पर ध्यान दीजिए :

- 2005 में विश्व भर में कुल मिलाकर 20 करोड़ अन्तरराष्ट्रीय प्रवासी कर्मचारी हैं। इस संख्या में बहुत तेज़ी से वृद्धि हुई है। 2000 में ये 12 करोड़ 50 लाख थी तो 1972 में मात्र 8 करोड़ 20 लाख।
- विश्व प्रवासी समुदाय में लगभग आधी संख्या महिलाओं की है—एशिया कैरीबियन और यूरोप में तो प्रवासी महिलाओं की संख्या पुरुषों से अधिक है।
- यूरोप में 6 करोड़ 60 लाख प्रवासी हैं, यह महाद्वीप की कुल जनसंख्या का 8 प्रतिशत है। एशिया में 5 करोड़ और उत्तरी अमेरिका में 4 करोड़ प्रवासी कार्यरत हैं। अकेले संयुक्त राज्य अमेरिका में 3 करोड़ 50 लाख प्रवासी हैं

जो विश्व प्रवासी समाज के 20 प्रतिशत हैं। रूस की बारी इसके बाद आती है—वहाँ केवल एक करोड़ तीस लाख प्रवासी हैं।

- यदि प्रवासियों के उद्गम राष्ट्र की बात करें तो चीन 35 मिलियन का योगदान कर सबसे आगे है। भारत का क्रम दूसरा है, यहाँ से 20 मिलियन व्यक्ति गए हैं। तीसरा नम्बर फिलिपीन्स का है—इस देश से 7 मिलियन व्यक्ति प्रवासी श्रमिक बने हैं।
- एक और बात भी महत्त्वपूर्ण है—विश्व प्रवासी समुदाय का 60 प्रतिशत विकसित देशों में बसा है तो 40 प्रतिशत विकासशील देशों में रोज़गार में लगे हैं।

पिछले कुछ वर्षों में प्रवसन में नाटकीय रूप से वृद्धि हुई है। इसके अनेक कारण हैं :

जनांकिकीय अन्तराल : अनेक विकसित देशों में प्रजनन दर 2.1 प्रति नारी से कम रह गई है (यह स्तर (2.1) जनसंख्या को पूर्ववत् बनाए रखने के लिए आवश्यक होता है)। परिणामस्वरूप उन देशों में जनसंख्या कम और 'वृद्ध' होती जा रही है। ये परिदृश्य उनकी वर्तमान संवृद्धि, पेंशन और सामाजिक सुरक्षा प्रावधानों का स्तर बना रहने के प्रति सन्देह पैदा कर रहा है।

संयुक्त राष्ट्र जनसंख्या प्रभाग के अनुसार 2000-05 में यूरोप में प्रजनन दर 1.4, लैटिन अमेरिका में 2.5 तो उप-सहारा अफ्रीका में उच्चतम 5.4 रही। विश्व बैंक का अनुमान है कि 2000-10 की अवधि में विश्व श्रमबल में 40 मिलियन की वार्षिक वृद्धि होगी, इसमें से 38 मिलियन का योगदान विकासशील देश करेंगे, विकसित देशों की अपनी जनसंख्या का योगदान मात्र 2 मिलियन रहेगा।

मज़दूरी दर के अन्तर : उप-सहारा अफ्रीका में 45.7 प्रतिशत व्यक्ति 1 डालर प्रतिदिन से कम कमाते हैं। दक्षिण एशिया में 14.4 तथा लैटिन अमेरिका में 10 प्रतिशत व्यक्ति इसी वर्ग का अंग हैं।

बेरोज़गारी दर : उत्तरी अफ्रीका और मध्यपूर्व में बेरोज़गारी दर 7.22 प्रतिशत, उप-सहारा अफ्रीका में 11 तथा औद्योगिक देशों में 6.5 प्रतिशत है।

शैक्षणिक अन्तर : न्यून आय देशों में केवल 58 प्रतिशत महिलाएँ और 68 प्रतिशतता पुरुष साक्षर हैं। प्रायः सभी विकसित देश शत-प्रतिशत साक्षरता सम्पन्न हैं।

लोकतन्त्र और प्रशासन की गुणवत्ता : आयोग का निष्कर्ष है कि आर्थिक-राजनीतिक रूप से अशान्त क्षेत्रों के निवासी प्रवसन द्वारा स्वयं एवं अपने परिजनों को बाज़ार की अनिश्चितताओं, राजनीतिक संकटों, सशस्त्र संघर्षों और अन्य जोखिमों से सुरक्षित रख पाने में सफल हो जाते हैं।

अब प्रवासी समाज के निवास देश में महती योगदान को भी समझा और स्वीकार किया जा रहा है। ये श्रम के अभाव को दूर करने और स्पर्धात्मक लागतों पर उत्पादन जारी रखने में सहायक होते हैं और इस प्रकार उन देशों के उद्यमों को बाहर से माल का उत्पादन नहीं कराना पड़ता। उन प्रवासी श्रमिकों की प्रतिभाएँ अब मशीनी ढंग से कार्य करने के निम्न कौशल से लेकर नव-प्रवर्तन प्रेरित विकसित देशों में ज्ञान-आधारित अर्थतन्त्र के संचलन में उच्च मूल्य वृद्धि सृजक कार्यों तक फैली हुई है।

प्रवासियों द्वारा स्वदेश को धन-प्रेषण भी अब बहुत महत्त्वपूर्ण हो गया है। वर्ष 2004 में औपचारिक माध्यमों द्वारा ही 15,000 करोड़ डालर का प्रेषण हुआ, इससे दुगुनी राशि का प्रेषण अनौपचारिक माध्यमों से भी होने के अनुमान हैं। यह राशि समग्र आधिकारिक विकास सहायता से कई गुना अधिक है। इससे अधिक बस प्रत्यक्ष विदेशी निवेश ही रहा है। ऐसे प्रेषित धन का 60 प्रतिशत विकासशील देशों को पहुँचता है। मैक्सिको को सबसे अधिक 1600 करोड़ डालर, तो भारत को 1100 करोड़ तथा फिलिपीन्स को 850 करोड़ डालर की धनराशियाँ प्रवासियों ने प्रेषित कीं।

इन धनप्रेषणों का प्राप्तकर्ता देशों के विकास पर प्रभाव तो स्पष्ट ही है। प्रवसन से जुड़े अनेक विवादास्पद मुद्दे भी हैं। इनमें गैरकानूनी प्रवासन शरणार्थियों और किन्हीं अन्य कारणों से शरण माँगने वालों के प्रश्न प्रमुख हैं। प्रतिवर्ष ढाई से चार मिलियन व्यक्ति गैरकानूनी तरीकों से अन्य देशों में पहुँच जाते हैं। यूरोप के 56 मिलियन में से कम से कम 5 मिलियन तो गैरकानूनी रूप से प्रविष्ट प्रवासी ही हैं। अमेरिका में यह संख्या दुगुनी है। भारत में 20 मिलियन विदेशी गैरकानूनी रूप से प्रविष्ट हो चुके हैं। अमेरिका में 2000 में विद्यमान मैक्सिकोमूलक जनसमुदाय में से आधा गैरकानूनी रूप से रह रहा था।

इस विषय में किसी को सन्देह नहीं है कि आगामी दशकों में प्रवसन तेज़ी से होता रहेगा। इसके कारण उभर रही बहुमुखी चुनौतियों के प्रति विश्व समुदाय को एक सुविचारित नीति की रचना करनी होगी।

जनसमुदायों के स्वतन्त्रतापूर्ण विचरण के प्रति विश्व का क्या रवैया होना चाहिए? उद्गम एवं निवास के देशों के हितों के बीच परस्पर निर्भरता और तारतम्य की स्थापना किस प्रकार हो सकती है? यही प्रश्न आज विचारणीय हैं।

9 अक्तूबर, 2005

17

प्रतिभा लाभ बनाम प्रतिभा पलायन

प्रवसन और विकास के सम्बन्ध बहुआयामी होते हैं। इन्हीं में एक आयाम इस सम्बन्ध के सटीक निरूपण से जुड़ी कार्य विधिगत अस्पष्टताएँ भी हैं। संसाधनों के वितरण में बड़ी विषमताओं के कारण प्रवासन एक देश के लिए 'प्रतिभा पलायन' के कारण 'हानि' का द्योतक हो जाता है तो दूसरे देश को इसी के कारण 'प्रतिभा लाभ' की प्राप्ति होती है। इस विषय में बहुत समय से बहुत कुछ लिखा जा रहा है। किन्तु इस विषय के एक पक्ष के बारे में हमें अच्छी-खासी जानकारी सुलभ है। वह है देशों के बीच प्रवसन के फलस्वरूप प्रारम्भ हुए वित्तीय प्रवाह। हाँ, यह बात भी सच है कि अभी इन प्रवाहों से सम्भावित लाभों को और बढ़ाया जा सकता है—किन्तु उसके लिए कुछ नीतिगत परिवर्तन आवश्यक होंगे।

2001 में विकासशील देशों को धनप्रेषण और अन्य चालू अन्तरणों के खाते में 99 बिलियन डालर की राशि प्राप्त हुई। इसमें प्रेषित धनराशि 73 बिलियन डालर थी। ये सारी आधिकारिक स्तर पर प्रदत्त सहायता राशियों से अढ़ाई गुना थी। वास्तव में समस्त प्रत्यक्ष विदेशी निवेश का भी यह 42 प्रतिशत बनती थी। अन्तरराष्ट्रीय मुद्राकोष की भुगतान शेष वार्षिकी की जानकारी दिलीप रथ ने अपने लेख 'श्रमिकों द्वारा धन प्रेषण' में उद्धृत की है। इसके अनुसार 2001 में भारत में 10 बिलियन डालर की राशि विदेशों में कार्य कर रहे भारतीय श्रमिकों ने भेजी थी। यदि उन 20 देशों की सूची बनाएँ जहाँ से सर्वाधिक धन प्रेषण होता है तो संयुक्त राज्य अमरीका सर्वोच्च स्थान पर दिखाई देता है, वहाँ से 28.4 बिलियन डालर का प्रेषण हुआ। दूसरे क्रम पर 15.1 बिलियन डालर प्रेषित कर सऊदी अरब दिखाई पड़ता है।

प्रेषित आय के बहुगुण लाभों का महत्त्व निम्न एवं मध्यम आय देशों में बहुत ही अधिक हो जाता है। टोंगो के सकल घरेलू उत्पाद में इस प्रकार प्राप्त (प्रेषित) आय का अंश 37 प्रतिशत है, फिलीपीन्स में भी यह अंश 8 प्रतिशत

तो है ही। अन्य अपेक्षाकृत उन्नत विकासशील देशों में यह अंश और कम रह जाता है। न्यून आय देशों में यह प्रेषित आय मुख्यतः उपभोग को बनाए रखने और उत्पादन के स्वरूपों में ही काम आती है। अन्य देशों में इसके माध्यम से पूँजी, प्रौद्योगिकी और निवेश का वित्त पोषण होता है और फलस्वरूप मध्यकालिक संवृद्धि की धारणीयता को संबल मिलता है। कई विकासशील देशों में अब इस प्रकार की नीतियों की रचना हो रही है जिनसे प्रेषित आय का उपयोग नहीं वरन पूंजी निर्माण में ही प्रयोग हो। किन्तु अधिकांश मामलों में यह आय उपभोग एवं निवेश दोनों का संपोषण करती है।

विकास और धनप्रेषण के बीच सम्बन्धों से जुड़े अनेक दुरूह मामले हैं और उनके स्पष्टीकरण की अभी काफी आवश्यकता है।

सबसे बड़ा पक्ष तो यही है कि प्रायः समाज के गरीबतम सदस्य प्रवसन का सहारा नहीं लेते। आम मान्यताओं के विपरीत अक्सर समाज के सम्पन्न परिवारों के सदस्य ही दूसरे देशों को पलायन करते दिखाई देते हैं। वास्तव में सम्पन्न व्यक्ति ही अपनी दशा को और बेहतर बनाने के ध्येय से प्रवसन से जुड़ी जटिल प्रक्रियाओं में लगने वाली लागतों का वहन कर पाते हैं।

इस दृष्टि से तो प्रवसन विभिन्न देशों के बीच की आर्थिक खाई को और अधिक विस्तार दे देगा। यह बात देश के भीतर अन्तर्क्षेत्रीय प्रवसन पर भी लागू होती है—अत्यन्त गरीब लोग तो जहाँ हों, वहीं पड़े रह जाते हैं, अपेक्षाकृत सम्पन्न व्यक्ति बेहतर अवसरों की खोज में कहीं दूर निकल जाते हैं, क्योंकि वे ही प्रवसन से जुड़ी जोखिम और लागत वहन कर पाने में समर्थ होते हैं।

ऐतिहासिक आंकड़ों से एक और बड़ी बात सामने आई है : धनप्रेषण व्यवसाय चक्र जैसी घटनाओं के प्रति अन्य पूंजीगत प्रवाहों की भाँति संवेदनशील नहीं होता—किन्तु प्राप्तकर्ता देश की समष्टिकारी आर्थिक नीतियों का इस पर बहुत गहरा प्रभाव पड़ता है।

अन्तरराष्ट्रीय वित्तीय संस्थानों के पास उपलब्ध जानकारी के अनुसार धन-प्रेषण की लागतें बहुत अधिक हैं। प्रवासी श्रमिकों द्वारा थोड़ी-थोड़ी करके भेजी जा रही धनराशि की प्रेषण-लागतें तो असह्य रूप से अधिक हैं। ओ'नील (2003) के अध्ययन से ज्ञात हुआ है कि अमरीका से 200 डालर तक की छोटी-सी राशि भेजने की लागत अनेक समुदाय आधारित धन विनिमय संस्थाओं में 13-16 प्रतिशत तक हो जाती है। ये लागतें श्रमिकों की आय पर लगे अतिरिक्त कर की भाँति हैं। कुछ अध्येताओं का अनुमान है कि 2001 में धन-प्रेषण का व्यवसाय करने वालों ने 12,00 करोड़ डालर कमाए थे।

विभिन्न देशों में धनप्रेषण द्वारा धनपरिशोधन पर प्रतिबंध और गैरकानूनी प्रेषण व आतंकवाद के सम्बन्धों को लेकर व्यक्त चिन्ताओं से प्रभावित हो अनेक

बैंकों द्वारा अपनी सेवाओं के माध्यम से धनप्रेषण व्यवस्था को प्रसारित किया जा रहा है। आशा है इससे प्रेषण लागत में कमी आएगी। इस सच्चाई को स्वीकार करते हुए कि भविष्य में धनप्रेषण में वृद्धि ही होगी, विश्व समाज को निजी-सार्वजनिक भागीदारी का सहारा लेकर ऐसी उपयुक्त संस्थाओं का निर्माण करना चाहिए जो ये प्रेषण सेवाएँ वहनीय (सह्य) लागतों पर प्रदान कर सकें।

प्रतिभा लाभ बनाम प्रतिभा पलायन के वर्तमान प्रश्न पर एक बात तो कही ही जा सकती है। भले ही पलायन के कारण राजकोष अधिकारी उन व्यक्तियों से कर वसूल नहीं कर पाता और घाटे में रह जाता है, किन्तु उन व्यक्तियों द्वारा प्रेषित धनराशि उस घाटे की न केवल भरपाई कर देती है बल्कि कराधिकारियों को पहले की अपेक्षा कहीं अधिक राशियाँ सार्वजनिक वित्त व्यय के लिए सुलभ करा देता है। भारत से अमरीका को प्रतिभा पलायन के उभय पक्षों का विवेचन देसाई और कपूर ने किया है। उनका निष्कर्ष है कि 2001 में इस पलायन के कारण भारत को सकल घरेलू उत्पाद में 0.24 से 0.58 प्रतिशत की कमी आई होगी, किन्तु उसी वर्ष में प्राप्त प्रेषण राशि घरेलू उत्पाद के कम से कम 2.1 प्रतिशत समान रही।

किन्तु मेरा मत है कि इस समस्या पर केवल इसी दृष्टिकोण से विचार करना उचित नहीं होगा। विकासशील देशों में शिक्षा-व्यवस्था में भारी साहाय्य प्रदान किए जाते हैं और इस प्रकार इनके द्वारा मानव संसाधन विकास पर किए गए निवेश के सहारे ही इनके प्रतिभासम्पन्न युवा अन्य देशों में जाकर अच्छे रोज़गार पा जाते हैं।

उच्च प्रतिभासम्पन्न इन व्यक्तियों द्वारा अपने ज्ञान के सहारे बहुत बड़े स्तर पर धन एवं मूल्यवृद्धि का सृजन होता है। उसका अत्यन्त न्यून अंश ही उनके मूल देश तक पहुँच पाता है। अतः यह उचित ही होगा कि विकसित देशों द्वारा अपने कर-राजस्व का एक अंश उन प्रवसन उद्गम देशों को देकर उन द्वारा शिक्षा व्यवस्था में दिए जा रहे साहाय्यों की भरपाई हो। जगदीश भगवती ने अपनी रचना 'नियन्त्रण से परे सीमाएँ' (2003) में ऐसे प्रश्न उठाए हैं और कर-विभाजन की बात को बहुत सारगर्भित वज़नदार ढंग से प्रस्तुत किया है। यदि उनके सुझावों पर आचरण किया जाए तो निश्चय ही प्रवासनकर्ता व्यक्तियों द्वारा उपार्जित धन और कर योगदानों को उनके प्रवास और मूल देश के बीच अधिक सम्यक विधि से बाँटने में सहायता मिलेगी।

किन्तु इस विषय में बहुत-सी जटिलताएँ भरी हैं। इसके लिए अनेक नई प्रकार की व्यवस्थाओं की रचना करनी होगी ताकि विकासशील देशों में मानवीय पूँजी विकास के लिए उचित मात्रा में धन की व्यवस्था द्वारा विश्व-भर के लाभ सुनिश्चित हो सकें।

एक नवीन क्षेत्र-आधारित कार्यविधि की आवश्यकता

निस्सन्देह अगले 10-15 वर्षों में और बड़े स्तर पर प्रवासन होने वाला है। ऐसा अनुमान लगाया जा रहा है कि कम से कम 10 करोड़ और नए लोग बेहतर जीविका और जीवन स्तर की खोज में अपने घर-बार छोड़ कहीं और बसने निकल पड़ेंगे। अन्तर्क्षेत्रीय एवं आन्तरिक विषमताएँ और गहन हो रही हैं, साथ ही जनांकिकीय परिदृश्यों में भी भारी विषमता आ रही है। इन्हीं के कारण प्रवसन इच्छुकों की संख्या इतना विराट रूप धारण कर रही है। अब सम्प्रभुतासम्पन्न राष्ट्र की परिभाषा के साथ राष्ट्रीयता की अपनी परिभाषा को लेकर भी विश्व समुदाय को पुनः विचार कर एक नई व्यापक सहमति विकसित करनी पड़ सकती है। इस नैतिक प्रश्न से अधिक समय मुँह चुरा पाना सहज नहीं रहेगा।

आर्थिक विवशताएँ देशों को प्रवसन सम्बद्ध मामलों के प्रति सम्प्रभुतावादी दृष्टिकोण का परित्याग कर आर्थिक हितलाभ संपोषक उत्पादिता एवं दक्षतावादी विचारों को स्वीकार करने को बाध्य कर देंगी। कहीं बाहर से सेवा/उत्पाद की प्राप्ति पर चल रहा विवाद इसी समस्या का एक पक्ष है। यदि नीतिगत एवं आर्थिक कारणों से बड़े स्तर पर जन-आगमन किसी देश को स्वीकार्य नहीं होगा तो उसे आर्थिक क्रियाओं को अधिक दक्षतापूर्ण सम्पन्न हो सकने वाली उपइकाइयों में विभाजित करने (और बाह्य प्रयाण करने) को तैयार होना होगा।

अल्पकाल में इसके कारण धारणीय संवृद्धि दर संवर्धन, उत्पादिता वृद्धि और लाभकारी रोज़गार के अवसरों के सृजन के विभिन्न दबावों के बीच सामंजस्य स्थापित करना होगा। मध्य अवधि में यदि उद्गम के देश में ही आर्थिक क्रियाएँ सम्पन्न होने की व्यवस्था कर दी जाए तो भी एक अभूतपूर्व स्तर पर प्रवसन के प्रबन्धन की आवश्यकता होगी।

इस विषय में अन्तरराष्ट्रीय सन्धियाँ, नियम आदि बहुत ही बिखरे-बिखरे से हैं और उनको लागू करने वाले संगठनों में भी बहुलता पाई जाती है। इस व्यवस्था पर भी पुनः विचार आवश्यक है। इस मामले में एक नई क्षेत्र-आधारित कार्यविधि विकसित कर वर्तमान व्यवस्था की त्रुटियों को दूर करते हुए इन उदीयमान विषयों का सम्यक रूप से सामना करने हेतु एक वास्तविक रूप में बहुमुखी संरचना का विकास करना ही उचित प्रतिक्रिया हो सकती है। अन्तिम परिणाम कुछ भी रहे, एक बात तो स्पष्ट है : आगामी दशक की सबसे विकट चुनौती जनांकिकी और प्रवसन ही होंगे। जितनी शीघ्र विश्वसमाज इसके सभी पक्षों पर विचार कर लेगा उतनी ही अधिक स्थिरता और समृद्धि को पा सकेगा।

जनांकिकीय रचना, प्रवासियों से जुड़े जटिल मुद्दे और प्रवसन तथा विकास के बीच सम्बन्ध, व्यक्तियों के आवागमन या आर्थिक गतिविधियों के विलगन

आदि के प्रश्नों पर एक नई एवं संवेदनशील दृष्टि के साथ विचार करना होगा।

वृद्धों एवं युवाओं के बीच संसाधनों के विभाजन से जुड़े आर्थिक और नैतिक प्रश्न अल्बर्ट कामू की सरलतावादी परिभाषा से भी कहीं दूर तक देखने की बात उठा रहे हैं (उनका कहना था कि उम्र बढ़ने के साथ-साथ गहन लगाव को गहन करुणा का रूप धारण करना ही चाहिए)। वास्तव में इस द्वैध को महात्मा गांधी ने कहीं अधिक सटीक रूप से 'सुलझा' दिया था। उनका कहना था—आपके लिए उस समय तक बुढ़ापे की बात करना भी मूर्खता होगी जब तक आप सेवा करने को युवाओं से पहले दौड़ पड़ने में सक्षम हैं। जब तक अत्यन्त परेशानी-भरे हालत से घिरे लोगों से भरे कमरे आपके कहकहों से गूँज उठते हैं और निराशा के कगार पर झूल रहे युवाओं को नई आशा की किरण दिखा पाने में समर्थ हैं।

26 अप्रैल, 2004

IV
बहुपक्षीय संबंध

18

एक संकल्पातीत नव वर्ष

हम इस बार नव वर्ष का स्वागत करते हुए पृथ्वी के कंपन की प्रतिपूर्ति के निमित्त अपनी घड़ियों को एक सैकेंड पीछे कर रहे हैं। दुर्भाग्यवश हमारी अपनी नीतियों की अस्थिरता के कारण कहीं अधिक दूरगामी एवं गहन परिशुद्धि आवश्यक हो गई है। क्या 2006 में हमारा संसार बीते वर्ष की तुलना में कहीं अधिक स्वास्थ्यकर और खुशहाल होगा? इस संसार को बेहतर बनाने के लिए हमें इन मुख्य मुद्दों के प्रति एक अधिक सटीक दृष्टिकोण तथा व्यवहार अपनाना होगा—

सबसे पहला प्रश्न तो जनसंख्या में संचरित हो रही वृद्धावस्था के आर्थिक और सामाजिक परिणामों का ही है। प्रौढ़ समाजों में वृद्धावस्था और विकासशील देशों में युवाओं की समस्याएँ एक संकट का स्वरूप धारण कर रही हैं। इनके प्रति एक तर्कसंगत दृष्टिकोण की आवश्यकता है। जापान, यूरोप और अमरीका में प्रजनन दरों में गिरावट आ रही है और उनकी जनसंख्या में वृद्ध-युवा अनुपालन में निरन्तर वृद्धि हो रही है। साथ ही, उत्पादिता वृद्धि के बाद भी इन देशों की श्रम शक्ति उत्पादक संसाधनों के भरपूर प्रयोग के लिए पर्याप्त नहीं रहती; स्वास्थ्य-सेवा व्यवस्थाएँ चरमरा रही हैं और उनकी लागतों में वृद्धि हो रही है। यही नहीं, इन देशों/क्षेत्रों में उपभोग तथा बचत दरें भी असम्यक कारणों से निरन्तर गिर रही हैं। सामाजिक सुरक्षा योजनाओं पर बहुत बोझ पड़ रहा है और पुरानी एवं नई पीढ़ियों के बीच संसाधनों के विभाजन की 'नैतिक चयन समस्याएँ' सिर उठा रही हैं। एशिया, विशेषकर भारत व चीन में तथा अफ्रीका की युवा जनसंख्याओं में एक अलग प्रकार की समस्याओं का सामना है : कौशल सृजना, मानवीय पूंजी निर्माण में निवेश और श्रमशक्ति में नए-नए भर्ती हुए युवाओं को सार्थक रोज़गार प्रदान कर पाना इन्हीं समस्याओं के कुछ आयाम हैं। बचतों और जीवन स्तर उन्नयन की अभिलाषाओं में वृद्धि युवाकर्मियों को देश के ही अन्य क्षेत्रों तथा विकसित देशों तक में बेहतर काम के अवसरों की खोज के लिए प्रेरित कर रही है। आर्थिक कार्यों के निरन्तर अन्तरण की न केवल प्रौद्योगिकीय सीमाएँ

होती हैं, बल्कि ये किसी न किसी बिन्दु पर आकर लागतों की दृष्टि से अकुशल हो जाते हैं। दूसरी ओर बड़े स्तर पर प्रवसन स्वीकार करने में जीवनशैली में सांस्कृतिक असन्तुलन की गम्भीर समस्याएँ उत्पन्न हो जाती हैं। इनसे सामाजिक समरसता छिन्न-भिन्न हो सकती है। एक वृद्ध विश्व के प्रबन्धन के लिए तैयारी तो वियना के प्रथम विश्व सम्मेलन, 1982 तथा मैड्रिड के द्वितीय विश्व सम्मेलन, 2002 द्वारा पारित प्रस्तावों से बहुत आगे तक कुछ करने से ही प्रारम्भ हो पाएगी। उन प्रस्तावों में निरन्तर परिवर्तनशील प्रौद्योगिकीय परिवेश में एक एकीकृत विश्व योजना के क्रियान्वयन की बात उठाई गई थी।

दूसरा प्रमुख प्रश्न विश्व उष्णन का है। पिछले तीस वर्षों में पृथ्वी के तापमान में निरन्तर वृद्धि के कारण यह 10,000 वर्षों से चले आ रहे स्थायित्वपूर्ण ताप के युग में उच्चतम तापमान तक पहुँच गया है। अब एक अंश सेल्सियस की वृद्धि भी इसके तापमान की दस लाख वर्षों की उच्चतम सीमा का अतिक्रमण कर जाएगी। इसके कारण भीषण जलवायुगत संकट और पर्यावरण ह्रास की समस्याएँ पैदा होंगी। परिणामस्वरूप वर्तमान सभ्यता संरचनाओं और ऊर्जा आधारित आर्थिक गतिविधियों को बनाए रख पाना सहज नहीं होगा। यह सोचकर सांत्वना पा लेना कि पृथ्वी के इतिहास में ऐसे उतार-चढ़ाव पहले ही आते रहे हैं, या फिर कि उष्णन सम्बन्धी आँकड़े तो बढ़ा-चढ़ाकर पेश की जा रही 'अपुष्ट' अटकलबाज़ी मात्र है, हमें एक जटिल चुनौती के प्रति निश्चयपूर्ण प्रतिक्रिया की रूपरेखा बनाने से रोक रही है। विश्व संरक्षित क्षेत्र आयोग के अध्यक्ष निकितो लोकनिन का कहना है, ''जैसे-जैसे हिमनद पिघलकर समाप्त होंगे, नदियाँ सूख जाएँगी, जल का अभाव होगा और अकाल अधिक पड़ेंगे व फसलें भी सूख जाएँगी। अफ्रीका के किलिमनजारो पर्वत की बर्फ तो समाप्त हो ही चुकी है। अब पानी के लिए टकराव और संघर्ष दूर नहीं है—पानी के बिना तो हमारा निर्वाह ही सम्भव नहीं है—अब तो यह भी सन्देहास्पद हो गया है कि हमारी संतानों को पीने के लिए भी पानी उपलब्ध हो पाएगा या नहीं।'' यह सब कुछ होने से पूर्व की स्थिति भी कम भयावह नहीं होगी, समुद्रों के स्तर में उछाल विश्व के बहुत बड़े भूभाग को जलाप्लावित कर निगल जाएगा, कृषि का संकुचन और निवास संरचना में परिवर्तन की अनिवार्यता से नई स्थिति को स्वीकार करना और कष्टप्रद हो जाएगा। इस विषय में किसी भी योजना की रचना और क्रियान्वयन में पुरानी क्योटो सन्धि और मांट्रियल में अभी-अभी सम्पन्न वातावरण परिवर्तन सम्मेलन की सिफारिशें भी पर्याप्त रहती दिखाई नहीं दे रहीं।

उपर्युक्त प्रश्न से जुड़ा हुआ तीसरा प्रश्न है एक दक्षतापूर्ण ऊर्जा नीति की रचना का। इसमें जीवाश्मीय ईंधन पर निर्भरता और वर्तमान जीवन शैली में ऊर्जा प्रयोग पर अति निर्भरता में सार्थक कमी को सर्वोच्च प्राथमिकता देनी होगी। यह सोच बैठना कि अभी तो विश्व में गैस और तेल के विशाल उपयुक्त भण्डार हैं—भले

ही वे पर्यावरणीय दृष्टि से अधिक संवेदनशील क्षेत्रों में हों—वैकल्पिक ऊर्जा के विकास में वांछित निवेश नहीं होने दे रहा। इसी से उत्पादन की वैकल्पिक प्रौद्योगिकी के विकास में बाधा आ रही है। क्या हम ऐसी दीर्घ एवं स्वस्थ जीवन शैली को अपना पाएँगे जो ऊर्जा पर इतनी अधिक निर्भर नहीं हो? तिर्यक साहाय्यों पर आधारित ऊर्जा की कीमतों में विसंगतियों के गम्भीर और अस्वीकार्य परिणाम होते हैं। यह आशा करना कि ऊर्जा की सर्वाधिक बर्बादी करने वाले सुधर जाएँगे और वैकल्पिक मार्ग को खोज लेंगे तथा इस प्रकार उचित कीमतों पर ऊर्जा प्राप्ति के निमित्त संघर्षों की सम्भावना का निराकरण हो जाएगा, अधिक सफल होती नहीं दिख रही।

चौथा प्रश्न उस जनसंख्या का है जो नवीन 'सहस्राब्दी विकास लक्ष्यों' में निर्धारित न्यूनतम जीवन स्तर के मानदण्डों को भी प्राप्त कर पाने में सफल नहीं हो पाएगी। यह मानदण्ड गरीबी निवारण, दीर्घायु तथा मानवीय विकास सूचक की अन्य कसौटियों से जुड़े हैं। अभी एक बार फिर से अफ्रीका में जनस्वास्थ्य सुधारने व गरीबी निवारण में अधिक धन लगाने का जो उत्साह दिखाई देने लगा है वह भी न्यूनतम आवश्यकता से कहीं कम ही है। संयुक्त राष्ट्र महासभा ने अपने पिछले सत्र में सहस्राब्दी विकास लक्ष्यों को कुछ कम करते हुए बड़े-बड़े शब्दों का आडम्बर तो रचा है किन्तु पर्याप्त संसाधनों की पक्की व्यवस्था करने से मुँह चुरा लिया है। साथ ही बहुमुखी संस्थानों की अत्यन्त विशाल उत्तरदायित्व निर्वहन के लिए क्षमता और उनकी प्रभावी सीमाओं के विस्तार से जुड़ी समस्याएँ भी अभी समाधान की प्रतीक्षा ही कर रही हैं।

निरन्तर चल रहे जातीय संघर्ष, बढ़ती हुई धार्मिक असहिष्णुता, मनचाहे राजनीतिक-आर्थिक तन्त्रों की रचना के विफल प्रयास और गम्भीर असुरक्षा भावना—ये सब व्यापक एवं भीषण गरीबी भरे विश्व में पतनशील और आरामपरस्त व्यवस्थाओं की विद्यमानता के अपरिहार्य परिणाम ही हैं। असहिष्णुता की वर्तमान प्रवृत्तियों को रोक पाने में संयुक्त राष्ट्र के विभिन्न संस्थानों/घटकों द्वारा पारित मानव अधिकार मानवीय पद्धति आदि से जुड़े भारी-भरकम प्रस्ताव नितान्त अपर्याप्त सिद्ध हो रहे हैं।

इन चुनौतियों का सामना करने के लिए विश्व की प्रतिबद्धता मात्र प्रस्ताव पारित करने की औपचारिकता तक सीमित नहीं रहनी चाहिए। इसे राजनीतिज्ञों की सर्वमान्य शब्द संरचनाएँ गढ़ने की प्रतिभा से कहीं दूर निकलना होगा। कुछ लोग यह कह सकते हैं कि वैयक्तिक और राष्ट्रीय हित करुणा पर भारी पड़ते हैं या किसी के प्रति हमदर्दी अन्य बातों पर पार नहीं पा सकती। फिर भी नव वर्ष का शुभारंभ एक नवीन आशावादिता के साथ ही होना चाहिए। क्या वास्तव में 2006 एक नई तरह का वर्ष सिद्ध हो पाएगा?

1 जनवरी 2006

19

क्या विश्व समुदाय में विश्वस्तरीय जोखिम का सामना करने का साहस है?

अक्तूबर में मैंने ऐवियन पूर्ण अधिवेशन, 2006 स्विट्ज़रलैंड में एक मुख्य वक्ता के रूप में भाग लिया। सम्मेलन का विषय था : वैश्वीकरण संकट में—क्या हम इसमें पुनः गति संचार कर सकते हैं?—इस ऐवियन समूह की स्थापना 1995 में हुई थी। यह 'एक खुली सर्वग्राही, समतापूर्ण एवं धारणीय विश्व बाज़ार व्यवस्था के विकास के प्रति समर्पित व्यवसाय, प्रशासन और जन सम्मति के नेताओं का अन्तरराष्ट्रीय गठबन्धन है।' इस पूर्ण अधिवेशन में प्रतिष्ठित शिक्षाशास्त्रियों, नई पीढ़ी के सफल व्यवसायियों, नीति-निर्धारकों के साथ-साथ विश्व व्यापार संगठन के अअनेक देशों के राजदूतों ने भी भाग लिया।

दोहा दौर की विफलता ने एक बार पुनः बहुमुखी एवं व्यापार वरीयता अनुबन्धों के टकराव को प्रत्यक्ष कर दिया है (भले ही इस विफलता को कोई केवल स्थगन कह रहा है तो कोई सक्रिय स्थगन या फिर इसे एक रचनात्मक अर्द्धविराम की संज्ञा दे रहा है) ट।टटइस विवाद का अन्त अभी नहीं हो पा रहा कि क्या वरीयता अनुबन्ध अधिक व्यापक उदारीकरण की निर्माण रचनाएँ हैं अथवा पत्र बाधाएँ तथा इस प्रकार की अन-अभीष्ट व्यापार व्यवस्थाएँ किस सीमा तक किन्हीं निर्मित स्वार्थों को जन्म देती है।

यह चिन्ता व्यक्त की गई है कि वरीयता अनुबन्धों में बंधे भागीदार अनुबंधीय दायित्वों के कारण अधिक बड़े समूहों में शामिल नहीं हो पाएँगे। संकीर्ण अनुबंधीय विवशताएँ उनके विशिष्टीकरण को एक विशेष दिशा एवं स्वरूप प्रदान कर सकती हैं—या फिर इन अनुबंधों के अनुपालन के लिए वे ऐसी जटिल प्रशासकीय संरचना गढ़ बैठेंगे कि बाद में उसे निरस्त करना सहज नहीं हो पाएगा।

व्यावहारिक दृष्टि से तो वरीयता अनुबन्धों का चलन अधिक हो रहा है।

यह प्रत्येक दृष्टि से बुरा भी नहीं है—यदि स्वेच्छा से अनेक छोटे-छोटे देश परस्पर सहयोग और विश्वास की भावना लेकर एकजुट होते हैं तो कदाचित् आर्थिक सहयोग एवं एकीकरण और गहन ही होंगे। किन्तु कहीं इसके परिणामस्वरूप विश्व अर्थतन्त्र की विभाजन रेखाएँ भी और अधिक गहरी तथा व्यापक तो नहीं हो जाएँगी?

विश्वस्तरीय जोखिम के प्रश्न पर पूर्णाधिवेशन के भागीदारों की प्रतिक्रियाएँ मिश्रित-सी रहीं। बीमाकर्ताओं की दृष्टि से यह जोखिम इतनी विवादपूर्ण नहीं है जितना विवाद इनके प्रति दृष्टिकोण पर आम सहमति बनाने में हो रहा है।

प्रायः सभी भागीदार वातावरण की अराजकता, भीषण गरीबी, संगठित अपराध, आतंकवादी हिंसा और उग्रवाद, विघटनकारी नवप्रवर्तनों (विशेषकर सूचना, जनन शास्त्र, कृत्रिम विवेक और अतिसूक्ष्म प्रौद्योगिकीय) तथा वित्त एवं पूजी बाज़ारों के एकीकरण द्वारा हमारी संसाधन आबंटन कुशलता पर आक्षेपों के विषय में एकमत प्रतीत हुए। इन विषयों पर अनेक मंचों पर बहुत खुलकर विचार-मंथन हो चुका है।

किन्तु उपर्युक्त प्रश्नों के पारस्परिक सम्बन्धों पर अभी तक किसी की पकड़ नहीं बन पाई है। उदाहरण : यह तो स्वीकार किया जाता है कि अति गरीबी के निवारण के लिए आवश्यक विकास प्रयासों से जीवाश्मीय ऊर्जा प्रयोग में भारी वृद्धि हो सकती है—किन्तु साथ ही यह चिन्ता भी है कि इससे तो वातावरण में व्याप्त अराजकता और गहरी हो जाएगी। जननशास्त्र, सूचना एवं अतिसूक्ष्म प्रौद्योगिकी में चल रहे नव प्रवर्तनों से मनुष्य की जीवाशा में भारी उछाल आने की सम्भावनाएँ स्पष्ट हो रही हैं। किन्तु परिणाम स्वरूप नई जनांकिकीय चुनौतियाँ भी पैदा होंगी—वृद्धावस्था संचरण की वर्तमान विषमताओं का सामना करने के लिए सामाजिक समरसता को विच्छिन्न न करने वाली अधिक तर्कसंगत नीतियों के विकास की अभी कोई सम्भावना नहीं दिखाई दे रही। उपर्युक्त जोखिमों से जुड़ी नीतियों के अन्तर्विरोधों को समाप्त करने का एक तरीका इन समस्याओं के वरीयतानुक्रम का निर्धारण हो सकता है किन्तु इस विषय में भी कोई सरल समाधान नहीं मिल पा रहे हैं।

वैश्वीकरण की लड़खड़ाती गति पर चर्चा में दोहा दौर की विफलता के परिणामों को कुछ अधिक ही बढ़ा-चढ़ाकर प्रस्तुत किया जा रहा था। वैश्वीकरण कोई एक घटना नहीं है—यह तो निरन्तर चलने वाली एक प्रक्रिया है। यह प्रक्रिया प्रौद्योगिकीय परिवर्तनों और आर्थिक कार्यों को छोटी-छोटी कुशलतापूर्ण इकाइयों में विभक्त करने की क्षमता के आधार पर चलती ही रहेगी।

इन दो बातों और प्रौद्योगिकी के निर्बाध अन्तरण व जानकारी और पूंजी संचरण ने विभिन्न अर्थव्यवस्थाओं में परस्पर निर्भरता को एक अविवर्तनीय गति

प्रदान कर दी है। फिर भी विश्वस्तरीय प्रशासन तन्त्र अभी तक पुराने ढर्रे पर ही चल रहा है और नवीन चुनौतियों का सामना कर पाने की सामर्थ्य से रहित ही है।

इसमें हैरानी की कोई बात नहीं है। जब हमने अभी तक कोई उपयुक्त संस्था और संस्कृतिगत आधार ही नहीं रचा है तो फिर हम सहयोग, सद्‌भावना और एकजुटता की आशा ही क्यों लगाए हुए हैं? आर्थिक इतिहासकार एवं आधुनिक अर्थशास्त्री मानते हैं कि उपयुक्त प्रकार की संस्थाएँ ही अनेक क्षेत्रों में सहयोग का आधार बनती हैं। बाज़ार व्यवस्था में सहयोग, विवादों का न्याय-संगत निदान, विभिन्न देशों के बीच दावों और दायित्वों के स्वरूप का निर्धारण, परस्पर स्वीकार्य सम्पदा अधिकारों की रचना, हमारी पृथ्वी के पिछड़े रह गए सदस्यों की विकास की त्रुटियों को दूर करना और इन सभी समस्याओं के लिए उपयुक्त प्रशासकीय तन्त्र का निर्माण ही उन उपयुक्त संस्थाओं की सृष्टि है।

किन्तु बहुत कम अन्तरराष्ट्रीय संगठनों में आज यह काम कर पाने की विश्वसनीय क्षमता दिखाई दे रही है। इन संगठनों के प्रयासों में जब-तब कुछ प्रभावशाली देश रोड़े अटका देते हैं, इन संस्थाओं में अभी तक व्यापक सुधार नहीं हो पाए हैं, नवीन आर्थिक शक्तियों को परिलक्षित करने वाले संरचनात्मक परिवर्तनों से ये संगठन अभी तक अनभिज्ञ बने हुए हैं।

अध्येता मानते हैं कि विश्व का वर्तमान समृद्धि का दौर अधिक समय तक नहीं चलने वाला। उदीयमान सुअवसर भले ही अनन्त प्रतीत होते हैं किन्तु प्रत्याशित जोखिमों की निरन्तर अनदेखी के अवांछित एवं अप्रत्याशित दुष्परिणाम हो सकते हैं। भले ही आज बीमा एवं पुनः बीमा कम्पनियाँ 250 वर्ष तक की जोखिमों का बीमा करने का दावा करती हों, पर विश्वस्तरीय जोखिमों के प्रति समन्वित विश्वस्तरीय नीतियों की रचना का दायित्व उनकी दूरवीक्ष्ण क्षमता को नहीं सौंपा जा सकता। सांझी राजनीतिक इच्छाशक्ति अभी भी दिखाई नहीं दे रही और इसी कारण विश्व जोखिमों का सामना करने की हमारी सामर्थ्य भी अदृश्य ही बनी है।

22 अक्तूबर, 2006

20

विश्व बैंक को भी भारत की उतनी ही ज़रूरत है जितनी हमें उसकी है!

अगस्त 2005 : विश्व बैंक के दसवें अध्यक्ष और पॉल वॉल्फोविट्ज़ ने अभी-अभी अपनी पहली भारत यात्रा पूरी की है। भले ही कुछ गैर सरकारी संगठनों ने दिल्ली में जलआपूर्ति के निजीकरण को लेकर नारेबाज़ी की हो, पर उनकी यह भारत यात्रा रचनात्मक और विवादरहित ही रही है। ज़रा इसकी तुलना 1968 में रॉबर्ट मॅक्नमारा की यात्रा से करें। 'भारतीय अर्थव्यवस्था की झाँकियाँ' नामक पुस्तक में आई. जी. पटेल ने कुछ इस प्रकार उस यात्रा का विवरण दिया है : 'वामपंथी दलों ने मॅक्नमारा को कलकत्ता में घुसने नहीं देने की शपथ उठाई हुई थी। उनका विमान कलकत्ता हवाई अड्डे पर तो पहुँचा किन्तु उस हवाई अड्डे को चारों ओर से विरोध प्रदर्शनकारियों ने इस तरह घेरा हुआ था कि अन्ततः एक हैलीकॉप्टर द्वारा ही मक्नमारा को राजभवन पहुँचाया जा सका।"

यह समय का परिवर्तन ही है कि आज वाम दल शासित पश्चिम बंगाल के मुख्यमन्त्री सिंगापुर में जाकर निवेशकों को लुभा रहे हैं।

आर्थिक कार्य मन्त्रालय के कोष-बैंक प्रखंड ने पहले से ही अपनी तैयारी कर रखी थी, वित्तमन्त्री चिदंबरम् ने भी एक रचनात्मक भागीदारी की बात उठाकर विश्व बैंक अध्यक्ष को अनायास ही प्रभावित कर लिया। अतिरिक्त 3 सौ करोड़ की सहायता की बात भी अर्थविहीन लगती है—क्योंकि हम पहले से स्वीकृत सहायता राशियों का भी प्रयोग नहीं कर रहे हैं। उपयुक्त प्रकल्पों के चयन, तुरन्त धन भुगतान, विदेशी ऋण के समतुल्य आन्तरिक कोषों की व्यवस्था और सहायता राशि को प्रयोग कर पाने की क्षमता आदि अनेक नए संरोध पैदा हो रहे हैं।

अन्तरराष्ट्रीय मुद्राकोष और विश्व बैंक का जन्म जुलाई 1944 में—न्यू हैम्पशायर में ब्रेटनवुड में संयुक्त राष्ट्र के निगरानी एवं वित्त सम्मेलन में हुई

चर्चाओं—का परिणाम था। यह सम्मेलन द्वितीय महायुद्ध के पश्चात् की स्थिति पर विचार करने के लिए आयोजित हुआ था। इसका ध्येय युद्धोपरांत यूरोप का पुनः निर्माण और विश्व को व्यापक मन्दी की सम्भावना से बचाना था (विश्व बैंक का वास्तविक नाम 'पुनः निर्माण एवं विकास के लिए अन्तरराष्ट्रीय बैंक) इसके ध्येयों की सटीक समीक्षा कर देता है।

जोजेफ स्टगलिट्ज ने एक बड़ी विचित्र बात अपनी पुस्तक 'ग्लोबलाईज़ेशन एंड इट्स डिस्कंटेंट्स' में बताई है : 'विकास' शब्द तो इसके नाम से बस यूँ ही बाद में जोड़ दिया गया था।'' उस 1944 के ब्रेटनवुड्स सम्मेलन के मूल 17 भागीदारों में भारत एक था और उस नाम, 'पुनः निर्माण एवं विकास के लिए अन्तरराष्ट्रीय बैंक' का सुझाव भी भारत ने ही दिया था। तब से अब तक विश्व बैंक की संरचना का आधार बहुत व्यापक हो चुका है। इसमें अब पाँच विकसित संस्थान जुड़े जुए हैं : अन्तरराष्ट्रीय पुनः निर्माण एवं विकास बैंक, अंतरराष्ट्रीय विकास संघ, अंतरराष्ट्रीय वित्त निगम, बहुपक्षीय निवेश गारंटी ऐजेन्सी और अन्तरराष्ट्रीय निवेश विवाद समाधान केन्द्र।

अन्तरराष्ट्रीय विकास संघ का जन्म 1960 में हुआ। आई. जी. पटेल का कहना है : 'भारत ने आर्थिक विकास के लिए संयुक्त राष्ट्र संघ के तत्त्वावधान में एक विशेष कोष की स्थापना के माध्यम से विश्व विकास में संयुक्त राष्ट्र को एक अग्रणी संस्था बनाने का प्रस्ताव विश्व समुदाय के समक्ष रखा था। अमरीका को लगा कि सम्भवतः विश्व बैंक के अधीन अन्तरराष्ट्रीय विकास संघ की रचना अपेक्षाकृत 'छोटी बुराई' होगी और उसने तुरन्त इस विकास संघ की स्थापना को स्वीकार कर लिया।''

अभी तक भारत कुल मिलाकर विश्व बैंक से 6,460 करोड़ डॉलर की सहायता प्राप्त कर चुका है—वर्तमान में 1,320 करोड़ डॉलर के 66 प्रकल्प बैंक की सहायता से चल रहे हैं और प्रतिवर्ष लगभग 300 करोड़ डालर की प्रतिबद्धता की योजनाएँ हैं। विश्व बैंक की 2004-08 की भारत-विषयक योजना में अपनी उधार राशि को 200 से बढ़ाकर 300 करोड़ डालर प्रतिवर्ष ले जाने का लक्ष्य रखा गया है। इस समय विश्व बैंक ऋणों में संरचनागत प्रकल्पों की बहुतायत है—लगभग 43 प्रतिशत राशि ऐसे ही प्रकल्पों के निमित्त मिल रही है। शेष ध ान राशि सामाजिक क्षेत्रक के प्रकल्पों के लिए आ रही है। विश्व बैंक की सहायता पा रहे राज्यों में आन्ध्र प्रदेश, उत्तर प्रदेश, राजस्थान, मध्य प्रदेश और कर्नाटक सम्मिलित हैं।

भारत के विश्व बैंक से सम्बन्धों के तीन स्पष्ट सोपान रहे हैं। प्रथम सोपान में उस समय जब विदेशी ऋणों की प्राप्ति दुर्लभ थी, अधिक पूंजी वाले प्रकल्पों के लिए विश्व बैंक से धन जुटाया गया था। बिमल जालान ने बहुत विस्तार

से अपनी पुस्तक 'द फ्यूचर ऑफ इण्डिया' में बताया है कि किस प्रकार 1950 और 60 के दशकों में भारत के सार्वजनिक क्षेत्र के बड़े उपक्रमों के निर्माण को सहज बनाने के लिए तथा 1956 के भुगतान शेष संकट को निपटाने के लिए 1958 में ''भारत सहायता क्लॅब' की स्थापना हुई थी (उन प्रकल्पों को पण्डित जवाहरलाल नेहरू ने 'आधुनिक भारत के मन्दिर' नाम दिया था)। विश्व बैंक के तत्त्वावधान में गठित इस क्लॅब का ध्येय भारत को औद्योगिक देशों से सरकारी स्तर पर अधिक सहायता राशियाँ सुलभ कराना था।

दूसरा सोपान वह था जब '80 के दशक में कुछ-कुछ सुधारों के बावजूद भुगतान-शेष की दशा नाज़ुक बनी हुई थी और हर समय संकट की छाया मंडराती रहती थी। अन्ततः 1991 में संकट ने हमें विश्व बैंक और मुद्राकोष से विशेष सहायता की गुहार लगाने को विवश कर ही दिया। उनके बिना आवश्यक आयात और ऋण भुगतान योग्य विदेशी मुद्रा जुटा पाना सम्भव नहीं रहा था। वैसे '80 के दशक में ही बैंक और कोष के बीच की विभाजन-रेखा धूमिल हो चली थी। बैंक के संरचनात्मक समंजन ऋण की प्राप्ति तभी सम्भव थी जब कोष के साथ इस विषय में सफल सौदेबाज़ी सम्पन्न हो जाती। अतः 1991-93 की अवधि में ये सहायता राशियाँ व्यापार, औद्योगिक नियमन, बैंक और वित्त व्यवस्था तथा समष्टि आर्थिक स्थिरता के लिए राजकोषीय सद्विवेक की कोष की कसौटियों को पूरा करने पर ही मिल पाई थीं।

तीसरे सोपान का आरम्भ '90 के दशक के मध्य से हुआ है। अब विश्व बैंक विकास में सक्रिय भागीदार बन कर राज्य सरकारों के उन प्रकल्पों का भी समर्थन कर रहा है जो किसी न किसी रूप से राष्ट्रीय लक्ष्यों का संपोषण कर रहे हैं। केन्द्रीय प्रकल्पों के विषय में तो अब इसके नीति सुझाव हमारी अपनी नवीं और दसवीं योजनाओं में अपनाई गईं नीतियों की झलक ही प्रतीत होते हैं। अब उन्हें वाशिंगटन सहमति में निहित विकास विमर्श के पूर्वाग्रहों की सीमाएँ समझ आ रही हैं। यह 'सहमति' शब्द का प्रयोग जॉन विलियमसन द्वारा बैंक कोष की चहेती विकास विधि की 'धोबी की सूची' के लिए किया गया था।

तो अब भारत के लिए विश्व बैंक का क्या अर्थ है?

सबसे पहली बात तो यही है कि विश्व बैंक अभी भी अन्य आन्तरिक एवं बाह्य स्रोतों से निम्न ब्याज दर पर दीर्घावधि प्रकल्पों के लिए वित्त का स्रोत बना हुआ है। संरचनागत कार्यों—सड़क, विद्युत् उत्पादन, बन्दरगाहों, हवाई अड्डों, ग्रामीण सड़कों के लिए इस प्रकार का निम्न लागत ऋण कहीं अधिक उपयुक्त माना जाता है।

दूसरे, उच्च गरीबी अनुपात के चलते हम चौदहवें दौर के पुनः वित्तीयन में भी रियायती दरों पर वित्त पाने के अधिकारी बने हुए हैं। यह वित्त सामाजिक

क्षेत्र में स्वास्थ्य, शिक्षा, ग्रामीण, स्वच्छता आदि के प्रकल्पों के पोषण में उपयोगी होगा। इस वित्त सुविधा का प्रयोग बैंक के वित्त के साथ-साथ भी किया जा सकता है।

तीसरे, बाज़ार विनियंत्रण के युग में निजी-सार्वजनिक भागीदारी के वित्त पोषण की नवीन रचनाओं का निर्माण करना होगा। कितने ही प्रकल्पों के वित्तप्रबन्ध को अन्तिम रूप देने के लिए सरकारी सहायता की आवश्यकता होगी। यह सहायता ही 'विशेष उद्देशीय संरचना' तथा 'अर्थ क्षमता अन्तराल' के वित्तीयन का रूप धारण करेगी।

चौथे, '90 के दशक से विश्व बैंक का बेहतर रूप से कार्य कर रही राज्य सरकारों से ही अधिक सम्बन्ध रहा है। अब उसने पिछड़े राज्यों से सहयोग का परीक्षण प्रारम्भ किया है। इस परीक्षण के परिणामों की सभी बेचैनी से प्रतीक्षा कर रहे हैं।

क्या बैंक (अब भी) हमारी संप्रभुता पर बन्धनकारी शर्तें थोंप रहा है?

यह विषय अभी तक ठीक से समझा नहीं जा रहा। किसी भी बैंकर के लिए विवेकपूर्ण ऋण देना और प्रकल्पों की दीर्घकालिक अर्थक्षमता पर विचार करना किसी भी दृष्टि से गलत नहीं ठहराया जा सकता। उधारकर्ता के रूप में हम भी उन शर्तों पर सौदेबाज़ी करने या उन्हें अस्वीकार करने को स्वतन्त्र होते हैं। अन्ततः उधारकर्ता और उधारदाता दोनों को ही परस्पर लाभ और सुविधा होनी आवश्यक हो जाती है।

कहावत प्रसिद्ध है—सफल के अनुयायियों की कमी नहीं होती तो विफल बेचारा अकेला ही रह जाता है।—आज भारत सफलता की एक गाथा है, अन्य व्यक्तियों और संस्थाओं की भाँति विश्व बैंक भी इस सफलता-गाथा में कहीं न कहीं अपना नाम लिखा देखने को लालायित है। हमें उसकी इस लालसा पर आपत्ति नहीं होनी चाहिए। सत्तावन वर्षों के सम्बन्धों की इस अवधि में हमारी ज़रूरतों और उनके पूर्वाग्रहों में आमूल-चूल बदलाव आ चुके हैं। अब अच्छे ऋण-भुगतान की प्रतिष्ठा वाले बड़े उधारकर्ता बहुत कम बचे हैं। हमें बैंक चाहिए, पर बैंक को भी हमारी उतनी ही ज़रूरत है। यही अनुभूति वोल्फविट्ज़ को हमें बराबर का भागीदार स्वीकार करने को बाध्य कर रही है।

28 अगस्त, 2005

21

'भारत प्रथम' की खोज

विश्व आर्थिक मंच का 21वां भारत शिखर सम्मेलन 29 नवम्बर, 2005 को सम्पूर्ण हुआ। मंच के संस्थापक अध्यक्ष क्लॉज श्वाब के लिए तो भारत सदैव से ही एक अग्रणी भागीदार रहा है। मंच कार्यालय के पुराने भारत अनुभवी कॉले माथुर ने दो दशकों से बहुत ही धैर्य के साथ इस विश्वास को जीवित रखा है कि एक न एक दिन हम ऐसा कुछ करेंगे कि भारत एक विश्वशक्ति बन जाएगा। अब वह दिन दूर नहीं है। केवल भारतीय अर्थतन्त्र में नाटकीय बदलाव नहीं आया है जिसने भारत के प्रति विश्व की रुचि को अचानक जागृत कर दिया है। वास्तव में आज जिस खुलेपन से हम सुअवसरों और संरोधों पर चर्चा करने को तैयार हो गए हैं यह तो पूरे सोच–पूरे विचार तन्त्र के बदलाव का द्योतक है।

वर्ष के शिखर-सम्मेलन की एक विशेषता नगर हॉल में खुला अधिवेशन थी। यहाँ भागीदारों ने मतदान द्वारा उन कारकों का चयन किया जो मिलकर भारत की विश्वस्तरीय स्पर्धा क्षमता सूचक के अनुसार क्रमिकता को सुधार सकते हैं। इस मतदान के परिणाम की तुलना एन.डी.टी.वी. द्वारा आयोजित और व्यापक प्रतिनिधित्व वाले मतसंग्रह से की जा सकती है।

अभी विश्व की 117 अर्थव्यवस्थाओं के 2005-06 के मूल्यांकन के अनुसार स्पर्धा सूची में भारत का स्थान 50वाँ है। नगर हॉल के अधिवेशन से पूर्व 'भारत एवं विश्व परिदृश्य–2005' विषय पर अनेक परिचर्चाएँ हुई थीं। तीन प्रकार के परिदृश्यों का निरूपण किया गया : ''बंबइया–विश्व चमक-दमक और सफलता का भ्रम'; 'अटकता भारत–दिग्विहीन भटकाव-ठहराव' और 'पहले भारत'–एक ऐसा सद्‌चक्र जहाँ सब कुछ सही होता है।''

मोटे तौर पर इन परिदृश्य निरूपणों और विश्व स्पर्धा मतगणनाओं के परिणाम एक-जैसे ही रहे। नगर हॉल के 47 प्रतिशत तथा एन.डी.टी.वी. के 72 प्रतिशत मतदाताओं का आग्रह था कि भारत को विश्व की 10 सर्वश्रेष्ठ निष्पादनशील

अर्थव्यवस्थाओं की श्रेणी में अपना स्थान बनाना ही होगा। इस लक्ष्य की प्राप्ति में उच्च गुण सम्पन्न संरचना—अर्थात् अच्छी सड़क, बन्दरगाह, हवाई अड्डे, विद्युत् आपूर्ति और इन सबके अन्त में प्रभावोत्पादक राजकोषी व्यय संरचना को सहायक माना गया। व्यक्तियों और परिवारों की भावी समृद्धि को सबसे अधिक प्रभावित करने वाले कारकों में नगर हॉल की चर्चा के भागीदारों ने संरचना सुविधाओं को प्रथम और भ्रष्टाचार में कमी को दूसरा स्थान दिया। एन.डी.टी.वी. सर्वेक्षण में इंटरनेट सुविधाप्रसार, टेलीफोन सुविधा और टेलीफोन घनता वृद्धि मुख्य कारक माने गए। तीसरा मुद्दा उन कार्यों का था जिनमें भारत की बड़ी कम्पनियों को और बड़ी भूमिका निभानी चाहिए। यहाँ दोनों ही मतदानों में संरचना और भ्रष्टाचार निवारण को प्रमुखता मिली। अन्तिम प्रश्न उस समस्या से जुड़ा था जिसके समाधान में अगले दस वर्षों में सरकार के सफल होने का मतदाताओं को विश्वास था। यहाँ सूचना प्रौद्योगिकी की सुलभता और संरचना सुविधाओं के निर्माण को सर्वोच्च मत मिले। वैसे मतदाताओं का एक बड़ा वर्ग—25 प्रतिशत—यह मानता था कि सरकार इनमें से कोई समस्या नहीं सुलझा पाएगी।

मतदाताओं से यह भी पूछा गया था कि समस्या-समाधान का 'कुशल' मार्ग क्या होगा। बहुमत का विचार रहा कि संरचना-सुधार की सर्वश्रेष्ठ कार्यनीति निजी संसाधनों एवं क्षमताओं को जुटाना और बेहतर नियमन व्यवस्था की रचना द्वारा निजी-सार्वजनिक भागीदारी के अधिक विश्वस्त प्रतिमानों का विकास करना होगी। ग्रामीण क्षेत्रों में टेलीफोन घनता बढ़ाने में भी निजी-सार्वजनिक सहयोग को ही सर्वश्रेष्ठ कदम माना गया। भ्रष्टाचार घटाने में प्रविधियों को सरल बनाना, निर्णय प्रक्रिया में 'अधिकारी की सन्तुष्टि' का महत्त्व घटाना, और कंपनियों द्वारा राजनीतिक दलों को चंदा देने में 'पूर्ण पारदर्शिता' बनाने में एकजुटता दिखाना महत्त्वपूर्ण माना गया।

मुझे संरचना सुधार को दी गई प्राथमिकता पर हैरानी नहीं है किन्तु आश्चर्य यही है कि प्रशासनिक एवं निर्वाचन व्यवस्था सुधारों के प्रति भागीदारों ने कोई विशेष जागरूकता नहीं दिखाई। वर्षों से इन मुद्दों पर कुछ विशेष सकारात्मक कार्यवाही नहीं की गई है। चुनावों के फैसले तो अब बिहार जैसे राज्यों में भी विकास के मुद्दे पर होने लगे हैं। सामाजिक एवं आर्थिक विकास की अविछिन्नता को भी अब स्वीकार किया जा रहा है। किन्तु किसी भी व्यापक स्तर पर प्रभावोत्पादक विकास युक्ति में प्रशासनिक सुधार की भूमिका के महत्त्व की ओर ध्यान देना आवश्यक है। खेद की बात है कि सांझा सरकारों के पास अधिक लचीलापन नहीं है और देश के दो प्रमुख राजनीतिक दलों में सहमति का अभाव भी एक गम्भीर बाधा सिद्ध हो रहा है। भारत को विश्व की प्रथम दस स्पर्धाशील अर्थव्यवस्थाओं में स्थान पाने के लिए अनेक मोर्चों पर एकसाथ समन्वित कार्य

प्रारम्भ करने होंगे। केवल निजी-सरकारी भागीदारी का नया मन्त्र एक विश्वस्त नियमन व्यवस्था का स्थान नहीं ले सकता। दुर्भाग्यवश अभी ऐसी विश्वस्त व्यवस्था की रचना के लिए समाज में कोई ललक दिखाई नहीं दे रही।

एक और प्रश्न भी उठ रहा है : निजी-सार्वजनिक भागीदारी अधिक विश्वास जागृत करने वाले स्तर पर प्रारम्भ क्यों नहीं हो पाई है? विद्युत् के मामले में ही, दर नीति, निर्बाध उपलब्धता विकृतिकारी साहाय्यों की क्रमिक समाप्ति, वितरण-व्यवस्था सुधार, और प्रयोक्ता के भुगतान दायित्व की संस्कृति पर अभी भी विवाद चल रहे हैं। विद्युत् क्षेत्र में बड़े निजी निवेश अभी भी गति धारण नहीं कर पाए हैं। ग्रामीण क्षेत्रों में फोन घनता बढ़ाने में अधिक वरीयता प्राप्त प्रतिमान को अपनाने में आनाकानी चल रही है, सेवाशुल्क और साहाय्य न्यूनतम करने के लिए स्पर्धात्मक निविदा व्यवस्था और उचित प्रकल्प क्रियान्वयन प्रक्रिया अपनाना भी धन के अभाव जैसी ही महत्त्वपूर्ण समस्याएँ सिद्ध हो रही हैं। ग्रामीण सड़क निर्माण के लिए धन की पर्याप्त व्यवस्था नहीं है—इन सड़कों की गुणवत्ता को लेकर अन्तरराष्ट्रीय ही नहीं, अन्तरराज्यीय स्तरों पर भी बहुत बड़े अन्तर सामने आ रहे हैं। विशिष्ट ध्येय संस्था तक अर्थक्षमता अन्तराल कोष भले ही वित्तीय संस्थानों से धन पाने की अनिवार्य शर्तों की पूर्ति करने में सहायक हों किन्तु उनके विश्वस्त व्यावहारिक रूप प्रदान करने की दिशा में सार्थक पहल अभी बाकी है। सार्वजनिक व्यय की दक्षता को बढ़ाना एक बहुत ही जटिल विषय है। सार्वजनिक सेवाओं की कुशलता के सुधार की बात भी उन पर व्यय के आंकड़ों से कहीं आगे की बात है। इसमें स्थानीय स्तर पर कार्य करने वाले अधिकारियों को अधिक वित्तीय अधिकार तथा उत्तरदायित्व सौंपने और अनेक प्रकार की संप्रेरणाओं द्वारा उनकी दक्षता को बढ़ाने के प्रयास ज़रूरी हैं।

एक और आश्चर्यजनक बात भी स्पष्ट हुई : महत्त्वपूर्ण बाह्य कारकों—विश्व स्तरीय समृद्धि क्रम और उपमहाद्वीप में शान्ति बने रहने की ओर किसी ने ध्यान देना आवश्यक नहीं समझा। ऐसा ही दृष्टिकोण ऊर्जा सुरक्षा तथा उचित कीमतों पर जीवाश्मीय ऊर्जा की उपलब्धि के प्रति भी अपनाया गया है। यह विचार बहुत घातक सिद्ध हो सकता है।

शिखर वार्ताओं में कुछ भी हुआ हो, कुल मिलाकर आशावादिता हमें अपने सरोकारों को उचित महत्त्वानुसार क्रम प्रदान करने में अवश्य सहायक हो सकती है। यही अन्ततः अनेक मोर्चों पर समन्वित कार्य आरम्भ करने का आधार होगा। यह कहना बहुत आसान है—इसे करना कष्टसाध्य होगा। अग्रणी आर्थिक शक्ति केन्द्र बनने की चुनौती वास्तव में प्रत्येक कार्य में 'भारत प्रथम' को स्वीकार करने की चुनौती ही है।

4 दिसम्बर, 2005

22

जो मापा सो पाया

इस बार ब्रेटन वुड्स संस्थान सिंगापुर में अपनी वार्षिक बैठक कर अपनी प्रासंगिकता का पुनःअन्वेषण कर रहे हैं। दुर्भाग्यवश वे अपने आहरण अधिकारों के कोटे के पुनः आबंटन में ही इस तरह उलझे रहते हैं कि वे विश्व स्तर पर उभर रही संरचनात्मक विषमताओं के निवारण में अपनी विफलता की ओर ध्यान ही नहीं दे पाते। इसी कारण विश्व अर्थतन्त्र में अनेक प्रकार की अनिश्चितताएँ घर कर रही हैं—और जोखिमें अधिक होती जा रही हैं।

इस बैठक से एकदम पहले विश्व बैंक ने एक रिपोर्ट जारी की—आओ व्यापार करें—2007—सुधार कैसे हों? इसमें 175 देशों में नियमादि के बन्धन-बाधाओं की तुलना की गई है। यह रिपोर्ट व्यापार संवृद्धि एवं संरोधकारी नीतियों की वार्षिक समीक्षा शृंखला की चौथी कड़ी है।

भले ही हमारा आर्थिक निष्पादन सुधरा है, किन्तु हम 2005-06 के श्रेष्ठ निष्पादकों की श्रेणी में नहीं आ पा रहे। वास्तव में व्यापार सुविधा सूचक के अनुसार हमारा क्रम 2006 के 138 से बस ज़रा-सा सुधर कर 2007 में 134 पर पहुँच पाया है।

यह समीक्षा विधि दस कारकों के विश्लेषण पर आधारित है। व्यवसाय प्रारम्भ करने में प्रविधियों, और समय लागत की कसौटियों पर हमारा क्रम 88वां है। लाइसेंस आदि की अनिवार्यता—विशेषकर विनिर्माण उद्योग में—के आधार पर तो हम फिसलकर 155वें स्थान पर पहुँच गए हैं। यहाँ 20 प्रकार की औपचारिकताएँ आड़े आती हैं और उन्हें पूरा करने में 270 दिनों का समय लग जाता है। कर्मचारी नियुक्ति और कार्य के घंटे की अनम्यता के सूचक ने हमें 112वां स्थान दिया है। तो हैरानी नहीं कि किसी कर्मचारी को सेवानिवृत्त कर पाने की सहजता का सूचक हमें 170वें क्रम पर दर्शा रहा है। इस सेवानिवृत्ति की लागत 56 सप्ताह के वेतन के समान बनती है।

सम्पत्ति के पंजीकरण में 62 दिन लगते हैं और सम्पत्ति के मूल्य के 7.8 प्रतिशत की लागत आती है। इसमें 6 प्रकार की औपचारिकताओं का निर्वहन अनिवार्य है। यहाँ हमारा क्रम 110वां है। साख (उधार) सुविधा प्राप्ति में सहजता सूचक ने हमें 65वें स्थान पर रखा है और निवेश सुरक्षा सूचक ने कहीं बेहतर 33वां स्थान हमें दिया है। व्यापक कर सुधारों के बावजूद कर भुगतान कसौटी पर हमारा स्थान 158वाँ है। सीमा पार व्यापार क्रम में हम 139वें स्थान पर हैं। प्रति कंटेनर आयात लागत 1,244 डालर और निर्यात लागत 864 डालर बनती है। निर्यात औपचारिकताएँ 27 दिनों में पूरी हो पाती हैं। अनुबंध लागू करने में तो हमारा क्रम बहुत ही शर्मनाक 173 है—इसमें 56 औपचारिकताएँ निभानी होती हैं जिनमें 1,420 दिन बीत जाते हैं। व्यवसाय निवृत्ति सूचक में हम 133 वें स्थान पर हैं, इसमें 10 वर्ष तक का समय लग जाता है और केवल 13 प्रतिशत की वसूली हो पाती है।

इस रिपोर्ट में एक प्रत्याख्यान भी है : अपनाई गई विश्लेषण विधि पूर्णतः निरापद नहीं है (इसमें त्रुटियाँ हो सकती हैं)। सूचकों का प्रयोग कर आर्थिक परिणामों का अन्वेषण और यह जानने का प्रयास किया गया है कि कौन से सुधार सफल रहे हैं। किन्तु विभिन्न संस्थागत संरचनाओं की अन्तःशक्ति का अध्ययन नहीं किया गया जिस कारण से विभिन्न देशों के बीच सार्थक तुलनात्मक विश्लेषण नहीं हो सकता।

इस रिपोर्ट में सुझाए गए नीतिगत सुधार अधिक अप्रत्याशित नहीं हैं। फिर भी यह देखकर ग्लानि होती है कि 10 वर्षों से अधिक के सुधार कार्यक्रमों के बाद भी हम व्यापार सहजता की दृष्टि से विश्व समुदाय में इतने निम्न स्तर पर पड़े हुए हैं। स्पष्ट है और देश बदले हैं पर हम वहीं अटके हैं। या फिर हमारे सुधार अन्यों की अपेक्षा बहुत अशक्त रहे हैं—अथवा अन्य देशों की सुधार गति हमें भी तेज़ी से कदम उठाने को विवश कर रही है।

प्रत्येक कसौटी से जुड़े नीतिगत सुझावों में कुछ-न-कुछ सीख भरी है। व्यवसाय प्रारम्भ करने की सहजता के लिए प्रायः सभी देशों ने प्रशासनिक सुधारों, अनावश्यक औपचारिकताओं की निरस्ति, व्यवसाय पंजीकरण के लिए 'एक खिड़की' व्यवस्था को अपनाने, मानक प्रार्थनापत्र की रचना और एक विशिष्ट व्यापार क्रमांक (जिसे सभी कार्यों में प्रयुक्त किया जा सके) जारी करने का सहारा लिया है। भारत के सभी राज्य अभी 'एक खिड़की' व्यवस्था नहीं अपना पाए हैं। इस विषय में अनेक उच्च अधिकार समितियाँ तो गठित हुई हैं पर प्रगति कुछ खास नहीं हो पाई है। व्यक्तिगत स्तर पर स्थायी खाता अनुक्रम (PAN) तो प्रारंभ हो गया है, किन्तु ऐसे परिचय अनुक्रम की व्यवस्था हम नहीं बना पाए हैं जो सभी प्रकार की जानकारी लेने और अनुमतियाँ पाने में उपयोगी हो।

साख-सुलभता सूचक पर हमारा निष्पादन अवश्य कुछ अच्छा है—किन्तु जिन देशों का निष्पादन प्रत्येक दृष्टि से बेहतर रहा है उन्होंने तो साख सूचना व्यवस्था, प्रतिभूति रूप प्रयोज्य परिसम्पत्ति विविधता सूची आदि की रचना में बहुत प्रगति कर ली है। संक्षेप में हम कह सकते हैं कि यह नवीनतम रिपोर्ट हमें अनेक क्षेत्रों में अपने आपको सुधारने की दर्द-भरी आवश्यकता का सामना करा रही है (उसके बाद ही हम स्पर्धापूर्ण निवेश वातावरण की रचना में सफल हो पाएँगे)। हमें व्यापार सहजता से जुड़े तुलनात्मक आँकड़ों पर विचार कर अपने स्पर्धा निष्पादन को सुधारने के लिए उपयुक्त नीतियों की रचना करनी होगी।

रिपोर्ट का समापन इस उक्ति के साथ किया गया है—'जो मापा सो पाया'। अर्थात् जिस काम के सभी पक्ष माप-तौल लिए जाते हैं उसे पूरा करना कठिन नहीं होता। किन्तु हमारे मामले में थाह पाना कठिन नहीं है। सही कठिनाई तो उन कामों को पूरा करने के लिए आवश्यक राजनीतिक संकल्पशक्ति और प्रशासनिक कौशल जुटा पाने में आती है। यह तो समय ही बताएगा कि हम इस संकल्प को पूरा करने के लिए और कौशल जुटा कर किस सीमा तक विश्व निवेशकों में यह विश्वास जागृत कर पाएँगे कि भारत वास्तव में एक स्पर्धापूर्ण निवेश गन्तव्य है।

17 सितम्बर, 2006

V
आधारभूत संरचना

23

चौराहों पर गौमाताओं के धरने

समाचार जगत और नीति विमर्श में भले ही निजी संरचना प्रदाता छाए हुए हों किन्तु भारत की अधिकांश सड़कों, बन्दरगाहों, हवाई अड्डों, फोन, बिजली इत्यादि की संरचना सुविधाएँ तो सार्वजनिक कम्पनियाँ या सरकारी विभाग ही सुलभ करा रहे हैं।

उनके निष्पादन की संरचना पर बहुत गहरी छाप रहती है। घिसे-पिटे औज़ारों पर खर्च प्रत्येक रुपये या फिर मरम्मत में बचाए गए प्रत्येक रुपये का सीधा नतीजा उपभोक्ताओं की कुछ और शिकायतों के रूप में सामने आता है। केवल ग्राहकों पर ही बुरा असर नहीं पड़ता, सार्वजनिक क्षेत्र के त्रुटिपूर्ण निष्पादन से निजी क्षेत्र की सेवाएँ और नए व्यवसायियों के लिए व्यावसायिक वातावरण आदि सभी पर दुष्प्रभाव पड़ रहे हैं। वे सार्वजनिक उद्यम निजी कम्पनियों की सुविधाओं के ग्राहक, प्रतिद्वन्द्वी, आपूर्तिकर्ता और संवाहक सभी कुछ तो हैं।

दूरसंचार उद्योग की सभी प्रशाखाओं में निजी निवेशकों की सार्वजनिक कम्पनियों से स्पर्धा रहती है। उनकी सेवाओं का स्तर अन्ततः भारत संचार निगम/महानगर टेलीफोन निगम के सेवातन्त्रों से अन्तरसम्बन्धों के स्वरूप पर ही निर्भर रहता है। अधिकांश स्थिर बहुत-सी बेतार फोन सेवाएँ इन्हीं सरकारी उपक्रमों के सेवा तन्त्र द्वारा चलाई जा रही हैं। निजी कम्पनियों और भारत संचार निगम के अन्तःसम्पर्क बिन्दुओं पर ही अक्सर जाम लगा रहता है।

परिवहन क्षेत्र में भी निजी कम्पनियाँ सरकारी कम्पनियों से स्पर्धा करते हुए भी उन्हीं के द्वारा तैयार और संचालित अन्तःसम्पर्क केन्द्रों की सेवाएँ प्राप्त करने को विवश रहती हैं। सरकारी इंडियन एयरलाइन्स सारी आन्तरिक वायु परिवहन सेवाओं का अब केवल 21 प्रतिशत अंश ही प्रदान कर पा रही है। यह अब इस व्यवसाय में दूसरे स्थान पर है। किन्तु सभी निजी कम्पनियों के हवाई जहाज़ सरकारी हवाई अड्डों का ही प्रयोग करते हैं तथा हवाई पट्टियों पर भारी भीड़ के कारण घंटों अपनी बारी के इंतज़ार में हवाई अड्डों के ऊपर ही चक्कर काटते और महँगा ईंधन फूँकते रहते हैं।

नियन्त्रण व्यवस्था में सरकारी कम्पनियों के प्रति पक्षपात की धारणा इन दोनों ही क्षेत्रों में नए स्पर्धियों की पहलकदमी में बाधक बन जाती है। बात चाहे अधिक लाभप्रद हवाई मार्गों के आबंटन की हो या दुर्लभ संचार वर्णक्रम की, नियन्त्रण कर्ता के फैसले व्यापारिक कम्पनियों के भाग्य की रेखाओं की रचना कर डालते हैं।

इन सरकारी कम्पनियों को ही हम व्यस्त चौराहों पर धरना दिए बैठी हुई पूज्य गौमाताओं की संज्ञा दे रहे हैं। इन्हें कोई जल्दी नहीं है, कोई परेशानी भी नहीं होती, किन्तु यही सबसे खतरनाक ग्राहक हैं, संदेशसंवाहक हैं और स्पर्धी भी हैं जो सारे संचार-प्रवाह को बाधित किए हुए हैं।

इन चौराहों को धरनाबाज़ों से मुक्त करा सार्वजनिक संरचना प्रदाय व्यवस्था को सुधारने के क्या रास्ते हो सकते हैं? आइए, कुछ विचार करें।

सबसे पहली बात तो यही है कि भारत को बेहतर व्यावसायिक व्यवहार को अपनाने के प्रयास और तीव्र करने होंगे। खुली प्रतियोगिता के आधार पर चुने गए कुशल प्रबन्धकर्ताओं की नियुक्ति होनी चाहिए—इसके लिए अन्तरराष्ट्रीय स्तर पर भी प्रतिभासम्पन्न उपयुक्त उम्मीदवारों की खोज का सहारा लेना अनुचित नहीं होगा। अन्तरराष्ट्रीय प्रतियोगी चयन प्रकल्पों की भाँति ही प्रतिभाओं के विषय में भी उपयोगी होगा। जिस प्रकार बैंक व्यवसाय में निजी-सार्वजनिक संस्थानों के कार्य स्तर निष्पादन की कसौटियाँ निर्धारित की जा रही हैं उसी प्रकार अन्य सार्वजनिक उपक्रमों के लिए भी उपयुक्त निजी उपक्रमों से तुलनात्मक निष्पादन मानदण्डों का निर्धारण होना चाहिए।

जिन सार्वजनिक उपक्रमों के नाम स्टॉक एक्सचेंज में दर्ज हो चुके हैं उनके प्रबन्ध मण्डलों में स्वतन्त्र निर्देशकों का अनुपात बढ़ाकर भारतीय प्रतिभूति एक्सचेंज बोर्ड द्वारा सुझाए गए 50 प्रतिशत तक पहुँचाना चाहिए। इससे सुयोग्य और विशिष्ट प्रतिभाओं को इन प्रबन्ध मण्डलों में सम्मिलित कर समस्त प्रबन्ध प्रक्रिया के स्तर का उन्नयन सम्भव हो जाएगा, भले ही इस कार्य में सरकारी प्रतिनिधियों की संख्या कुछ कम भी करनी पड़े। पर यह भी प्रबन्धन के हित में ही होगा।

दूसरे, सार्वजनिक उद्यमों के लिए निर्धारित वर्तमान मानदण्डों में परिवर्तन करने की आवश्यकता है। अभी तक ये मानदण्ड उनके प्रकार की प्रक्रियागत जटिलताओं में उलझे हैं—उनके कारण निष्पादन प्रभावित होता है और निकम्मेपन के बहाने भी सहज ही तैयार हो जाते हैं। सबसे बड़ा बहाना जो बार-बार बखाना जाता है, कुछ इस प्रकार है—"सरकारी कम्पनियों को तो प्रत्येक चीज़ की प्राप्ति के लिए सरकारी सेवानियमों का अनुसरण करना पड़ता है और उन्हें गैर आर्थिक आधार पर अनेक सामाजिक सेवाएँ भी प्रदान करनी होती हैं।"

वर्तमान प्रापण नियमावली में तो लालफीताशाही और भ्रष्टाचार के बीच तोलमोल चलता रहता है—ये लालफीताशाही भ्रष्टाचार निवारण के ध्येय से रची

गई है। किन्तु इसके कारण ही कुछ भी काम समय रहते कर पाना सहज नहीं होता। लालफीताशाही की लागत भुगते बिना भी भ्रष्टाचार कम करने के तरीके हैं—एक तो यही कि प्रबन्धकों को कुशल निष्पादन के लिए उचित संप्रेरणाएँ प्रदान की जानी चाहिए। जिन प्रबंधकों के रोज़गार और वेतनमान व्यावसायिक सफलता से बंधे हों वे कुछ रिश्वत लेकर घटिया सामान की खरीददारी सहज ही नहीं कर पाएँगे।

सामाजिक दायित्वों की लागत भी अधिक स्पष्ट या पारदर्शी होनी चाहिए। इसे सार्वजनिक उपक्रमों के निष्पादन पत्रकों में स्पष्ट रूप से दर्शाया जाना चाहिए। इससे अंशधारियों और जनसामान्य को सरकारी कम्पनियों के व्यावसायिक एवं सामाजिक योगदानों का सटीक मूल्यांकन करने का उचित अवसर मिलेगा। सामाजिक सेवाओं के निमित्त सरकारी उपक्रमों को दी जा रही साहाय्य राशियों को अर्थक्षमता अन्तराल कोश के योगदान का स्वरूप दिया जाना चाहिए। इसी आधार पर अन्य आवश्यक जनसेवार्थ कार्यों तथा संरचना प्रदायक निजी कम्पनियों के लिए भी व्यवस्था होनी चाहिए।

इस प्रकार की अधिक पारदर्शी साहाय्य व्यवस्था निजी कम्पनियों को भी सामाजिक दायित्वों के निर्वहन की ओर अग्रसर करने में सहायक होगी।

तीसरी बात, भारत को संरचना क्षेत्र में कार्य करने वाली इकाइयों तथा उन क्षेत्रों का नियमन करने वाले निकायों के बीच स्पष्ट विभाजन करना चाहिए। मन्त्रियों और विभागीय सचिवों को नियमन कर्ताओं के समक्ष अपने विभाग द्वारा नियन्त्रित कम्पनियों की वकालत नहीं करनी चाहिए। नियन्त्रण कर्ता की स्वतन्त्रता बहुत महत्त्वपूर्ण है—इसी द्वारा विद्यमान सार्वजनिक कम्पनियों की डरावनी छाया का निराकरण सम्भव हो पाएगा।

इन दिग्गजों पर नियन्त्रण का एक रास्ता और अधिक विनिवेश भी है। गैरसरकारी हिस्सेदारी में वृद्धि भी सार्वजनिक कम्पनी और सरकार के बीच एक 'सम्मानजनक' अन्तर पैदा कर सकती है। इससे अन्य प्रतियोगियों को अधिक न्यायपूर्ण कार्यक्षेत्रगत व्यवस्था का आश्वासन मिलेगा—यह बेहतर निष्पादन के लिए भी प्रेरक सिद्ध होगा।

छोटे अंशधारियों को बढ़ावा देने वाले विनिवेश कार्यक्रम (जैसे कि ब्रिटेन से लेकर पेरू तक के देशों ने अपनाए हैं) ही सार्वजनिक उपक्रमों को वास्तव में सार्वजनिक बना सकते हैं।

ये पूज्य गौमाताएँ बहुत मंथर गति से चलती हैं। किन्तु सही दिशा में उठाया गया इनका प्रत्येक कदम गतिशीलता संवर्धन के लिए बहुत बड़ा योगदान होता है। किसी सुधार कार्यक्रम को इस पूर्वसिद्धि की उपेक्षा नहीं करनी चाहिए।

जैसिका एस. बैल्लेक के सहयोग से

3 दिसम्बर, 2006

24

हमारे संरचनागत अभिक्रम और प्रतियोगी लोकवाद की व्यथा

हम ग्यारहवीं योजना की ओर बढ़ रहे हैं और अनेक स्रोतों से ये संकेत मिल रहे हैं कि अन्ततः भारत के संरचना उन्नयन प्रयास भी गति धारण कर रहे हैं। शुभ समाचार है—किन्तु प्रश्न उठता है कि हम अभी भी संरचना निर्माण में किसी बड़े उछाल की राह क्यों तक रहे हैं? हम क्यों यह आस लगाए बैठे हैं कि निजी क्षेत्र के उपक्रम संरचना निर्माण में भी धन लगाने लगेंगे?

इस आशा से कहीं अधिक महत्त्व तो इस बात का है कि इस अपेक्षित परिदृश्य को हम वास्तविकता का रूप कब देंगे? संरचना की संकल्पनाएँ कुछ समय बाद फीकी पड़ जाती हैं—कुछ वैसे ही जैसे बाधाओं की गाथाएँ और उनके समाधान घिसी-पिटी बातों का रूप धारण कर लेते हैं। प्रश्न यह है कि हमारी व्यवस्था में रूढ़ बाधाओं का निवारण करने की व्यवस्थित विधि क्या हो सकती है?

इस लेख में हम समस्या के तीन पक्षों पर ही ध्यान केन्द्रित कर रहे हैं। ये हैं—भुगतान, नियमन और लालफीताशाही।

सबसे पहली समस्या तो यही है कि अक्सर संरचना सेवाप्रदाता को अपनी सेवा के दाम नहीं मिल पाते—विद्युत आपूर्ति क्षेत्र में तो यह समस्या विशेष रूप से गम्भीर है। सरकार अनेक प्रकार के साहाय्यों का वादा तो करती है, किन्तु अपने बजट में उनके लिए कोई प्रावधान नहीं करती। प्रतियोगी लोकवाद ने प्रयोक्ता से सेवा के दाम वसूल कर पाना असम्भव बना दिया है। राज्यों के बीच प्रतियोगिता को संघवादी व्यवस्था का एक बड़ा सद्गुण बताया जाता है। राज्य एक दूसरे से स्पर्धा कर अच्छे नीतिगत वातावरण द्वारा नागरिकों एवं निवेशकों को आकर्षित करते हैं—किन्तु यह प्रतियोगिता एक दोधारी तलवार की तरह है। इसी के मारे

राज्य बिजली की आपूर्ति के उचित दाम वसूल नहीं कर पा रहे। कृषि के लिए बिजली की दरें घटाना बहुत 'लोकप्रिय' हो चला है, इस दर में वृद्धि के विरुद्ध व्यापक विरोध-प्रदर्शन होते हैं—उनमें अन्य राज्यों का हवाला देकर आग्रह किया जाता है कि देखो वहाँ तो रियायतें जारी हैं (फिर अपने राज्य में दरें बढ़ाने की कोशिश क्यों हो रही हैं?)।

इसका दीर्घकालिक बाज़ार आधारित समाधान यह हो सकता है—पिछले भुगतानों के रिकार्ड के आधार पर राज्य सरकारों की सार्वजनिक साखग्राह्यता सूची की घोषणा। इसमें अच्छे व्यवहार के लिए छूट जैसी सम्प्रेरणाएँ सम्मिलित हो सकती हैं। राज्यों द्वारा विद्युत मंडलों को साहाय्य राशियों के भुगतान को साख ग्राह्यता में स्थान दिया जा सकता है।

एक अल्पकालिक समाधान के रूप में निश्चित की गई साहाय्य राशियों को सामान्य बजट से निकाल कर एक विशेष खाते का अंग बनाया जा सकता है। इससे निश्चय ही व्यय-प्रबन्धन की लागत पर प्रभाव पड़ता है किन्तु अल्पकालिक दृष्टि से यह कदम उपयोगी हो सकता है।

प्रतियोग लोक (हित) वाद का एक अन्य बहुत ही महत्त्वपूर्ण आयाम भी है : यह लोकतान्त्रिक व्यवस्था की राजनीति से सम्बन्धित है। इस लोकवाद की 'प्रायिकता' को सीमित करने का एक माध्यम चुनाव चक्र का एकीकरण हो सकता है। अभी तो प्रायः प्रत्येक वर्ष किसी-न-किसी राज्य में विधानमंडल के चुनाव हो रहे हैं। एक राज्य में किए गए चुनावी वादे दूसरे राज्यों के लोक-लुभावन नारे बन जाते हैं। इस प्रकार देश का सारा राजतन्त्र निरन्तर चुनावपूर्व की लोकरंजक मानसिकता से ग्रस्त रहता है।

एक अन्य समाधान भी हो सकता है : राजनेताओं को बेहतर संरचना सुविधाओं की लोकप्रिय मांग को पूरा करने में सक्षम बनाना। विद्युत उत्पादक यन्त्रों की खरीददारी, निजी जल आपूर्ति सेवाओं की समृद्धि आदि के सर्वेक्षण यही बता रहे हैं कि जनता बेहतर संरचनाएँ चाहती है और वह उसके लिए कीमत भी चुकाने को तैयार है। असली समस्या तो यह है कि शुल्क उगाहने से पूर्व सेवाओं का स्तर सुधारना होगा और किसी भी राज्य सरकार के पास उस काम के लिए धन नहीं है। शुल्क उगाह कर सेवा सुधारने की राजनीतिक संकल्प शक्ति की तो उनसे आशा करना भी व्यर्थ होगा।

तो फिर ऐसा इन्तज़ाम होना चाहिए कि सेवा सुधारने के लिए राज्य सरकारों को तुरन्त कहीं से ऋण मिल जाए और उसका भुगतान अतिरिक्त सेवा शुल्क की राशियों से किया जाए। वास्तव में त्वरित विद्युत विकास कार्यक्रम इसी तर्क के आधार पर तैयार किया गया था। वितरण सुधार भी इसी के साथ जुड़े थे। एक पारदर्शी सन्नियम और अन्तरिम प्रतिमान की रचना बहुत उपयोगी होगी।

इस संरचना का संचालन उन बैंकों के सहयोग से हो सकता है जो पहले से ही संरचना उन्नयन के लिए ऋण देने का व्यवसाय कर रहे हैं।

और अन्त में प्रयोगशुल्क वसूली की समस्या से ग्रस्त विद्युत क्षेत्र के लिए एक और विशेष सुझाव कारगर हो सकता है : जो राज्य विद्युतदरों को तर्क संगत बनाएँ उन्हें केन्द्र संचालित विद्युत उत्पादन संयन्त्रों से अधिक बिजली का आबंटन की व्यवस्था की जानी चाहिए। इस अतिरिक्त विद्युत का प्रयोग कर राज्य अपनी विद्युत आपूर्ति व्यवस्था को अधिक भरोसेमंद बना सकते हैं; फिर तो उपभोक्तावर्ग को अधिक दाम देना नहीं अखरेगा।

दूसरी बहुत बड़ी समस्या भारत की नियमन व्यवस्था की है। इसकी सबसे विख्यात व्याधि तो स्वतन्त्रता का अभाव है। इससे जुड़े व्यक्तियों में विशेषज्ञता नहीं होती और प्रायः विवादों के निवारण भी अस्पष्ट या विवादास्पद ही बने रहते हैं। स्वतन्त्रता सुनिश्चित करने के कुछ अंश तो बहुत आसान हैं—हाँ, राजनीतिक दृष्टि से वे सहज स्वीकार्य नहीं होंगे। ये हैं—नियमन प्राधिकरणों के लिए स्वतन्त्र बजट की व्यवस्था द्वारा उनमें कुशल एवं योग्य कर्मचारियों का टिककर काम कर सकना सम्भव बनाया जाए, साथ ही उनके अधिकार क्षेत्र की सीमाओं का अन्य सरकारी विभागों द्वारा सम्मान होना चाहिए।

इस व्यवस्था के अन्य अंश अपेक्षाकृत अधिक जटिल हैं। जनता के प्रति उत्तरदायित्व और नियमन की स्वतन्त्रता के बीच सन्तुलन की स्थापना एक ऐसा ही प्रश्न है। अभी तक भारत में नियमन कर्ताओं को निर्णय करने के व्यापक अधिकार तो दिए जाते हैं, किन्तु उन निर्णयों की संसदीय एवं न्यायिक समीक्षा के द्वार भी खुले रखे जाते हैं।

निजी निवेश को आकृष्ट करने के लिए सभी प्रकार के नियमों में पूर्ण पारदर्शिता (स्पष्टता) होनी चाहिए। उत्तरदायित्व की भावना को और सुदृढ़ करने के लिए नियमन कर्ताओं को अधिक पारदर्शी होने व अपनी प्रक्रियाओं को स्पष्ट करने के लिए प्रोत्साहित किया जाना चाहिए। उसके बाद उनके पूर्वघोषित नियमों के अनुसार कार्य करने में ही उनके कार्यों की सार्वजनिक निगरानी के तकाज़े भी पूरे हो जाएँगे। सभी नियमन आयोगों को अपनी कार्यपद्धति के नियम प्रकाशित करने चाहिए। इसके बाद दूरसंचार विवाद समाधान न्यायाधिकरण और विद्युत् अपील न्यायाधिकरण आदि का कार्य केवल यह देखना रह जाएगा कि उन नियमों का पालन किया गया है या नहीं—नियमन कर्ताओं को बार-बार इन न्यायाधिकरणों की पेशियाँ नहीं भुगतनी पड़ेंगी।

उपयुक्त विशेषज्ञता का अन्वेषण और भी उलझाव-भरा प्रश्न है। कहीं न कहीं अनुभव और निष्पक्षता के बीच समप्रत्यन अनिवार्य हो सकता है। भारत में संरचना नीतियों के अनुभवी विशेषज्ञों की भरमार है—किन्तु प्रायः सभी ऐसे

व्यक्ति किसी-न-किसी विनियमन अधीन उद्योग में कार्य कर रहे हैं। उन्हें अधिक वेतनमान द्वारा नियमनकर्ता का दायित्व संभालने को तैयार किया जा सकता है, किन्तु कहीं न कहीं उनकी निष्पक्षता को लेकर सन्देह बने रहेंगे। हाँ, एक बात निश्चित है : कौशल-अन्वेषण और वेतनमानों को बाज़ार की वर्तमान प्रवृत्तियों से तारतम्य भी बनाना होगा। तीसरी समस्या मन्त्रालयों और सरकारी विभागों के विभिन्न स्तरों की भारी संख्या की है–ये सभी प्रत्येक प्रकल्प पर अपना 'अधिकार' बनाए रखना चाहते हैं।

अभी केन्द्रीय सरकार ने सभी प्रकार की अनुमतियों-सहमतियों के लिए 'विशिष्ट उद्देशीय संरचनाओं' का सहारा लेना आरम्भ किया है। यह कदम सराहनीय तो है–किन्तु इसे एक अन्तरिम व्यवस्था ही माना जाएगा।

भारत को अपने प्रान्तों के लिए सशक्त ''एक ही निर्णय बिन्दु' या 'एक खिड़की' की रचना के लिए अधिक प्रत्यक्ष संप्रेरणाओं की रचना करनी होगी। इसके लिए केन्द्र बेहतर स्तर पर इस व्यवस्था को लागू करने वाले राज्यों को किन्हीं आदानों, न्यूनापूर्ति वाले ईंधनों, या वित्तीय सुविधाओं में वरीयता का सहारा ले सकता है। एक और तरीका भी हो सकता है : 'नाम बताओ-शर्मिन्दा करो'–एक सार्वजनिक सूचना केन्द्र की स्थापना की जा सकती है जहाँ सभी फर्मों को सरकारी 'ग्राहक सेवाओं' के साथ अपने अनुभव दर्ज कराने को प्रोत्साहित किया जाना चाहिए। यह भी अनेक अफसरशाही गुत्थियों को सुलझाने में सहायक हो सकता है।

उम्मीद का उत्साह अधिक समय तक नहीं बना रहता। हमें प्रतियोगी लोकहितवाद की व्याधि पर काबू पाना ही होगा। सही ढंग से बनाई गई नीतियाँ ही हमें प्रतियोगी लोकहितवाद के उलझावों से प्रतियोगी संघवाद की ओर अग्रसित कर पाएँगी।

जैसिका एस. वैल्लेक के सहयोग से

19 नवम्बर, 2006

25

दूरसंचार गाथाएँ : भारत के समक्ष उपस्थित चयन

भारत की दूरसंचार क्रान्ति की कथा कहाँ सम्पूर्ण होगी? भारत में चल फोन का चलन देर से आरम्भ हुआ, किन्तु अब वह विश्व का तीव्रतम गति से विकसित हो रहा दूरसंचार बाज़ार बन गया है। यदि चल एवं स्थिर फोन सहित सकल फोन घनता की बात करें तो यह 1999 की 3 प्रति 100 व्यक्ति से बढ़कर 13 प्रति 100 तक पहुँच चुकी है।

ग्रामीण एवं निम्न आय वर्गों को भी इसका लाभ पहुँचा है। पहले से ही भुगतान वाले फोन सामान्यतः न्यून आय उपभोक्ताओं के लिए होते हैं और उनकी संवृद्धि बाद में भुगतान वाले फोन की अपेक्षा चार गुना अधिक दर से हो रही है।

चल फोन दरें अब विश्व में सबसे सस्ती हैं—अब सब्जी वाले इन फोनों पर आदेश पा रहे हैं, तो मछुए अपनी मछलियाँ बाज़ार में लाने और किसान बाज़ार की सही जानकारी पाने में इनका उपयोग कर रहे हैं।

फिर भी आँकड़ों पर सूक्ष्मता से दृष्टिपात करने से यह स्पष्ट हो जाता है कि यह तो मात्र प्रारम्भ है—किंचित आशंकित-सा प्रारम्भ।

शहरी और ग्रामीण फोन घनता का अन्तर 2001-03 की अवधि में कुछ कम हुआ, किन्तु यह फिर से फैलने लगा है। वर्ष 2005 के अन्त पर ग्रामीण फोन घनता शहरी घनता के मात्र 5 प्रतिशत के समान ही थी। शती-परिवर्तन के समय चल फोन संवृद्धि की तीव्रगति पिछले दो वर्षों में घट कर 5-10 प्रतिशत वार्षिक ही रह गई है।

भारत के संचार-संपर्क अग्रणी शहर दिल्ली की फोन घनता तो फिलीपीन्स और वेनेज्युएला के स्तर तक जा पहुँची है, किन्तु ग्रामीण भारत तो चॉड और केन्द्रीय अफ्रीकी गणराज्य के घनता स्तर के आसपास ही है।

व्यापक अन्तरराष्ट्रीय तुलनाओं में भी भारत की फोन घनता फीकी ही रह जाती है। 2000-04 अवधि में भारत में चल फोन प्रसार दर तो निम्न आय देशों के समान रही किन्तु स्थिर फोन वृद्धि दर उनसे भी कम थी। यदि ब्राज़ील-रूस-भारत-चीन समूह से तुलना करें तो हमारी फोन घनता अन्यों के एक न्यूनांश के समान ही है। चल फोन तन्त्र द्वारा 2003 में 40 प्रतिशत जनसंख्या तक पहुँचा जा सकता था। अब यह अनुपात बढ़कर 60-65 प्रतिशत हो गया है। उप-सहारा अफ्रीका में यही अनुपात है।

भारत न इस विषय से भटकाव सहन कर पाएगा और न ही ढिलाई। इसे इस सेवा के भावी सुधार-प्रसार में आनेवाली सभी भौतिक, तकनीकी संस्थागत बाधाओं का समाधान करना ही होगा।

सबसे पहले तो सभी सेवा प्रदायकों, विशेषकर भारत संचार निगम को अपने-अपने तन्त्रों में और निवेश करना होगा—तभी उनके प्रति सम्पर्क बिन्दुओं पर संकुलन या भीड़ में कमी आएगी। ऐसे संकुलन ग्रस्त प्रतिसम्पर्क बिन्दुओं की संख्या जो दूरसंचार नियामक के मानकों पर खरे नहीं उतर पाते, पिछले वर्ष भर में ही 6 गुना हो गए हैं और अधिकांश में भारत संचार निगम का सेवातन्त्र ही 'सांझा' कारक है।

दूसरी बड़ी बाधा वर्णक्रम आबंटन की है—इसका निदान भी ज़रूरी है। एक तो वर्णक्रम का बहुत बड़ा हिस्सा तो सैन्य प्रयोग के लिए ही अलग रख छोड़ा गया है—शेष हिस्से के निजी सेवा प्रदायकों के विभाजन के नियम आदि भी अधिक स्पष्ट नहीं हैं। सरकारी भारत संचार निगम के प्रति पक्षपात के कारण नियमन कर्ताओं की निष्पक्षता संदेह के घेरे में आ जाती है।

दूरसंचार नियामक की सितम्बर में आई सिफारिशें वर्णक्रम के सैन्य एवं व्यावसायिक प्रयोगों के बीच समन्वय और आबंटन विधि के स्पष्ट निरूपण की दिशा में एक स्वागत योग्य प्रयास है। सुझाए गए राष्ट्रीय अभीक्षणता प्रबंध मंडल की स्थापना कर उसे सही अर्थों में शक्तियाँ भी प्रदान कर दी जाएँ तो निश्चय ही अच्छा होगा। इस मण्डल को संस्थागत स्वायत्तता और परिवर्तनशील प्रौद्योगिकी के शोध-अन्वेषण की आवश्यकता एवं उनके वर्णक्रम प्रबन्धन पर प्रभावों को ध्यान में रखते हुए पर्याप्त संसाधन भी सुलभ कराने होंगे।

तीसरे, दूरसंचार नियामक को एक स्वतन्त्र नियामक का स्थान और सम्मान मिलना चाहिए और इसे अपना कार्य निर्भीकता से करने में सक्षम बनाने के लिए उचित संसाधन सौंपे जाने चाहिए। वर्णक्रम पर विमर्श से जो नीति उभरकर आए वह, प्रौद्योगिकी एवं सेवा प्रदायकों के बीच निरपेक्ष होनी चाहिए। तभी वह नीति नए निवेशकों का इस उद्योग में प्रवेश सुनिश्चित कर तीसरी पीढ़ी को सेवाएँ सुलभ कराने में स्पर्धा संवर्धन में सफल हो पाएगी। किन्तु जब सारा नियमन

का कार्य ही राजनीतिक दबावों से घिरा हो तो यह सब कर पाना सम्भव नहीं होता।

चौथे क्रम पर बात सरकार द्वारा सक्रिय रूप में ग्रामीण क्षेत्रों में दूरसंचार सेवाओं के प्रसार में भागीदारी की है। 'व्यापक सेवा दायित्व कोष' के प्रयोग से ग्रामीण बेतार संचार को बढ़ावा देने का निर्णय सराहनीय है। निजी सेवा प्रदायक पहले से ही नए-नए तरीकों से कम लागत पर ग्रामीण सेवाएँ आरम्भ करने के प्रयास कर रहे हैं—वे आपस में एक-दूसरे के सेवा स्तम्भों का भी प्रयोग कर रहे हैं। यदि उन्हें भारतीय दूरसंचार संशोधन अध्यादेश, 2006 द्वारा अनुशंसित अस्थायी साहाय्य भी मिलने लगे तो सोने पर सुहागा होगा।

यह कार्यक्रम तुरन्त और स्पर्धापूर्वक लागू किया जाना चाहिए। साथ ही साहाय्य प्राप्त सेवा प्रदायकों पर भी बाज़ार व्यवस्था का दबाव बनाए रखना चाहिए—उन्हें यह बताना होगा कि उन्हें कितना साहाय्य चाहिए तथा जो सबसे कम साहाय्य पर सेवा प्रदान करने को तत्पर हो उसी को यह कार्य सौंपा जाना चाहिए।

अन्य सरकारी संसाधनों का प्रयोग कर ग्रामीण क्षेत्रों में तीव्र गति सूचना प्रवाह तन्त्र के प्रसार को बढ़ावा दिया जाना चाहिए। उदाहरण के लिए पावर ग्रिड कार्पोरेशन और रेलवे द्वारा पहले ही देशभर में फाइबर ऑप्टिक तन्त्र जाल बिछाया जा चुका है। उसी तन्त्र से दूरदराज के गाँवों तक 'अन्तिम मील' की सुविधा का प्रसार निश्चय ही बहुत कम लागत पर तुरन्त सम्भव हो सकता है।

ये परिवर्तन सतही नहीं होंगे। ये दूरसंचार के एक नए युग का सूत्रपात करने में सक्षम होंगे। अन्यथा एक सम्भावना यह भी है कि भारत स्थायी रूप से विश्व की इस प्रतियोगिता से बाहर ही रह जाएगा : नाटकीय संवृद्धि दर शिथिल पड़ जाएगी, ग्रामीण क्षेत्र में प्रसार मंथर गति से ही हो पाएगा और दूरसंचार की 'तीसरी पीढ़ी' कही जाने वाली सेवाएँ भारत में कभी भी व्यावहारिक रूप धारण नहीं कर पाएँगी।

दूसरे परिदृश्य में निजी उद्यम और सार्वजनिक सहयोग-सम्पोषण मिलकर एक सर्वव्यापी सार्वदेशिक संचार तन्त्र की रचना कर देश की भौगोलिक एवं आर्थिक विभाजन रेखाओं को धूमिल कर देंगे। उस समय भारत संचार और प्रौद्योगिकी की ऊँची छलांग से लाभान्वित होने का शानदार उदाहरण बन जाएगा।

अब हमारे काम ही यह बता पाएँगे कि क्या भारत में सचमुच फासलों का अन्त हो पाएगा।

उपसंहार

इस समय 40 लाख नए चल फोन उपभोक्ता प्रतिमास इस तन्त्र में सम्मिलित हो रहे हैं, फिर ग्रामीण फोन घनता, वर्णक्रम के अभीष्ट स्तर पर प्रयोग और

अन्यान्य करों के एक सूत्र में बंधन की चुनौतियों का सामना करना अनिवार्य है। ग्रामीण सम्पर्क सुधारने तथा ग्रामीण अर्थव्यवस्था का शेष अर्थव्यवस्था से एकीकरण तीव्र करने के लिए उपयुक्त युक्तियों की रचना भी आवश्यक है।

जैसिका एस. वैल्लेक के सहयोग से
5 नवम्बर, 2006

26

आर्थिक सुधार मतदाता से ही आरम्भ होते हैं

त्वरित विद्युत विकास एवं सुधार कार्यक्रम की पुनर्रचना का विचार सामयिक और आवश्यक है। हम जानते ही हैं कि विद्युत वितरण संस्थानों की वित्तीय समस्याएँ ही इस सारे क्षेत्र की मुसीबतों की जड़ है। अभी तक का हमारा यह त्वरित कार्यक्रम विद्युत की चोरी और उपयुक्त निवेश द्वारा तकनीकी हानियों को रोकने में अपेक्षित स्तर की सफलता प्राप्त कर पाने में विफल रहा है। राज्य सरकारों द्वारा इस निमित्त उपलब्ध करायी गई निवेश योग्य राशियों का पूरा उपयोग नहीं हुआ है—अनेक राज्यों ने तो 2002 में स्वीकार किए गए परियोजनाओं में से प्रायः आधे का ही क्रियान्वयन किया है। हानियों को नियन्त्रित करने के लिए दिए जा रहे नकद प्रोत्साहन का उपयोग तो और भी कम किया गया है।

नए त्वरित कार्यक्रम में कोष राशियों पर अधिक कड़ा नियन्त्रण और सुधार के लिए अधिक सशक्त संप्रेरणाएँ सम्मिलित की जा रही हैं। ये वर्षांत तक तैयार हो जाने की आशा है। इस दिशा में एक अच्छा कदम राज्य विद्युत मण्डलों के लिए तकनीकी प्रावधान कार्यक्रम की रचना होगा। इस प्रकार वे मण्डल उन परियोजनाओं की पहचान कर उन्हें क्रियान्वित करने में सफल होंगे जिनसे राज्य को अनुदान राशियों का लाभ उठाने का अवसर मिल सकता है। ये बात अभी स्पष्ट नहीं हो पाई है कि राज्य इस सुविधा का लाभ अपनी तकनीकी क्षमता की सीमाओं के कारण नहीं उठा पा रहे या उनकी प्रतिबद्धता में त्रुटि है—किन्तु तकनीकी प्रावधान निश्चय ही क्षमता सीमा के बहाने का तो निवारण कर ही देगा। अनेक गहन एवं जटिल आर्थिक परिणामों वाले इस विषय के सम्बन्ध में यह एक अच्छी युक्ति हो सकती है। इस युक्ति में राज्य एवं केन्द्र, दोनों ही स्तरों पर नीति परिवर्तनों की आवश्यकता होगी और यह युक्ति अन्य संरचनागत क्षेत्रकों में सुधारों के लिए भी एक आदर्श प्रतिमान बन सकती है।

हम इससे कहीं बेहतर कदम भी उठा सकते हैं। त्वरित सुधार कार्यक्रम द्वारा अपनाई गई 'पुरस्कार एवं दंड' की नीति एक कम परिष्कृत नीति ही है (वैसे अनेक अन्य अन्तरसरकारी संप्रेरणा कार्यक्रम प्रायः इसी प्रकार रचित है)। इस नीति की मूल मान्यता है कि राज्य एक आत्मनिर्भर वित्तीय संगठन है और यह वित्तीय प्रलोभनों द्वारा ही संचालित होता है।

यह विचार सुधार कार्यों में राज्य की भूमिका से सम्बद्ध सार्वजनिक विमर्श की अन्य धाराओं के विपरीत लगता है—वह विमर्श कहीं राज्य स्तरीय नेतृत्व की प्रतियोगी लोकहितवाद के लिए आलोचना करता है तो किन्हीं मुख्यमन्त्रियों की सजग एवं सबल सुधारकों के रूप में प्रशंसा करता है। साथ ही उन राज्यों द्वारा अपनायी नीतियों से सृजित स्पर्धात्मक वातावरण को क्रम प्रदान भी किया जाता है। इस नीति में संघवाद की एक मूलभूत संरचना की भी अनदेखी हो रही है—राज्य स्तरीय सरकारें मतदाताओं के अधिक निकटस्थ होती हैं और इसी कारण से वे अपने क्षेत्र की विशेष आवश्यकताओं (वरीयताओं) को समझकर उनकी पूर्ति के बेहतर प्रयास कर पाने में सक्षम होती हैं।

संक्षेप में कहा जाए तो वित्तीय संप्रेरणाओं की नीतियाँ सुधारों के लिए एक महत्त्वपूर्ण सम्भावित प्रेरणा की पूरी तरह से अनदेखी कर देती हैं। यह प्रेरणा मतदाताओं की पसन्द या वरीयता से सम्बन्धित है। कुछ राज्य सरकारें वित्तीय संप्रेरणाओं से प्रोत्साहित होती हैं, किन्तु प्रायः सभी सरकारें मतदाताओं की पसन्द के सामने झुकने को विवश हो जाती हैं।

फिर तो प्रश्न का स्वरूप ही बदल जाता है—केन्द्र राज्य सरकारों पर (सुधारों के निमित्त) मतदाताओं के दबाव को सक्रिय करने में क्या योगदान दे सकता है? 'सुधारों के निमित्त' वाक्यांश बहुत ही महत्त्वपूर्ण है। साहाय्यों वाले किस्से से यह तो स्पष्ट हो चुका है कि मतदाताओं का दबाव सदैव सुधारों में सहायक नहीं होता। तो फिर केन्द्र किस प्रकार उन उत्प्रेरकों को सक्रिय कर पाएगा जिनकी अल्पकालिक लागतें भले ही हों, पर जो अन्ततः सभी मतदाताओं के लिए प्रशासन, सार्वजनिक सेवाओं तथा आर्थिक परिणामों को बेहतर और सुखकर बना पाएँगे?

कुछ सम्भावनाएँ इस प्रकार हो सकती हैं—

- केन्द्र व्यवहार में पारदर्शिता का समर्थन ही नहीं, उसकी माँग भी कर सकता है। त्वरित विद्युत विकास एवं सुधार कार्यक्रम के अन्तर्गत केन्द्र राज्य सरकारों को ऊर्जा अंकेक्षण के आँकड़ों को एकत्र कर उन्हें सहज बोधगम्य स्वरूप में निरन्तर प्रकाशित करने को प्रोत्साहित कर सकता है। इस के साथ साहाय्यों की बजट व्यवस्था और वास्तविक राशियों की जानकारी भी प्रकाशित होनी चाहिए। इन राशियों के साथ ही अस्पतालों के रखरखाव, शिक्षकों के वेतन आदि पर व्यय भी बताना

प्रासंगिक होगा।

- केन्द्र राजनेताओं को अपने मतदाताओं के साथ 'निष्पादन के लिए भुगतान' की सार्थक सौदेबाज़ी करने को भी प्रोत्साहित कर सकता है। मतदाताओं का एक वर्ग सदैव बेहतर संरचना सुविधाओं की लागत चुकाने को तैयार रहता है—उन्हें अपने विद्युत जनरेटर लगाते और पानी के बड़े टैंकर मँगाते देखा जा सकता है। सरकारी अधिकारियों को ये सेवाएँ विश्वस्त रूप से प्रदान करने को प्रोत्साहित किया जा सकता है।
- केन्द्र विभिन्न राज्यों की 'निष्पादन रिपोर्ट' प्रकाशित कर राज्यों के बीच बेहतर प्रशासन और सेवा स्तर के लिए स्पर्धा पैदा कर सकता है।
- केन्द्र राज्यों को पारस्परिक अनुभवों से सीख लेने को भी प्रोत्साहित कर सकता है—यह सीख केवल 'केन्द्र से राज्य' तक सीमित नहीं रहनी चाहिए। अनेक अन्तरराष्ट्रीय और गैरसरकारी संगठन पहले से ही इस प्रकार से सीखने पर आधारित ज्ञान प्रबन्धन व्यवस्था का अनुसरण कर रहे हैं।

अन्त में हम एक बात और स्पष्ट करना चाहेंगे : वर्तमान 'पुरस्कार एवं दण्ड' विधि का त्याग कर देना आवश्यक नहीं। अनेक बार मतदाता के क्षेत्रीय हित राष्ट्रीय हितों से भिन्न होते हैं। कभी-कभी राज्य सरकारों को अप्रिय निर्णय मतदाताओं के गले से नीचे उतारने के लिए केन्द्र के 'भारी दबाव' का सहारा लेना भी आवश्यक हो जाता है। किन्तु यदि हम सुधारों के लिए मतदाताओं के दबाव को सक्रिय रूप नहीं दे पाते तो निश्चय ही एक महत्त्वपूर्ण संप्रेरणा का लाभ उठा पाने से वंचित रह जाएँगे।

जेसिका एस. वैल्लेक के सहयोग से

28 जनवरी, 2007

27

उड़ान का भय

मंत्रिमंडल का घरेलू नागर विमानन में विदेशी निवेश सीमा को 40 से बढ़ा कर 49 प्रतिशत करने का निर्णय एक नए उत्साह का संचार कर गया है। यह छोटी-सी बात बजट में किए गए एक वादे की पूर्ति भर थी, किन्तु इसने यह स्पष्ट सन्देश भी दिया है कि नागर विमानन क्षेत्र में सुधारों की गाड़ी अपनी पटरी पर ही चल रही है। साथ ही इससे कुछ और वित्तीय प्रवाहों की सम्भावना प्रबल हुई है। मंत्रिमंडल इस क्षेत्रक में विदेशी विमानन कम्पनियों की भागीदारी के कहीं अधिक सारगर्भित निर्णय से तो कन्नी काट गया है, फिर भी प्रफुल्ल पटेल द्वारा नरेश चन्द्र समिति की सिफारिशों के दूसरे खण्ड को प्राप्त करते समय की गई टिप्पणियों ने कुछ आशाएँ जगाई हैं।

देश में नागर विमानन मन्त्रियों का कार्यकाल संक्षिप्त ही रहता है। अटल बिहारी सरकार में कितने ही मंत्री समय बीत जाने पर भी भले ही मंत्रिमंडल में 'अपने विभाग' में जमे रहे हों, किन्तु नागर विमानन ने अपनी परम्परा बनाए रखी। यहाँ तीन व्यक्तियों ने क्रमशः यह दायित्व निभाया और तीनों ही बिहार वासी थे। ध्यान रहे कि बिहार का देश में न्यूनतम हवाई सम्पर्क का 'रिकॉर्ड' है। वर्तमान मंत्री कुछ ज्यादा ही जल्दी में हैं और छोटे-छोटे मामलों में प्रश्रयवाद से दूर ही रहते हैं। भारत अभी भी विमान सेवाओं के लिए एक कठिन गंतव्य है—यहाँ से बाहर उड़ान भरना भी उतना ही कठिन है, निम्न वायु सम्पर्क घनता, लचर संरचना और जटिल प्राविधियाँ—सभी कुछ इन कठिनाइयों को बढ़ाने में अपना-अपना योगदान देते रहते हैं। अनेक समितियों ने इस बारे में अपनी महती सिफारिशें पेश की हैं—नरेश चंद्र की सिफारिशें भी उसी वर्ग में रखी जा सकती हैं। नागर विमानन की समस्याएँ किसी न किसी सीमा तक हमारे ढुलमुलपन का परिणाम हैं। वर्षों से हम एयर इंडिया और इण्डियन एयरलाइंस की पुनःरचना और विमानपट्टनों के आधुनिकीकरण को यह मान कर स्थगित करते आ रहे हैं कि अन्ततः इनका तो निजीकरण होने ही वाला है। ग्यारह सितम्बर की भीषण

घटना के बाद तो विश्व-भर में एक बार नागर विमानन उद्योग की हालत पतली हो गई थी। जब बाज़ार की दशाएँ सुधारों के अनुकूल थीं, हम अनिर्णय में फँसे रहे। किन्तु जब हमने निश्चय किया तो बाज़ार ध्वस्तप्राय दशा में पड़ा हुआ मिला। हमें कुछ-एक निर्णायक पक्षों की ओर तुरन्त ध्यान देने की आवश्यकता है–

पहली बात तो अल्पावधि की है। विमानपट्टन निजीकरण और विमान संख्या वृद्धि के सही लाभ दो-तीन वर्षों के बाद ही दिखाई देंगे। इस बीच पर्यटक आवागमन में 30 प्रतिशत वार्षिक वृद्धि हो रही है। अगले वर्ष ही दिल्ली में विश्व भ्रमण एवं पर्यटन परिषद् का सम्मेलन भी होने जा रहा है। इन बातों को ध्यान में रखते हुए दिल्ली की एकमात्र हवाई पट्टी के अभीष्ट स्तर पर प्रयोग के लिए कुछ थोड़े-बहुत निवेश, मुम्बई के विमानन केन्द्र में काम आरम्भ करना, उपग्रह आधारित विमान मार्गदर्शन व्यवस्था, उपयुक्ततम उड़ान स्तरों का आवंटन और वायु यातायात की प्रबन्धन व्यवस्था के आधुनिकीकरण से तुरन्त ही लाभ प्राप्त हो सकते हैं। आप्रवासन प्रबन्धन के स्तर में सुधार और इस व्यवस्था की अधिक यात्रियों को विलम्ब रहित सेवा प्रदान करने की क्षमता बढ़ाने में अब कोई ढील नहीं की जानी चाहिए।

दूसरे, कम से कम निकट भविष्य में तो एयर इण्डिया और इण्डियन एयरलांइस के सिर पर लटक रही निजीकरण की तलवार हटा ही लेनी चाहिए। उन्हें तो अब अपनी विमान संख्या में वृद्धि की आवश्यकता है। अभी तक इण्डियन एयरलाइंस जो विमान दीर्घकालिक भाड़े पर ले रही है उससे केवल घिसे-पिटे पुराने यानों की प्रतिपूर्ति हो रही है–क्षमता में वृद्धि नहीं। हैरानी की बात है कि इस एयरलाइंस ने तीन वर्ष पूर्व विमान संख्या वृद्धि का जो प्रस्ताव तैयार किया था वह 18 महीने तो नागर विमानन मन्त्रालय में ही अटका रहा–उसके बाद से सार्वजनिक निवेश मंडल उस पर कुण्डली मारे बैठा है। इसी रफ्तार से एयर इंडिया का विमान संख्या वृद्धि कार्यक्रम भी चल रहा है। भ्रष्टाचार के आरोप न लगें, इसलिए निर्णय लेने की अपेक्षा उन्हें स्थगित करना 'नियम' बन गया है। वर्षों पहले एयरबसों का प्रयोग बन्द करने के बाद केलकर समिति ने इंडियन एयरलाइंस के वित्तीय संसाधन बढ़ाने के लिए इस कम्पनी के अंश पूँजी आधार को विस्तृत करने का सुझाव दिया था–पर अभी तक उस दिशा में कुछ नहीं किया गया है। इन दोनों कम्पनियों की वर्तमान दशा को देखते हुए तुरन्त ही उनके अंशपूंजी आधार का व्यापक विस्तार किया जाना चाहिए। इसके लिए संसद के शीतकालीन सत्र में अपेक्षित द्वितीय पूरक अनुदान माँगों में प्रावधान किया जा सकता है।

भले ही इस समय विभिन्न हवाई कम्पनियों में 'भाड़ा-युद्ध' चल रहा है, किन्तु भारत में नागर विमानन लागतें विश्व के लागत स्तरों से मेल नहीं खातीं।

सबसे बड़ा कारक तो हवाई टर्बाइन ईंधन के दाम ही हैं। उत्पादन शुल्क में तो कुछ नरमी आई है किन्तु राज्य स्तर पर औसतन 25 प्रतिशत विक्रय कर असह्य हो चला है। धनाभाव झेल रही राज्य सरकारों के बीच इस कर को घटाने पर आम सहमति नहीं बन पाएगी—केन्द्र को इस ईंधन को भी टर्बो विमानों के ईंधन की भाँति ही 'अनुसूचित वस्तु' घोषित करना पड़ेगा। अनेक विशेषज्ञ दल यह सुझाव दे चुके हैं—दसवीं योजना में भी यही विचार परिलक्षित हो रहा है।

यही नहीं, हवाई कम्पनियों को अपनी सुविधानुसार हवाई टर्बाइन ईंधन आयात करने की भी छूट होनी चाहिए। अभी तो देश में हवाई यात्रा में परकाम्य साहाय्य भरे हुए हैं। द्वितीय और तृतीय श्रेणी के अलाभकर मार्गों पर सेवा का घाटा पूरा करने का भार प्रथम श्रेणी के मार्गों पर यात्रा करने वालों को वहन करना पड़ता है। इन मार्गों के वर्गीकरण-विभाजन पर पुनः विचार की आवश्यकता है। अलाभकर मार्गों पर सेवा जारी रखने का भार या तो बजट के माध्यम से उठाया जाना चाहिए (एक अ-पतनीय कोष में जमा होने वाला अधिभार) या खुली नीलामी व्यवस्था से साहाय्य निर्धारण का सहारा लिया जाना चाहिए।

'मुक्त आकाश' नीति की बात भ्रामक रहती है। क्षमता वृद्धि यातायात के साथ तारतम्य नहीं रख पाई है। भले ही अन्य देशों से हम द्विपक्षीय अधिकारों के समझौते कर रहे हों किन्तु हमारी अधिकार प्रयोग क्षमता तो नए यानों की खरीददारी होने तक अप्रयुक्त ही रहेगी—और हम बड़े उत्साह के साथ जिनके पास यह क्षमता है उन्हें इसका प्रयोग करने से रोकने में जुटे रहते हैं। हमें कोई नवीन व्यवस्था खोजनी होगी।

सार्वजनिक कम्पनियों के अप्रयुक्त सेवा अधिकार निजी कम्पनियों को नीलामी द्वारा आबंटित किए जा सकते हैं। साथ ही, भविष्य में सरकार द्वारा प्राप्य अधिकारों का विभिन्न विमानन कम्पनियों के बीच लागतों को न्यूनतम करने की विधि द्वारा आवंटन होना चाहिए।

भले ही अत्याकर्षक मध्यपूर्व के वायु मार्गों पर सरकारी कम्पनियों का अधिकार बना रहे, किन्तु पश्चिम के बड़े मार्गों पर तो निजी देशीय कम्पनियों को अपने यान उड़ाने की अनुमति दी जानी चाहिए। अब एक बार फिर नागर विमानन उद्योग में उछाल का दौर चल पड़ा है। बड़े पैमाने पर नए विमानों की खरीद या दीर्घकालिक भाड़े के आदेशों के कारण आपूर्ति पक्ष में कुछ कड़ा रुख दिखाई देने लगा है। एक त्वरित निर्णय निजी कम्पनियों को कम लागत पर अनुबन्ध करने के अच्छे अवसर से चूकने से बचा सकता है।

जहाँ तक विमानपट्टनों का प्रश्न है—लगता है भाग्य ढुलमुलपन-भरी नीति निर्धारित करने वालों का साथ दे रहा है। यदि अगले वर्ष के मध्य तक विमान

क्षमता वृद्धि के सभी अपेक्षित अनुबन्धों पर हस्ताक्षर हो जाएँ तो भी वास्तविक वृद्धि तो कुछ वर्षों बाद ही दिखाई देगी। अतः अल्पकालिक प्रश्नों पर ही तुरन्त ध्यान दिया जाना चाहिए। फिर भी साँझे क्षेत्र में विमान पट्टन विकास-संवर्धन प्रक्रिया को शीघ्रातिशीघ्र संपूर्ण किया जाना चाहिए।

पर्यटन, निर्यात एवं निवेश प्रोत्साहन नागर विमानन में उन्नति पर निर्भर करते हैं। किन्तु इस क्षेत्र में बार-बार वादे तोड़े जाने से अब तो थकान महसूस होने लगी है। प्रफुल्ल पटेल को हवाई किले बनाने वाला नहीं माना जाता, इसी नाते उनके उत्साह से कुछ आशाएँ की जा रही हैं। प्रधानमंत्री और उनके वित्त मंत्री से बेहतर यह कौन जानता है कि बेहतर सम्पर्क व्यवस्था के सहारे ही भारत नव आर्थिक शक्ति के रूप में अपने उचित स्थान को प्राप्त करने में सफल हो पाएगा।

अनुलेख

नागर विमानन सुधार एक शानदार उड़ान भर रहे हैं। इस विषय में नवीन नीति की रचना अभी पूरी नहीं हो पाई है, किसी नियमन कर्ता की नियुक्ति भी नहीं हुई है, फिर भी संयुक्त प्रगतिशील गठबन्धन सरकार ने इस दिशा में अच्छी प्रगति की है।

एक तो हवाई कम्पनियों तथा नए मार्गों की संख्या में भारी वृद्धि हुई है, अनेक देशों के साथ, 'मुक्ताकाश' समझौतों ने अब उपभोक्ताओं के समक्ष सम्पर्क की गुणवत्ता और विकल्प के अनेक चयन अवसर प्रस्तुत कर दिए हैं। अब तो अपर्याप्त संरचनाओं तथा उनके प्रबन्धन की त्रुटियों के कारण आकाश में भीड़ का नज़ारा अखरने लगा है। विमानों को उतरने तथा हवाई अड्डों पर पार्क करने की अनुमति मिलने में ही घंटों लग जाते हैं। आशा है कि ये समस्याएँ एक बेहतर नागर विमानन की ओर यात्रा की संक्रान्तिकालिक बाधाएँ ही सिद्ध होंगी।

दूसरे, नागर विमानन मन्त्री प्रफुल्ल पटेल के सतत प्रयासों से दिल्ली और मुम्बई के विमानपट्टनों का प्रबंधन निजी कम्पनियों को दिया गया है—उन्हें वर्तमान पट्टनों को विकसित कर आधुनिक विमानन केन्द्र बनाने का दायित्व भी दिया गया है। ये कार्य बहुत सजगता के साथ आरम्भ भी हो गए हैं।

उन अन्य महानगरीय तथा छोटे शहरों के विमानपट्टनों के विकास के लिए भी सार्वजनिक-निजी भागीदारी के प्रतिमान को अपनाने की नीति बनाई जा रही है जहाँ वायु यातायात में अच्छी-खासी वृद्धि हुई है।

और अन्त में, एयर इण्डिया तथा इण्डियन एयरलाइंस के विलय से इन्हें बाह्यताओं का लाभ मिलेगा, स्पर्धा में वृद्धि होगी तथा वायु-यात्री भी लाभान्वित होंगे।

7 नवम्बर, 2004

28

सीटी बजाने की घड़ी

हमें अक्सर रेल दुर्घटनाओं के झटके लगते रहते हैं : कहीं गाड़ी पटरी से उतर जाती है, तो कहीं किसी दूसरी से टकरा जाती है, या फिर पटरी के नीचे पुल टूट जाते हैं, कहीं सही संकेत नहीं दिए जाते; तो कहीं स्टेशन पर भगदड़ में अनेक जानें चली जाती हैं। किन्तु ये घटनाएँ हमें अस्थायी रूप से ही झकझोर पाती हैं—हम फिर अपनी उदासीनता भरी तंद्रा में झूलने लगते हैं—फिर कोई ऐसी ही घटना हमें आँखें खोलने को विवश कर देती है। सच्चाई यही है : रेलवे में सुधारों की बहुत देर से बहुत अधिक ज़रूरत है और अब सुधारों का अधिक स्थगन घातक सिद्ध होगा। परिवर्तन कठिन होगा, लाभ तुरन्त नहीं मिल पाएँगे, किन्तु सुरक्षित जान एवं माल ढुलाई की व्यवस्था के लिए कुछ कदम उठाना अपरिहार्य हो गया है।

स्वर्णिम चतुष्कोणीय रेलतंत्र को सुदृढ़ करने के लिए एशियन विकास बैंक जैसी संस्थाओं से बाह्य सहायता की बात चल रही है—इस सहायता की एक शर्त सुनिश्चित निष्पादन कसौटी पर खरा उतरना है। योजना आयोग भी 15,000 करोड़ रुपये के एक रेल निवेश कार्यक्रम पर विचार कर रहा है। किन्तु रेलवे की समस्त आवश्यकताओं की तुलना में ये धनराशियाँ नितान्त अपर्याप्त प्रतीत हो रही हैं। रेलवे पर एक विशेषज्ञ दल का अनुमान है कि इस विभाग को न्यूनतम 1,30,000 करोड़ रुपये के निवेश की आवश्यकता है। ये अनुमान रेल लाइन संवर्धन, प्रौद्योगिकीय उन्नयन, रेल तन्त्र विकास, नए इंजन, डिब्बे खरीदने और सुरक्षा व्यवस्था में अभी तक हुई कोताही की भरपाई करने के लिए 'न्यूनतम आवश्यक' राशियों के अनुमान हैं। अनुमान का आधार संवृद्धि की निम्न दर को बनाया गया है।

यदि संवृद्धि की दर मध्यम या उच्च रही तो फिर ये अनुमान भी क्रमशः 1,60,000 करोड़ तथा 2,00,000 करोड़ रुपये तक जा पहुँचेंगे। उच्च संवृद्धि

परिदृश्य में गति, गुणवत्ता, संगठनात्मक संरचना और सरकार के साथ भावी सम्बन्धों की रूपरेखा को ध्यान में रखते हुए पूरी रेल व्यवस्था के पूर्ण आधुनिकीकरण का आधार तैयार हो पाएगा। रेलवे की शर्मनाक वित्तीय उपलब्धियाँ गम्भीर चिन्ता का कारण हैं—अतिरिक्त धनराशि की आवश्यकता को देखते हुए तो यह 'निष्पादन' बहुत ही हतोत्साहित करता है।

प्रारम्भिक वर्षों में रेलवे के आन्तरिक साधन इसकी अपनी ज़रूरतों को पूरा करने और कुछ लाभांश दे पाने के लिए पर्याप्त रहते थे। किन्तु अब ये आवश्यकता का मात्र 23 प्रतिशत ही जुटा पाते हैं। अब 30 प्रतिशत आवश्यकता बाज़ार से ऋणों द्वारा पूरी होती है, बाकी काम सामान्य बजट से पूँजी अन्तरण के सहारे ही चल रहे हैं। कुछ वर्षों में तो ये पूँजी अन्तरण कुल आवश्यकता के 35 प्रतिशत से अधिक रहे हैं और इसमें निरन्तर वृद्धि हो रही है। ये वित्तीय और अन्य सभी प्रकार के भयावह परिणामों की सम्भावना के संकेत हैं। वित्त के अभाव के कारण ही पटरियों के रखरखाव, संकेत व्यवस्था में सुधार द्वारा जन एवं माल ढुलाई की रफ्तार बढ़ा पाना सम्भव नहीं हो रहा। इससे एक विचित्र दुष्चक्र पैदा हो जाता है : वैकल्पिक यातायात साधनों से प्रतियोगिता नहीं हो पाती, इसके परिणामस्वरूप वित्तीय हानियाँ और अधिक हो जाती हैं।

साथ ही रेल निष्पादन सुधारने के लिए दबाव बढ़ते जा रहे हैं। दसवीं योजना का अनुमान है कि माल ढुलाई में 5 प्रतिशत की वार्षिक वृद्धि से ही माल की लदाई 48.9 से 62.4 करोड़ टन तक पहुँच जाएगी। दूसरी ओर 5.7 प्रतिशत वार्षिक वृद्धि से सवारियों की संख्या 500 करोड़ से 588.5 करोड़ तक पहुँच जाएगी।

एक-आध को छोड़ प्रायः सभी रेलमन्त्री लोकहितवाद के रोग से ग्रस्त रहे हैं। ये सच है कि रेलों को बृहत्तर सामाजिक-आर्थिक हितों की संपूर्ति के लिए राष्ट्रीय स्तर पर—दूर-दराज़ के क्षेत्रों में भी जन एवं माल ढुलाई की सुविधाएँ सुलभ करानी हैं। किन्तु इसकी व्यवस्था सामान्य बजट से होनी चाहिए तभी रेल तन्त्र के लाभ और लागतों की सटीक समीक्षा हो पाएगी। सरकार का सबसे बड़ा विभागीय उपक्रम गैर-व्यावसायिक आधार पर चल रहा है, इसकी सारी भाड़ा-निर्धारण व्यवस्था बहुत ही व्यवधानकारी है तथा यात्री भाड़ा कम रखने के लिए माल भाड़े की दरें ऊँची रखी जाती हैं। यहाँ तक कि माल व यात्री डिब्बों के निर्माण के गैरनिर्णायक कार्य भी विभागीय आधार पर किए जाते हैं। इस प्रकार लेखांकन की पारदर्शिता लुप्त हो जाती है। रेलवे सुधारों में ये कार्य अवश्य सन्निहित होने चाहिए :

- धीरे-धीरे भाड़ा संरचना की विकृतियाँ दूर की जानी चाहिए—इस प्रकार माल की ढुलाई पुनः रेलवे को प्राप्त होगी और विशेषकर छोटी दूरी

की सवारियाँ बेहतर सड़क परिवहन का प्रयोग करेंगी। वर्तमान भाड़ा नीति में माल की ढुलाई दर जानबूझकर अधिक ऊँची रखी गई है; इसी से यात्री भाड़ा कम रखने में सहायता मिल रही है। माल भाड़े में एक वर्ष में 12 प्रतिशत वृद्धि हुई, जबकि यात्री भाड़े की वृद्धि बहुत कम रही है। यदि पाँच वर्षों में यात्री भाड़े को तर्कसंगत बनाया जाए तो इस मद से शुद्ध प्राप्ति में 8.6 प्रतिशत की वास्तविक वृद्धि हो सकती है। इस नीति में द्वितीय श्रेणी शयनयान भाड़ा 10 प्रतिशत तथा सामान्य भाड़ा 8 प्रतिशत प्रति वर्ष बढ़ाना होगा। (हमारी मान्यता है कि सामान्य मुद्रा स्फीति दर 6 प्रतिशत रहेगी) इससे रेलवे को प्रति वर्ष 4000-5000 करोड़ रुपये अधिक मिलेंगे—ये राशि बाह्य वित्त की प्राप्ति में उपयोगी सिद्ध होगी।

- एक नियमन संस्थान का गठन : सूझ-बूझपूर्वक भाड़ा दरों का स्तर तय करना एक राजनीतिक दुःस्वप्न बन जाता है। सभी रेलमन्त्री जनाक्रोश से बहुत घबराते हैं। अतः भाड़ा निर्धारण का कार्य राजनीतिक प्रभाव क्षेत्र से निकाल देने में ही समझदारी होगी। जैसे दूरसंचार तथा विद्युत आपूर्ति कीमतों का निर्धारण उनके अपने नियमन प्राधिकरण कर रहे हैं उसी प्रकार रेल भाड़ा प्राधिकरण का गठन कर उसे ये दायित्व सौंपा जा सकता है।
- अपूर्ण परियोजनाओं को पूरा करना : रेलवे ने अनगिनत परियोजनाओं पर काम प्रारम्भ किया हुआ है। पटरियाँ बदलने, गेज परिवर्तन और सुरक्षा व्यवस्था सुदृढ़ करने के काम तो धनाभाव के मारे पिछड़ते जा रहे हैं किन्तु, प्रत्येक रेल बजट में नए-नए लोकलुभावक परियोजनाओं की भरमार रहती है। अतः वर्तमान संसाधन क्षमता के अनुरूप अपूर्ण परियोजनाओं की सम्पूर्ति को उचित प्राथमिकता देने की आवश्यकता बहुत गहन हो गई है। उसी से रेलवे की कमाई में भी सुधार होगा।
- आधारभूत नीतियों और व्यवसाय पर ध्यान देने की आवश्यकता : रेल मन्त्रालय में परिवहन नीति निर्माण, रेल सेवा व्यवस्था आदि के साथ-साथ और अनेक व्यावसायिक काम चलते हैं—जैसे कि इंजन बनाने का कारखाना, डब्बे बनाने की फैक्टरी और कैंटीन चलाना आदि। भले ही भारतीय रेल को एक व्यावसायिक निकाय बना पाना निकट भविष्य में सम्भव नहीं हो, किन्तु उन गौण कार्यों का तो तुरन्त व्यावसायिक आधार पर पुनर्गठन हो ही सकता है। इसमें पारदर्शी उत्तरदायित्व व्यवस्था द्वारा एक अच्छी शुरुआत की जा सकती है। भारतीय रेलवे को अपनी संगठन रचना में बड़ा बदलाव लाकर नए

स्पर्धापूर्ण वातावरण की चुनौतियों का सामना करने के लिए तैयार हो जाना चाहिए।

- उच्च घनता वाले मार्गों, विशेषकर स्वर्णिम चतुर्भुज में माल एवं यात्री यातायात की रफ्तार बढ़ाने को उच्च प्राथमिकता मिलनी चाहिए। धन का अभाव यहाँ आड़े आता है, किन्तु यहाँ आवश्यक धन लगाने से माल एवं यात्री ढुलाई में सुधार के माध्यम से रेलवे की वित्तीय दशा भी सुधरेगी।

रेलवे हमारी अर्थव्यवस्था की तीव्र संवृद्धि को बनाए रखने में सहायक एक मूलभूत संरचनात्मक सुविधा है। किन्तु अभी तक लम्बित निर्णायक सुधारों के अभाव में सरकारी, बहुपक्षीय और बाज़ार से सुलभ धनराशियाँ नियमित रूप से प्राप्त करने में कठिनाई आ रही है। लालू प्रसाद यादव ने भले ही अपनी एक लोकरंजक छवि बना रखी है, पर वे जो कुछ करने का निर्णय कर लें उसे निश्चय ही पूरा करते हैं।

क्या वे वर्षों की लापरवाही (जो उन्हें 'उत्तराधिकार' में मिली है) का निराकरण कर पाएँगे? यहाँ उनके समक्ष एक बहुत बड़ी चुनौती और विराट सुयोग एकसाथ उपस्थित हैं। इस कार्य में सफलता उनके राष्ट्रीय सम्मान के स्तर को राजनीतिक कद जितना ही ऊँचा बना सकती है। उनके लिए यही सीटी बजाने की घड़ी है।

अनुलेख

पिछले दो, विशेषकर पिछले बजट में बेहतर क्षमता प्रयोग तथा वैगन वापसी समय में कमी द्वारा रेल वित्त व्यवस्था का स्वास्थ्य सुधरता दिखाई दिया है। उच्च घनता मार्गों पर मालढुलाई की निश्चित व्यवस्था में निजी-सरकारी भागीदारी से इस क्षेत्रक में (जहाँ अब तक अपना वर्चस्व बनाए रखने की होड़ रही है) भी निजी प्रबन्ध-कौशल और पूँजी का पदार्पण सम्भव होगा। अभूतपूर्व आर्थिक उन्नयन ने भी रेलों को अधिक माल एवं यात्री ढुलाई के अवसर दिए हैं। वैसे अभी तो सुधारों और ढुलाई में वृद्धि के सहारे भाड़ा दरों को कम ही किया गया है, पर निकट भविष्य में रेलवे की वित्तीय दशा को बेहतर बनाने की ओर ध्यान देना होगा। एक स्वतन्त्र भाड़ा प्राधिकरण का गठन कर भाड़ा-निर्धारण का वि-राजनीतिकरण आवश्यक है। साथ ही निजी-सरकारी सहयोग की दिशा में और त्वरित एवं सशक्त प्रयास होने चाहिए तथा राकेश मोहन समिति रिपोर्ट व ग्यारहवीं पंचवर्षीय योजना के कार्यविधि पत्रक में बताए गए सुझावों पर काम होना चाहिए।

5 दिसम्बर, 2004

29

सार्वजनिक-निजी भागीदारी रामबाण नहीं है

आजकल 'सार्वजनिक-निजी भागीदारी' की बड़ी चर्चा है। केन्द्र और प्रान्तीय स्तरों पर इस भागीदारी में नए-नए सद्गुणों का अन्वेषण हो रहा है और इसे हमारी संरचनागत दुरवस्था का इलाज करने वाली जादुई छड़ी मान लिया गया है। इस सन्दर्भ में राष्ट्रीय व्यावहारिक आर्थिक अनुसंधान परिषद् द्वारा संरचना में सार्वजनिक-निजी भागीदारी और नियमन पर आयोजित कार्यशाला बहुत ही सामयिक रही। इसमें भारतीय विद्वानों और नीति-निर्माताओं को यूरोप के अग्रणी संस्थानों के विशेषज्ञों के साथ विचार-विनिमय का अच्छा अवसर मिला। इन चर्चाओं में संस्थागत क्षमता, निजी स्वामित्व की रचना, नियमन व्यवस्था, वित्तीय प्रबन्धन और विद्युत क्षेत्र आदि अनेक विषयों पर खुल कर बातचीत हुई। मेहमान विशेषज्ञों में पॉल ग्राउट, इम्मैनुअल ऑरियोल, जेरोम पॉये और रिचर्ड पोर्ट्स प्रमुख थे। इस विचार-विनिमय के परियोजना की सम्पूर्ति से ऐसे जटिल प्रश्नों के विषय में ज्ञान-संवर्धन होगा जहाँ हमारा अपना अनुभव बहुत सीमित है।

मान्यता है कि ये भागीदारी सार्वजनिक एवं निजी तन्त्रों की त्रुटियों से ऊपर उठ सकती है (सार्वजनिक की अकुशलता तथा निजी की लाभ-लोलुपता का निवारण हो सकता है)। जहाँ सरकार पर अतिशय भरोसा अकुशलता को बढ़ा देता है वहीं निजी क्षेत्र की कार्यपद्धति में विषमता रची-बसी रहती है। यूरोप में तो इस भागीदारी का अपना स्वरूप है : सरकार निजी क्षेत्र से सेवाएँ खरीद कर जन-सुविधाएँ सुलभ कराती है। इसका एक परम्परागत स्वरूप सरकार द्वारा खरीदी गई परिसम्पत्तियों का मिलकर प्रबन्धन-संवर्धन करना भी है। भारत सरकार के वित्त मन्त्रालय की एक विज्ञप्ति में भागीदारी की परिभाषा कुछ इस प्रकार की गई है : ये सरकार या वैधानिक प्राधिकरण द्वारा किसी निजी कम्पनी के साथ अनुबंध या रियायती अनुमति पर आधारित ऐसे संरचनागत सेवा प्रदायक परियोजना होंगे जिनमें प्रयोक्ताओं से सेवा प्रभार उगाहा जाएगा। साथ ही

अर्थक्षमता अन्तर का वित्तीय प्रबन्ध एकमुश्त या कुछ किस्तों में किया गया ऐसा भुगतान होगा कि अन्ततः परियोजना व्यावसायिक आधार पर संचालित हो सके। ये प्रक्रिया सामान्यतः किसी नवीन निवेश परियोजना के लिए अपनाई जाएगी, स्वामित्व का पूर्णाधिकार निजी कम्पनियों को नहीं दिया जाएगा और न ही उन्हें किसी शुल्क के आधार पर केवल सेवा प्रदान करने के लिए ही नियुक्त किया जाएगा। ऐसी व्यवस्था के गुणों में इनका विशेष स्थान हो सकता है :

- राजकोष में इतनी गुंजाइश पैदा करना कि जिन कार्यों में यह भागीदारी सम्भव नहीं हो, उनके लिए पर्याप्त धन बचा रहे।
- सामान्यतः दुर्लभ निजी निवेश को आकर्षित करना।
- प्रबन्धन में सुधार द्वारा कौशल जन्य लाभ सुनिश्चित करना।
- सर्वसाधारण को अधिक समतापूर्ण आय वितरण द्वारा उचित लागतों पर अधिकाधिक उत्पादन प्राप्त करने में सक्षम बनाना।
- अधिक स्पर्धापूर्ण वातावरण की रचना से प्रशासन व्यवस्था को बेहतर बनाना।

उपर्युक्त उद्देश्यों में से किसी को भी अकेले में प्राप्त नहीं किया जा सकता। इन्हें नीतिगत त्रुटियाँ दूर करने वाले क्षेत्रगत सुधारों और निवेश के वातावरण को सुधारने वाले कदमों से अलग कर पाना भी सम्भव नहीं है।

वित्त मंत्रालय ने जुलाई व नवम्बर 2005 में आधारभूत संरचनाक्षेत्र में इन भागीदारियों को समर्थन देने और इस कार्य के लिए विशेष उद्देशीय संरचना का निर्माण करने की घोषणाएँ की हैं। उनमें भागीदारियों के प्रसार, पात्रता और आधारभूत संरचनात्मक प्रकल्पों के लिए वित्त जुटाने के लिए आवश्यक प्रक्रिया का ब्यौरा भी है। स्पष्टतः सरकार यह स्वीकार कर रही है कि आधारभूत संरचना उन्नयन के लिए विशाल स्तर पर निवेश की आवश्यकता है और ये निवेश केवल सरकारी (बजट) से जुटा पाना सम्भव नहीं होगा। इसीलिए निजी पूँजी को आकृष्ट करने और उससे संबद्ध तकनीकी प्रबन्धकीय दक्षताओं का लाभ उठाने के लिए ही सरकार आधारभूत संरचना क्षेत्र में भागीदारी व्यवस्था को अपनाने तथा बढ़ावा देने को प्रतिबद्ध हुई है। यह भी अनुभव किया जा रहा है कि इन परियोजनाओं की निर्माण अवधि बहुत बड़ी होती है और इनसे धन प्राप्ति सीमित रहती है। अतः ये सहज रूप में अर्थक्षम नहीं हो पाते। किन्तु सरकार के सहयोग से इनकी अर्थक्षमता में सुधार किया जा सकता है। आधारभूत संरचना क्षेत्र में सम्भवतः सड़क निर्माण का संवर्धन सरलतम होगा किन्तु विद्युत, गैस पाइप लाइन और विशिष्ट आर्थिक क्षेत्र निर्माण आदि के मामलों में उन क्षेत्रों से जुड़े विशेष सुधार कार्यक्रमों की प्रगति ही उनमें भागीदारी की गति को बढ़ावा दे पाएगी।

इस निजी एवं सरकारी भागीदारी के प्रति इस समय अतिशय उत्साह दिखाई दे रहा है। इस उत्साह में भी इन जटिलताओं को दृष्टि में न रखना ठीक नहीं होगा :

पहले तो यह भागीदारी मूल रूप से एक अनाभीष्ट समाधान ही है। ये इस बात की स्वीकारोक्ति है कि सीधे-सीधे निजीकरण पर व्यापक सहमति सम्भव नहीं हो पाएगी। हाँ, निजी क्षेत्र से मिलकर काम करना सामाजिक दृष्टि से अधिक स्वीकार्य है। फिर भी इन विशेष व्यवस्थाओं को इन क्षेत्रों में सुधार का पर्याय नहीं माना जा सकता। इसमें यह भी जोखिम निहित है कि इस विशेष व्यवस्था से धन जुटाने के बाद साहाय्य और दाम/दरों आदि के निर्धारण से जुड़े क्षेत्रवार मुद्दों को ही बिल्कुल कहीं भुला न दिया जाए। उदाहरण के लिए विराटकाय विद्युत परियोजना बन रहे हैं—इसका अर्थ यह नहीं है कि अब स्वतन्त्र रूप से बाज़ार प्रवेश, स्पर्धा-संवर्धन, और विकृतिकारी तिर्यक साहाय्यों (cross-subsidies) पर ध्यान देने की ज़रूरत नहीं रही है।

दूसरे, एक मानक सुविधानुग्राही (concessionaire) अनुबंध की रचना करनी होगी। इसमें जोखिम तथा अन्य दायित्वों का विभाजन इस प्रकार होगा कि समता और दक्षता की कसौटियों का पूर्णतः पालन हो। साथ ही उन कसौटियों का निर्धारण भी विश्व के श्रेष्ठतम व्यावहारिक मानदण्डों के अनुसार तथा क्षेत्र-विशेष की सुधार-कार्यक्रम की स्थिति के अनुरूप होना चाहिए। विभिन्न राज्यों, क्षेत्रकों तथा क्षेत्रों के अनुसार उनमें पर्याप्त अन्तर हो सकते हैं।

तीसरी बात, सुविधानुदान अनुबन्ध में निर्दिष्ट सेवा स्तर बनाए रखना समस्यापूर्ण ही रहता है। यदि उचित निगरानी व्यवस्था की रचना कर दी जाए तो भी अल्पकालिक अनुबंध के आधार पर वित्तीय व्यवस्था सुनिश्चित नहीं हो पाती और दीर्घकालिक अनुबंध में सेवा स्तर सुनिश्चित करना एवं उसमें त्रुटि की दशा में जुर्माने की व्यवस्था कठिन हो जाती है।

चौथा प्रश्न प्रयोक्ता शुल्कों (user charges) के निर्धारण से जुड़ा है। इन शुल्कों में वित्तीय अर्थक्षमता तथा वितरण एवं समता के तकाज़ों को पूरा करना एक जटिल कार्य बन जाता है। कितने समय में ये शुल्क पूर्णतः बाज़ार आधारित हो पाएँगे? संक्रमण काल में उनमें किस प्रकार परिवर्तन होंगे? इन सब बातों पर विभिन्न हितांशधारियों में विचार-विमर्श तथा सहमति होना आवश्यक है। बाज़ार की त्रुटियों और जानकारी के असम्यक स्वरूप के कारण संक्रमण काल में गम्भीर नैतिक विभ्रमकारी समस्याएँ पैदा हो सकती हैं।

और अन्त में नियमन तथा कानूनी व्यवस्था सम्बन्धी प्रश्न भी कम महत्त्वपूर्ण नहीं हैं। इनके कुछ आयाम तो हमारे व्यापक वैधानिक सुधारों से ही जुड़े हैं—पर बड़े स्तर पर निजी निवेश प्रवाहों के लिए तो विवाद निपटान और अनुबंध लागू करने के लिए उचित वैकल्पिक व्यवस्था पर एक पूर्व शर्त ही बन जाती है।

ये सार्वजनिक-निजी भागीदारी की संकल्पना अभी अपने प्रारम्भिक स्वरूप में ही है। इसे संरचना विकास का एक सशक्त अस्त्र बनाने के लिए हमें इन प्रश्नों का उचित समाधान करना होगा। इस समाधान की विश्वसनीयता ही निजी निवेश आकर्षण और दक्षता संवर्धन का आधार बनेगी। यह बात भी ध्यान देने योग्य है कि यह भागीदारी हमारी बहुमुखी संरचनागत व्याधियों की रामबाण दवा सिद्ध नहीं हो सकती। इस व्यवस्था का कोई सर्वमान्य एवं नियत मानक नहीं है। हम अपनी आवश्यकता के अनुरूप प्रतिमान गढ़ सकते हैं और व्यापक परिवेश के सुधार कार्य संक्रमण को अधिक स्वीकार्य रूप प्रदान कर सकते हैं।

16 अप्रैल, 2006

VI
ऊर्जा

30

ऊर्जा : भविष्य की चिन्ता

अभी कुछ दिन पूर्व प्रधानमंत्री मनमोहन सिंह ने व्यापार-उद्योग सलाहकार परिषद की बैठक में ऊर्जा कीमत निर्धारण में राजनीति से ऊपर उठने की बात चलाई है। उनका कथन वास्तव में सामयिक है। गैर-बाज़ार-आधार पर नियत ऊर्जा कीमतें व्यक्तिगत उपभोक्ता और संस्थाओं—सभी की चयन-प्रक्रिया में विकृति ला देती हैं और वे ऊर्जा के सही स्रोत का चयन नहीं कर पाते। कुछ समय पूर्व विश्व आर्थिक मंच के भारत शिखर सम्मेलन में बी.बी.सी प्रायोजित 'ऊर्जा की चुनौती' चर्चा में भी इसी प्रकार के विचार व्यक्त किए गए थे। वहाँ की गोलमेज़ बैठक में मैंने भी भाग लिया था। उसमें ऊर्जा कीमत निर्धारण, माँग-आपूर्ति सन्तुलन, पर्यावरण पर प्रभाव, शोध एवं विकास के माध्यम से पर्यावरणीय अनुकूल एवं सस्ती ऊर्जा की उपलब्धि आदि अनेक बातों पर चर्चा हुई थी।

ज़रा इन तथ्यों पर गौर कीजिए :

- एक निश्चित संवृद्धि के लिए आवश्यक ऊर्जा (ऊर्जा सघनता) में कमी आने की अपेक्षा है। विकसित देशों में ये 1.2 प्रतिशत तथा विकासशील देशों में 1.8 प्रतिशत कम होने जा रही है। किन्तु कुल मिला कर ऊर्जा की खपत में तो वृद्धि ही होगी। *(इंटरनेशनल ऐनर्जी आउटलुक से)*
- इस प्रकाशन का अनुमान है कि 2025 तक विश्व-भर में ऊर्जा की खरीदारी 54 प्रतिशत बढ़ेगी। सबसे अधिक तेज़ी से यह वृद्धि भारत और चीन में होगी। विकासमान एशिया (भारत-चीन सहित) ही इस सारी ऊर्जा खपत वृद्धि के 40 प्रतिशत के लिए उत्तरदायी होगा।
- वर्ष 2030 तक भारत की तेल खपत 50 लाख बैरल प्रतिदिन हो जाएगी—यह वर्तमान खपत से दुगुनी से अधिक है।
- आज भारत विश्व का छठा सबसे बड़ा ऊर्जा प्रयोक्ता है और इसकी आधी से अधिक ऊर्जा का स्रोत कोयला है।

अतः स्पष्ट है कि सारी अर्थव्यवस्था जीवाश्मीय ऊर्जा के सहारे संचालित हो रही है और ऊर्जा आवश्यकताओं में आगामी दशकों में भारी वृद्धि अपेक्षित है। तेल आपूर्ति और इसकी सीमाओं के अनुमान प्रायः आकलन विधि पर ही आधारित रहते हैं। कभी 1949 में एम. ह्यूबर्ट ने भविष्यवाणी की थी—'तेल युग बहुत संक्षिप्त होगा।' वह अपने जीवन-भर यही दोहराते रहे। अब *वर्ल्ड ऍनर्जी आउटलुक* का अनुमान है कि 2030 तक तो स्थिति सामान्य रहेगी किन्तु उससे आगे कुछ अनिश्चितताएँ नज़र आ रही हैं। जैसे-जैसे तेल अनुसंधान-अन्वेषण की नवीन प्रौद्योगिकी विकसित होती है वैसे-वैसे तेल युग की समाप्ति की समय सीमा भी आगे खिसक जाती है। किन्तु तेल निकासी की लागत निरन्तर बढ़ती जा रही है। जून 2004 में *नेशनल ज्योग्रेफिक* का आग्रह था कि 'सस्ते तेल' का युग तो अधिक समय तक नहीं चलने वाला।

कोयले और प्राकृतिक गैस के भण्डार और अधिक समय तक उपलब्ध रहने की आशा है। *वर्ल्ड ऍनर्जी आउटलुॅक* का ही अनुमान है कि वर्तमान उत्पादन स्तर पर प्राकृतिक गैस अगले 66 वर्षों तक मिलती रहेगी।

इन जीवाश्मीय ऊर्जा स्रोतों के चुक जाने की सीमा कुछ भी हो, पर वह दिन दूर नहीं जब ऊर्जा निकासी में प्रयुक्त ऊर्जा निकाली गई ऊर्जा से अधिक हो जाएगी। वैसे भी ऐसे संचित हाइड्रोकार्बन भण्डार तो सीमित ही हैं। तेल भंडारों की समाप्ति के सारे अर्थतन्त्र पर गंभीर प्रभाव होंगे। सस्ते ईंधन की समाप्ति ही नहीं, अनेक तेल रसायन, प्लास्टिक, रासायनिक उर्वरकों तथा अनेक दैनंदिनिक उपयोग की सामग्रियों में भी प्रयोग होते हैं।

जीवाश्मीय ईंधनों पर निर्भरता की पर्यावरणीय-लागतों पर तो तुरन्त ध्यान देने की ज़रूरत है। अगले तीन वर्षों में विश्व उत्सर्जन के 62 प्रतिशत अधिक होने की आशंका है और 2020 तक इस क्षेत्र में विकासशील देश वर्तमान विकसित देशों से आगे निकल जाएँगे। उत्सर्जन सघनता (अर्थात् प्रति संवृद्धि इकाई उत्सर्जन) में कुछ कमी आने की आशा है किन्तु ग्लोबल वार्मिंग के अपरिहार्य दुष्परिणामस्वरूप विश्व के ऋतुचक्रों में भारी परिवर्तन आने की गंभीर आशंकाएँ हैं।

चाहे जिस प्रलय दिवस परिदृश्य में विश्वास करें अथवा जिस भी काल रचना का अनुसरण करें—किन्तु हमें भविष्य की सुख-समृद्धि के लिए आवश्यक नीतियों की रचना तो आरम्भ करनी ही होगी।

एक तो हमें पर्यावरण परिवर्तनों की जोखिमों का विशाखीकरण करना होगा। कुछ क्षेत्रों में गर्मी तो कुछ में सर्दी अधिक होगी। कहीं अतिवृष्टि होगी तो कहीं कम वर्षा की समस्या होगी। नया मौसम असह्य नहीं हो तो भी संरचना प्रयोजन और नये स्थान पर निवास की ओर संक्रमण की मानवीय एवं आर्थिक लागतें विशाल होंगी। समुद्र का स्तर ऊपर उठेगा। इसका तटीय प्रदेशों—विशेषकर मुम्बई

जैसे निम्न स्तर पर बसे शहरों पर बड़ा भारी प्रभाव पड़ेगा। मौसम प्रतिमानों से वार्मिंग के प्रभावों के कुछ अनुमान मिल रहे हैं, पर अभी भी भारी अनिश्चितता बनी हुई है। आज की एक चुनौती इस विषय में उपयुक्त बीमा योजनाएँ और अनुबन्धों की रचना करना है।

दूसरे स्तर पर हमें ऊर्जा प्रयोग के पर्यावरणीय प्रभावों पर अंकुश लगाने होंगे। हमें धारणीय (सस्टेनेबल) ऊर्जा प्रयोग द्वारा सृजित धनात्मक बाह्यताओं को आत्मसात् करने की विधियाँ रचनी होंगी। इस समय तो पर्यावरणीय अनुकूल प्रौद्योगिकी अपनाने की लागतें व्यक्तिगत स्तर पर वहन हो रही हैं तथा उनके सम्भावित लाभ विश्व स्तर पर सर्वसुलभ हो रहे हैं। ऐसी दशा में किसी को भी ऊर्जा संरक्षण और बेहतर प्रौद्योगिकी अपनाने के लिए विशेष सम्प्रेरणाएँ नहीं मिलतीं। प्रश्न है कि उपभोक्ता एवं उद्योग कब अपने निजी बजट में ऊर्जा प्रयोग की लागतों को समाहित करेंगे? इस दिशा में आन्तरिक स्तर पर बिजली की दर निर्धारण में दक्षताओं के संवर्धन की नीति को अपनाना कारगर सिद्ध हो सकता है। ऊर्जा कीमतों में ऊर्जा लागतें परिलक्षित होनी ही चाहिए। साथ ही उत्सर्जन परिसीमन की अन्तरराष्ट्रीय व्यवस्था की रचना होनी चाहिए तथा फर्मों को उत्सर्जन अधिकारों के क्रय-विक्रय की अनुमति भी मिलनी चाहिए।

तीसरी बात अपरिष्कृत ऊर्जा विदोहन और तत्सम्बन्धी संरचनाओं के निर्माण में होने वाले विराट निवेश की व्यवस्था से जुड़ी है। *इंटरनेशनल ऍनर्जी आउटलुक* का अनुमान है कि 500 बिलियन अमरीकी डालर के निवेश की आवश्यकता होगी। इतने बड़े निवेश के लिए धन जुटाना एक बड़ी चुनौती होगी। इसके निमित्त धन-संग्रह तभी सम्भव हो पाएगा जब ऊर्जा कीमतों में विसंगतियाँ समाप्त हो जाएं।

चौथे, हमें निरन्तर सिमटती जा रही ऊर्जा आपूर्ति की सुचारू व्यवस्था के लिए अपनी कूटनीति एवं अनुबन्धों की ओर भी तुरन्त ध्यान देना होगा। *वर्ल्ड ऍनर्जी आउटलुक* का अनुमान है कि अगले दो दशकों में प्राथमिक विश्व ऊर्जा के 85 प्रतिशत अंश का उत्पादन आर्थिक सहयोग और विकास संगठन देशों की सीमाओं के बाहर ही होगा। गैस के विपुल भण्डार रूस, मध्य पूर्व तथा अन्य संक्रमणशील देशों की सीमाओं में अवस्थित हैं। प्रायः ऊर्जा प्रयोक्ता किन्हीं अन्य स्थानों/देशों में हैं। अतः उत्पादकों और प्रयोक्ताओं के बीच राजनीतिक अधिकार क्षेत्रों की सीमाओं के आर-पार सम्यक सम्बन्ध स्थापित करने की दिशा में सार्थक कदम उठाना भी अनिवार्य हो गया है।

पाँचवें स्तर पर अब तो परम्परागत ऊर्जा स्रोतों पर निर्भरता से दूर नवीन प्रौद्योगिकी के विकास द्वारा माँग-आपूर्ति के अन्तर को कम करने का प्रयास आरम्भ होने ही चाहिए। सरकार उचित राजकोषीय समर्थन द्वारा कम समय में ही इस दिशा में शोध-विकास प्रारम्भ करा सकती है, पर, यहाँ भी एक विवेकपूर्ण कीमत

निर्धारण नीति ही अन्ततः शोध और नवप्रवर्तन का स्थायी अवलम्ब सिद्ध होगी।

हमें अनेक प्रकार की आर्थिक और पर्यावरणीय चुनौतियों का प्रभावी रूप से सामना करना है। ऊर्जा विमर्श में परिवर्तन हमें एक बार फिर भविष्य की ओर देखने को विवश कर रहे हैं।

अनुलेख

आज विश्व में ऊर्जा सुरक्षा तथा ऋतु-परिवर्तन के प्रश्नों पर गंभीर चर्चा चल रही है। इंग्लैंड की सरकार को सौंपी गई निकोलस स्टेर्न विशेषज्ञ दल की रिपोर्ट ने ऋतु-परिवर्तन की भेद्यताओं की ओर ध्यान आकर्षित करते हुए कहा है कि यदि हमने तुरन्त विश्व सकल घरेलू उत्पाद के एक प्रतिशत का व्यय इस समस्या का सामना करने के निमित्त प्रारम्भ नहीं किया तो बहुत शीघ्र समस्या नियन्त्रणातीत हो जाने की आशंका है। अब सभी उन वैज्ञानिक साक्ष्यों को स्वीकार करने लगे हैं जिनमें इस वार्मिंग जनित ऋतु-वर्तन को मानवनिर्मित बताया गया है (यह किसी दीर्घकालिक प्राकृतिक परिवर्तन का परिणाम नहीं है) स्टेर्न द्वारा वित्तीय परिणामों की गणना के लिए प्रयुक्त बट्टा दरों पर विवाद हो सकते हैं। इसके बाद अन्तरसरकारी समिति के स्तर पर आर.के. पचौरी समिति द्वारा पेरिस में प्रस्तुत रिपोर्ट में भी ऋतु-वर्तन के दुष्प्रभावों के प्रति विश्व समाज की चिन्ता व्यक्त की गई है। देवॉस शिखर सम्मेलन 2007 में भी यही सबसे बड़ा मुद्दा रहा। अब विश्व समुदाय तुरन्त कुछ करने की आवश्यकता पर सहमत हो रहा है। वह इस के लिए अतिरिक्त संसाधन जुटाने और जीवन शैली में बदलाव लाने की बात भी कर रहा है। एक चिन्ता यह भी है कि क्योटो संधि 2012 में समाप्त हो जाएगी। इसके स्थान पर किसी नई व्यवस्था (जिसमें अमरीका और आस्ट्रेलिया भी शामिल हों) की रचना को लेकर भी चिन्ताएँ जारी हैं। भारत और चीन जैसे देशों, जो भविष्य में और अधिक महत्त्वपूर्ण जीवाश्मीय ऊर्जा प्रयोक्ता होने जा रहे हैं, को कहाँ तक उत्सर्जन की परिमाणात्मक बाध्यताओं से मुक्त रखा जा सकता है? इसने कुछ पुराने प्रश्नों को पुनः जीवित कर दिया है।

प्रदूषण कर का प्रश्न अभी भी विवाद का विषय बना है। हमें आशा करनी चाहिए कि तेल कीमतों में कुछ नरमी हमें अकर्मण्य नहीं बना देगी। निवास और कार्यविधि परिवर्तनों के प्रभाव बहुत ही विनाशकारी एवं गम्भीर हो सकते हैं। उनकी ओर से आँखें मूँद लेना उचित नहीं होगा। ये तथा अन्य परिवर्तन मानव समाज के लिए भीषण यातना का रूप धारण कर सकते हैं। अतः तुरन्त किसी समयबद्ध कार्यक्रम को अपनाकर उसके सार्थक क्रियान्वयन के प्रयास आरम्भ किए जाने चाहिए।

12 दिसम्बर, 2004

31

ऊर्जा कीमतें बनाम ग्लोबल वार्मिंग

ग्लोबल वार्मिंग पर आज सबकी निगाहें जमी हैं। क्योटो संधि या संयुक्त राष्ट्र ऋतु-वर्तन व्यवस्था संधि, 1997 की अवधि 2012 में समाप्त होने जा रही है। यद्यपि उत्सर्जन नियमन के लक्ष्यों पर सहमति के कोई लक्षण नहीं दिखाई दे रहे, फिर भी 190 देशों का विश्व समाज जर्मनी में इस संधि को आगे बढ़ाने के लिए विचार हेतु एकत्र हुआ है। विश्व का सबसे बड़ा प्रदूषक संयुक्त राज्य अमरीका इस संधि में शामिल नहीं हुआ था। इसके ग्लोबल वार्मिंग प्रक्रिया विपर्यय के विषय में अपने ही विचार हैं।

हाँ, इस बीच कार्बन डाइआक्साईड गैस के अतिशय उत्सर्जन के प्रभावों को लाखों-करोड़ों लोग भुगत रहे हैं, ऋतु-वर्तन हो रहा है। कहीं बाढ़ अधिक आ रही हैं, तो कहीं शुष्क क्षेत्रों की शुष्कता में वृद्धि हो रही है। उठते हुए समुद्र स्तर से बड़े पैमाने पर जलाप्लावन की आशंकाएँ गम्भीर होती जा रही हैं।

वैज्ञानिकों का मानना है कि ग्लोबल वार्मिंग जीवाश्मीय ऊर्जा के अत्यधिक प्रयोग तथा उसके कारण अधिक कार्बन डाई आक्साइड उत्सर्जन का परिणाम है। फिर भी हमें यह चिन्ता सता रही है कि कहीं तेल कीमत वृद्धि से आर्थिक प्रफुल्लता की दमक फीकी न पड़ जाए। प्रायः सभी देश तेल कीमत वृद्धि को उपभोक्ता वर्ग के लिए तेल पदार्थों की कीमत वृद्धि में परिवर्तित करने से कतरा रहे हैं। अमरीका के राष्ट्रपति बुश ने जनवरी में अपने राष्ट्र की अवस्था अभिभाषण में अमरीकी समाज को जीवाश्मीय ऊर्जा के अतिशय प्रयोग का दोषी तो माना, किन्तु फिर भी इस उपभोग पर अंकुश लगाने में समर्थ तेल पदार्थ की कीमत वृद्धि के लिए वे बिल्कुल तैयार नहीं दिखे। वास्तव में करों की दरों पर पुनः विचार हो रहा है—कहीं नवम्बर में होने वाले चुनावों में तेल कीमतों के कारण चपत न पड़ जाए। डिक चेनी ने तो विट्रस में भाषण देते हुए रूस को ऊर्जा ब्लेकमेल का दोषी ठहरा दिया और कहा कि यह तेल के ऊँचे दाम वसूल कर

रहा है। वैसे सभी ये जानते हैं कि रूस एक बार फिर से मध्य एशिया क्षेत्र में अपनी स्थिति मज़बूत कर रहा है और उसे इस कार्य में अपने विशाल ऊर्जा भण्डारों का प्रयोग करने से कोई परहेज.नहीं है। पर रूस की यह दलील कि वह तो इस व्यापार पर भी बाज़ार आधारित दरें लागू कर रहा है किसी को सुनाई नहीं पड़ रही। यहाँ तक कि विश्व बैंक कोष के बसन्त सत्र तथा एशियन विकास बैंक की वार्षिक बैठक में भी यही तोतारटंत गूजँती रही कि ऊर्जा के उच्च दामों से विश्व स्तर पर संवृद्धि की धारणीयता के लिए आपदाएँ खड़ी हो रही हैं।

अतः भारत ऐसा अकेला देश नहीं है जहाँ 'उपभोक्ता का संरक्षण' हो रहा है—पर यहाँ इस विषय का राजनीतिकरण अभूतपूर्व हो चला है। सभी जानते हैं कि हमारे देश में तेल कीमतें बाज़ार की वास्तविकता के निकट पहुँच रही थीं किन्तु अचानक से पिछली सरकार के तेल मन्त्री राम नायक को यह सूझ गई कि इस विषय में राष्ट्रीय लोकतान्त्रिक गठबन्धन के सदस्यों में आम सहमति होनी चाहिए। वर्तमान सरकार ने भी इसी रास्ते को अपना लिया। इसकी हालत तो और भी विचित्र है। इसे अपने मन्त्रियों की सिर-फुट्टोवल के साथ-साथ बाहर और भीतर से समर्थन देने वाले दलों का मुँह भी जोहना पड़ता है। अब जो सुझाव दिया जा रहा है वह तेल कम्पनियों के संचित वित्तीय घाटे के विशाल आकार (73,000 करोड़ रुपये) की पूर्ति के लिए नितान्त अपर्याप्त रहेगा। बजट कब तक इस घाटे को झेल पाएगा? यह सत्य है कि कच्चे तेल के दामों में उछाल से सरकार के राजस्व संग्रह में भारी वृद्धि हुई है। और किसी न किसी सीमा तक यह वृद्धि उपभोक्ता वर्ग के साथ बटाई जानी भी चाहिए। किन्तु करों की दरों में तेल के दामों के उतार-चढ़ाव की प्रतिपूर्ति के लिए परिवर्तन अटपटे लगते हैं। शायद कभी तेल कम्पनियाँ अपना ही कीमत स्थायित्वकारी कोष बना लें और अपने वित्तीय कोषों को सरकार के बजट से मुक्त कराने में सफल हो जाएँ। तेल बाँड वर्तमान तरलता की स्थिति को भले ही संभाल लें किन्तु उनके कारण भविष्य में ब्याज तथा धन वापसी के दायित्व भी पैदा हो जाते हैं। ये दायित्व अन्ततः राजकोष के घटकों में परिलक्षित होने लगेंगे।

वर्तमान विवाद से दूर तक दृष्टि पसार कर देखें तो ये प्रश्न कुछ अधिक मौलिक स्वरूप धारण कर जाता है। ऊर्जा कीमत वृद्धि के युग में उच्च संवृद्धि दर किस प्रकार बनाई रखी जा सकेगी? कुछ उत्तर तो सहज स्पष्ट हैं। सबसे पहले तो उत्पादों की कीमत निर्धारण बाज़ार की दशाओं के अनुरूप हो—हाँ, कौशलपूर्ण वित्तीय तकनीकों का प्रयोग कर साहाय्यों को उन्हीं तक सीमित रखा जाए जिन्हें वास्तव में ज़रूरत हो (जैसे कि गरीबी की रेखा से नीचे वाले परिवार) दूसरे, उत्पाद एवं उत्पादन प्रक्रियाओं की पुनः रचना कर उनकी ऊर्जा सघनता को घटाया जाना चाहिए। इस विषय में एक सुविचारित नीति द्वारा ऊर्जा सघन के स्थान पर श्रम सघन प्रौद्योगिकी के प्रयोग को बढ़ावा दिया जाना चाहिए।

हाँ, इस विषय में कोई सन्देह नहीं है कि हमारी श्रम नीतियों में लचीलेपन के अभाव के कारण भी हम अपनी संसाधन सम्पन्नता के अनुरूप प्रौद्योगिकी को अपनाने में विफल हो रहे हैं।

तीसरे, ऊर्जा दक्षता की प्राप्ति के लिए कहीं बेहतर प्रतिबद्धता और क्रियान्वयन की आवश्यकता है। इस समय इसका नियन्त्रण विद्युत मन्त्रालय के पास है। उनका सारा लक्ष्य यही रहता है कि बिजली उत्पादन के लिए गैस सस्ते दामों में मिलती रहे। शेष तेल पदार्थों की कीमतों से उनका कोई विशेष सरोकार नहीं रहता। ऊर्जा दक्षता अधिनियम को लागू करने के लिए कहीं बेहतर निगरानी व्यवस्था की ज़रूरत है।

चौथे, वैकल्पिक ईंधनों के लिए शोध विकास संवर्धन की दृष्टि से दोहरी ईंधन व्यवस्थाओं को अधिक आकर्षक बनाना होगा। टेन्नेस्सी में एक ऐसा संयत्र बनाया गया है जो मक्का, सेब, गन्ना आदि की स्टार्च भरी फसलों का प्रयोग कर उनसे एथनोल का आसवन कर लेता है। संयंत्र निर्माताओं का कहना है कि इसके प्रयोग/सम्मिश्रण द्वारा पैट्रोल की खुदरा कीमतें एक तिहाई तक कम की जा सकती हैं। हमें ऐसी दिशा की ओर तेज़ी से कदम बढ़ाने चाहिए।

पाँचवें, हमें अपनी ऊर्जा सुरक्षा नीति के लिए तेल कीमत प्रति बैरल का कोई न्यूनतम स्तर निर्धारित कर लेना चाहिए। इसी के आधार पर हमें तेल उत्पादन, परिवर्ती ईंधन इंजनों/वाहनों और वैकल्पिक ईंधन विक्रय व्यवस्था में दीर्घकालिक निवेश की व्यवस्था करनी चाहिए। और अन्त में, एक ही साँस में ग्लोबल वार्मिंग और उच्च तेल कीमतों का रोना रोना तो केवल लफ्फाज़ी होगी। वार्मिंग की समस्या तो जीवाश्मीय ईंधन के अतिशय प्रयोग का परिणाम है और तेल की कम कीमतें इस अतिशय प्रयोग के लिए उत्तरदायी हैं। यदि लोगों को तेल की बाज़ार लागत पर आधारित कीमत चुकानी पड़े तो वे सहज ही अपनी जीवन शैली को ऊर्जा संरक्षण की दिशा में मोड़कर ग्लोबल वार्मिंग की दर पर अँकुश लगाने में 'सहायक' हो जाएँगे। जब तक हम ये माने बैठे हैं कि जीवाश्मीय ईंधन के विपुल भण्डार पड़े हैं और बेहतर तकनीकों का प्रयोग कर उनका व्यावसायिक विदोहन किया जा सकता है तब तक हम माँग पर अंकुश लगा उसे आपूर्ति के अनुरूप बनाने के प्रयास नहीं कर पाएँगे। फिर तो ग्लोबल वार्मिंग के प्रति चिन्ता की अभिव्यक्ति कोरे शब्द ही बनी रहेगी। इस सारी असम्यकता का एक विभीषिकाकारी स्वरूप है : सम्भवतः हमें न सस्ता तेल मिलेगा और न ही हम वार्मिंग को रोक पाएँगे। ऊर्जा की दक्षता पूर्ण कीमत निर्धारण के अपरिहार्य सिद्धान्त का अनुसरण ही आर्थिक संवृद्धि की धारणीयता का भविष्य निर्धारित करेगा। संपन्नता और स्वीकार्य पर्यावरण प्रबन्धन में सामंजस्य की स्थापना इतनी सहज नहीं होती।

21 मई, 2006

32

तेल कीमतों की (राज)नीति

हमें यह बात स्वीकार कर लेनी चाहिए कि ऊर्जा के प्रयोगकर्ताओं को इसकी आर्थिक लागतें चुकानी ही चाहिए, साहाय्य चाहे सरकारी तेल कम्पनियाँ दें या सरकार स्वयं दे इनकी वित्तीय व्यवस्था एकदम स्पष्ट (पारदर्शी) होनी चाहिए। वर्षों से भारत सरकार तेल-कीमतों के व्यष्टि स्तरीय प्रबंधन में उलझी रही है, पर 1997 में प्रशासित कीमत व्यवस्था को निरस्त कर ये औपचारिक रूप से उस जंजाल से बाहर निकल आई थी। डीज़ल की कीमतों का आयात समता के आधार पर निर्धारण, घासलेट और रसोई गैस में साहाय्य घटाने के कार्यक्रम आदि द्वारा धीरे-धीरे सरकारी बजट पर पड़ने वाले भार को कम करने के संकेत मिलने लगे थे। किन्तु खेद कि राष्ट्रीय लोकतान्त्रिक गठबन्धन की सरकार ने पिछले दरवाज़े से फिर प्रशासकीय कीमत प्रणाली को जीवित कर दिया। राम नायक दूरदर्शन पर अपने मुँह से ये कहते नहीं थकते थे कि भविष्य में तेल कीमत वृद्धि पर उनके गठबन्धन में आम सहमति बनती जा रही है। संयुक्त प्रगतिशील गठबन्धन ने भी इसी विकृति को अपना लिया है। मणिशंकर अय्यर इस सरकार के उत्कृष्ट मन्त्रियों में से एक हैं। उन्हें अर्थशास्त्र की भी अच्छी समझ है। किन्तु टेलीविज़न पर उन्हें तेल कीमतों में एक-एक पैसे की वृद्धि को उचित ठहराते या प्रत्येक साहाय्य की वकालत करते देख कर तरस आता है। वे ये भूल जाते हैं कि संभवतः तेल कीमतों के उतार-चढ़ाव उनकी सरकार के नियन्त्रण में नहीं हैं और शायद उन्हें ये भी ध्यान नहीं रहता कि अधिकांश साहाय्य उन लोगों तक नहीं पहुँचते जिनके नाम पर साहाय्य निर्धारण होता है। उदाहरण के लिए अब सभी जानते हैं कि घासलेट पर साहाय्य ने डीजल में मिलावट का 'लाभप्रद धन्धा' करने का मार्ग भले ही प्रशस्त किया हो, वह गरीबों के घर में उजाला बिल्कुल नहीं कर पाता। साहाय्यों का लाभ गरीबों तक सीमित रखना एक बड़ी चुनौती बन गया है। सीधी बात यह है कि आज तेल कम्पनियाँ 38-40 डालर प्रति बैरल पर कच्चा तेल खरीद रही हैं किन्तु हमने देश में तेल पदार्थों

की कीमतें ये मान कर तय कर रखी हैं कि कच्चा तेल 28-30 डालर प्रति बैरल आ रहा है। ये 10-12 डालर का अन्तर भी मुख्यतः प्रयोक्ताओं को ही चुकाना चाहिए, कुछ थोड़ी-बहुत भरपाई बजट से हो सकती है। किन्तु ये सुनिश्चित कर पाने में विफलता के कारण तेल कम्पनियों की आर्थिक दशा बिगड़ती जा रही है। इण्डियन आयल के दूसरी तिमाही के लाभ में 31 प्रतिशत गिरावट आई है। वर्ष भर के लाभ संभवतः 4 प्रतिशत कम रहेंगे। हिन्दुस्तान पैट्रोलियम और भारत पैट्रोलियम के लाभ में भी 3 प्रतिशत कमी आने की आशंका है। तेल कम्पनियाँ वित्तीय संकट में घिर गई हैं।

आयात और उत्पादन शुल्कों में परिवर्तन द्वारा उपभोक्ता के हितों के संरक्षण की नीति सदा (और लक्ष्यहीन रूप से) नहीं चलाई जा सकती। हमारा इन नीतियों को लक्ष्यहीन संज्ञा देना अर्थविहीन नहीं है। कर नीतियों का निर्धारण तो राजकोषीय नीति के दीर्घकालिक लक्ष्यों के अनुरूप किया जाता है। उनमें जब-तब किसी वस्तु की कीमत में परिवर्तन से उतार-चढ़ाव नहीं आने चाहिए। सदा सर्वदा से हमारा तात्पर्य है कि बजट का निर्धारण वर्ष में एक बार होता है। शुल्क संरचना में कोई बड़ा परिवर्तन बजट निर्माण प्रक्रिया से बाहर नहीं होना चाहिए। लाहिड़ी समिति की सिफारिशें नवम्बर तक आने वाली हैं। बड़े शुल्क परिवर्तन द्वारा पहले से ही उन संभव सिफारिशों का कचूमर नहीं निकाला जाना चाहिए। हमारा तो यह भी आग्रह है कि हाइड्रोकार्बन विकास के लिए आवश्यक निवेश आकर्षित करने के लिए भी राजकोषीय नीतियों में स्थिरता और पूर्वानुमान्यता के गुण होने चाहिए :

इस विषय में हमारे सारे व्यवहार में ये चार बातें अवश्य परिलक्षित होनी चाहिए।

प्रथम : माँग पक्ष। उत्पादों की उपयुक्त कीमत के निर्धारण द्वारा कीमत लोच के प्रभाव स्वरूप माँग वक्र को निम्न होने दिया जाना चाहिए। अधिकाँश भार उपभोक्ता को अन्तरित करते समय भी हम ये ध्यान रख सकते हैं कि साहाय्यों द्वारा किस वर्ग का हितरक्षण करना है। ये साहाय्य बजट से ही सुलभ कराये जाने चाहिए।

द्वितीय : संयुक्त प्रगतिशील गठबन्धन सरकार की सार्वजनिक उपक्रमों में प्रबन्ध सुधार और वित्तीय स्वायत्तता द्वारा उनके स्वास्थ्य को सुधारने के निमित्त प्रतिबद्धता उचित ही है। किन्तु स्वायत्तता की बात करने वाली सरकार यदि कीमतों के व्यष्टि स्तरीय प्रबन्धन के फेर में पड़ी रही तो बड़ा विचित्र लगेगा। कीमत निर्धारण तो वित्तीय स्वायत्तता का एक अभिन्न अंग माना जाता है।

तृतीय : ऊर्जा दक्षता विधेयक और ऊर्जा अंकेक्षण की बातें केवल दिखावा नहीं रहनी चाहिए। इनके क्रियान्वयन की योजना बना उस पर सक्रिय रूप से आचरण होना चाहिए। वर्तमान तेल परिदृश्य के चलते ऊर्जा संरक्षण को हमें अपनी एक प्रमुख राष्ट्रीय वरीयता मानना चाहिए।

चतुर्थ : आपूर्ति पक्ष। नयी तेल अन्वेषण लाइसेंस नीति के लागू किए जाने

को पूर्ण समर्थन मिलना चाहिए। हाइड्रोकार्बन व्यवसाय के पश्च एवं पूर्वगामी पक्षों के लिए एक नियमन प्राधिकरण का गठन तुरन्त होना चाहिए। मंत्रालय को व्यावसायिक अन्वेषण के फैसलों का व्यष्टि प्रबन्धन नहीं करना चाहिए।

मणिशंकर अय्यर की सक्रिय तेल कूटनीति को पूरा समर्थन मिलना चाहिए। इसी से सार्वजनिक एवं निजी तेल कम्पनियाँ विदेशों में तेल भंडार अधिगृहीत करने तथा ऊर्जा के नवीन स्रोत विकसित करने में सफल हो सकेंगी। ईरान तथा केन्द्रीय एशियाई गणराज्यों के ऊर्जा भण्डारों के प्रयोग पर हमें अपने मन में गहरे बैठी हुई सुरक्षा सम्बन्धी आशंकाओं से ऊपर उठ कर विचार करना चाहिए।

अंत में, हमें एक समन्वित ऊर्जा नीति की आवश्यकता है। हमें जीवाश्मीय ऊर्जा पर अत्यधिक निर्भरता से छुटकारा पाना चाहिए। किरीट पारिख ऐसी नवीन नीति की रूपरेखा रच रहे हैं। दसवीं योजना के समन्वित ऊर्जा कार्यदल के काम को पहले मोंटेक सिंह आहलुवालिया और बाद में मैं भी देखता रहा हूँ। हमें कोयला, पैट्रोलियम, बिजली, गैर परंपरागत ऊर्जा तथा परमाणु ऊर्जा मन्त्रालयों के असम्यक हितों के बीच समन्वयन करना होगा। वर्तमान कीमतों की प्रवृत्तियाँ तो गैर पारंपरिक स्रोतों पर एक नई दृष्टि से विचार करने को प्रेरित कर रही हैं। कम ऊर्जा सघन कार्य (विशेषकर सेवा क्षेत्र) बहुत महत्त्वपूर्ण सिद्ध हो सकते हैं। यहाँ तो हमें तुलनात्मक कारक लाभ भी सहज सुलभ हैं। मैं तो कहूँगा कि सीधे प्रधानमंत्री के अधीन ऊर्जा पर एक मंत्रिमण्डलीय समिति का गठन कर उसे समन्वित ऊर्जा नीति के क्रियान्वयन का भार सौंपा जाना चाहिए।

उच्च ऊर्जा कीमतों से छुटकारा नहीं है। उनके प्रति तदर्थ आधार पर बनाई गई नीतियों से काम नहीं चलने वाला। मणिशंकर जानते हैं कि तेल कीमत निर्धारण में अत्यधिक सलाह-मशविरे वाला पंचायती राज नहीं चल सकता। संपूर्ण विश्व के साथ-साथ भारत को भी ऊर्जा की उच्च लागत के युग में निर्वाह करना ही होगा।

अनुलेख

अब फिर से प्रशासकीय कीमत तन्त्र सक्रिय हो गया है। तेल कीमतों को राजनीति से मुक्त करने की बात भी अब कोई नहीं सुनता। कीमतों के उतार-चढ़ाव से उपभोक्ता की रक्षा के लिए आयात एवं उत्पादन शुल्कों से छेड़छाड़ और तेल बांड जारी करने के तदर्थ उपाय किए जा रहे हैं। ये सभी उपाय किसी भी तरह से दीर्घकालिक तकाज़ों को पूरा नहीं कर पाते। ऋतु-वर्तन के सन्दर्भ में साहाय्यों की समाप्ति और जीवाश्मीय ऊर्जा की बाज़ार लागत आधारित कीमतों को स्वीकार करने की बातें भी आई-गई हो गई हैं।

31 अक्तूबर, 2004

33

ऊर्जा सुरक्षा का भ्रामक लक्ष्य

ऊर्जा से जुड़े प्रश्नों की प्रखरता पूर्ववत् है। राष्ट्रपति बुश का 'राष्ट्र की अवस्था' अभिभाषण और देवॉस में पूर्व राष्ट्रपति बिल क्लिंटन की टिप्पणियाँ ऊर्जा प्रबंधन के अर्थ और राजनीति शास्त्रों के प्रति अमरीका की सशक्त हो रही उपेक्षा भावना की परिचायक मानी जा रही हैं। अमरीकी ऊर्जा अवर सचिव की हाल ही की भारत यात्रा में दोनों देशों के बीच ऊर्जा सहयोग की रूपरेखा को स्पष्ट करने का अच्छा प्रयास हुआ है। 'द आब्जर्वर रिसर्च फाउंडेशन' ने 'भारत की ऊर्जा सुरक्षा : मुख्य चुनौतियाँ' विषय पर एक गोष्ठी का आयोजन किया। इसमें भारतीय और विदेशी विशेषज्ञों तथा नीतिकारों के बीच व्यापक विचार-विमर्श हुआ। मोंटेक सिंह आहलुवालिया ने अपने उद्घाटन भाषण में कहा कि ऊर्जा सुरक्षा की चर्चा ऊर्जा नीतियों के सन्दर्भ में ही सार्थक हो सकती है। इस प्रकार उन्होंने बहुत ही सारगर्भित रूप से हमारे सभी सरोकारों पर टिप्पणी कर दी। कीमत-निर्धारण के प्रश्न पर बाज़ार के निर्णय तथा उपभोक्ता को अतिशय उच्चावचन से बचाने के बीच संतुलन सबसे कठिन चुनौती है। इस विषय में आय वृद्धि, क्रमिक साहाय्य और साहाय्यों को लक्षित वर्ग तक सीमित रखने के सभी प्रतिमान स्पष्ट रूप से सहज स्वीकार्य विकल्प नहीं बन पा रहे। *ऑक्सफोर्ड इंस्टीट्यूट ऑफ एनर्जी स्टड़ीज* के अध्यक्ष रॉबर्ट मैब्रो, पॉल ब्रैडले और पॉल स्टीवेंस आदि के विचार दो मामलों में सहमति जता रहे थे, तेल कीमतें मध्यम अवधि तक तो उच्च स्तर पर बनी रहेंगी—(58 डालर से अधिक), तथा ऊर्जा को अधिक दक्षतापूर्वक प्रयोग करने, बेहतर माँग एवं आपूर्ति प्रबंधन द्वारा जोखिम विशाखीकरण करने तथा वैकल्पिक ईंधनों की खोज की आवश्यकता पर।

ये माना जा रहा था कि वर्तमान आपूर्ति संरोध निवेश अपर्याप्त रहने का परिणाम है और इस कार्य में बढ़त पाने व पिछड़ जाने की समस्या को देखते हुए नीतियों की रचना में निरन्तर चल रही कीमत अस्थिरता को भी स्थान दिया

जाना चाहिए। चीन के ऊर्जा शोध केन्द्र के निदेशक क्सिआ यीशान ने स्वीकार किया कि इस समय सारी प्रतियोगिता विश्व ऊर्जा आपूर्ति पर अधिकार जमाने के लिए ही चल रही है, किन्तु वे इसे गलत नहीं मान रहे थे। कनाडा के पूर्व प्राकृतिक संसाधन उपमन्त्री जॉर्ज एंडरसन का आग्रह था–ऊर्जा पर, विशेषकर कोयले पर एक हितप्रेरित अन्तरराष्ट्रीय गठबंधन बनाया जाना चाहिए। ऑपेक को प्रमुख तेल प्रयोक्ताओं के साथ विचार-विमर्श करना चाहिए। किन्तु मतभेदों को दूर रख पाना सहज नहीं होगा। इसी प्रकार भले ही विश्व के कोयले के भण्डार बहुत विशाल हैं किन्तु इस विषय में अन्तरराष्ट्रीय सहयोग और प्रौद्योगिकी में हिस्सेदारी को बढ़ाने के लिए किसी छोटे ऊर्जस्वी संगुट की आवश्यकता अनुभव की गई। इस विचार-विमर्श से उत्साहित हो आयोजक संस्था के अध्यक्ष आर. के. मिश्र ने वार्षिक ऊर्जा कांफ्रेस आयोजित करने और भारत की ऊर्जा रिपोर्ट तैयार करने के उपक्रम की घोषणा कर डाली। उनका विश्वास है कि इस प्रकार सुलभ बेहतर जानकारी के आधार पर अधिक सार्थक विचार-विमर्श सम्भव हो पाएगा।

इस गोष्ठी के आयोजन की एक उत्प्रेरणा किरीट पारेख की समन्वित ऊर्जा नीति रिपोर्ट थी। रिपोर्ट में अनेक जटिल प्रश्नों को उठाया तो गया है पर अनेक के लिए समाधान नहीं सुझाए गए। अतः ईंधन कीमत नीति विकसित करने, नियमन प्राधिकरण की स्थापना, कीमतों को राजनीति से मुक्त करने, तथा गैरपारंपरिक ऊर्जा क्षेत्र में निजी एवं सरकारी स्तर पर किए जा रहे भारी शोध एवं विकास निवेश आदि के बारे में एक विश्वास योग्य प्रयास आवश्यक है–इसमें अनेक कठिनाइयों का सामना अपरिहार्य होगा। साथ ही बेहतर क्रियान्वयन के लिए 'स्वामित्व' के प्रश्न पर भी गहन विचार ज़रूरी है। अतः ऊर्जा दक्षता संवर्धन करते हुए भी पर्याप्त विद्युत सुलभ कराने का दायित्व बहुत बड़ा होगा। हमें विकल्प भी तलाश करने हैं, साथ ही आन्तरिक क्षेत्र में तेल अन्वेषण के प्रयास और तीव्र करने होंगे।

प्रधानमंत्री अनेक बार विद्युत सुधारों की आवश्यकता पर आग्रह कर चुके हैं। मुख्यमन्त्रियों की प्रस्तावित बैठक तो यदि कई राज्यों के आगामी चुनावों के बाद हो तभी अधिक सार्थक हो पाएगी। ये बैठक अगले वर्ष के चुनावों से पूर्व कुछ करने का एक अवसर अवश्य प्रदान कर रही है। देश की 73 प्रतिशत ऊर्जा आवश्यकताएँ कोयले से पूरी हो रही हैं। अतः इस क्षेत्र में सुधारों का महत्त्व स्वयंसिद्ध प्रमाणित होता है। किन्तु साँझा सरकार की राजनीति के मारे कोयला विभाग के लिए योग्य, युवा एवं ऊर्जस्वी मंत्री की नियुक्ति के प्रयास निष्फल हो गए। नए सुधार कार्यक्रम में कोयला खान राष्ट्रीयकरण अधिनियम में संशोधन कर निजी भागीदारी को सम्भव बनाने, उस भागीदारी के स्तर को

ऊपर उठाने, कोयले को अनिवार्य वस्तु अधिनियम से मुक्ति दिलाने, लाभ कमाने वाली कोयला इकाइयों को स्वतंत्र कम्पनियाँ बनाने और कोयला आवंटन, खान विदोहन तथा कीमत निर्धारण के लिए एक स्वायत्त अधिकरण का गठन जैसे कार्य सम्मिलित होने चाहिए। विद्युत क्षेत्र में सुधार कार्यों की महत्ती सूची पर बहुत धैर्य और कौशलपूर्वक काम करने की आवश्यकता है। केन्द्रीय नियमन अधिकरण ने एक भरोसेमन्द शुरुआत तो की है, किन्तु स्वतंत्र रूप से प्राप्ति, विभिन्न क्षेत्रों में दिए जा रहे साहाय्यों के कारण अधिकार के निर्मूलन, व्यापार अधिभार को तर्कसंगत बनाने, बहुवर्षीय दरों के निर्धारण आदि पर अभी बहुत कुछ किया जाना बाकी है। विद्युत अधिनियम 2003 को लागू कर विद्युत सुधार, वितरण के निजीकरण पर पुनः आग्रह, बिजली दर एवं नीति की घोषणा, संवहन आदि की हानियों के पुनर्वीक्षण और बड़े निवेश कार्यों की ओर तत्काल ध्यान देने की आवश्यकता है। इस विषय में अनेक संघात्मक जटिलताओं का निवारण करना होगा। राज्यों के विद्युत मण्डलों की आर्थिक स्थिति अभी भी चिन्ताजनक है इनकी -28.1 प्रतिशत वार्षिक प्राप्ति दर (2005-06) पाँच वर्ष पूर्व की -32.8 प्रतिशत से बस थोड़ी-सी ही बेहतर हो पायी है। इन्होंने पिछले वर्ष 22,013 करोड़ रुपये की हानि उठाई है। ये 2002-03 से भी कुछ अधिक है।

विद्युत वितरण व्यवस्था में बहुत ज़ोरदार ढंग से सुधार करने की आवश्यकता है, इनमें त्वरित वि-नियमन पर ध्यान देना होगा। हाँ, गरीब वर्ग के हितों की रक्षा के लिए विशेष व्यवस्थाएँ रची जा सकती हैं। हम जानते हैं कि ये सुधार यात्रा बहुत लम्बी होगी—इसमें कोई छोटा रास्ता या गलियारा नहीं है। विद्युत सुधारों का संचालन कोयला, तेल और गैस क्षेत्रों से समन्वित रूप से होना चाहिए। ये समन्वय कीमत निर्धारण और नियमन, दोनों स्तरों पर होना चाहिए। किन्तु इस समन्वय की आवश्यकता और बाज़ार की अपूर्णता को बहाना बना कर विद्युत सुधारों की गति शिथिल नहीं होने देनी चाहिए। इस समय तक तो विद्युत उत्पादन में वृद्धि या निजी क्षेत्र के सहयोग से वितरण की बातें केवल बातें ही हैं। इस प्रकार की सांकेतिकता किसी भरोसे लायक कार्यक्रम का स्थान नहीं ले सकती।

कुल मिलाकर ऊर्जा सुरक्षा का अर्थ होगा—जोखिमों में कमी करना। इसमें कौशलपूर्ण माँग प्रबन्धन, ऊर्जा के स्रोत और स्वरूप का विशाखन और विश्वासपूर्ण क्षेत्रीय सुधार आदि को समाहित करना होगा। बहुत समय से ये सुधार चुनावी राजनीति की दलदल में फँसे हुए हैं। इन्हीं सब के कारण ऊर्जा सुरक्षा एक भ्रामक लक्ष्य बना रहेगा।

18 फरवरी, 2006

34

हमें आपूर्ति व्यवस्था बेहतर करनी होगी

तेल कीमतें कुछ नरम पड़ी हैं, विशेषज्ञ इनमें और कमी की आशा कर रहे हैं। यदि ये सत्य सिद्ध हुआ तो विश्व संवृद्धि की धारणीयता के लिए मँडराते खतरे के बादल काफी हद तक छँट जाएँगे। किन्तु दीर्घकाल में तो जीवाश्मीय ईंधनों की माँग-आपूर्ति का असन्तुलन और इससे जुड़े पर्यावरणीय जोखिमों के कारण तेल कीमतों पर वृद्धिकारी दबाव बने ही रहेंगे। इस दबाव में भारत और चीन जैसे उभर रहे बाज़ारों का बहुत बड़ा योगदान होगा।

मैं आशा करता हूँ कि तेल कीमतों की नरमी से हम सुस्त नहीं पड़ेंगे और अपनी ऊर्जा विषयक समस्याओं को अनदेखा नहीं करने लगेंगे। किरीट पारिख की समन्वित ऊर्जा नीति रिपोर्ट में इनमें से कईयों के बारे में चर्चा की गई है। इस लेख में मैं आपूर्ति पक्ष के प्रबंधन और नियमन व्यवस्था पर विचार करूँगा। उक्त रिपोर्ट में आपूर्ति विषयक सिफारिशें मिली-जुली सी हैं : वास्तव में प्राथमिक ऊर्जा स्रोतों को वि-नियमित तथा नियमित करने के काम बहुत ही कठिन और जटिल हैं। सार्वजनिक क्षेत्र का ही यहाँ वर्चस्व रहा है और इसके साथ अनेक प्रकार के निहित स्वार्थ और हित भी जुड़े हैं। अतः इस कार्य को सही ढंग से करना बहुत ही आवश्यक है। इस समय वैकल्पिक ऊर्जा की चर्चा बहुत ही ज़ोर-शोर से चल रही है। किन्तु पारिख समिति ने बहुत ही स्पष्ट शब्दों में स्वीकार किया है कि यदि भारत अपनी समस्त सम्भव जल विद्युत क्षमता को विकसित कर ले तो भी ये क्षमता उसकी कुल आवश्यकता का मात्र 1.9 से 2.2 प्रतिशत अंश ही पूरा कर पाएगी। हाँ, एक बात और भी स्पष्ट की गई है। ये अंश कम होने का एक कारण वह विधि है जिसके द्वारा जल विद्युत के तेल-सम मान की गणना की जाती है।

इसी प्रकार यदि भारत की परमाणु ऊर्जा क्षमता 2031-32 तक बढ़ा कर 20 गुनी कर दी जाए तो वह भारत के समस्त ऊर्जा प्रयोग के 4 से 6.4 प्रतिशत

की पूर्ति कर पाएगी। कुल मिलाकर अल्प से लेकर मध्यकाल तक कोयले के उचित प्रबंध पर ही सब कुछ निर्भर करेगा। तो फिर स्वाभाविक प्रश्न उठता है कि कोयला क्षेत्रक में वि-नियमन की गति इतनी धीमी क्यों है? एक सुझाव आया है : जिन कोयला प्रखंडों को कोल इंडिया लिमिटेड 2016-17 तक भी उत्पादन कार्य में ला सकने की स्थिति में नहीं है वे अन्य उपयुक्त उद्यमों को सौंप दिए जाने चाहिए ताकि उनसे 2011-12 तक उत्पादन आरम्भ हो जाए। किन्तु कोल इंडिया को अपनी उपलब्धियों से बहुत बढ़ा-चढ़ा कर लक्ष्य घोषित करने के रोग ने ग्रस्त किया हुआ है—ये कंपनी कब यह स्वीकार करने का साहस कर पाएगी कि ये 2016 तक कितने एवं किन-किन प्रखण्डों से उत्पादन प्रारंभ नहीं कर पाएगी? निजी कंपनियों को इस कार्य में प्रवेश देने का विचार कितना सार्थक हो सकता है? कोयला अन्वेषण अभी भी केवल केंद्रीय खान आयोजन एवं डिज़ाइन संस्थान द्वारा किया जा रहा है। परिणाम स्वरूप उत्पादन संभावना के अनुमान एक तो बहुत धीमे-धीमे मिल पाते हैं और दूसरे वे इतने भरोसे योग्य भी नहीं होते। कोयला खान वि-राष्ट्रीयकरण विधेयक, 2000, पिछले 6 वर्षों से संसद में विचाराधीन पड़ा है। इस बीच सरकार ने निजी कंपनियों को केवल बिजली उत्पादन के लिए कोयला निकालने की अनुमति दी है। फिर राष्ट्रीय समेकित ऊर्जा नीति के मसौदे में निजी भागीदारी के लिए जिस भाषा का प्रयोग किया गया था उसे कमज़ोर बनाए जाने से भी हमें कुछ हतोत्साहित करने वाले संकेत ही मिल रहे हैं। उस नीति मसौदे में तो स्पष्ट कहा गया था—अंततः कोयले सहित सभी इधर-उधर बिखरे हुए हाइड्रोकार्बन भण्डारों का कम लागत पर प्रयोग करने के लिए वे प्रखंड निजी कंपनियों को लीज़ पर दिए जा सकते हैं।

किन्तु अब कोयले से संबद्ध सरकारी पत्रकों में समेकित ऊर्जा नीति, रेलवे तथा खान से विद्युत संयंत्र तक कोयला ले जाने में रेलों की भूमिका के बारे में ज़िक्र भी नहीं किया जा रहा। क्यों? खान के पास विद्युत संयंत्र लगा उसमें उत्पादित बिजली को अन्य क्षेत्रों तक ले जाने के लिए विद्युत संवहन लाइनों की भी बात नहीं चल रही। ये बात गैस पर भी लागू हो सकती है, निजी कम्पनियों को गैस अन्वेषण एवं विकास में धन लगाने को उत्साहित करने की सबसे अच्छी विधि यही होगी कि उन्हें अपनी अन्वेषित गैस के बाज़ार दाम वसूलने की छूट हो। इस समय तो जब तक कोई संभावित भण्डार विकसित नहीं हो जाते, गैस के 'उचित' दाम सुलभ कराने की जिस प्रशासकीय कीमत निर्धारण विधि का अनुसरण हो रहा है उस पर चलते हुए तो अधिक निजी निवेश आकर्षित कर पाना संभव नहीं लगता। विश्व में गैस की कीमतों में अस्थिरता भी एक समस्या है। अस्थिरता से बचाव की बात एक सीमा तक तो उचित मानी जा सकती है। किन्तु देश में निकाली गई गैस के दाम विश्व बाज़ार के दामों की पिछले

कुछ महीनों की औसत पर तय कर देना बहुत अच्छा तरीका नहीं माना जा सकता। इस प्रकार तो कीमत स्थिर रखने का सारा भार सरकार पर ही पड़ जाता है।

प्राथमिक ऊर्जा प्रयोक्ताओं को अपने ईंधन के दामों की स्थिरता के पूर्वोपाय के रूप में उन्हें भविष्य के लिए स्वयं अनुबंध करने की छूट क्यों नहीं दी जा रही? या फिर उन्हें अपने ग्राहकों से आपूर्ति अनुबंधों में ऊर्जा कीमतों के उतार-चढ़ाव को सम्मिलित क्यों नहीं करने दिया जाता? यदि ये दोनों कार्य करने दिए जाएँ तो देश में ऊर्जा कीमत जोखिम और उसके निवारण का निजी बाज़ार विकसित हो जाएगा। ईंधन के दामों के बारे में कहा जाता है कि प्रत्येक स्थान पर विभिन्न ईंधनों के सीमान्त प्रयोग मूल्य में अन्तर उन ईंधनों की परिवहन लागत जितने ही होने चाहिए। इसे प्रतियोगिता की कसौटी बताया जा रहा है। किन्तु इस विचार के आधार पर नीति का निर्धारण निरापद नहीं होगा। ये तो ईंधन चयन के विषय में एक दीर्घकाल में मान्य सुझाव है। किन्तु अल्पकाल (जिसका प्रसार कई वर्ष भी हो सकता है) में तो ईंधन को बिजली या परिवहन क्षेत्र में प्रयोग करने के जो निर्णय लिए जा चुके हैं उनमें कोई फेरबदल नहीं हो सकती। ये ईंधन परस्पर प्रतिस्थायक नहीं हो सकते। (जहाँ बिजली से मशीनें चल रही हैं वहाँ कोयला प्रयोग करना संभव नहीं होगा, या सीधे-सीधे हम कह सकते हैं कि बिजली का रेल इंजन कोयले से नहीं चलाया जा सकता)। अतः सीमान्त प्रयोग मूल्य किसी भी समय और स्थान पर समान होने की सम्भावना नहीं है। इस से कहीं अधिक महत्त्वपूर्ण तो जानकारी का स्पष्ट स्वरूप में सुलभ होना है—तभी बाज़ार व्यवस्था ईंधन दामों में दीर्घकालिक परिवर्तनों का पूर्व आकलन कर निवेश के सही निर्णय कर पाएगी। राजनीतिक और नियमन सम्बन्धी असमंजस जितना अधिक होगा उतने ही विद्रूप निवेश निर्णय रहेंगे। तीन और भी समस्याएँ हैं। यहाँ मैं बहुत संक्षेप में उन पर भी टिप्पणियाँ कर रहा हूँ :

- एक समिति ने राष्ट्रीय ऊर्जा कोष की स्थापना का सुझाव दिया है। ये कोष परमाणु ऊर्जा को छोड़ अन्य वैकल्पिक ऊर्जा स्रोतों के विकास के लिए शोध आदि के लिए धन उपलब्ध कराएगा (परमाणु ऊर्जा कार्यक्रम का वित्तीयन पहले ही अलग से हो रहा है।) इसके लिए एक विशेष अधिभार लगाने की बात है। किन्तु मुझे ऐसा स्वीकार करने में संकोच हो रहा है। पहले ही हमारी कर-व्यवस्था बहुत से अधिभारों/उपकरों के भँवर में फँसी है। उसे और जटिल बनाना उचित नहीं होगा।
- एक सुझाव यह भी है कि लक्षित परिवारों को प्रतिमाह 30 इकाई घासलेट, 6 किलो रसोई गैस की खरीददारी में साहाय्य किसी विशेष

'डेबिट' कार्ड के माध्यम से सुलभ कराया जाए। सिद्धान्त रूप से तो लक्षित लोगों तक ही साहाय्य को पहुँचाना एक अच्छा ध्येय है। इसके क्रियान्वयन की विधि को राज्य सरकारों से परामर्श के बाद बहुत ध्यान से तय करने की ज़रूरत है।

- अंततः ये खेद की बात है कि उक्त समिति की कार्य-सूची में नियमन-निगरानी की बात सम्मिलित नहीं थी। परस्पर विरोधाभासी नियामकों की भरमार और उनमें सामंजस्य स्थापित कर सकने में समर्थ शीर्ष नियामक की अनुपस्थिति समेकित ऊर्जा नीति के क्रियान्वयन में एक बहुत बड़ी बाधा बन सकती है। कुल मिलाकर ऊर्जा समस्या पर समन्वित चिन्तन और साँझी विचार दृष्टि की बात स्वागत योग्य है। किन्तु इस बात की कोई गारन्टी नहीं है कि तेल कीमतों में कुछ नरमी जैसी बातें पुनः हमें समन्वित ऊर्जा नीति से विचलित नहीं कर देंगी। हमें यह नहीं भूलना चाहिए कि धारणीय विकास में ऊर्जा का महत्व सदैव ही निर्णायक रहने वाला है।

अनुलेख

किरीट पारिख रिपोर्ट अब मिल चुकी है। इसमें अनेक अच्छे सुझाव दिए गए है किन्तु इसे क्रियान्वित कौन करेगा? इस बारे में कुछ भी स्पाष्ट नहीं है। यदि दायित्व अनेक विभागों और मंत्रालयों के बीच बिखरा रहा हो तो फिर किसी प्रकार के सुविचारित और समन्वित प्रयास की आशा करना भी व्यर्थ रहेगा।

1 अक्टूबर, 2006

VII
सुधार

35

सार्वजनिक क्षेत्र में स्वायत्तता का आरम्भ : भ्रम या वास्तविकता

निजीकरण तो दूर, अब तो वि-निवेश का भी फैशन नहीं रहा। चिदम्बरम के व्यक्तिगत विचार कुछ भी हों, पर उन्होंने भी सरकारी कम्पनियों को बेचने की युक्ति को नकार दिया है। वास्तव में उन्होंने फरवरी, 2005 के निर्णय को मात्र दोहराया ही है। उत्तरोत्तर विनिवेश से किसी विशेष कोष या सामाजिक क्षेत्र में व्यय के लिए अपेक्षित धनराशियाँ भले प्राप्त हो जाएँ, किन्तु अधिक सशक्त कदम से सम्भावित बहुगुण उत्पादिता वृद्धि से हमारी राष्ट्रीय अर्थव्यवस्था वंचित ही रह जाएगी। वि-निवेशन भी बड़े उतार-चढ़ाव झेल रहा है। कभी अनेक प्रकार के शेयरों को एक समुच्चय बना कर बेचने की बात होती है तो कभी विवेकशून्य आक्रामक निजीक़रण की—अब धीरे-धीरे विनिवेशन का राग अलापा जा रहा है।

ये विधि किसी आर्थिक तर्क नहीं, बल्कि वर्तमान वैचारिक रुझानों की परिचायक है। जब भी वि-निवेश की बात धीमी पड़ती है, तुरन्त सार्वजनिक उपक्रमों की स्वायत्तता पर चर्चाएँ शुरू हो जाती हैं। किन्तु निजीकरण हो या नहीं, आर्थिक संवृद्धि की गतिशीलता को बनाए रखने के लिए भी ये स्वायत्तता अत्यन्त आवश्यक है। पिछली सरकार ने अपने निजीकरण के जोश में सार्वजनिक उपक्रमों को सबल बनाने की आवश्यकता को पूरी तरह उपेक्षित कर दिया था। भले ही केवल कुछ-एक उपक्रमों के ही निजीकरण का विचार था, किन्तु सभी को लेकर एक स्थायी अनिश्चितता का वातावरण बन गया था। निजीकरण सभी समस्याओं की रामबाण औषधि नहीं है और निकट भविष्य में सभी केंद्रीय एवं प्रांतीय सार्वजनिक उपक्रमों का निजीकरण कर पाना सम्भव भी नहीं होगा। सार्वजनिक उपक्रम अनेक प्रकार की गतिविधियों में संलिप्त हैं। ये कहीं व्यावसायिक कार्य कर रहे हैं तो कहीं सामाजिक पदार्थ/सेवाएँ उपलब्ध करा रहे हैं। इनमें सुधार से निश्चय ही लाभकारी सुचक्रों का सृजन होता है।

इन्हें सुधारा कैसे जा सकता है?

जुलाई 2005 में मंत्रिमंडल ने एक महत्वपूर्ण निर्णय लिया। नवरत्न और लघु नवरत्न वर्गों के सार्वजनिक उपक्रमों द्वारा नवीन या भागीदारी निवेशों की धन सीमा का विस्तार कर दिया गया। इससे इन सार्वजनिक उपक्रमों को अपनी निर्णय प्रक्रिया में अधिक लचीलेपन और स्वायत्तता की प्राप्ति सुलभ होगी। यह निर्णय डॉ. अर्जुन सेन गुप्ता की अध्यक्षता में सार्वजनिक उपक्रम सशक्तीकरण पर बने एक तदर्थ विशेषज्ञ दल की सिफारिशों के आधार पर लिया गया है।

नब्बे के दशक-मध्य तक उदारीकरण के फलस्वरूप ये तो सभी को समझ आ रहा था कि अपने कार्यनिष्पादन में स्वतंत्रता तथा व्यावसायिक आधार पर काम करने की छूट के अभाव में सरकारी उपक्रम निजी उद्यमियों के साथ प्रतियोगिता में कहीं नहीं टिक पाएँगे। शुल्क दरों में कमी तथा परिमाणात्मक प्रतिबंधों की निरस्ति से कहीं अधिक कुशल और विशालकाय बहुराष्ट्रीय उद्यमों से स्पर्धा और कड़ी हो गई थी। अतः जुलाई और अक्टूबर 1997 में 'नवरत्न' और 'लघु नवरत्न' के विचारों का प्रतिपादन किया गया। इन वर्गों के उद्यमों को प्रबंधन एवं वित्त के क्षेत्रों में अन्यों की अपेक्षा कहीं अधिक अधिकार और स्वायत्तता प्रदान करने का निर्णय लिया गया। अर्जुन सेन गुप्ता रिपोर्ट ने राष्ट्रीय न्यूनतम साँझा कार्यक्रम के अनुरूप बहुत व्यापक सिफारिशें की हैं। पर उन सिफारिशों के मुख्य सरोकार क्या हैं?

प्रथमतः सार्वजनिक उपक्रमों को स्वायत्तता का विचार प्रशासकीय सुधारों से जुड़ा है। वास्तविक स्वायत्तता तो कितने ही मन्त्रियों को बेरोज़गार बना देगी। कितने ही मंत्रालय निरन्तर उन्हीं कामों में टाँग अड़ाते रहते हैं जो संबद्ध निगमों के ज़िम्मे रहमे चाहिए। बेहतर निगरानी के नाम पर ये अपने लिए नए-नए कामों का अन्वेषण करते रहते हैं। ज़रा सोचिए उस कोयला मन्त्री की क्या दशा होगी जो अपने प्रिय उद्योगपति को कच्चा माल उपलब्ध कराने में सहायक नहीं हो सकता या फिर किसी पुराने एहसान को चुकाने के लिए किसी कोयला ठेकेदार की 'सहायता' नहीं कर सकता? या फिर उस नागर उड्डयन मंत्री को कौन पूछेगा जो द्विपक्षीय समझौते तो तैयार न करा पाए, नए विमान खरीदने की बात तक जिसे न सूझे—या फिर वह पेट्रोलियम मंत्री किस काम का जो तेल कंपनियों के लिए संयुक्त उपक्रमों के भागीदार न तलाश कर पाए?

कभी-कभी ये बात अधिक स्पष्ट नहीं होती कि क्या काम व्यावसायिक (और इस नाते उद्यम के कार्य क्षेत्र का अंग) है तथा क्या नीतिविषयक होने के कारण मंत्रालय का दायित्व होना चाहिए।

क्या उपयुक्त होगा? ये प्रश्न भी किसी न किसी रूप में विचारणीय ही बना रहता है। अंततः ये इस बात पर निर्भर रह जाता है कि कौन व्यक्ति निर्णय

लेने की स्थिति में है।

सच्चाई यही है कि दशकों से सार्वजनिक उपक्रमों का प्रयोग मंत्रीगण ऐसी शक्तियों और प्रश्रयों के माध्यम के रूप में करते आ रहे हैं जो कभी भी उनके विभागों के अधिकार क्षेत्र का अंग नहीं रही। कुछ-एक मामलों में केन्द्रीय सतर्कता आयोग ने उचित ही ऐसे व्यवहार पर लगाम लगाई है। साँझा सरकार की राजनीति प्रशासकीय सुधारों में बाधक हो जाती है—पर सार्वजनिक उपक्रमों के सुधार तो इन्हीं व्यापक स्तरीय सुधारों का अभिन्न अंग हैं। स्पर्धापूर्ण बाज़ार पर आधारित अर्थशास्त्र को सब की चिन्तन धारा का अंग बना पाना इतना सहज नहीं है।

दूसरे, सेन गुप्ता समिति ने एक 'नकारात्मक सूची' का निर्माण किया है। इसका कहना है कि सरकार को कीमत निर्धारण और वितरण, आयात और निर्यात, ठेके देने और साँझे उपक्रमों के भागीदार तय करने के कामों से दूर रहना चाहिए। ये सुझाव बहुत ही दूरगामी हैं। किन्तु इस पर आचरण के दूर-दूर तक कोई आसार नहीं दिखते। ये कहना फिजूल है कि जो उपक्रम अपने व्यावसायिक विवेकानुसार अपने उत्पादों के दाम निर्धारित करने को स्वतंत्र नहीं है उन्हें स्वायत्तता मिली हुई है। बृहत्तर सामाजिक हितों के लिए दिए जाने वाले साहाय्य का भार सरकार के सामान्य बजट को वहन करना चाहिए, किसी कंपनी को नहीं।

आजकल पेट्रोल कीमतों को लेकर चल रहा विवाद तो *क्या सरकार का काम नहीं है*—का एक सजीव उदाहरण है। पेट्रोल कीमतों, रेल भाड़े, कोयले के दाम तथा राशन में अनाज के दाम आदि में निहित तिर्यक साहाय्य विकृतिकारी है और इनसे संबद्ध उपक्रमों की स्वायत्तता पर कुठाराघात होता है। ठेके दिए जाने में राजनीतिक हस्तक्षेप का प्रतिरोध करने के लिए सारी प्रक्रिया को पारदर्शी बनाना, श्रेष्ठतम अन्तरराष्ट्रीय व्यवहार अपनाना, बाज़ार की उभरती हुई प्रवृत्तियों का अध्ययन करना और वस्तुपरक आँकड़ों-सूचनाओं का विश्लेषण करना उपयोगी हो सकता है।

तीसरे, त्रि-नवरत्न और लघु नवरत्नों के विषय में परिवर्तन के बाद भी सार्वजनिक उपक्रमों की निर्णय प्रक्रिया जटिलतापूर्ण ही है। वित्त मंत्रालय (सार्वजनिक निवेश बोर्ड), योजना आयोग तथा आर्थिक मामलों पर मंत्रिमंडलीय समिति की भूमिकाओं की आज के समय और वास्तविक स्वायत्तता के हितों में पुनः परिभाषा किए जाने की आवश्यकता है।

चौथे, इन उपक्रमों के अध्यक्ष तथा प्रबंध मंडलों की नियुक्ति के मामले में तो मूलभूत परिवर्तन की आवश्यकता है। सरकार ही इनका सबसे बड़ा अंशधारी है—अतः उसे अध्यक्ष नियुक्त करने का अधिकार होना चाहिए। किन्तु अन्य निर्देशकों की नियुक्ति तो निर्देशक मंडल पर छोड़ी जा सकती है। साथ ही सरकार की मर्ज़ी के अनुसार गैर-आधिकारिक निर्देशकों को इधर-उधर करने की आदत

पर रोक लगनी चाहिए। गैर-आधिकारिक निर्देशक ऐसे हों जिनसे कम्पनी के मूल्यमान में सुधार हो। सरकार इस विषय में अपने निर्देश मार्गदर्शन तो जारी करे, किन्तु उपयुक्त व्यक्तियों का चयन प्रबंध मंडल का ही दायित्व होना चाहिए। अध्यक्ष की नियुक्ति का एक अन्य आयाम भी है। यदि नवरत्नों और लघु नवरत्नों को निजी क्षेत्र के श्रेष्ठ निकायों से स्पर्धा करनी है तो उन्हें अपने प्रबन्ध मंडलों के लिए श्रेष्ठ योग्यता संपन्न व्यक्तियों का चयन करना होगा। इस दशा में केवल आन्तरिक व्यक्तियों अथवा पूर्व सरकारी अनुभव वाले व्यक्तियों तक अपनी दृष्टि को सीमित रखना पर्याप्त नहीं रहेगा। सरकारी वेतनमान और सेवा शर्तें इस मामले में बाधक हो जाते हैं। इनके कारण कौशल की तलाश अधिक विस्तृत और दूरगामी नहीं हो पाती। सरकारी हिस्सेदारी 51 प्रतिशत रहते हुए भी सार्वजनिक उद्यमों के संचालन के लिए श्रेष्ठ कौशल जुटाने के लिए लीक से हटकर कुछ तरीके निकालने होंगे।

पाँचवें, संसद के प्रति उत्तरदायिता के परिप्रेक्ष्य में निगरानी की अतिशय परतों के माध्यम से प्रशासकीय नियंत्रणों की जकड़न को ढीला करने की ज़रूरत है। इस विशेषज्ञ दल ने संसद के प्रति उत्तरदायिता की पुनः परिभाषा के विषय में अनेक सुझाव दिए हैं—पर उन्हें लागू कर पाना बहुत कठिन होगा।

अन्त में, समिति द्वारा दिया गया एक सुझाव तो निश्चय ही बुरा कहा जा सकता है। इसने 6 नए अधिकार संपन्न निगरानी मण्डल गठित करने का सुझाव दिया है। ये तो नई प्रशासकीय परतों की रचना कर नौकरशाही और राजनीतिक हस्तक्षेप के लिए एक नए उत्साह का संचार कर देगा। इससे इन उद्यमों को शक्ति प्राप्त नहीं होगी, उन्हें शक्तिहीन बनाने का कार्य अवश्य सम्पन्न हो जाएगा।

सार्वजनिक उपक्रमों को स्वायत्त बनाने की दिशा में एक सुखद शुरुआत हुई है। सरकार को कीमतें/दरें तय करने, ठेकेदारी में दखल देने तथा छोटी-छोटी नियुक्तियाँ करने के दायित्वों से मुक्ति पा लेनी चाहिए। इस विषय में विशेषज्ञ दल के अध्यक्ष यदि सरकार के सहयोगी दलों में अपने मित्रों और साथियों से चर्चा कर उन्हें अपने विचारों से सहमत करा लें, तो सर्वानुमति का निर्माण करने में बहुत सहायता मिलेगी। उन्हें अभी राज्य सभा का सदस्य चुना गया है। इस चुनाव ने उनके दायित्व को और गुरुतर बना दिया है। अभी तक स्वायत्तता एक भ्रम ही रही है। केवल ठोस कदम ही उसे एक वास्तविकता बना सकते हैं।

21 अगस्त, 2005

36

पेटेंट अधिनियम : एक आवश्यक दवा की गोली

सरकार ने अभी औषधियों, रसायनों एवं खाद्य पदार्थों पर उत्पाद पेटेंट लागू करने के लिए एक अध्यादेश जारी किया है। ये विश्व व्यापार संगठन संधि के अन्तर्गत बौद्धिक संपदा व्यापार अधिकारों से संबद्ध दायित्व का निर्वाह है। अन्तरराष्ट्रीय दायित्वों की पूर्ति का भारत का बड़ा स्पृहणीय रिकार्ड रहा है। इन दायित्वों से हमने कभी मुँह नहीं मोड़ा है। गंभीर भुगतान शेष संकट के समय भी हमने न अपना ऋण चुकाने में कोताही की और न ही किसी ऋणदाता से बाद में भुगतान की छूट माँगी थी। एक जनवरी, 2005 की नियत तिथि का पालन इसी प्रतिबद्धता का पालन है। इससे कुछ भी बिगड़ा नहीं है। हमारे दायित्व का निर्वाह भी हो गया और हमारी संसद इस विधेयक के सभी पक्षों पर अपने खुले सत्र या अपनी स्थायी समिति की बैठकों में विचार भी कर पाएगी।

वैसे पेटेंट अध्यादेश से कोई भी खुश नहीं है। शायद सभी पक्ष समान रूप से अप्रसन्न हैं—इस विधेयक में सभी पक्षों के हितों और दायित्वों में संतुलन बिठाने का प्रयास किया गया है। दवाओं के उपभोक्ता आशंकित हैं कि दवाएँ गरीबों की पहुँच से बाहर हो जाएँगी, किन्तु यदि सरकार ये स्पष्टीकरण जारी कर दे कि इस कानून को भविष्य से लागू किया जाएगा और इससे कुल दवाओं के एक छोटे से अनुपात की कीमतों पर ही प्रभाव पड़ेगा तथा हमारा औषध कीमत नियंत्रण आदेश पूर्ववत् लागू रहेगा तो उपभोक्ता वर्ग की आशंकाओं के निवारण में सहायता मिल सकती है।

भारतीय औषध उद्योग को भय है कि इससे प्रतियोगिता बढ़ेगी, आयात बढ़ेगा और बहुराष्ट्रीय कंपनियों के विशाल वित्तीय संसाधनों के चलते उनके साथ सम-धरातल पर स्पर्धा नहीं हो पाएगी। किन्तु, आज भारत का औषध उद्योग अक्षम नहीं रहा है, ये बहुत समय तक उत्क्रमीय-अभियांत्रिकी (reverse-engineering) का लाभ उठा चुका है। अब विश्व स्तर पर अवसरों की खोज करने वाला ये उद्योग निश्चय ही अधिक स्पर्धा का सामना करने के साहस और सामर्थ्य से सम्पन्न है। बड़ी औषध कंपनियों (और विदेशियों को भी) आशंका है कि नया कानून पर्याप्त सुरक्षा प्रदान नहीं करता; इसमें बड़े-बड़े छिद्र हैं, ये केवल भविष्य में लागू होगा, पेटेंट पाने की प्राविधि जटिल है और भारतीय निर्माताओं को अनिवार्य रूप से लाइसेंस देने की व्यवस्था तथा नव-प्रवर्तनों पर भी उन्हें लागू करने की व्यवस्था बहुत प्रतिबंधकारी है।

इन आपत्तियों पर खुल कर विचार होना चाहिए। आशा है कि संसद में चर्चा के दौरान कुछ-एक समस्याओं का निदान भी हो जाएगा। भारतीय औषध उद्योग ने बड़ी प्रगति की है। उत्पाद पेटेंट व्यवस्था के अभाव के कारण इस उद्योग ने उपलब्ध कानूनी प्रतिरक्षण का बहुत फायदा उठाया है और नकल के लिए शालीन वाक्यांश 'व्युत्क्रमीय-अभियांत्रिकी' की रचना कर एक विचित्र विशिष्टीकरण प्राप्त किया है। कुछ भी कहें, पर इस प्रकार ये उद्योग जनसामान्य को बहुत कम दामों पर दवाएं उपलब्ध कराने में सफल रहा है। पड़ोसी देश पाकिस्तान में भी दवाई भारत से काफी अधिक महंगी हैं। अब भारतीय कंपनियाँ अपने सशक्त निर्माण आधार, कुशल श्रमशक्ति और विकासमान जैव प्रौद्योगिकी उद्योग के सहारे सुलभ हुई स्पर्धा क्षमता को प्रयोग कर विश्व स्तर पर अपनी पहचान बना रही हैं। किन्तु इस कार्य में उनके शोध-विकास (R&D) व्यय का न्यून स्तर, उद्योग एवं शिक्षा-संस्थानों में सहयोग और, नवप्रवर्तन संस्कृति का अभाव तथा नियमन मानकों की अपर्याप्तता बाधक सिद्ध हो सकती है।

आइए, नई पेटेंट व्यवस्था की मूल रूपरेखा पर विचार करें।

पेटेंट क्यों आवश्यक माने जाते हैं? इनका आर्थिक तर्क तो अग्रणी फर्म को कुछ समय तक एकाधिकार प्रदान कर शोध-विकास पर किए व्यय की भरपाई का अवसर देना है। मान्यता है कि नवप्रवर्तक फर्म ने भारी अचल लागतें लगाई हैं जिनकी भरपाई (न्यून) सीमांत लागतों के माध्यम से नहीं हो पाती। औषध उद्योग की यह एक विचित्र विशेषता है—यहाँ अचल लागतें उच्च तथा सीमान्त लागतें बहुत निम्न होती हैं। इन उच्च अचल लागतों का स्तर अनिश्चित भी रहता है, ये वैज्ञानिकों के प्रयासों और कौशल पर निर्भर रहती हैं। किसी भी सफल औषधि की अचल लागत तो बहुत अधिक नहीं होगी किन्तु निवेशक का दृष्टिकोण कुछ और होता है। उसे तो एक औषधि की सफलता से पूर्व अनेक असफल शोध प्रयासों पर आई लागतों का ध्यान भी रहता है। इन सबका क्या अर्थ होगा? सामान्यतः प्रतियोगिता के कारण दवा की कीमत उसकी सीमान्त उत्पादन लागत तक कम हो जाती है। किन्तु इस प्रकार अचल लागत अंश की उगाही नहीं हो पाती। परिणामतः निवेश थम जाएगा। इसी स्थिति से बचने के लिए पेटेंट

व्यवस्था की जाती है। पर प्रश्न यह है कि क्या ये पेटेंट अचल लागतों का समतापूर्ण विभाजन करते हैं? क्या ये सुनिश्चित कर देते हैं कि अन्य उद्यमों की भाँति औषधि निर्माता भी शून्य आर्थिक लाभ ही अर्जित कर पाएंगे (यही प्रतियोगिता पूर्ण बाज़ार की दक्षता की कसौटी होती है) ये होना आवश्यक नहीं है।

पहली बात तो अचल लागत विभाजन की है। क्या समतापूर्ण विभाजन का अर्थ समान विभाजन है? अर्थात् प्रत्येक रोगी से दवा की एक समान कीमत वसूली जानी चाहिए? या फिर समता का तात्पर्य कीमत चुकाने की क्षमता से जुड़ा है? इसमें तो दवा वितरण की कुछ नियंत्रित व्यवस्था करनी होगी और यहाँ अवसरवादी व्यवहार से बच पाना कठिन रहेगा। ये साहाय्य की संरचना से जुड़ा एक कठिन प्रश्न बन जाता है। किन्तु अचल लागत वसूली करते हुए भी कीमत न्यूनतम (संभव) बनाए रखना पेटेंट रचना की एक विशेषता होती है। यहाँ सबसे बड़ी कठिनाई है अचल लागतों की अनिश्चितता। इनमें हेराफेरी की बहुत गुंजाइशें रहती हैं। अतः यदि आपका पेटेंट कानून 'लागत जमा' आधार पर कीमत नियत करने की अनुमति देता है तो कम्पनी अपनी घोषित लागतों की भरपाई करने की अधिकारी हो जाती है। किन्तु यदि आप एक नियत शुल्क या नियत अवधि की व्यवस्था करते हैं तो दो संभावनाएं उत्पन्न हो जाएँगी, या तो आप निवेशक को अत्यधिक पारितोषिक दे बैठेंगे या फिर निवेश को पर्याप्त प्रोत्साहन नहीं बचेगा। ये जाने बिना कि अचल लागतें कितनी हैं इन दोनों पक्षों के बीच सन्तुलन बनाना और उसके अनुरूप व्यवहार करना बहुत कठिन हो जाता है। औषध कंपनियाँ ये कभी नहीं कहेंगी कि बस हमें इस अवधि का पेटेंट एकाधिकार दे दो, हम निवेश और शोध करती रहेंगी। ऐतिहासिक परिप्रेक्ष्य में अन्तर्राष्ट्रीय स्तर पर पेटेंट सुरक्षा और निवेश के संबंधों से जुड़े साक्ष्य निर्णायक नहीं हैं। अतः भारत के लिए इस बात का अध्ययन करना उपयुक्त होगा कि अपने देश में हम कहाँ तक निवेश आकर्षित करने और कीमतें कम रखने के बीच संतुलन बनाए रखने में सफल हो पा रहे हैं।

पेटेंट व्यवस्था का कोई भी निश्चित प्रतिमान सभी देशों के लिए उपयुक्त सिद्ध नहीं होता। अतः जोखिम विभाजित करने और शोध-विकास के लिए उचित पारितोषिक की व्यवस्था करते समय इन चार बातों का ध्यान रखा जाना चाहिए:

(*i*) पेटेंट अवधि को 5, 8, 15 या 20 वर्ष रखने के स्थान पर स्थिर लागत की विश्वस्त जानकारी के आधार पर 0-20 वर्ष रखा जाना चाहिए;

(*ii*) पेटेंट का प्रसार भी निश्चित हो, अर्थात् उत्पाद की अधिक सटीक परिभाषा की जाए;

(*iii*) ये स्पष्ट किया जाए कि किस प्रकार के उत्पाद वर्गों को पेटेंट सुरक्षा मिल पाएगी; और

(*iv*) तकनीकों, संयोगवश खोज और नव-प्रवर्तन के बीच स्पष्ट भेद होना चाहिए।

पेटेंट कानून की रचना दवाओं की कीमतें न्यूनतम रखने और साथ-साथ शोध-विकास में निवेश को बढ़ावा देने से बंधे अलग अलग हितों के बीच सामंजस्य स्थापित करने में एक निर्णायक भूमिका निभा सकती है। आशा है संसद में चर्चा कुछ आर्थिक पक्षों का प्रयोग कर "पेटेंट सिद्धान्त बनाम पेटेंट कानून" के बीच किसी सम्यक सम्बन्ध की रचना करने में समर्थ पेटेंट व्यवस्था का निर्माण करने में सहायक होगी।

9 जनवरी, 2005

37

पेंशन : भविष्य की चिन्ता

अब तो सारे विश्व में पेंशन के बढ़ते भार को लेकर घबराहट फैल रही है। अमरीका, यूरोप, जापान, चीन, सभी देशों में वृद्धता की ओर अग्रसर जनसंख्या निरंतर सेवा निवृत्ति और पेंशन पात्रता की सीढ़ियों को पार कर रही है। अन्तर्पीढ़ी अनुबंधों में सूक्ष्म परिवर्तनों द्वारा राजकोष पर वृद्धिमान भार को कम करने के प्रयास चल रहे हैं। कुछ देश तो सारी व्यवस्था को ही बदलने में लगे हैं—भले ही इसकी अल्पकालिक लागत बहुत विशाल सिद्ध हो रही है। इस स्थिति की तुलना में तो किसी को भी भारत की जनांकिकीय अवस्था से ईर्ष्या हो सकती है। जनशक्ति वृद्धता की ओर अग्रसर है, किन्तु बहुत धीमी गति से। विश्व की वृद्ध जनशक्ति का मात्र 12 प्रतिशत भारत में बसा है। इस नाते पेंशन कोष प्रबंधकों को ये बहुत 'आकर्षक' बाज़ार लग रहा है। किन्तु यह नहीं भूलना चाहिए कि विश्व जनसंख्या का 17 प्रतिशत भारत में ही बसा है।

वैसे भी केवल जनांकिकी से ही संपूर्ण विवरण नहीं मिल जाता। पेंशन के राजकोषीय भार का सही आकलन तो पेंशन योजनाओं में सम्मिलित जनशक्ति तथा उन योजनाओं में निहित गारंटी, दोनों ही कारकों पर निर्भर करेगा। पेंशन योजना के सामाजिक लाभ योजना के प्रसार पर निर्भर करते हैं। यहाँ आकर भारत की व्यवस्था बहुत दुर्बल प्रतीत होती है। श्रम-शक्ति का वह मुख्य भाग जो सरकारी पेंशन योजना के दायरे में आ रहा है अपेक्षाकृत अधिक वृद्ध हो चला है। इनमें 'जनांकिकीय उन्नतोदरता' तो सरकार की कर्मचारी भर्ती नीति पर निर्भर रहती है। केन्द्र सरकार की भर्ती में 1957-71 की अवधि में 57 प्रतिशत वृद्धि हुई थी। अब सरकार की कुल पेंशन देयता 1995 के 5,000 करोड़ से बढ़कर 23,629 करोड़ रुपये तक पहुँच चुकी है। राज्य सरकारों की देनदारी 30,000 करोड़ रुपये और बनती है। केवल केंद्रीय पेंशन का सकल घरेलू उत्पाद अंश 1993-94 के 0.67 से बढ़कर 2003-04 में 1.67 प्रतिशत हो गया है। यह शुद्ध कर राजस्व का 12 प्रतिशत बनता है। ये ध्यान रहे कि इस अवधि में अर्थव्यवस्था

की संवृद्धि दर में भी उछाल आया है।

भारत में सरकार निजी क्षेत्र के कर्मचारियों के प्रमुख विकल्पों सार्वजनिक भविष्य निधि, कर्मचारी भविष्य निधि एवं अल्पकालिक डाकघर मासिक आय योजना आदि की ब्याज दरों का भी निर्धारण करती है। इन तीनों सेवाओं में कर्मचारियों को प्रायः करमुक्त ब्याज मिलता रहा है और वे अपनी इच्छानुसार कम या अधिक निवेश करने को स्वतंत्र रहे हैं। ऐसी योजनाओं का सार्वजनिक बजट पर भार नहीं पड़ना चाहिए। किन्तु सामान्यतः सरकार इन कोषों की ब्याज दर अपने सामान्य ऋणों पर देय दरों से अधिक रखती रही है। कर्मचारी भविष्य निधि की राशियाँ जिस विशेष जमा योजना में लगी हैं, सरकार ने उस पर देय ब्याज को अभी 9.5 से घटा कर 8.5 प्रतिशत किया है। इस निर्णय को उलटने के लिए निरंतर दबाव बना हुआ है। किन्तु यह दर सरकार को प्राप्य अन्य ऋणों की 6-7 प्रतिशत से तो ऊँची ही है।

यदि पेंशन योजनाओं के प्रसार की बात देखें तो भी स्थिति बहुत सराहनीय नहीं है। भारत की 38 करोड़ की श्रमशक्ति में से मात्र 3.5 करोड़ ही इन योजनाओं के अन्तर्गत लाभान्वित हो पा रही है। अतः पेंशन विधेयक पूरी सामाजिक समस्या का समाधान नहीं कर रहा। ये केवल राजकोषीय समस्या के एक अंश का समाधान खोज रहा है। इसने एक योगदान आधारित पेंशन योजना का प्रावधान किया है जिसके कोष के निवेश में अंशदाता को कोष प्रबंधन विकल्प के चयन का अधिकार रहेगा। साथ ही यह भी व्यवस्था की गई है कि 1 जनवरी, 2004 के बाद भर्ती सभी सरकारी नागरिक सेवा कर्मी इसी योजना के अंशदाता होंगे। इसमें कोई निश्चित भुगतान व्यवस्था नहीं है। पर वास्तविक भुगतान वर्तमान योजना से अधिक भी हो सकता है। विधेयक में पेंशन कोष नियमन एवं विकास प्राधिकरण की नियुक्ति की बात भी है—नवम्बर 2004 में मंत्रिमंडल की मंजूरी के बाद एक अध्यादेश द्वारा यह नियुक्ति सम्भव हो सकती है। फिर भी पेंशन विधेयक को एक शुरुआत ही मानना चाहिए। हमें अभी भी वर्तमान देयताओं के लिए कोई योजना बनानी है। उसके लिए धन कहाँ से आएगा? दूसरे हमें सार्वजनिक और कर्मचारी भविष्य निधियों द्वारा सृजित देयताओं पर भी पुनः विचार करना होगा। एक तो उच्च ब्याज दर से राजकोष पर सीधे भार पड़ता है, दूसरे ये ब्याज कर-मुक्त भी रहता है। इसके परिणामस्वरूप बैंकों के जमाओं तथा ब्याज दरों में भी एक विसंगति आ जाती है। ये भी दावा नहीं हो सकता कि ये साहाय्य समाज के गरीबतम वर्गों को प्राप्त हो रहे हैं। इनमें वर्तमान निम्न जमा स्तर से यह भी स्पष्ट हो जाता है कि लोग इन्हें सेवानिवृत्ति के बाद प्रयोज्य निधि नहीं मान रहे—वे तो इन्हें कर बचत योजना ही मान कर चल रहे हैं। नई पेंशन योजना एक अच्छा और विकसित विकल्प दे रही है, किन्तु कर्मचारी वर्ग को वर्तमान करमुक्त उच्च ब्याज दर खातों से अपनी ओर आकृष्ट कर पाने की क्षमता इस

योजना में नहीं है।

तीसरे, वर्तमान पेंशन योजनाओं को बेहतर बनाने के प्रयास इस बात को भूल जाते हैं कि उनका प्रसार बहुत सीमित है। अधिकांश जनसंख्या तो अन्ततः परिवार के पीढ़ीनुगत अन्तरणों पर ही निर्भर रहती है। किन्तु आर्थिक परिवर्तनों के कारण इस परंपरागत व्यवस्था पर दबाव बन रहा है। शहरीकरण ने पुरानी कार्य दायित्व पद्धति को बदल डाला है। ग्रामीण परिवेश में तो परिवार के प्रत्येक सदस्य के कार्य का परिवार के क्षेत्र में योगदान का एक स्वरूप विकसित हो सकता है किन्तु शहरी औद्योगिक व्यवस्था में इतना लचीलापन नहीं होता। दीर्घ जीवाशा भी अन्ततः परिवार की पीढ़ीनुगत अंतरण व्यवस्था में बच्चों पर पड़ने वाले भार को बहुत बढ़ा रही है। वर्तमान समय में 60 से ऊपर वालों की जीवाशा 15 वर्ष है और 2020 तक इसके 20 वर्ष तक हो जाने की आशा है।

राजकोषीय परिप्रेक्ष्य से देखें तो सार्वजनिक कोष पर अनेक दायित्वों के चलते हमारे लिए निजी पेंशन निधियों को बढ़ावा देने के हर प्रकार के सम्भव प्रयास करना ही श्रेयस्कर होगा। पेंशन कोष नियमन एवं विकास प्राधिकरण की स्थापना एक आकर्षक निवेश वातावरण की रचना की दिशा में अच्छा कदम है। हाँ, ये ध्यान रखना आवश्यक रहेगा कि ये प्राधिकरण विश्वसनीय नियम बना कर उन्हें लागू करें तथा विश्व भर के श्रेष्ठतम प्रावधानों को व्यवहार में लाएं। पेंशन प्रबंधन में विदेशी भागीदारों की अनुमति भी एक सही कदम होगा। फिर भी सरकार को गरीब वर्ग के लिए न्यूनतम पेंशन सुलभ कराने और निगम क्षेत्र की पेंशन की गारंटी देने की अनिवार्यता बनी ही रहेगी।

पहली चुनौती तो यही सुनिश्चित करना होगी कि पेंशन निधियों से क्षरण न्यूनतम हो। सुनिश्चित लक्ष्य विहीन पेंशन कोष के कारण वे व्यक्ति भी कोई प्रयास नहीं करते जो स्वयं अपने सेवानिवृत्त जीवन के लिए धन जुटाने के योग्य हैं। इससे राजकोष पर अनावश्यक भार पड़ता है। अभी समय भारत के पक्ष में है। किन्तु आज के युवा कल वृद्ध भी होंगे और यदि व्यवस्था में ही त्रुटियां रहीं तो वे और विस्तीर्ण हो जाएँगी। हमें उन वचनबद्धताओं पर ध्यान देना होगा जिन्हें हम-आप स्वीकार कर रहे हैं—शीघ्र ही उन वचनों को पूरा करने का समय भी आ जाएगा। पेंशन योजनाओं को उस समय सुधार पाना बहुत कठिन होता है जब अधिकांश मतदाता उनसे लाभान्वित हो रहे हों।

दूसरी चुनौती यह सुनिश्चित करना है कि कहीं सरकारी गारंटी के कारण निगमित क्षेत्र अधिक जोखिम-भरा व्यवहार न करने लग जाए। निगमों के बीमा आकलन की मान्यताओं की उचित निगरानी ज़रूरी होगी, तभी वे अपने कर्मचारियों के वर्तमान जीवाशा प्रतिरूप के अनुरूप काम कर पाएंगे। ये बीमा आकलन मान्यताएँ किन्हीं राजनीतिक दबावों द्वारा नहीं, बल्कि किसी स्वतन्त्र नियमन कर्ता

द्वारा निर्धारित होनी चाहिए। विश्व भर में पेंशन निधियों को अति सुरक्षित, अति निम्न आय तथा उच्च आय–अधिक जोखिम भरे निवेशों के बीच सामंजस्य रखने के प्रयास करने पड़ते हैं। पेंशन व्यवस्था में सुधार सभी वय वर्गों के हित में रहेंगे।

अनुलेख

खेद, पेंशन बिल अभी भी संसदीय अनुमति की प्रतीक्षा कर रहा है। वाम दल जिन बड़े संशोधनों पर अड़े हैं उन्हें स्वीकार करने पर इस विधेयक की अनेक व्यवस्थाएँ बहुत शिथिल हो जाएँगी। वित्त मंत्रालय को अभी भी सर्वानुमति विकसित होने की आशा है—वे सोच रहे हैं कि संसद के आगामी सत्र में ये विधेयक पारित हो जाएगा। क्या होगा, ये तो समय ही बता पाएगा।

29 दिसम्बर, 2004

38

बैंकिंग सुधार : अब कुछ करके भी दिखाइए

वाशिंगटन में विश्व बैंक अन्तरराष्ट्रीय मुद्रा कोष की वार्षिक बैठक में भागीदारी की औपचारिकता निभाने को रवाना होने से पूर्व एक प्रतिष्ठित आर्थिक पत्रिका से भेंटवार्ता में चिदंबरम ने बहुत आशावादिता जताई है। ये आशावादिता हाल ही में एक पुस्तक के विमोचन पर व्यक्त उनके उद्गारों से बहुत ही अलग प्रतीत हो रही है। पुस्तक का नाम था : *भारतीय वित्त क्षेत्रक : हाल ही में किए गए सुधार और भविष्य की चुनौतियाँ,* सम्पादक—प्रिया बसु। उस अवसर पर उन्होंने खेद व्यक्त करते हुए कहा था कि राजनीतिक स्तर पर सर्वानुमति के अभाव में सशक्त प्रयास नहीं हो पाते हैं।

वित्तीय क्षेत्रक सुधार एक ऐसा प्रश्न है जहाँ चिदंबरम को अपनी बातों के अनुरूप कुछ करके भी दिखाना होगा। ये तो सभी जानते हैं कि इस क्षेत्रक में 1991-92 में प्रारम्भ किए गए सुधारों की प्रगति कुछ खास नहीं रही है। ये बात ठीक है कि अब बैंक पहले से बेहतर हैं, ग्राहक सेवा स्तर में भी कुछ सुधार आया है, नई प्रौद्योगिकी का प्रयोग हो रहा है। उनकी विकास सम्बन्धी आवश्यकताओं पर अब बेहतर ध्यान दिया जा रहा है। नियमन व्यवस्था अब बेहतर है—प्रतिभूति और पारस्परिक निधि बाज़ार के नियमन के लिए भारतीय प्रतिभूति और विनिमय बोर्ड (SEBI) तथा बीमा क्षेत्र के लिए बीमा नियमन एवं विकास अधिकरण का गठन हो चुका है।

हमारा प्रश्न कुछ भिन्न है। क्या हम परिवर्तन की रफ्तार से प्रसन्न हैं? क्या आम भारतीय आज आश्वस्त है कि उस द्वारा लिए गए उधार की लागत में वित्तीय मध्यस्थता की अकुशलता का अधिभार सम्मिलित नहीं है? क्या बैंक क्षेत्र में वास्तविक स्पर्धा और गत्यात्मकता है? क्या कृषि क्षेत्र की आवश्यकताएँ पूरी करने के लिए पर्याप्त व्यग्रता दिखाई देती है? ग्रामीण भारत की वार्षिक साख आवश्यकताएँ तो 45,000 करोड़ रुपये की हैं किन्तु वहाँ तक केवल 2,000 करोड़ रुपये पहुँच

पाते हैं। क्या हम देश में बैंक व्यवस्था की पहुँच को बढ़ाने का समुचित प्रयास कर रहे हैं। अपने देश में (आधी आबादी) 50 करोड़ जनता के तो बैंकों में खाते ही नहीं हैं। संभवतः चिदंबरम् को ध्यान हो, बैंक सुधार की एक रूपरेखा की घोषणा भी हुई थी। उसमें ये तत्त्व तो अवश्य सम्मिलित रहे होंगे :

(i) सार्वजनिक बैंकों की स्वायत्तता और दक्षता का संवर्धन; सरकारी हस्तक्षेप न्यूनतम कर बैंकों के प्रबंध मंडलों के स्तर का उन्नयन। रिज़र्व बैंक और भारतीय स्टेट बैंक को छोड़ सभी बैंकों के प्रबन्ध मंडलों की हालत खस्ता ही है। वहाँ तो बस राजनीतिक प्रश्रयवाद के ही दर्शन होते हैं। प्रत्येक सरकार अपने चहेतों को वहाँ नियुक्त करती रही है। पिछली गलतियों को दोहराने से उनका निराकरण नहीं होता, वे और गहरी ही होती हैं।

(ii) वर्तमान वेतनमानों के रहते तो उच्चस्तरीय प्रतिभाओं को आकृष्ट कर पाना संभव नहीं है; 'सार्वजनिक बैंक' में 'बाज़ार के अनुरूप वेतन' की दुविधा का कोई हल निकालना ही होगा।

(iii) लेखा प्राविधियों को सुधारना आवश्यक हो गया है ताकि सभी परिसंपत्तियों के मूल्यमान सार्वजनिक रूप से प्रकाशित हों। अंशधारियों, जमाकर्ताओं और पर्यवेक्षकों को सभी हानियों की पूर्ण जानकारी दी जाए—चाहे ये हानियाँ निष्पादन शून्य परिसंपत्तियों के कारण हो रही हों या फिर उच्च ब्याज दरों के कारण। जो बैंक बुरी खबर ईमानदारी से बता नहीं पाता, वह कभी भी अपनी समस्याएँ सुलझा नहीं पाएगा।

(iv) परिसंपत्ति वर्गीकरण की समान पद्धति का अनुसरण और सत्यतापूर्ण वर्गीकरण—दोनों ही काम बहुत आसान नहीं होते। घोषित परिणाम तो ये संकेत दे रहे हैं कि निष्पादन शून्य परिसंपत्तियों में कमी आई है—किन्तु सम्पत्तियों के वर्गीकरण की 'सत्यता' के विषय में संदेह बने हुए हैं। एक बार फिर से संपत्ति, वितरण संपत्ति गुणवत्ता और पूँजी की पर्याप्तता के प्रश्नों पर पूर्ण रूप से विचार करने की आवश्यकता है।

(v) वित्तीय एवं मौद्रिक क्षेत्रों में प्रायः सभी पुरातन पंथी नीतियों के अनुसरण का कारण राजकोषीय घाटे का उच्च स्तर बताया जा रहा है। किन्तु इससे बैंकों की प्रतियोगिता के स्तर को सुधारने में तो कोई बाधा नहीं आती। यदि सार्वजनिक बैंकों में सरकारी अंशधारिता को घटाना संभव नहीं हो पाए (राष्ट्रीय लोकतांत्रिक गठबन्धन सरकार द्वारा इसे 33 प्रतिशत करने के प्रयास पर आन्तरिक सहमति नहीं बन पायी थी, वर्तमान संयुक्त प्रगतिशील गठबन्धन सरकार की भी यही दशा है) तो स्पर्धा का अभाव अकुशलता का ही पृष्ठपोषण करता रहेगा। बैंक क्षेत्र में

अधिग्रहण आदि द्वारा सबल रूप धारण के प्रयास भी विफल होते रहेंगे। इसी सन्दर्भ में लगता है कि विदेशी बैंकों की अधिक पैठ और निजी बैंकों की स्थापना में आसानी ही भारत की बैंक व्यवस्था की उत्पादिता और दक्षता को बढ़ाने का आधार बनेगी।

(vi) देश में विदेशी बैंकों की पैठ के बारे में स्वीकृत रूपरेखा के दो सोपान हैं : प्रथम सोपान के भी तीन घटक हैं—ऐसे विदेशी बैंक जो पहली बार शाखा स्थापित करने या शत-प्रतिशत सहायक कंपनी की स्थापना की अनुमति चाहते हैं; पुराने बैंक जो अधिक शाखाएँ खोलने की उदारतापूर्ण अनुमति चाहते हैं; और वर्तमान शाखाओं को पूर्ण स्वामित्व सहायक कंपनियों में परिवर्तित करना चाहते हैं। इन्हें भारत के उन बैंकों में, जिनका रिज़र्व बैंक पुनर्गठन करना चाहता है, 14 प्रतिशत हिस्सेदारी की अनुमति दी जा सकती है। किन्तु पिछले 6 महीने से इस बारे में कुछ भी सुनने में नहीं आया, या तो एक भी विदेशी बैंक इस योजना का पात्र सिद्ध नहीं हुआ या फिर कोई भी इसमें दिलचस्पी नहीं ले रहा। ऐसा क्यों हो रहा है? कुछ तो व्याख्या होनी चाहिए।

(vii) श्रेष्ठ अन्तरराष्ट्रीय व्यवहार के अनुरूप नियमन-व्यवस्था की रचना को लेकर भी पूर्ण सन्नाटा ही छाया है। नियमन संस्थाओं में 'हित टकराव' का निराकरण करने के प्रयासों को बहुत प्रतिरोधों का सामना करना पड़ता है। अकर्मण्यता इन प्रतिरोधों को और सबल बना देती है।

समस्त बैकिंग व्यवस्था के सुधार की रूपरेखा के अनेक पक्षों पर विधायिका स्तर पर प्रयास आवश्यक हैं। कुछ कार्य प्रशासकीय परिधि में भी आते हैं। पिछले वर्ष में बहुत कम प्रगति हो पायी है। केवल सुधारों के वादे काफी नहीं है, पकवान की सही पहचान तो उसे खाने से ही हो पाएगी।

अनुलेख

गठबंधन सहयोगियों के सहयोग के अभाव में कई महत्त्वपूर्ण विधेयक अटके हुए हैं। इसमें विदेशी बैंकों की पूँजी की 10 प्रतिशत की सीमा हटाने की बात भी है। इसी तरह बीमा कंपनियों में अंश पूंजी निवेश सीमा 26 से बढ़ाकर 49 प्रतिशत करने का विधेयक तो संसद के सामने प्रस्तुत भी नहीं हो पाया है। बैंक क्षेत्रक को विदेशी बैंकों से स्पर्धा के लिए खोलने, उग्र अधिग्रहण आत्मसात् करने की दिशा में भी कोई सार्थक प्रगति नहीं हो पाई है। निष्पादनहीन पत्रकों के समूह में काफी कमी आई है। किन्तु मानकों के निर्धारण और बेसल-II मानक व्यवस्था को तेज़ी से अपनाने पर ध्यान दिया जाना आवश्यक है।

25 सितम्बर, 2005

39

शहरी सुधार : क्या हम इस रास्ते पर चलते रह पाएँगे?

मास्को जाने से एकदम पहले प्रधानमंत्री ने *जवाहरलाल नेहरू राष्ट्रीय शहरी पुनरुत्थान मिशन* का शुभारंभ किया है। अपने अभिभाषण में उन्होंने शहरी आयोजन की चुनौतियों की रूपरेखा बनाते हुए अनेक समस्याओं की भी चर्चा की है—किन्तु इस मिशन की कार्य सूची में उन सभी समस्याओं को नहीं रखा गया है।

शहरी विकास की दर में वृद्धि हमारे नवीन संवृद्धि पथ का एक अपरिहार्य परिणाम है। कृषि अभी भी 68 प्रतिशत जनसंख्या को रोज़ी-रोटी प्रदान करते हुए सकल घरेलू उत्पाद में 24 प्रतिशत का योगदान कर रही है। अतः विनिर्माण उत्पादन में तीव्र वृद्धि के साथ सेवा क्षेत्रक के उत्पादन में उछाल शहरीकरण की पिछली प्रवृत्तियों को बहुत बदल देने वाला है। इस विषय में एक समन्वित कार्य नीति में नियमन और कानूनी पक्षों के साथ-साथ वर्तमान कानूनों को ठीक से लागू करने, संरचनागत सुविधाओं को सुधारने, शहरी गरीबों की समस्याओं का निवारण करने और सभी को शिक्षा, स्वास्थ्य और अन्य नागरिक सुविधाएँ सहज सुलभ बनाने की ओर ध्यान देना होगा।

नवीन शहरी केन्द्रों की योजनाएँ बनाना, वर्तमान बस्तियों के पुनर्विकास एवं नवीकरण की व्यवस्था करते हुए महानगरों की समस्याओं का सामना करने की तैयारी करने की चुनौती बहुआयामी है। साथ ही अस्थायी आन्तरिक प्रवासन की समस्याएँ भी कम गंभीर नहीं। शहरी विकास के लिए ये मिशन कोई नई बात नहीं है—पहले भी कई बार प्रयास हुए हैं। पुराने प्रयासों के नाम इस प्रकार रहे हैं—शहरी सुधार संप्रेरण कोष, शहरी चुनौती कोष, उत्तम नगर प्रशासन आन्दोलन, शहरी परिवहन नीति, मलिन बस्ती नीति, पटड़ी-खोमचा नीति आदि। इन्हीं में अधिकांश को मिलाकर इस नवीन राष्ट्रीय शहरी पुनरुत्थान मिशन की रचना की गंई है।

प्रश्न उठता है कि इसमें नया क्या है? अब शहरी सुधार कार्यों को एक मिशन

की भाँति लागू किया जाएगा। 63 ऐसे शहरों में ये कार्य प्रारंभ होगा जिनकी जनसंख्या 10 लाख (प्रत्येक) से अधिक है, या वे राज्यों की राजधानियाँ हैं या फिर धार्मिक आस्था एवं पर्यटन के केन्द्र हैं। अतिरिक्त साधन जुटाने के ध्येय से अगले 7 वर्षों में 50,000 करोड़ रुपये की राशि के अनुदान का प्रावधान किया जा रहा है। ये अनुदान संविधान के 74वें संशोधन के प्रभावी क्रियान्वयन, स्टैंप शुल्क की दर को 5 प्रतिशत पर लाने, भू-सीमा कानून निरस्त करने, किराया नियंत्रण कानून को तर्कसंगत बनाने, नगर निकायों की लेखा प्रविधियों को पारदर्शी बनाने, उनकी करसंग्रह व्यवस्था की कुशलता में सुधार लाने, प्रयोक्ता अधिभार लागू करने जैसे अनिवार्य कदम उठाने पर ही सुलभ हो पाएँगे। साथ ही कुछ ऐच्छिक सुधारों की भी अपेक्षा की जा रही है। इस मिशन के अन्तर्गत कार्यों की समीक्षा एवं देखरेख राष्ट्रीय स्तर पर केंद्रीय नागर विकास मन्त्री की अध्यक्षता में गठित एक समिति करेगी। राज्य स्तर पर निगरानी समिति के अध्यक्ष संबद्ध राज्यों के मुख्यमन्त्री होंगे।

अनेक प्रस्ताव बहुत अच्छे प्रतीत हो रहे हैं। फिर भी कुछ बातों को लेकर मन में आशंका हो रही है :

- सबसे पहली आशंका तो राज्यों की प्रतिक्रिया को लेकर है। पहले गठित हो चुके शहरी सुधार संप्रेरणा कोष द्वारा आबंटित संसाधनों का लाभ उठा पाने के लिए भी इसी प्रकार की शर्तों का पालन अनिवार्य बनाया गया था। उस कोष का पूरा उपयोग (राज्यों द्वारा) नहीं किया गया। अब ये संसाधन राशि बहुत बढ़ा दी गई है; किन्तु क्या ये राशि राज्यों को सुधार पथ पर अग्रसर होने को आकर्षित कर पाएगी?
- दसवीं योजना की राकेश मोहन समिति की रिपोर्ट पर आधारित समीक्षा में शहरी विकास के लिए 27,773 करोड़ रुपयों की वार्षिक आवश्यकता का अनुमान लगाया गया है। इस प्रकार सात वर्षों की अवधि में आवश्यक धन राशि तो इस मिशन के बजट से कई गुना अधिक हो जाएगी।
- मिशन की सफलता या विफलता में राज्य प्रशासन द्वारा इसका क्रियान्वयन ही निर्णायक सिद्ध होगा। 74वें संशोधन में स्थानीय स्तर पर लोकतान्त्रिक स्वशासन व्यवस्था की स्थापना का आग्रह किया गया है। ये राज्य सरकार तथा नगरपालिकाओं के संबंधों की एक नई परिभाषा कर राज्य वित्त आयोग की सिफारिशों के अनुसार ससाधन अंतरण का आग्रह भी करता है। किन्तु राज्य सरकारों को इतने बड़े सुधार के लिए तैयार कर पाना कोई छोटा-मोटा काम नहीं है।
- शर्तों के अनुपालन पर ही संसाधन प्राप्ति और उनके प्रयोग के आधार पर अतिरिक्त साधन जुटा पाना सारे कार्यक्रम का निर्णायक घटक है। क्या राज्य सरकारें इस निमित्त विशिष्ट संरचनाएँ बना पाएँगी? क्या ऐसे संगठनों का गठन हो पाएगा जिनके माध्यम से ये कार्यक्रम

लागू होने हैं? क्या संभावित संसाधन अंतरण की प्रतिभूति के आधार पर स्थानीय निकायों को ऋण प्राप्त हो सकेंगे? ऋण भुगतान की उचित व्यवस्था के लिए साधन संप्राप्ति की सुनिश्चित व्यवस्था होनी आवश्यक है। वार्षिक बजट पर आधारित संसाधन प्रवाह तो प्रायः अनिश्चित ही रहते हैं। किसी गतावधि न होने वाले कोष (नॉन-लैप्सिंग फंड) की रचना बजट व्यवस्था का व्युत्क्रम होगा किन्तु इसके माध्यम से ऋणों का भुगतान करना बहुत सहज हो सकता है। कुल मिलाकर संसाधन जुटा पाने को लेकर अभी स्थिति अस्पष्टतापूर्ण ही है।

- इस मिशन की कार्य सूची में राज्यों को किराया कानून के प्रावधान तर्कसंगत बनाने या गरीबजन हिताय परियोजनाओं को छोड़ अन्य मामलों में शहरी भू-सीमा अधिनियमों को निरस्त करने के बीच चुनाव की छूट दी गई है। गरीबों के लिए आवास-निर्माण एवं उनकी संरचनागत सुविधाओं की आवश्यकता को पूरा करना एक अच्छा उद्देश्य है—पर इसके लिए तो अलग से पर्याप्त वित्त की व्यवस्था की जानी चाहिए। शहरी भू-सीमा कानून का निरस्तीकरण मुकद्दमेबाज़ी घटाने, आपूर्ति संवर्धन और कानून के प्रशासन से जुड़े भ्रष्टाचार के निवारण के लिए कदम उठाने भी आवश्यक हैं। किराया कानून को तर्कसंगत बनाना गृह निर्माण में निवेश को आकर्षित करने के लिए ज़रूरी है। ये कदम एक दूसरे के प्रतिपूरक तो हो सकते हैं प्रतिस्थापक नहीं।
- सभी नागरिक सेवाओं पर क्रमिक रूप से अच्छी संरचना उपलब्धि आधारित प्रयोक्ता शुल्क लागू करना शहरी निकायों की आर्थिक दशा सुधारने के लिए ज़रूरी हो गया है। किन्तु मिशन के उद्देश्य पत्र की ये व्यवस्था बहुत स्पष्ट नहीं है—इसमें तो मात्र यही कहा गया है—उचित स्तर पर इस ध्येय से प्रयोक्ता शुल्क लगाए जाएँ कि सात वर्षों में सेवाएँ प्रदान करने/ चलाए रखने की पूरी लागत उगाह पाना संभव हो जाए। ये तो समस्या का सामना करने को स्थगित करने जैसा ही है। इससे मिशन के क्रियान्वयन की निगरानी करना कठिन हो जाएगा।

अब शहरी सुधारों में देर नहीं की जा सकती। राज्य सरकारों का सहयोग पाने, उन्हें समुचित क्षतिपूर्ति और शहरी सुधारों के गुणक प्रभावों की बात समझा पाना इतना आसान नहीं है। नीतियों में तदर्थ परिवर्तन या योजनाओं के नाम बदलते रहना ठोस (कतिपय कठिनाई भरे) कदम उठाने का विकल्प नहीं हो सकता। सुधारों के लिए दृढ़ता, संगति और व्यापक सहमति के साथ-साथ राजनीतिक इच्छा शक्ति की भी आवश्यकता होती है। क्या हम इस रास्ते पर बढ़ते रह पाएँगे?

11 दिसम्बर, 2005

40

खाद्य समस्या : एक विश्लेषण

कृषि आय में निरंतर वृद्धि न केवल सकल घरेलू उत्पाद को बढ़ाने के लिए आवश्यक है, बल्कि वस्तुओं और सेवाओं के बाज़ार की संवृद्धिशील प्रवृत्ति को बनाए रखने में भी इसका महती योगदान होगा। समेकित कृषि सुधारों में जटिल नीतिगत उपायों में एक समरसता आवश्यक होगी। इनमें 'न्यूनतम समर्थन मूल्य' व्यवस्था, लक्षित सार्वजनिक वितरण प्रणाली, उपयुक्त उर्वरक-मिश्र प्रयोग द्वारा मृदा का पोषण सन्तुलन सुधारना, वर्षा जल के बेहतर प्रयोग द्वारा सिंचाई सुविधाओं का प्रसार, धारणीय जल प्रयोग तकनीकें और उपभोक्ता की माँग तथा भूमिगत जल भंडारों की सुलभता में हो रहे परिवर्तनों के अनुरूप फसलों के प्रारूप में परिवर्तन प्रमुख हैं। मूल्यवर्धक कृषि कार्य, विशेषकर कृषि पदार्थ प्रसंस्करण तो देश की कृषि गतिविधियों की पुनर्रचना में निर्णायक सिद्ध होंगे। ज़रा इन बातों पर गौर करें :

भारत की कृषि भूमि 18.4 करोड़ हैक्टेयर है। यहाँ 9.10 करोड़ टन दुग्ध उत्पादन होता है (ये विश्व में सबसे अधिक है)। 15 करोड़ टन फल-सब्जियों का हमारा उत्पादन विश्व में द्वितीय स्तर पर है; 21 करोड़ टन खाद्यान्न उत्पादन विश्व में तृतीय स्थान पर आता है। प्रति वर्ष 62 लाख टन मछलियाँ पकड़ी जाती हैं और देश का पशुधन 48 करोड़ (विश्व का सर्वाधिक) है। किन्तु यदि हम प्रसंस्करण अनुपात को देखें तो स्थिति बड़ी ही निराशाजनक है। मात्र 2 प्रतिशत फल-सब्जियों, 2.1 प्रतिशत मुर्गे आदि, 14 प्रतिशत दूध और 4 प्रतिशत मछलियों का ही प्रसंस्करण हो पाता है। सामान्य भंडार अवधि का न्यून स्तर और बाज़ारों से सम्पर्क के अभाव में 40 प्रतिशत फल-सब्ज़ियाँ बर्बाद हो जाती हैं। फिलिपीन्स और चीन जैसे देश भी क्रमशः 45 और 23 प्रतिशत खाद्य उत्पादन का प्रसंस्करण कर पा रहे हैं जबकि हमारे यहाँ कुल मिलाकर मात्र 7 प्रतिशत का ही प्रसंस्करण हो पा रहा है।

प्रश्न है : भारत में खाद्य प्रसंस्करण का कार्य क्यों फल-फूल नहीं पा रहा?

पहला कारण तो ग्रामीण क्षेत्रों में संरचना सुविधाओं की खस्ता हालत ही है। सड़कें खराब हैं या हैं ही नहीं। बाज़ार से सम्पर्क नहीं, जानकारी का अभाव है और शीत भंडार शृंखला की तो बात ही करना व्यर्थ है। घटिया स्तर की पैकिंग की लागत भी उत्पादन लागत के 10 से 54 प्रतिशत तक हो जाती है। शीत भंडार शृंखला मात्र 10 प्रतिशत उत्पादन को संभालने में समर्थ है, और उस क्षमता की 80 प्रतिशत इकाइयों में केवल आलू ही सुरक्षित रखना संभव होता है—और कुछ नहीं। साख की उच्च लागत और न्यून उपलब्धता भी एक समस्या बनी है। भले ही कृषि को बैंक साख के लिए उच्च वरीयता क्षेत्र माना गया है, किन्तु खाद्य प्रसंस्करण को इस क्षेत्र के लिए नियत साख का मात्र 4. 5 प्रतिशत ही मिल पा रहा है।

दूसरे, देश की नियमन व्यवस्था में भी त्रुटियाँ हैं—किसान अपनी उपज स्वतन्त्र रूप से नहीं बेच पाते। उन्हें पूर्व निर्धारित मंडियों में ही अपना माल बेचना पड़ता है। इससे उनकी विक्रय लागतों में वृद्धि होती है और अपनी आवश्यकतानुसार फेर-बदल की सुविधा नहीं रहती। अब तो कृषि-विपणन कानूनों में आमूल-चूल परिवर्तन तथा ठेके पर कृषि व्यवस्था को बढ़ावा देना अनिवार्य हो चला है। भविष्य की नीतियों की रूपरेखा की एक झलक खाद्य प्रसंस्करण मंत्रालय द्वारा निर्मित खाद्य प्रसंस्करण नीति, 2005 में बहुत स्पष्ट रूप से देखी जा सकती है। इन नीतियों को तुरंत अन्तिम रूप दिया जाना चाहिए। संरचना, वित्त की पर्याप्तता, कानूनी एवं विनियमन व्यवस्था आदि के प्रश्नों पर भी ध्यान दिया जाना चाहिए। सक्रिय ग्रामीण सड़क निर्माण कार्यक्रम और चल प्रशीतक (मोबाइल कोल्ड वैन) सुविधाओं में तारतम्य तथा शीत भंडार प्रणाली की रचना द्वारा हम सामग्री की बर्बादी को रोक कर कृषि आय में समुचित वृद्धि की व्यवस्था कर सकते हैं।

इन सभी कार्यों में सबसे अधिक बाधाकारी कारक तो कानूनी व्यवस्थाएँ हैं। इस समय खाद्य कानूनों का संचालन 9 मंत्रालयों द्वारा किया जाता है। केवल केन्द्र के स्तर पर ही 13 अलग-अलग खाद्य नियंत्रण आदेश जारी हो चुके हैं। राज्यों ने अपने-अपने नियन्त्रण आदेश अलग से जारी किए हुए हैं। इन आदेशों को लागू करने वाले संगठनों में एक तो कर्मचारियों का अभाव है, जो हैं वे भी प्रशिक्षित नहीं हैं और पुरानी लाइसेंस राज व्यवस्था के ध्वंसावशेष से अधिक नहीं हैं। वैसे तो देश में खाद्य इंस्पेक्टरों की संख्या 4,000 ही है—पर ये सभी उत्पादकों को बुरी तरह प्रताड़ित करने और उनसे अनुचित वसूली करने के लिए बदनाम हैं। 2003 में सरकार ने देश के खाद्य नियमों को समन्वित स्वरूप प्रदान करने के लिए एक मंत्री दल का गठन किया था। किन्तु सरकार बदली तो उस

दल की रचना भी बदल गई। अभी कुछ समय पहले कृषि मन्त्री की अध्यक्षता में एक नए दल की रचना हुई। इसने बहुत तेज़ी से अपना काम पूरा कर खाद्य सुरक्षा एवं मानक विधेयक, 2005 का मसौदा तैयार किया है और उसे व्यापक चर्चा के लिए खाद्य प्रसंस्करण मंत्रालय की वेबसाइट पर रख दिया है। इस बिल ने विभिन्न नियमों-कानूनों का एकीकरण करने का सराहनीय कदम उठाया है। किन्तु अभी इसमें कुछ त्रुटियाँ हैं। ये हैं :

(क) सभी सहमत हैं कि खाद्य सुरक्षा एवं शुद्धि को बढ़ावा देना सरकार का सामाजिक और नैतिक दायित्व है। किन्तु ये विधेयक इस कार्य को बड़ी विस्तृत लाइसेंस प्रणाली के माध्यम से ही पूरा करना चाहता है। ये विधेयक (पहले से ही बदनाम) इंस्पेक्टरों को बहुत ज़बरदस्त अधिकार देना चाहता है। उनके आधार पर वे इंस्पेक्टर निरीक्षण, तलाशी और ज़ब्ती जैसी कार्यवाही करने के अधिकारी हो जाएँगे। सभी नियमोल्लंघनों की सज़ा कैद बना दी जाएगी। इन इंस्पेक्टरों की मानसिकता को देखते हुए इन ज़बरदस्त शक्तियों के दुरुपयोग की संभावना ही प्रबल दिखाई देती है। वास्तव में तो हमें ये विचार करना चाहिए कि क्या हम इस क्षेत्र पर लाइसेंस का शिकंजा कसने के स्थान पर इसे लाइसेंसों से मुक्ति प्रदान कर सकते हैं? फिर तो कड़े खाद्य मानक घोषित कर उनके कड़ाई से पालन और उल्लंघन के लिए भारी वित्तीय दण्ड की व्यवस्था की जा सकती है। 'मानवीय उपभोग के लिए सुरक्षित एवं स्वास्थ्यकर खाद्य सामग्री उपलब्ध कराने' के सर्वमान्य उद्देश्य की प्राप्ति के लिए इंस्पेक्टरों की फौज भर्ती करना बहुत कुशलता-भरा कदम नहीं होगा।

(ख) ऐसा कोई संकेत नहीं है कि 'नया खाद्य प्रशासन' स्वायत्त होगा। विधेयक की धारा-5 में इस अधिकरण के सदस्य अनेक मंत्रालयों के सह-सचिव होंगे। उनका चयन मंत्रिमंडल सचिव की अध्यक्षता में गठित एक समिति करेगी। उनकी पदमुक्ति की शक्ति सरकार के पास रहेगी। साथ ही सरकार को बड़े व्यापक स्तर पर निर्देश देने का अधिकार सौंपा जाना इस अधिकरण की रचना, स्वायत्तता और कार्य पद्धति के प्रति आश्वस्त नहीं कर पाता।

(ग) वास्तव में विधेयक की धारा 8 (ग) में अधिकरण के सदस्यों को हटाने की जो व्यवस्था की गई है उसकी भी भ्रामक व्याख्या संभव है। साथ ही पूरे अधिकरण को ही भंग करने की व्यवस्था भी की गई है। इससे पहले तो नए कानून के बिना किसी नियमन अधिकरण को भंग करने जैसी बात भी सुनने में नहीं आई थी। अतः अधिकरण के सदस्य

ही नहीं, सम्पूर्ण अधिकरण राजनीति के तात्कालिक तकाज़ों के सामने विवश बना रहेगा।

(घ) एक और बात भी विचित्र लगी। विधेयक में यह स्पष्ट नहीं है कि उक्त अधिकरण पर किस मंत्रालय का प्रशासकीय आधिपत्य होगा। यदि मुख्य ध्यान विकास पर है (नियंत्रण पर नहीं) तो खाद्य प्रसंस्करण विभाग को ही इस अधिकरण का तर्कसंगत 'घर' माना जाना चाहिए। किन्तु क्या इस मंत्रालय को फसलों की कटाई के बाद सभी गतिविधियों के समन्वय का अधिकार है? अभी तक तो ये 'समन्वय' अनेक विभागों/संस्थानों के बीच बिखरा पड़ा है।

इस विधेयक की रूप रेखा बनाने में बहुत प्रयास और समय लगा है। शरद पवार को एक कठिन कार्य जल्दी से पूरा करने का श्रेय अवश्य मिलना चाहिए। किन्तु यदि इस विधेयक के माध्यम से हमें अन्तरराष्ट्रीय स्तर की व्यवस्था की रचना करनी है तो इसे लाइसेंस/परमिट राज की मानसिकता से मुक्त करना होगा। विधेयक में व्यवस्थित शक्तियाँ, नियुक्ति विधि, बर्खास्तगी और इसकी व्यवस्थाओं का क्रियान्वयन सभी का सरलीकरण आवश्यक है। आखिर सभी का ध्येय तो यही है न कि देश में खाद्य प्रसंस्करण उद्योग की स्थापना को आसान, सरल, सुरक्षित और लाभप्रद बनाया जाए। इस उद्देश्य की प्राप्ति इस क्रूरता-भरे कानून द्वारा नहीं हो सकती जिसकी रचना इस विधेयक से होगी। हमें निश्चय ही सोच समझकर निर्णय करना चाहिए।

अनुलेख

विभिन्न नियमों के स्वामित्वाधिकार का संघर्ष खाद्य प्रसंस्करण नीति लागू होने से बाधक हो रहा है। खाद्य प्रसंस्करण और स्वास्थ्य दोनों विभाग इसे अपनी बपौती मान रहे हैं। परिणामस्वरूप अभी नियमन अधिकरण की नियुक्ति नहीं हो पाई है और अधिनियम अधर में लटका है!

23 जनवरी, 2005

41

प्रकल्पों को पटरी पर लाना

भारतीय उद्योग महासंघ की पिछली क्षेत्रीय बैठक में विचारणीय प्रश्न था : धारणीय (सस्टेनेबल) प्रतियोगितापूर्ण संवृद्धि : क्या हम सही रास्ते पर चल रहे हैं? चर्चा के विशेष वक्ताओं में थे, योगी देवेश्वर, सुरजीत भल्ला, दिलीप कपूरिया, सुहेल सेठ, लैला तैयब जी, जोज सेलीनास् (मैक्सिको से) और यह लेखक। प्रायः सभी वक्ता एवं अन्य भागीदार इस बात पर सहमत थे कि हम सही रास्ते पर चल रहे हैं। किन्तु अभी तक की उपलब्धियों को अधिक प्रगल्भित करने और 10 प्रतिशत विकास का प्रयास करने के लिए हमें बहुत कुछ और भी करना होगा।

चुनौतियां तो पूर्व परिचित ही हैं : संरचना सुविधाएँ सुधारिए, शिक्षा पर अधिक ध्यान दें—विशेष रूप से शिक्षितों को रोज़गार योग्य बनाएं, कमज़ोर राज्यों में प्रशासन सुधारें और कुछ साँझे प्रश्नों पर सभी राजनीतिक दलों के बीच सहमति विकसित करें। प्रतियोगी बने रहने का अर्थ है बाज़ार की बदलती हुई आवश्यकताओं के अनुरूप परिवर्तित होना। जो समाज एक नव-प्रवर्तनवादी संस्कृति को अपना लेता है उसे स्वाभाविक रूप से लाभ रहता है। विश्व स्तर पर बाहर से काम कराना आज हमारे देश के लिए लाभप्रद व्यवसाय सिद्ध हो रहा है। किन्तु यदि कौशल-सम्पन्न श्रम की दुर्लभता के कारण मज़दूरी दर बहुत अधिक हो गई तो फिर हमारी लाभप्रदता का वर्तमान स्तर बना नहीं रह पाएगा। ये समझना नादानी होगी कि हम 8 प्रतिशत संवृद्धि दर पा चुके हैं तो हमारा अगला लक्ष्य 10 प्रतिशत होगा (जैसा कि प्रधानमन्त्री ने कहा है)। शंकर आचार्य ने अपनी पुस्तक *ऐस्सेज़ ऑन मैक्रोइक्नॉमिक पालिसी एंड ग्रोथ इन इण्डिया* में कहीं अधिक संधार्य किन्तु निम्न संवृद्धि दर 5.5 से 6 प्रतिशत की बात कही है। उन्होंने जॉर्ज इलियट की एक उक्ति का प्रयोग कर हमें सावधान भी किया है : 'सभी प्रकार की गलतियों में सबसे अधिक अकारण हो जाने वाली गलती तो भविष्यवाणी होती है।' टी. एन. श्रीनिवासन के हाल ही में प्रकाशित लेख *स्टेटस ऑफ इंडियन इक्नॉमिक*

रिफोर्म्स : एक विवृति या त्वरण से पूर्ण का विराम?—में एक विस्तृत टिप्पणी की गई है। ये संयमवादी विश्लेषण अति-उत्साह के प्रति सचेत कर रहे हैं। फिर भी माना जा सकता है कि संभवतः अब हम 7 प्रतिशत संवृद्धि की ओर निश्चित कदम बढ़ा रहे है। 10 प्रतिशत की बात तो कुछ और ही होगी।

मैं तो संवृद्धि युक्ति के किसी अन्य आयाम पर ही ध्यान केन्द्रित करना चाहता हूँ। उस चर्चा के मंच संयोजक शेखर गुप्ता थे। उन्होंने मुझसे दो टूक शब्दों में पूछा कि सरकार में प्रत्येक काम में इतनी देर क्यों लग जाती है? उन्होंने एक उदाहरण देते हुए कहा कि पिछले वर्ष के बजट में इंडियन इंस्टीट्यूट ऑफ साइंस को 100 करोड़ रुपये का अनुदान देने की घोषणा की गई थी—किन्तु इस विषय का प्रस्ताव मंत्रिमंडल के समक्ष अभी कुछ दिन पहले ही आ पाया है। साथ ही, कितने ही सड़क निर्माण परियोजनाओं के ठेके तो पिछले वर्ष जून में दे दिए गए थे, पर उन पर काम अभी तक आरंभ नहीं हो पाया है। उन्होंने वास्तव में बहुत महत्त्वपूर्ण प्रश्न उठाए हैं।

सबसे पहली समस्या तो उत्तरदायित्व का अभाव है। किसी काम में देरी के कारण शायद ही किसी सरकारी अधिकारी को दंडित किया गया हो—शीघ्र कार्यवाही करने का पुरस्कार भी कभी नहीं दिया गया। इसी कारण सतर्कतापूर्वक और धीरे-धीरे निर्णय करने में ही सभी को अपनी नौकरी की सुरक्षा तथा जीवनवृत्ति में प्रगति दिखाई देती है। उत्तरदायित्व निर्धारण की प्रक्रिया एक जटिल जाल की भाँति है। इसके कारण भी तुरन्त सार्वजनिक सेवा सम्भव नहीं हो पाती। निजी क्षेत्र के विचार और कार्यपद्धति को सार्वजनिक क्षेत्र में आरोपित कर पाना इतना सरल नहीं है। शायद इस समस्या का एक समाधान अधिकाधिक कार्यों को निजी क्षेत्र को हस्तांतरित करना हो। साथ ही साथ समस्तर पर निजी क्षेत्र से कुशल प्रशासकों को सरकार में कार्य पर आमन्त्रित करने की व्यवस्था भी सहायक हो सकती है। संभवतः सरकारी सेवा सुधार को लेकर जिस अधिकरण की आजकल चर्चा चल रही है, वह इन प्रश्नों के कुछ समाधान खोजने के प्रयास कर पाएगा।

दूसरी बात यही है कि बजट में घोषित अनेक बड़े निर्णय अक्सर तालियाँ बटोरने के ध्येय से प्रेरित एवं तात्कालिक ही होते हैं। उनके पीछे कोई ठोस चिंतन नहीं होता। वित्तमन्त्री प्रायः अपने अधिक कठोर फैसलों के आघात की पीड़ा कम करने के लिए ऐसे निर्णय घोषित कर देते हैं जिनसे उनके बजट प्रस्ताव 'अधिक सन्तुलित' होने का भ्रम पैदा हो सके। परिणामस्वरूप, प्रायः संबद्ध मंत्रालयों को भी उन महत्त्वपूर्ण फैसलों की भनक बजट प्रस्तुति के समय ही मिल पाती है। ऐसी दशा में उनके पास वित्त-विधेयक के पारित होते ही काम प्रारंभ करने के लिए उस परियोजना से जुड़े विस्तृत कार्यक्रम तैयार करने, आवश्यक अनुमति

आदि प्राप्त करने और सभी हितांशधारियों से विचार कर पाने का समय ही नहीं होता। इस प्रकार अद्‌भुत घोषणाओं से बजट का रहस्य भले ही गूढ़ हो जाता हो, किन्तु उनका क्रियान्वयन निश्चय ही लटक जाता है। जब जन-सामान्य को बजट घोषणा के महीनों—यहाँ तक कि वर्षों बाद तक वास्तव में कोई प्रगति नहीं दिखाई देती तो उसका अविश्वास उन्माद का स्वरूप धारण कर जाता है।

तीसरी समस्या वित्तीय नियमों से जुड़ी है। किसी परियोजना की स्वीकृति, उसके लिए धन संवितरण आदि के लिए राज्य सरकारों द्वारा अपनाए गए कोषागार कूट कालदोषग्रस्त होते हैं। वैसे ये सभी व्यवस्थाएँ सार्वजनिक कोष के दुष्प्रयोग में बाधा डालने के ध्येय से गढ़ी गई हैं और जहाँ कहीं भी कुछ हेराफेरी के संकेत मिले वहीं कुछ न कुछ और सतर्कतावादी टिप्पणियाँ जोड़ दी गई हैं। करों द्वारा संगृहीत सार्वजनिक कोष की राशियों का व्यय सतर्कता, ध्यान और विवेकपूर्ण कसौटियों के अनुरूप होना चाहिए। किन्तु यदि सारी कार्य पद्धति पर संसाधन बचाने के ध्येय से संवितरण रोकने और भविष्य में संभावित आपत्तियों से बचने के पूर्वोपाय की मानसिकता भारी पड़ने लगे तो फिर कोई भी काम समय रहते कर पाना संभव नहीं होता।

अभी कुछ समय पूर्व प्रशासकीय सुधार आयोग का गठन किया गया है। उसे एक आदर्श कोषागार कूट का सुझाव देना चाहिए, साथ ही वित्तीय नियमों की पुनर्रचना भी करनी चाहिए ताकि विवेकशील कसौटियों के अनुसरण सहित तीव्र गति से परियोजनाओं पर कार्य संभव हो सके। राज्य स्तर पर ये कार्य करना तो और भी अधिक महत्त्वपूर्ण होगा।

चौथी बात : उत्तरदायित्व तो वांछनीय है किन्तु अत्यधिक निगरानी समूची व्यवस्था को ही पंगु बना देती है। सचिवालय से बाहर काम करने वाले अधिकारियों (बैंक अधिकारियों सहित) में एक परिहास बहुत प्रचलित है : अंग्रेज़ी के 'सी' अक्षर से नाम प्रारंभ होने वाले तीन कार्यालयों से बच कर चलो। ये तीन हैं—नियन्त्रक एवं महालेखापाल (Comptroller and Auditor General), केंद्रीय सतर्कता आयोग (Central Vigilance Commission) और केन्द्रीय अन्वेषण ब्यूरो (Central Bureau of Investigations)। ये परिहास एक चिंताग्रस्त मानस की झलक देता है। अतः विकास के स्थान पर 'सतर्कता' ही केन्द्रभूत उद्देश्य बन जाती है। जिस प्रकार से सरकार का कार्यक्षेत्र सीमित हो रहा है, सरकारी कार्यप्रणाली को अधिक दक्षतापूर्ण बनना होगा। पिछड़े राज्यों में तो निजी निवेश के लिए उपयुक्त वातावरण की रचना के लिए बड़े पैमाने पर सार्वजनिक निवेश की आवश्यकता वर्षों तक बनी रहेगी। साथ ही 'मानवीयतापूर्ण सुधार' के लिए शिक्षा, स्वास्थ्य, ग्रामीण विकास और रोज़गार सृजन आदि में सार्वजनिक संस्थाओं को और दूरगामी एवं सक्रिय योगदान देना होगा। बहुत समय से सार्वजनिक उपक्रमों के काम 'अधिक

समय और उच्च लागत' के कारण आलोचना का विषय बने हुए हैं। किन्तु दायित्व निर्धारण नहीं हो पाता। भूमि अधिग्रहण, पर्यावरणीय सहमति, अड़ियल ठेकेदार, न्यायालयों में चल रहे अभियोग और संसाधन संवितरण की देरी आदि के सहारे सहज ही वैयक्तिक दायित्व को पहचान रहित संस्थाओं के खाते में चढ़ा दिया जाता है। हमें भ्रष्टाचार को निकम्मेपन से अलग कर पहचानना होगा। परियोजनाओं को पटरी पर लाना हमारी संवृद्धि युक्ति का एक बहुत बड़ा संबल होगा।

अनुलेख

परियोजनाओं पर मंथर गति से कार्य निरन्तर चिन्ता का विषय है। इस चिन्ता को और गहरा करने का कारण भी है : पिछले दो वित्त वर्षों में सार्वजनिक निवेश में भारी वृद्धि की गई है। यदि एक निवेश एवं प्रभाव विवरण तैयार हो तो निश्चय ही व्यय और भौतिक उपलब्धियों की सार्थक समीक्षा संभव हो पाएगी। किन्तु अभी भी सार्वजनिक निवेश की गुणवत्ता और घोषित परियोजना उद्देश्यों की प्राप्ति के स्तर आदि विवाद के विषय बने हैं। राष्ट्रीय ग्रामीण रोज़गार योजना जैसे बहुप्रचारित परियोजनाओं में भी व्यय के लक्ष्य पूरे नहीं कर पाना सरकारी कार्य निष्पादन पद्धति की कुशलता और प्रभावोत्पादकता को सुधारने की आवश्यकता की ओर ही इंगित कर रहा है। राष्ट्रीय राजमार्ग विकास कार्यक्रम तथा भारत निर्माण कार्यक्रम के अन्य घटकों की धीमी प्रगति की ओर भी तुरन्त ध्यान दिया जाना चाहिए।

प्रशासकीय सुधार आयोग की अन्तरिम सिफारिशों में आदर्श कोषागार कूट और वित्तीय नियमों की कोई चर्चा नहीं की गई है।

9 अप्रैल, 2006

42

'क्रॉस-सबसिडी' की निरर्थकता

फिर वही मौसम आया जब हर कोई पी. चिदम्बरम को बिन माँगी सलाह देने को लालायित होता है। वित्तमन्त्री बहुत सहिष्णु होते हैं, उन्हें हमेशा याद रहता है कि बजट की मूल रचना में अनेक अनम्यताएँ भरी होती हैं। बहीखातों का गणित लचीलेपन और चपलता की सम्भावना को सीमित कर देता है। संसद के शीतकालीन सत्र में चिदम्बरम ने दूसरी बार एक 'श्वेत पत्र' प्रस्तुत कर 'सबसिडीज़' (subsidies) पर चर्चा कराने तथा अनेक प्रत्यक्ष और परोक्ष 'सबसिडीज़' के विषय में सदन को अपनी चिन्ताओं से अवगत कराने का प्रयास किया है। 'सबसिडी' विषयक चर्चा मुख्यतः सार्वजनिक वितरण प्रणाली, सार्वजनिक सेवाओं में प्रयोक्ता शुल्कों और कृषि निवेशों कें मूल्य निर्धारण तक सीमित रह जाती है। 'सबसिडीज़' को लक्ष्यित करने की भी बात चली है, किन्तु अभी उसका कोई ठोस परिणाम सामने नहीं आया है।

भारतीय अर्थतन्त्र में 'क्रॉस-सबसिडीज़' (cross-subsidies) की भरमार है—यहाँ कोई न कोई क्षेत्र/उपक्षेत्र अन्य उपक्षेत्रों में दी गई 'सबसिडी' की लागत चुकाता दिखाई पड़ जाता है। इतना कहना ही पर्याप्त होगा कि इन 'क्रॉस सबसिडीज़' की लागतों को न तो स्पष्ट रूप से समझा जा रहा है अैर न ही उनका सावधानी से आकलन होता है, फिर भी व्यापक स्तर पर आर्थिक गतिविधियों पर उनकी छाप दिखाई दे जाती है। कुछ उदाहरण :

- रेल : माल भाड़े की उच्च दरों के सहारे यात्री किराए कम रखे जाते हैं। यही नहीं, माल ढुलाई में भी कुछ मामलों में गैर-अर्थक्षम दरों का प्रयोग कर कुछ वस्तुओं का भाड़ा कम रखा जाता है। इसी प्रकार यात्रियों की विभिन्न श्रेणियों की किराया दरें भी 'क्रॉस सबसिडीज़' से मुक्त नहीं हैं।
- तेल : सबसे अधिक जानी-पहचानी 'सबसिडी' पेट्रोल के दाम

बढ़ाकर मिट्टी का तेल और रसोई गैस सस्ते दामों पर बेचने से जुड़ी है। डीज़ल के दामों में कभी आयात समता के आधार पर परिवर्तन होते हैं, कभी नहीं।

- नागर विमानन : अधिक घनता वाले, आर्थिक दृष्टि से लाभप्रद वायुमार्गों के यात्रियों को गैर-अर्थक्षम सेवाएँ चलाए रखने का आर्थिक बोझ भी उठाना पड़ रहा है। इसी प्रकार अधिक लाभ कमाने वाले हवाई अड्डों को हानि उठा रहे हवाई अड्डों की भरपाई करनी पड़ती है।
- दूरसंचार : व्यापक सेवा दायित्व और सम्पर्क घाटा प्रभार के माध्यम से ग्रामीण क्षेत्रों में दूरसंचार सेवा पहुँचाने का खर्च अन्य क्षेत्रों के वर्तमान उपभोक्ता वर्ग पर डाल दिया जाता है। देश में ही दूरस्थ क्षेत्रों में और अन्तर्राष्ट्रीय कॉल करने वालों पर यह भार और अधिक रहता है।
- विद्युत : किन्हीं विशेष वर्गों के उपभोक्ताओं को निम्न दरों या निःशुल्क आधार पर बिजली प्रदान करने का सारा भार घरेलू तथा औद्योगिक उपभोक्ता वर्ग से अधिभार स्वरूप उगाह लिया जाता है।

यह सूची बहुत लम्बी हो सकती है। 'क्रॉस-सबसिडीज़' वित्तमन्त्रियों को बहुत सुविधाजनक लगती हैं। यदि इन्हें समाप्त कर दिया जाए, किन्तु सामाजिक एवं समता आदि कारणों के आधार पर किन्हीं वर्गों को लागत से कम दामों पर सुविधाएं उपलब्ध कराना आवश्यक समझा जाए, तो फिर वह सारा आर्थिक भार बजट पर आ पड़ेगा। किन्तु निरन्तर चलती राजकोषीय विवशताओं के कारण ऐसा कर पाना बहुत कठिन हो जाता है इसीलिए इन 'सबसिडीज़' की व्यवस्था को जारी रखना एक सुविधाजनक विकल्प मान लिया जाता है। इस सुविधा में राजकोषीय विकृतियाँ छुप जाती हैं। 'क्रॉस-सबसिडीज़' को समता के नाम पर उचित ठहरा दिया जाता है कि गरीब को सुविधा देने का भार अमीर उठा रहे हैं। इसे विभिन्न क्षेत्रों में आन्तरिक रूप से पुनः वितरण कहा जा सकता है। किन्तु पुनः वितरण की सबसे अधिक कुशल विधि क्या यही है?

तीन कारणों के आधार पर इन्हें कुशलतम विधि मानना सम्भव नहीं होगा :

सबसे पहले बात तो यही है कि 'क्रॉस-सबसिडीज़' की बात करते हुए हमें बहुत ध्यान से यह देखना चाहिए कि कौन किसके कारण अधिक भार वहन कर रहा है और व्यापक स्तर पर 'कर' के क्या प्रभाव हो रहे हैं। भारत में प्रचलित 'क्रॉस-सबसिडीज़' सामान्यतः अमीरों से लेकर गरीबों में वितरण नहीं कर रहीं। बिजली से जुड़ी 'क्रॉस-सबसिडीज़' का उदाहरण ही लें, अभी तक इनकी कोई भी समीक्षा यह सिद्ध नहीं कर पाई है कि अमीर वर्ग औसत रूप से अधिक

ऊँची दर पर बिजली का बिल भर रहा है। यह तो वास्तव में व्यावसायिक उपभोक्ता पर अधिक भार डालकर गैर-व्यावसायिक वर्ग को सस्ते दाम विद्युत आपूर्ति करने का माध्यम है। उद्योगों को अमीर मान लेना उचित नहीं होगा। उनकी ऊर्जा लागतों में अनावश्यक वृद्धि के कारण उनमें निवेश हतोत्साहित होता है जिससे रोज़गार के अवसरों में समुचित वृद्धि नहीं हो पाती और गरीब वर्ग के लोगों को रोज़गार नहीं मिल पाता। दूसरी ओर अमीर वर्गों से प्रत्यक्षतः अधिक कीमत वसूलने का प्रभाव इतना हानिकर नहीं होता, उन पर लगे अतिरिक्त कर से उनकी वर्तमान आय में कुछ ही कमी आती है, किन्तु निवेश की आय लोच प्रायः एक से कम ही होती है—अतः वे अधिक कर चुकाने के बाद भी पूर्ववत निवेश करने और रोज़गार के अवसर तैयार करने में जुटे रहेंगे।

इस प्रकार औसत-आधारित 'क्रॉस-सबसिडीज़' में मौजूदा अनगढ़ उद्योग-परिवार विभाजन विधि की अपेक्षा अधिक गुण होना दो प्रभावों 'प्रतिस्थापन प्रभाव' और 'संपत्ति प्रभाव' के सापेक्ष आकार पर निर्भर है। जब किसी उद्योग पर कर लगाए जाते हैं तो निवेशक अन्य देशों या अन्य कार्यों में निवेश करने लगते हैं। इसे हम 'प्रतिस्थापन प्रभाव' कहते हैं। किन्तु जब अमीर लोगों पर कर लगाए जाते हैं तो उनके पास निवेश योग्य कोष में कुछ कमी आने से उनके समग्र निवेश में भले ही कुछ कटौती हो जाए, किंतु वह सारी कटौती औद्योगिक निवेश में कमी का रूप धारण नहीं करती। इसी को मोटे तौर पर 'संपत्ति प्रभाव' का नाम दिया जा सकता है।

मैं दो कारणों से 'संपत्ति प्रभाव' को 'प्रतिस्थापन प्रभाव' की अपेक्षा क्षीण मानता हूं :

1. 'प्रतिस्थापन प्रभाव' अपने आपमें महत्त्वपूर्ण है : निवेश आकर्षित करने का बाजार विश्वव्यापी और बहुत स्पर्धापूर्ण है। एक छोटी-सी प्रतिकूलता के परिणामस्वरूप भारतीय उद्योग बहुत से संभावित निवेश से वंचित हो सकते हैं।

2. 'संपत्ति प्रभाव' गौण है : अमीर लोगों के लिए उपभोग की सीमांत उपयोगिता काफी कम होती है—प्रायः सभी स्वीकार करते हैं कि उपभोग की सीमांत उपयोगिता निरंतर कम होती है और धनी वर्गों का वर्तमान उपभोग स्तर काफी अधिक ही है। किन्तु किसी भी व्यक्ति के लिए निवेश की सीमांत उपयोगिता इस प्रकार कम होना अनिवार्य नहीं है। अतः जब उनके प्रयोज्य कोष में कमी आती है तो उनके समक्ष दो विकल्प होते हैं : उपभोग में कुछ कटौती या निवेश में कटौती। ऐसी दशा में वे उसी व्यय में कटौती करेंगे जिसके कारण सीमांत उपयोगिता में कम वृद्धि हो रही हो—और ऐसा व्यय उपभोग व्यय होता है। ऐसी स्थिति में निवेश व्यय अप्रभावित भी रह सकता है।

दूसरे, 'क्रॉस-सबसिडीज़' सरकार के सामान्य बजट के माध्यम से किए गए

पुनः वितरण की अपेक्षा अधिक विकृतिकारी होती हैं। इनके कारण विभिन्न वस्तुओं की सापेक्ष उपभोग लागतों में परिवर्तन आ जाता है। इससे प्रभावित व्यक्ति 'सबसिडी' प्राप्त वस्तुओं का उपभोग अपने सामान्यतः संभावित स्तर से अधिक करने लगते हैं। तो फिर वर्तमान समय में 'सबसिडी' के लिए ऊँची कीमतों का भार सह रहे वर्गों से प्रत्यक्षतः अधिक कर वसूल करने तथा गरीब वर्गों को निर्वाह भत्ते के रूप में इतनी धन राशियों का वितरण क्यों नहीं किया जा सकता कि उनकी बिजली, पानी, परिवहन आदि की अपेक्षित आवश्यकता पूरी हो सके? यहाँ सभी उपभोक्ताओं से सेवाओं की लागत पूरी करने वाली कीमत वसूल होगी और सभी अपनी इच्छानुसार अनुदान राशि इन सेवाओं पर व्यय करने को स्वतन्त्र रहेंगे। वास्तव में इस व्यवस्था में लाभान्वित हो रहे वर्ग अधिक संतुष्ट होंगे, उन्हें चयन की अधिक स्वतन्त्रता सुलभ होगी। साथ ही जो लोग पहले 'सबसिडी' का बोझ उठा रहे थे उनकी स्थिति में कोई गिरावट नहीं आएगी—यह पूर्ववत ही रहेंगे। हाँ, यह जरूर है कि सबसिडियों का बोझ उठानेवाले समूह में फेरबदल होंगे। किन्तु मुख्य बात यह है कि यह व्यापक स्तरीय पुनः वितरण क्षेत्र आधारित पुनः वितरण की अपेक्षा कहीं श्रेष्ठ होगा—इसमें कुछ व्यक्तियों की स्थिति पहले से बेहतर हो जाएगी और कोई भी पहले से बदतर स्थिति में नहीं पहुँचेगा।

तीसरी मुख्य बात यह है कि निजी-सार्वजनिक भागीदारी के सन्दर्भ में तो यह 'क्रॉस-सबसिडीज़' दुरुस्वप्न ही बन जाती हैं। पूर्णतः सरकार संचालित सेवाओं में उनमें कोई भी सद्गुण हों, किन्तु निजी भागीदारी के सन्दर्भ में प्रत्येक फर्म के लिए उनका अलग से लेखांकन करना बहुत ही दुष्कर हो जाता है। भले ही सरकार इसी में सन्तुष्ट हो रहे कि कुल मिलाकर अमुक क्षेत्र से लाभ सृजन हो रहा है किन्तु निजी क्षेत्र की तो प्रत्येक कम्पनी लाभ कमाना चाहेगी। जिस प्रकार की निजी-सार्वजनिक भागीदारी की व्यवस्था की ओर भारत आज अग्रसर है उसके साथ 'क्रॉस-सबसिडीज़' की वर्तमान व्यवस्था का कोई तालमेल सम्भव नहीं होगा।

चिदम्बरम सभी काम एकसाथ नहीं कर पाएँगे। मुझे तो सन्देह है कि 'सबसिडीज़ पर श्वेत पत्र' में उन्होंने जिन बातों को उठाया है उन सभी की दिशा में भी वह विशेष प्रगति कर पाएँगे। कुछ मामलों में सामाजिक एवं समताकारी तर्कों के आधार पर 'सबसिडीज़' उचित ठहराई जा सकती हैं किन्तु इस दशा में भी उनको सूझबूझ के साथ 'लक्ष्यित' करना आवश्यक होगा। फिर भी 'क्रॉस-सबसिडीज़' अर्थतंत्र के लिए विकृतिकारी होती हैं, इनकी अवधारणा तर्कातीत होती है और इनको लागू करने की प्रक्रिया तो बहुत ही गड़बड़ है। भले ही उन्हें तुरन्त समाप्त करना सम्भव नहीं हो, किन्तु उनके लिए किसी 'सूर्यास्त वेला' का निर्धारण अवश्य होना चाहिए। हम चिदम्बरम से कम से कम यह आशा

तो कर सकते हैं कि वे इन तर्कहीनताओं की समाप्ति के लिए प्रतिबद्धता की घोषणा करेंगे। कोई भी व्यय-प्रबन्धन नीति इन सरोकारों की अवहेलना नहीं कर सकती। साझा सरकार की राजनीति वर्षों से लंबित एवं रूढ़ हो चली इन समस्याओं के निदान को टालने का बहाना नहीं बन सकती। अब 'क्रॉस-सबसिडीज़' से क्षुब्ध न हो पाना कठिन हो चला है।

6 फरवरी, 2005

43

अब लघु उपकर अधिनियम निरस्त करें

कुछ समय पूर्व मैंने वित्त मन्त्रालय में सुधार के लिए कुछ सुझाव दिए थे। इन सुझावों में उन कानूनों को रद्द करना भी शामिल था जिनकी उपयोगिता समाप्त हो चुकी है। सभी कर सम्बन्धी अधिनियम तर्कसंगत और युग की आवश्यकताओं को पूरा करने में सक्षम होने चाहिएं लेकिन उपकरों के मामले में लगातार असमंजस की स्थिति बनी हुई है।

उपकर की सटीक परिभाषा तो नहीं हो पाती किन्तु जस बैंस के शब्दों में आज के युग में इन्हें 'करों पर कर' कहा जा सकता है। यह अर्थ आयरिश किसानों की विशेष परिस्थितियों से जुड़ा है—वहाँ सबसे अधिक उत्पादन करनेवाले किसान को सबसे अधिक कर भी चुकाना पड़ता है। वहाँ की कहावत में इसे 'करानुमान कर' का नाम दिया जाता है। भारत में शिंदे बंधु बनाम आयुक्त रायचूर, 1967 में सर्वोच्च न्यायालय ने उपकर की व्याख्या करते हुए अनेक उदाहरणों के बाद यह निर्णय किया है—उपकर किसी विशेष प्रशासकीय व्यय को पूरा करने के लिए लगाया जाने वाला कर है।

पैट्रोल और डीज़ल पर राष्ट्रीय राजमार्ग विकास कार्यक्रम और ग्रामीण सड़कों के निर्माण हेतु लगाया गया उपकर समझ में आता है—इसका प्रयोग भी सहज-स्पष्ट है। वास्तव में इस उपकर की राशि एक विशेष कोष में जमा होती है। उस कोष का प्रयोग सम्भावित राजस्व संग्रह के अनुमान के आधार पर बाज़ार से उधार लेने के लिए एक प्रतिभूति कोष के रूप में किया जाता है। इसी प्रकार हाल ही में लगाया गया शिक्षा उपकर है जो मानवीय संसाधन विकास के बहुत भारी-भरकम लक्ष्यों की पूर्ति के लिए धन जुटाने के ध्येय से प्रेरित है। जहाँ तक राजमार्ग और शिक्षा उपकरों का प्रश्न है—इन्हें समझा जा सकता है, किन्तु भारत सरकार भूले-बिसरे कानूनों के आधार पर कितने ही छोटे-छोटे उपकर उगाह रही है।

ज़रा 2003-04 में विभिन्न कानूनों के सहारे उगाहे जा रहे उपकरों की

सूची देखें :

- बीड़ी उपकर : बीड़ी मज़दूर कल्याण अधिनियम, 1976; संग्रहीत राशि : 94.05 करोड़ रुपये।
- लौह अयस्क उपकर : लौह खदानों, मैंगनीज़ अयस्क खदानों तथा क्रोम का उपकर; खान मज़दूर कल्याण उपकर अधिनियम, 1976; संग्रहीत राशि : 7.72 करोड़ रुपये।
- चूना पत्थर और डोलोमाइट उपकर : चूना पत्थर खान मज़दूर कल्याण कोष अधिनियम, 1972' संग्रहीत राशि : 16.49 करोड़ रुपये।
- फिल्मों पर उपकर : सिनेमा कर्मी कल्याण उपकर अधिनियम, 1981; संग्रहीत राशि : 90.36 लाख रुपये।

उद्देश्य : इन चार कल्याण कोषों से श्रममंत्रालय को बीड़ी उद्योग, गैर कोयला खनन और सिनेमा निर्माण में लगे श्रमिकों के लिए आवास, चिकित्सा, शिक्षा एवं मनोरंजन सुविधाओं की व्यवस्था करनी है।

उपकर सूची की इतिश्री यहीं नहीं होती। ज़रा अन्य उपकरों पर भी ध्यान दीजिए :

- कोयला और कोक उपकर : कोयला खान (संरक्षण एवं विकास) अधिनियम, 1974। उद्देश्य : कोयला खानों के संरक्षण और उनमें सुरक्षा-व्यवस्था का प्रावधान तथा कोयला खान क्षेत्रों के लिए सड़क एवं रेल संरचनागत सुविधाओं का विकास। एकत्र हुई राशि : 230 करोड़ रुपये।
- खोपरा (नारियल) उपकर : खोपरा उपकर अधिनियम, 1979। उद्देश्य : नारियल उद्योग तथा तत्संबंधी गतिविधियों के विकास के लिए धन जुटाने हेतु खोपरे पर उपकर लगाना। संग्रहीत धनराशि : 9,000 रुपये मात्र।
- कॉफी उपकर : कॉफी अधिनियम, 1942। उद्देश्य : कॉफी बोर्ड अनेक योजनाओं के माध्यम से कॉफी उत्पादकों के लिए तकनीकी और वित्तीय सहायता की व्यवस्था करता है। संग्रहीत राशि : 50,000 रुपये मात्र।
- तेल और तिलहन उपकर : उत्पाद उपकर अधिनियम, 1966। संग्रहीत राशि : 46,87,000 रुपये।
- वनस्पति तेल उपकर : कृषि मंत्रालय (कृषि विभाग) विज्ञप्ति संख्या जी.एस. आर. 882 (ई) तिथि 8/12/1983। संग्रहीत राशि : 17,80,000 रुपये।
- पटसन उपकर : पटसन उत्पादक उपकर कानून, 1983। उद्देश्य : पटसन उत्पादकों और तत्सम्बन्धी मामलों के विकास के लिए। संग्रहीत राशि : 40.37 करोड़ रुपये।
- रबड़ उपकर : रबड़ कानून, 1947। उद्देश्य : रबड़ की कीमतों में स्थायित्व और रबड़ उत्पादकों के लिए न्यूनतम कीमत सुनिश्चित करने के लिए।

संग्रहीत राशि : 84.16 करोड़ रुपये।

- नमक उपकर : नमक उपकर कानून, 1953। उद्देश्य : सरकार द्वारा संचालित नमक संगठन के व्यय की व्यवस्था तथा नमक उत्पादन आपूर्ति एवं वितरण व्यवस्था हेतु। संग्रहीत राशि 2.77 करोड़ रुपये।
- चीनी उपकर : चीनी उपकर कानून, 1982। उद्देश्य : चीनी उद्योग एवं तत्संबंधी विकास व्यय हेतु। संग्रहीत राशि : 341.57 करोड़ रुपये।
- चाय उपकर—चाय कानून, 1953। उद्देश्य : यह राशि चाय बोर्ड को सौंपी जाती है। संग्रहीत राशि : 26.86 करोड़ रुपये।
- कपास उपकर : उत्पाद उपकर अधिनियम, 1966। उद्देश्य : इस उपकर की राशियों का प्रयोग कपास सहित कृषि उत्पादों के सुधार, विकास, विपणन आदि को बढ़ावा देने पर होगा। संग्रहीत राशि : 4,22,000 रुपये।
- वस्त्र उपकर : उद्देश्य—वस्त्रों, ऊनी वस्त्रों, कृत्रिम रेशमी एवं अन्य मानव निर्मित वस्त्रों का विकास। संग्रहीत राशि : 41.61 करोड़ रुपये।
- रेयन और कृत्रिम रेशमी वस्त्रों पर हथकरघा उपकर : वस्त्र-उद्योग समिति अधिनियम, 1963। संग्रहीत राशि : 3,000 रुपये।
- ऊनी वस्त्रों पर हथकरघा उपकर : संग्रहीत राशि 22,000 रुपये।
- सूती वस्त्रों पर हथकरघा उपकर : संग्रहीत राशि : 9,12,99000 रुपये।
- मानव निर्मित वस्त्रों पर हथकरघा उपकर : संग्रहीत राशि : 54,000 रुपये।
- तम्बाकू उपकर : तम्बाकू उपकर अधिनियम, 1975। उद्देश्य : तम्बाकू बोर्ड के व्यय की व्यवस्था हेतु। संग्रहीत राशि : 13,94,000 रुपये।
- कागज़ उपकर : उद्योग (विकास एवं नियंत्रण) अधिनियम, 1951। संग्रहीत राशिः 18.39 करोड़ रुपये।
- तृण पट्ट (straw board) उपकर : संग्रहीत राशि : 13,87,000 रुपये। उद्देश्य : तृण पट्ट उद्योग का संवर्धन।
- मोटर वाहन उपकर : उद्देश्य—मोटरगाड़ी उद्योग के विकास हेतु। संग्रहीत राशि : 77.19 करोड़ रुपये।
- माचिस उपकर : संग्रहीत राशि : 37,000 रुपये।
- अन्य वस्तुओं पर उपकर : संग्रहीत राशि : 2,77,000 रुपये।

उपर्युक्त 26 उपकर 27 अधिनियमों के अन्तर्गत लगाए जा रहे हैं और इनसे 993 करोड़ रुपये की विपुल धनराशि का संग्रह हो रहा है। खोपरे पर कर से मात्र 9,000 रुपये तथा रेयन और कृत्रिम रेशम वस्त्र कर से तो केवल 3,000 रुपये की प्राप्ति हो रही है। वास्तव में इन करों के संग्रह के दस्तावेज बनाने

का खर्च ही इनसे प्राप्त धनराशियों से कहीं अधिक है। जाहिर है कि इन करों को जारी रखना और उसे सम्भव बनाने वाले कानून—दोनों ही अब सन्दर्भहीन हो गए हैं। इन कानूनों को निरस्त करने से शुद्ध राजस्व की कोई हानि नहीं होगी—हाँ, वित्त मन्त्रालय के बही-खाते जरूर साफ-सुथरे दिखने लगेंगे। वित्त मन्त्रालय को विभिन्न प्रशासकीय मन्त्रालयों से तालमेल कर इन उपकरों की समाप्ति का कार्य बजट सत्र में ही कर डालना चाहिए। इस उपकरीय गड़बड़झाले को चलाए रखने से किसी प्रकार का सार्वजनिक हित साधन नहीं होता। इसमें संग्रहीत राशि और उसके प्रयोग को हम बिल्कुल भूल चुके हैं।

18 सितम्बर, 2005

VIII
राजनीतिक गत्यात्मकता

44

सदाशय से आगे भी बढ़िए

मनमोहन सिंह सत्ता का सम्मान करते हैं, आज देश में वही सत्तानिधान भी हैं, लेकिन वह निरंकुश नहीं है। प्रशासन व्यवस्था में सुधार पर वह अक्सर अपने उद्‌गार व्यक्त करते रहते हैं। इन सुधारों में केंद्र तथा राज्यों के विस्तृत पटल पर प्रशासन में सुधार दोनों ही सम्मिलित हैं। अब यह तो समय ही बताएगा कि घोषणाओं के अनुरूप कार्य भी होंगे या नहीं लेकिन सरकार में सभी व्यक्ति सुधारों के हामी नहीं हैं। इन चार उदाहरणों पर गौर कीजिए :

एक, भारतीय आयुर्विज्ञान परिषद् अधिनियम, 1956 में संशोधन का प्रस्ताव। इस अधिनियम को भारतीय आयुर्विज्ञान परिषद् संशोधन विधेयक, 2005 द्वारा सुधारा जाना है। जो सरकार को बहुत ही निरंकुशता पूर्ण अधिकार प्रदान करता है। ऐसी गलतफहमी तो खैर किसी को नहीं है कि वर्तमान स्वरूप में परिषद पक्षपात की राजनीति और अन्य अनियमितताओं से मुक्त है। इसके कुछ सदस्यों की ईमानदारी संदिग्ध हो सकती है—किन्तु वर्तमान अधिनियम में तथा अन्य अनेक कानूनों में ऐसी व्यक्तिस्तरीय पथभ्रष्टता के निवारण में सक्षम प्रावधान विद्यमान हैं।

जो संशोधन सुझाए जा रहे हैं उनमें से कुछ एक इस प्रकार हैं—

(*i*) यदि कोई मनोनीत सदस्य परिषद से स्वयं नहीं हट जाता तो 'केन्द्रीय सरकार उसे हटने का निर्देश दे सकती है, और निर्देश का उल्लंघन करने की दशा में उस व्यक्ति को आदेश द्वारा परिषद् से निष्कासित कर सकती है।' जी हां! यह होगा सदस्यों की स्वतंत्रता का हाल!

(*ii*) ''परिषद अपने कार्य-निष्पादन में केन्द्रीय सरकार द्वारा 'जनहित' में दिए गए निर्देशों का पालन करेगी।'' यही नहीं, 'किसी बात के जनहित में होने या न होने के प्रश्न का अन्तिम निर्णय भी केन्द्रीय सरकार ही करेगी।'

इस प्रकार जहाँ कहीं सरकार सीधे-सीधे मनमानी न कर पाए वहाँ 'जनहित' की दुहाई देकर साफ बच निकलेगी—परिषद की स्वायत्तता जाए भाड़ में।

(*iii*) 'केन्द्र सरकार परिषद की कार्यकारी समिति को भंग कर सकती है, इसके अध्यक्ष और उपाध्यक्ष को हटा सकती है।' अतः परिषद् के सभी प्रमुख सदस्यों के सिर पर सदा तलवार लटकती रहेगी।

(*iv*) इन संशोधनों के विधेयन के साथ ही वर्तमान परिषद भंग हो जाएगी तथा नई परिषद के चुनाव होने तक केन्द्रीय सरकार काम चलाने के लिए प्रशासक मंडल नियुक्त कर पाएगी।

यह संशोधन परिषद की स्वायत्तता का विध्वंस कर देंगे। इनसे सारी कार्यकारी शक्तियाँ प्रशासक मन्त्रालय में केन्द्रित हो जाएँगी जिससे राजनीतिक प्रश्रयवाद बढ़ेगा।

दो, अब दूरसंचार क्षेत्र की बात करें—यहाँ सुधार बहुत सफल रहे हैं। विनियमन ने फोन घनता बढ़ाई है, लागतें कम कर दी हैं, और भारत को एक प्रतियोगितापूर्ण गंतव्य बना दिया है। उपभोक्ता लाभान्वित हुए हैं, ध्वनि एवं आँकड़ा-प्रेषण आदि में अब सम्पर्क-संचार कहीं अधिक विश्वस्त और काफी कम लागत पर सम्भव हो गया है। दूरसंचार नियामक अधिनियम ने सरकार के प्रभाव क्षेत्र को भी स्पष्ट रूप से परिभाषित कर रखा है। किन्तु अब मन्त्रालय का भारतीय दूरसंचार नियामक प्राधिकरण, ट्राइ से 'टकराव' प्रारम्भ हो गया है। टकराव के मुद्दे हैं : दूरसंचार शुल्क, सम्पर्क घाटा शुल्क और स्पैक्ट्रम नीति से जुड़ी सलाह। इनमें से कई मुद्दे निश्चित रूप से प्राधिकरण के अधिकार क्षेत्र में आते हैं, और उसके नियामक प्रकार्यों को 'कमज़ोर' करने के नीति-निर्देश कोई शुभ संकेत नहीं हैं।

तीन, विद्युत क्षेत्र के सुधार अब स्पष्ट रूप से शिथिल पड़ गए हैं। पंजाब में अमरिन्दर सिंह द्वारा मुफ्त बिजली देने की घोषणा से स्पष्ट है कि बिजली मुफ्त बाँटने की संस्कृति फिर से छा गई है। इससे अन्य राज्य सरकारों की जान सांसत में पड़ गई है—प्रयोक्ता शुल्कों का भविष्य भी अनिश्चित हो गया है। केन्द्रीय विद्युत अधिनियम, 2003 पर राज्य विद्युत मण्डलों के विभाजन, ग्रामीण विद्युतीकरण, 'क्रॉस-सबसिडीज़' की समीक्षा और राज्य विद्युत मण्डलों के पुनर्गठन की अवधि आदि को लेकर वाम दलों के दबाव बने हुए हैं। इन प्रश्नों का निदान संयुक्त प्रगतिशील गठबंधन के साथ वार्तालाप द्वारा प्रशासकीय कदमों से ही हो जाना चाहिए—अधिनियम में संशोधन की ज़रूरत नहीं पड़नी चाहिए। यहाँ विद्युत नियमन आयोग के लिए वर्तमान प्रावधान कि 'वह राष्ट्रीय विद्युत नीति से मार्गदर्शन प्राप्त करेगा' के स्थान पर 'वह राष्ट्रीय विद्युत नीति के अनुरूप

कार्य करेगा' लाने के प्रयास इस प्राधिकरण के नियामक प्रकार्यों को बहुत ही क्षीण बना देंगे।

सुना गया है कि प्रधानमंत्री कार्यालय ने बिजली मंत्रालय के सुझाव को अमान्य कर दिया है—इन प्रश्नों पर वित्त मंत्रालय और योजना आयोग के मतों में भी सहमति नहीं थी। यह सारा घटनाक्रम ऐसे समय पर आरम्भ हुआ है जबकि विद्युत दरों के निर्धारण, उनकी रचना-विधि तथा नियमन आदि के विषय में मंत्रालय तथा प्राधिकरण के बीच दायित्व-विभाजन अधिक स्पष्ट नहीं है। इस प्रकरण से निवेशकों का असमंजस और गहराता है।

और अंत में, सार्वजनिक उद्यमों के प्रबन्धन मण्डलों के राजनीतिज्ञों की नियुक्ति के प्रस्ताव बहुत ही प्रतिगामी और इन उद्यमों को व्यावहारिक स्वायत्तता देने के विचार पर ही कुठाराघात हैं। भले ही पेट्रोलियम मंत्रालय ने अतिरिक्त सरकारी एवं राजनीतिक नियुक्तियाँ करने का विचार छोड़ दिया हो किन्तु संकेत मिल रहे हैं कि सार्वजनिक उद्यम विभाग इस कार्य को सम्पन्न करने के लिए पुराने ज़माने के सुर्कुलरों के संधान में व्यस्त है। यह जानकारी बहुत सुखकर नहीं है।

यह ठीक है कि साझा सरकार का प्रधानमंत्री घटक दलों के मंत्रियों पर अधिक नियंत्रण नहीं रख पाता, किन्तु साझे उत्तरदायित्व का सिद्धान्त तो अविभाज्य होता है। बेहतर प्रशासन के उत्साह का नियामकों, पूर्व स्थापित संस्थाओं और सार्वजनिक उद्यमों के प्रभावक्षरण के साथ निभाव सम्भव नहीं होता। प्रधानमंत्री से अधिक और कौन जानता है कि अच्छे प्रशासन के लिए सदाशयतापूर्ण उक्तियों से कहीं आगे तक जाकर ठोस काम करना जरूरी होता है।

2 अक्तूबर, 2005

45

विभाजक राजनीति से मुक्ति चाहिए

स्वतन्त्रता दिवस अभिभाषणों का एक ढर्रा बन गया है। उससे परे हटना कठिन हो गया है। फिर भी, प्रधानमंत्री ने इस बार हमें नई-नई घोषणाओं के बोझ से मुक्त रखा है। प्रायः ऐसी घोषणाएँ पहले से ही भारी-भरकम हो गए 'लोकहित वादी' परियोजनाओं से दुःसह्य भार में वृद्धि ही करती हैं। उन्होंने अपने सन्देश को कुछ मूल बातों तक ही सीमित रखा। हाल ही की आर्थिक सफलताएँ, आर्थिक संवृद्धि की प्रवृद्धि, रोज़गार सृजन की आवश्यकता, आय की एवं क्षेत्रीय विषमताओं में कमी की ज़रूरत, किसानों की विपदाओं का निवारण और संवृद्धि दर का तीव्र संवर्धन। उन्होंने हमारे देश की सुरक्षा सम्बन्धी चिन्ताओं पर भी बल दिया। इनमें प्रमुख बातें थीं—सीमापार से आतंकवाद और नक्सली आन्दोलन। इन दोनों के लिए भी बेहतर अन्वेषण और पुलिस व्यवस्था के साथ-साथ सामाजिक-आर्थिक उन्नयन के प्रयासों की आवश्यकता पर बल दिया गया है।

हाँ, राष्ट्रपति का अभिभाषण कुछ लीक से हटकर रहा। उन्होंने कुछ विशेष अध्ययन प्रकरणों पर ध्यान केन्द्रित किया और कृषि, शिक्षा, चिकित्सा तथा ग्रामीण विकास क्षेत्रों में स्वयंसेवी प्रयासों की सफलता-गाथाओं से देश को परिचित कराया। प्रधानमंत्री ने तो व्यावसायिक शिक्षा मिशन के माध्यम से कौशल अभिवर्धन का वचन दिया है। यह वचन देना कोई जल्दबाज़ी नहीं है। (वास्तव में इस दिशा में बहुत पहले काम आरम्भ हो जाना चाहिए था) उन्होंने अपने अभिभाषण के अन्त में राजनेताओं से आग्रह किया है कि वे गहन चिन्तन करें और विभाजनकारी राजनीति का परित्याग कर परिवर्तन और प्रगति की नीतियों को अपनाएँ। उन्होंने यह भी आग्रह किया कि 'हमारे राजनीतिक दलों और नेताओं को साथ मिलकर काम करना सीखना चाहिए तथा राष्ट्रीय मुद्दों पर आम सहमति विकसित करनी चाहिए।'

इसी प्रकार राष्ट्रपति ने भी कहा कि वे सरकार तथा संसद के दोनों सदनों

को सुझाव देंगे कि वे एक 'नागरिक सुरक्षा विधेयक (आतंकवाद उन्मूलन हेतु राष्ट्रीय आन्दोलन) पारित करें, एक ऊर्जा स्वतन्त्रता विधेयक की रचना करें तथा एक प्रस्ताव पारित करें कि भारत 2020 से पूर्व एक विकसित देश का रूप धारण कर लेगा।' प्रधानमंत्री और राष्ट्रपति दोनों का ही विश्वास है : हमारी मुख्य विकास चुनौतियों का निराकरण करने के लिए देश में द्विपक्षीय (सत्ता एवं विपक्ष) के बीच निरंतर सहयोग की आवश्यकता है। साँझा सरकार की राजनीति की विलक्षणता है कि प्रायः बहुत छोटे-छोटे सहभागी दल पूरी सरकार के नाक में दम किए रहते हैं। क्षेत्रीय एवं छुट-पुट दल ही राष्ट्रीय कार्यसूची का निर्धारण करने लगते हैं। राष्ट्रीय मुख्यधारा के दलों के बीच पारस्परिक अविश्वास के कारण ही क्षेत्रीय दलों को राष्ट्रीय स्तर पर उनके आकार एवं क्षमता की तुलना में बहुत अधिक महत्त्व मिल पाता है। यह न तो राष्ट्रीय सहमति का परिचायक है और न ही इससे नीतियों की निरन्तरता के विषय में कोई आश्वस्तप्रद संकेत मिल जाता है। सरकार प्रायः मुख्य विपक्षी दल को सहयोग शून्य ही मानती है। साथ ही, कहीं उसके सहयोगी उसे गलत न मान बैठें, इस आशंका के मारे वह विपक्ष से सहयोग माँगने में शर्म भी महसूस करती है। इस कारण से सहमति का विकास और भी कठिन हो जाता है। किन्तु कोई और विकल्प नहीं है। अतः अब सबसे बड़ा प्रश्न यही है—राष्ट्रीय सामंजस्य (व्यापक सहमति) के मुख्य घटक क्या होने चाहिए?

सर्वप्रथम बात तो विदेश नीति और प्रतिरक्षा की है। बहुत समय से गुटनिरपेक्षता हमारी विदेश नीति का आधार रही है। किन्तु आज के बहुत ही बदले हुए विश्व परिवेश में अन्य विकसित देशों, विशेषकर संयुक्त राज्य अमरीका के साथ युक्तिस्तरीय भागीदारी अब अपरिहार्य हो गई है। परमाणु संधि के बहुमुखी लाभों को देखते हुए और अमरीकी सरकार में उसकी स्वीकृति प्रक्रिया के बाद तो इसे हमारी पुरानी नीतियों में एक विभाजक (नीति) बिन्दु होने का दोषी नहीं ठहराया जाना चाहिए था।

दूसरा महत्त्वपूर्ण प्रश्न सामाजिक-सार्वजनिक स्तर पर निष्पादन का है : चाहे भारत निर्माण कार्यक्रम हो या राष्ट्रीय ग्रामीण रोज़गार गारंटी योजना, कहीं भी अधिक सार्वजनिक निवेश के परिणामों की समीक्षा तब तक सार्थक नहीं बन पाएगी जब तक कि इन कार्यक्रमों के क्रियान्वयन की व्यवस्था स्थायी रूप से अतिशय राजनीतिक हस्तक्षेप ग्रस्त है। क्या हम किसी व्यापक सहमति की अपेक्षा कर सकते हैं जो 'ऐसे नियमों की रचना' कर सके कि सार्वजनिक निष्पादन व्यवस्था मनमाने राजनीतिक फैसलों से मुक्त रह सके?

तीसरा प्रश्न सार्वजनिक व्यय का है। उन क्षेत्रों को लेकर सहमति होनी चाहिए जिन पर सार्वजनिक धन का व्यय उचित माना जाएगा। व्यय के परिणामों

की समीक्षा, विशेषकर 'सबसिडीज़' के लक्षित समूहों पर प्रभावों का मूल्यांकन तो अवश्य होना चाहिए।

चौथा मुद्दा विकास परियोजनाओं और उनके परिणामस्वरूप पुनर्वास एवं पुनर्स्थापन की अपरिहार्यताओं के बीच एक संतुलन स्थापित होना चाहिए। कुछ विस्थापन और संक्रांतिकालिक कठिनाइयाँ समझ आ सकती हैं। किन्तु पर्याप्त क्षतिपूर्ति के आकलन और परियोजना द्वारा सृजित हितलाभों के सम्यक विभाजन की कसौटियाँ भी निर्धारित होनी चाहिए।

पांचवां प्रश्न ऊर्जा सुरक्षा का है। इसमें न केवल वैकल्पिक ऊर्जा स्रोतों का अनुसंधान, ऊर्जा मितव्ययता के रूप में मांग एवं आपूर्ति के दोनों पक्षों पर समन्वित प्रयास की आवश्यकता है, बल्कि विभिन्न प्रयोक्ताओं के लिए ऊर्जा कीमत निर्धारण तथा आर्थिक कार्यों के लिए ऊर्जा 'सबसिडीज़' के 'उचित स्तर' के निर्धारण आदि के विषय में भी एक तर्कसंगत दृष्टिकोण विकसित करना आवश्यक है।

छठे, शिक्षा व्यवस्था में सर्वग्राहिता और प्रतिभा के बीच समन्वय रखने, उनकी क्षमता का विकास कर युवाजन समुदाय की आवश्यकताओं के अनुरूप व्यवहार्य मंज़िलों और पड़ावों का निर्धारण करना होगा।

अन्त में, महत्त्वपूर्ण विधेयकों पर तुरन्त कार्यवाही भी होनी चाहिए। यह ठीक है सभी विधेयक किसी न किसी रूप से राजनीति प्रेरित होते हैं, उनमें विभिन्न पक्षों के बीच सौदेबाज़ी निहित रहती है—पर कुछ-एक विधेयक ऐसे भी होते हैं जिनके लागू करने में टालमटोल बृहत्तर आर्थिक हितों के लिए घातक हो जाती है।

46

मूलभूत आर्थिक कार्यसूची की आवश्यकता क्यों है

मंत्रिमंडल द्वारा विदेशी बैंकों के लिए निर्धारित 10 प्रतिशत मताधिकार की सीमा हटाने का व्यापक स्तर पर स्वागत हुआ है। सीधा-सा तर्क है—कोई भी समझदार निवेशक किसी कम्पनी की अंशपूंजी में अपना धन लगाने को तभी तैयार होगा जब उसे धन के अनुपात में मताधिकार द्वारा कम्पनी की निर्णय-प्रक्रिया में भागीदारी भी मिले। यह निर्णय सरकार द्वारा स्वीकृत बैंक सुधार कार्यक्रम की रूपरेखा का एक अभिन्न अंग है। किन्तु इसके कारण बैंकिग क्षेत्रों में संचारित 'उत्साह' कुछ 'समय से पूर्व' ही लगता है।

- ये निर्णय चिदम्बरम् द्वारा एक वर्ष पूर्व दिए गए वचन की पूर्तिमात्र हैं। उनके 8 जुलाई, 2004 के प्रथम बजट भाषण में यह वचन दिया गया था।
- इस निर्णय से उस समय किए गए वादों में से एक तो पूरा हो गया किन्तु दूसरे की पूर्ति अभी तक नहीं हो पाई है। यह दूसरा वादा बीमा क्षेत्र में विदेशी निवेश सीमा को 26 प्रतिशत से बढ़ाकर 49 प्रतिशत करने से जुड़ा है। इस विषय में आजकल कोई बात नहीं सुनाई पड़ रही, लगता है संयुक्त प्रगतिशील गठबंधन में इतनी भी सहमति नहीं हो पा रही है कि मंत्रिमंडल पुराने अधिनियम के संशोधन के लिए नए विधेयक को संसद के समक्ष लाने का निर्णय भी ले सके।
- वैसे बैंकों से सम्बन्धित उपर्युक्त निर्णय का भविष्य भी अभी अधर में लटका है। बैंक नियमन अधिनियम में मताधिकार विषयक संशोधन को सदन की स्थायी समिति के सुपुर्द करने की बात चल रही है। ऐसा विधेयक कोई पहली बार सदन में नहीं आया है। ऐसा ही राष्ट्रीय

लोकतान्त्रिक गठबन्धन की सरकार के समय भी हुआ था—विधेयक को स्थायी समिति को सौंपा गया और अन्ततः सदन के कार्यकाल के साथ वह विधेयक भी गतावधि होकर रह गया।

एक दृष्टि से नया विधेयक बेहतर है—5 प्रतिशत से अधिक अंशपूँजी अधिग्रहण से पूर्व अब भारतीय रिज़र्व बैंक की अनुमति लेना आवश्यक कर दिया गया है। इसे एक 'विवेकशील अनिवार्यता' माना जा रहा है—यह वामपंथी आलोचना को कुछ कुंठित करने में सहायक रहेगी। पुराने विधेयक में तो 'स्वचालित' रूप में रिज़र्व बैंक की सहमति की व्यवस्था थी। वामदलों ने नए विधेयक का जमकर विरोध किया है, भारतीय जनता पार्टी ने भी आलोचक मुद्रा ही अपनाई है। यदि ये दल अपने विरोधी रवैये पर ही कायम रहे तो संसद में इस विधेयक का गिर जाना निश्चित है। इसके पारित होने के लिए दो में से एक बात होना ज़रूरी है : या तो वामदल यह स्वीकार कर ले कि नवीन सुरक्षा व्यवस्था पर्याप्त होगी, या फिर भारतीय जनता पार्टी अपना रख नरम कर ले।

वर्तमान स्थिति तो यही स्पष्ट कर रही है कि किस प्रकार राजनीतिक मुख्य धारा के दलों में सहमति का अभाव आर्थिक सुधारों के मार्ग को कठिनाई-भरा बना देता है। सत्ता में आने पर राजनीतिक दल यह भूल जाते हैं कि विपक्ष में रहते हुए वे कैसा व्यवहार कर रहे थे। इस प्रकार के राजनीतिक दाँवपेंच के कारण आर्थिक विकास को ही आघात पहुँचता है। इस सन्दर्भ में पहले कांग्रेस पार्टी की बात करते हैं। जब राष्ट्रीय लोकतांत्रिक गठबंधन ने बीमा क्षेत्र को खोलने की बात की थी तो विपक्षी कांग्रेस ने उसका जीना हराम कर दिया था। वर्तमान 26 प्रतिशत निवेश सीमा भी बहुत समय तक कांग्रेस की खुशामदों के बाद ही तय हो पाई थी। उस समय के वित्त मंत्री सरकारी बैंकों में सार्वजनिक अंशपूंजी (कम करके) 33 प्रतिशत करना चाहते थे, ताकि बैंकों पर सार्वजनिक अंकुश भी बना रहे और उनके व्यवहार में एक सांस्कृतिक परिवर्तन भी आ जाए। किन्तु कांग्रेस से उन्हें कोई समर्थन नहीं मिल पाया। राष्ट्रीय लोकतांत्रिक गठबंधन द्वारा भेजे गए सभी अनौपचारिक सम्पर्क सूत्रों को कांग्रेस ने खाली हाथ लौटा दिया। श्रम कानूनों में संशोधनों की भी यही गति हुई। हाँ, विद्युत विधेयक, 2003 तथा दूरसंचार नीति में परिवर्तन पर उनका सहयोग मिल गया और वे कानून बन गए।

सत्ता परिवर्तन हुआ। अब यह बड़ा विचित्र-सा लग रहा है कि कभी जिन विधेयकों को पारित कराने के लिए भारतीय जनता पार्टी एड़ी-चोटी का ज़ोर लगा रही थी—मूल्य वृद्धि कर (VAT), बीमा क्षेत्र में विदेशी निवेश सीमा 49 प्रतिशत, विदेशी मताधिकार की 10 प्रतिशत की सीमा को रद्द करना आदि)—अब संयुक्त प्रगतिशील गठबंधन सरकार के तत्विषयक प्रयासों का वह पार्टी

विरोध करने लगी है। मूल्य वृद्धि कर का विरोध तो और भी विद्रूप लगता है—भले ही यह विचार एक पूर्ववर्ती कांग्रेसी सरकार ने सुझाया था, पर बाद की भाजपा (भारतीय जनता पार्टी) सरकार के दो वित्त मंत्री इसे लागू करने के लिए बड़े सक्रिय रूप से प्रयास करते रहे हैं। राष्ट्रीय लोकतांत्रिक गठबंधन के विपक्ष में पहुँचते ही रातोंरात इस नए प्रावधान में त्रुटियों का अभिज्ञान हो जाना बहुत ही विचित्र लगता है।

विकास प्रक्रिया के लिए नीतियों की सत्वरता आवश्यक मानी जाती है। प्रत्येक सरकार के प्रवक्ता भारत को एक भरोसे योग्य निवेश गंतव्य के रूप में निरूपित करते समय ये कहते नहीं थकते कि आर्थिक नीतियों के परिवर्तन तो एक गहन सामाजिक सहमति पर आधारित हैं और राजनीतिक दल इस सहमति में भागीदार हैं। यही नहीं, 1991 से अब तक सत्ताधीन रही सात सरकारें वरीयताओं, क्रमिकताओं और सूक्ष्म अर्थांतरों के बाद भी प्रायः एक जैसी नीतियों का अनुसरण करती रही हैं।

हमारी राजनीतिक रचना के संघीय स्वरूप की रचना को देखते हुए और यह भी ध्यान में रखते हुए कि अब काफी समय तक गठबंधन युग चलेगा, बड़ी जनसंख्या वाले राज्यों में भी क्षेत्रीय दलों का वर्चस्व रहेगा, विकास युक्तियों की सफलता के लिए नीतियों में स्थायित्व (या सत्वरता) का होना अत्यन्त आवश्यक हो गया है। यह भी स्पष्ट हो चुका है कि दो बड़े राष्ट्रीय दलों में सहमति के अभाव में गठबन्धनों के बिखरावपूर्ण माहौल में छोटे-छोटे क्षेत्रीय दल राष्ट्रीय स्तर की कार्यसूची का (अपने संकीर्ण हितों के अनुरूप) निर्धारण करने लगते हैं। दोनों दलों के वरिष्ठ नेताओं की सूझबूझ के लिए एक चुनौती बन गई है कि वे किस प्रकार उन नीतियों को अल्पकालिक राजनीतिक लाभ की वेदी पर बलि होने से बचाने की व्यावहारिक युक्ति निकाल पाएँगे।

ऐसे विधेयकों की सूची जिन्हें विरोध के कारण संसद में प्रस्तुत नहीं किया जा सका, मंत्रिमंडल अनुमोदन नहीं मिला या एक अथवा दूसरे सदन की स्थायी समिति के माध्यम से दफन कर दिया गया—बहुत बड़ी हो चली है।

राष्ट्रीय न्यूनतम साँझा कार्यक्रम संयुक्त प्रगतिशील गठबंधन की कार्यसूची है तो राष्ट्रीय लोकतांत्रिक गठबंधन का घोषणापत्र उसके घटकों की आम सहमति का दस्तावेज है। उन दोनों के आधार पर कुछ मूलभूत विषयों से जुड़ी साँझी कार्यसूची की रचना हो सकती है। आधारभूत संरचना क्षेत्र में नियमन व्यवस्था, सामाजिक सुरक्षा व्यवस्था, बैंकिंग एवं वित्तीय क्षेत्रों में सुधार, छोटे निवेशकों/अंशधारियों के हितों की रक्षा के निमित्त विवेकशील मानकों का निर्धारण और नियमन व्यवस्था की रचना, बिजली उत्पादन के लिए कोयले की उत्पादिता बढ़ाने, जल पट्टनों की दक्षता सुधारने, कृषि को दकियानूसी और अनावश्यक कानूनों की जकड़ से

मुक्त करने, महानगरों को बेहतर निवास योग्य बनाने और शिक्षा तथा स्वास्थ्य व्यवस्थाओं में कुशलता/दक्षता संवर्धन के विषयों में सहमति का पलड़ा विभाजक प्रवृत्तियों से अवश्य ही भारी रहना चाहिए।

ऐसी साँझी मूलभूत विषय-सूची पर सभी राजनीतिक दलों की सहमति और प्रतिबद्धता होनी चाहिए। किन्तु इस दिशा में पहल कौन करेगा? नीतियों से जुड़ी पहल करना तो सत्तासीन सरकार का विशेषाधिकार होता है। लम्बित विधेयकों और नियमन व्यवस्था परिवर्तनों का विशाल भण्डार एक दीर्घकाय चुनौती का रूप धारण कर चुका है। किसी एक-आध विधेयक को चातुर्यपूर्ण सांसदीय समन्वय के माध्यम से पारित करा लेना, किन्हीं मंत्रियों के कौशल को प्रमाणित भले ही कर दे, यह आम सहमति पर आधारित साँझी (राष्ट्रीय) वरीयताओं का स्थान कदापि ग्रहण नहीं कर सकता।

आशा है कि संसद में चल रहा गतिरोध एक अस्थायी विकृति ही सिद्ध होगा। यह वर्तमान सरकार का पहला ही साल है और निकट भविष्य में राष्ट्रीय स्तर पर चुनावों की सम्भावना भी नहीं है। 'किसे श्रेय मिले और कौन अपयश का भागी हो' इस प्रकार की संकीर्ण राजनीतिक गणनाओं को भारत के हितों की महत्ता पर हावी नहीं होने देना चाहिए।

16 मई, 2005

47

नवीन एकमत मंत्र

भारतीय उद्योग महासंघ (CII) का राष्ट्रीय महासम्मेलन अभी संपूर्ण हुआ है। नए पदाधिकारियों ने अपने कार्यभार संभाल लिए हैं और वे इस संगठन की चिरपरिचित निरन्तरता की रूपरेखा की परिधि में रहते हुए अपनी वरीयताओं का निरूपण अवश्य करेंगे। योगी देवेश्वर का भारतीय उद्योग महासंघ में आन्तरिक प्रशासन सुधारने तथा विकेन्द्रीकरण करने में बहुत स्पृहणीय योगदान रहा है। अपनी स्थापना के बाद से भारतीय उद्योग महासंघ का स्वरूप बहुत विकसित और परिमार्जित हुआ है। अब यह केवल (उद्योग प्रवक्ता) नहीं रहा—यह आर्थिक एवं सामाजिक नीतियों के बृहत्तर पटल पर विमर्श में भागीदार बन चुका है। इसका विदेशों में स्थित तारतम्य अब भारत के विकासमान बाज़ार को अपनी शक्ति और क्षमता का आधार बनाकर हमारे सामरिक एवं विदेश नीतिगत हितों के संवर्धन-पोषण में भी योगदान करने लगा है। इसके प्रमुख कर्ताधर्ता, तरुन दास की वार्तालाप में कुशलता और विश्व स्तर पर सम्पर्क विकसित करने की क्षमता ने इस संस्था की पहलकदमियों को अधिक विश्वस्त बना दिया है। राज्य सरकारों से इसकी बातचीत तथा स्वास्थ्य, शिक्षा, नारी संशक्ति और स्थानीय निकायों तथा विकेन्द्रीकरण पर आग्रह पुराने समय के कर कम कराने, लायसेंस व्यवस्था बदलने और भारतीय उद्योग को संरक्षण दिलाने की विषय-सूची से मीलों आगे निकल चुकी है। अब तो भारतीय उद्योग महासंघ की नई कार्यसूची में भारत की राष्ट्रीय कार्यसूची की ही झलक दिखाई दे रही है।

पिछले वर्षों में प्रधानमंत्री इन वार्षिक महासम्मेलनों में उद्योग जगत का उत्साह बढ़ाने के लिए नए उपक्रमों की घोषणा करने के लिए प्रयोग करते रहे हैं। कर-सुधार, राजकोषीय व्यय से जुड़े बड़े कदम—जैसे स्वर्णिम चतुष्कोण, आधारभूत संरचनागत सुधार और दूरसंचार के विनियमन जैसी महत्त्वपूर्ण घोषणाएँ इन्हीं महासम्मेलनों में हुई थीं। इस बार कुछ अलग अनुभव रहा। प्रधानमंत्री

ने राष्ट्रीय आय में विनिर्माण उद्योगों का अंशदान बढ़ाने का आग्रह किया। साथ ही उन्होंने राष्ट्रीय स्पर्धा परिषद् की सिफारिशों को लागू करने के लिए अपनी ही अध्यक्षता में एक उच्च अधिकार समिति गठित करने, पैमाने की मितव्ययताओं से लाभान्वित होने के लिए उद्योग समूहों की रचना करने (विशेषकर विशेष आर्थिक क्षेत्रों की रचना करने आदि द्वारा) और सूचना प्रौद्योगिकी के क्षेत्र में अपनी क्षमताओं को और सशक्त करने की बात पर भी बल दिया। ये सब बातें सभी जानते हैं—इनसे अब कोई उत्साहित नहीं होता। अतः ये समाचार-पत्रों की सुर्खियों में नहीं आ पातीं। हाँ, उनकी एक बात ने अवश्य ध्यान आकर्षित किया है। यह उनकी उद्योगों को दी गई यह सलाह है : उद्योगों को गम्भीरतापूर्वक कमज़ोर वर्गों के लिए शिक्षा और रोज़गार के अवसर बढ़ाने, उनके कौशल संवर्धन में निवेश करने और उन्हें रोज़गार देने के लिए सकारात्मक पहल करने, व्यावसायिक/तकनीकी प्रशिक्षण शिक्षण देने के विषय में विचार करना चाहिए।'' साथ ही उन्होंने यह भी कहा है : 'फर्म के स्तर पर अपने कर्मचारियों की वर्ग रचना का अध्ययन कर उसे ऐच्छिक आधार पर और अधिक विस्तृत सामाजिक आधार प्रदान करें। ऐसा सकारात्मक प्रयास उस सर्वग्राही समाज की संरचना का एक निर्णायक घटक होगा जिसके निर्माण की हम आशा कर रहे हैं।'

उद्योगों की प्रधानमंत्री की उपर्युक्त सलाह पर मिली-जुली प्रतिक्रियाएँ आई हैं। अनेक व्यक्तियों का विचार है कि यह प्रतिभा पर आधारित उस वर्तमान व्यवस्था के विघटन का प्रयास है जो अभी तक हमारे उत्पादन की गुणवत्ता और हमारी स्पर्धाक्षमता का आधार रही है। अन्य लोग ऐच्छिक प्रयास को कानून द्वारा बाध्य किए जाने से बेहतर मान रहे हैं। प्रधानमंत्री ने एक नई बहस प्रारम्भ तो कराई है—पर साथ ही वे अपने मंत्रिमंडल में संविधान-संशोधन की सीमा तक जाने वाले सख्त कदम उठाने के दबाव को किसी सीमा तक कम कर पाने में सफल हो गए हैं। निजी क्षेत्र में कोटा आधारित आरक्षण की बात मानव संसाधन मंत्री द्वारा केन्द्रीय उत्कृष्ट संस्थानों में अन्य पिछड़े वर्गों के लिए आरक्षण द्वारा देश में उपलब्ध प्रवेश के अवसरों में से 49 प्रतिशत आरक्षित करने की बात के तुरन्त बाद आ गई है। ये दोनों मुद्दे सामाजिक प्रयासों को 'प्रतिभा आधार' से विवर्तित कर किसी 'सामाजिक संशक्ति' की ओर मोड़ने का संकेत दे रहे हैं। प्रतिभावाद को आर्थिक लाभ तो स्वयंसिद्ध ही हैं। भारत के साधन स्तरीय तुलनात्मक लाभ कम लागत पर प्रशिक्षित श्रम बल की सुलभता और निरन्तर उत्पादिता एवं दक्षता में सुधारों पर ही आश्रित है। आपूर्ति पक्ष की लोचशीलता से कुछ चातुर्यपूर्ण मार्ग निकल सकते हैं किन्तु किसी भी सामाजिक (जातिवादी) कोटे को लागू करने से तो सूचना प्रौद्योगिकी एवं ज्ञान-आधारित क्षेत्रों में नव उपलब्ध अवसरों से लाभान्वित हो पाने की क्षमता कुण्ठित हो जाएगी। दूसरी

ओर, अभावग्रस्त वर्गों को मुख्यधारा में सम्मिलित करने का सामाजिक समरसता, राजनीतिक स्थिरता और दीर्घकालिक संवृद्धि सुनिश्चित करने में बड़ा निर्णायक योगदान हो सकता है। प्रतिभावाद और सामाजिक सशंक्ति के तकाज़ों में पूर्ण सामंजस्य स्थापित करना सदैव सहज नहीं होता—इसके लिए वैकल्पिक सुझावों का ध्यानपूर्वक मूल्यांकन किया जाना चाहिए। इससे एक विपरीत ही परिप्रेक्ष्य में प्रधानमंत्री ने *इण्डियन एक्सप्रेस* के पुरस्कार समारोह में सोलह प्रमुख पत्रकारों का सम्मान करते हुए बहस और विचार-विमर्श के बीच भेद स्पष्ट किया था : बहस केवल विरोधी विचारों की अभिव्यक्ति है जबकि विचार-विमर्श उनके बीच समन्वय स्थापित कर सहमति विकसित करने का प्रयास होता है। उद्योगों को ऐच्छिक सकारात्मक प्रयास की सलाह देते हुए भी प्रधानमंत्री शिक्षा संस्थाओं में कोटा आधारित आरक्षण के विषय पर और विस्तृत स्तर पर विचार-विमर्श द्वारा एक नई सर्वानुमति विकसित करने का प्रयास कर रहे हैं। किन्तु सहमति विकसित करने की युक्ति को उन मुद्दों के बीच स्पष्ट भेद अवश्य करना चाहिए जो अंतर्निहित रूप से विभाजनकारी हों, या फिर जिनको लेकर मात्र कुछ मतभेद की ही सम्भावना हो। सामाजिक दृष्टि विभाजनकारी मुद्दों में इतिहास से विरासत में मिले दृष्टिकोणों में समन्वयन की आवश्यकता होती है—इनसे जुड़े विवाद बहुत देर तक चलते रहते हैं। दूसरी ओर मात्र मतभेद वाले मुद्दों पर शीघ्र ही अन्यान्य विचारों के बीच सामंजस्य स्थापित करने की सम्भावना होती है।

अतः मतभेद वाले प्रश्नों पर ही सहमति प्राप्त करने का विचार अधिक श्रेयस्कर होगा और हमें इनमें से भी उन प्रश्नों पर पहले ध्यान देना चाहिए जिनके दीर्घकालिक गुणक हितलाभों की सहज व्याख्या सम्भव है। इनमें अधिक लोचशील श्रम बाज़ार की रचना, जो नव रोज़गार सृजन को बढ़ावा दे सके, 'सबसिडीज़' की पुनः रचना, ताकि गरीब वर्ग को वास्तव में लाभ पहुँचे, नगरपालिका चालित सहित सभी सार्वजनिक सेवाओं के उचित प्रयोक्ता शुल्कों का निर्धारण ताकि नवीन निवेश के लिए प्रोत्साहन मिल सके, कोयला, बंदरगाह और दक्षता आदि संरचनागत सुविधाओं के लिए निर्णायक कानून पारित करने, मध्यम वर्ग की वित्तीय दक्षता सुधार कर आम आदमी के कम दर पर उधार सुलभ कराने, और परिवर्तनशील उपभोक्ता आवश्यकताओं तथा कृषिक तंत्र के स्वरूप की धारणीयता के अनुरूप कृषि युक्तियों की पुनर्रचना तथा शिक्षा व्यवस्था में सुधार द्वारा जनांकिकीय दृष्टि से युवा समाज के सकारात्मक पक्षों का लाभ उठाने की बातें प्रमुख हैं। सामाजिक दृष्टि से विभाजनकारी प्रश्नों पर जल्दबाज़ी करने के स्थान पर अधिक समय तक सार्थक विचार-विमर्श की आवश्यकता है। चुनावी लाभों की लालसा में उठाए गए कदम सामाजिक तनाव एवं विघटन द्वारा आर्थिक संवृद्धि की चुनौतियों का सामना करने के निश्चय से हमें भटका सकते हैं।

सर्वानुमति के मंत्र का प्रयोग विविधतापूर्ण भी होना चाहिए। इसे नेतृत्व द्वारा निर्णय स्थगित करने का बहाना नहीं बनने देना चाहिए। ऐसी नीति, युक्ति अपनानी चाहिए कि जो प्रारंभिक लाभ से दिखाई दे, उन्हें तो तुरन्त भुना लिया जाए। यदि हमें 10 प्रतिशत दर से संवृद्धि का लुभावना लक्ष्य पाना है तो मतभेदपूर्ण प्रश्नों के निवारण को हम अधिक समय तक स्थगित नहीं रख सकते। विविधतापूर्ण प्रयास और दृष्टिकोण ही तो प्रबुद्ध नेतृत्व के मूल लक्षण होते हैं।

23 अप्रैल, 2006

48

'रिपोर्ट-कार्ड' में ही तत्काल जानकारी

यह सप्ताह विवरणियों (रिपोर्ट-काड) और आन्दोलनों से भरा रहा है। संयुक्त प्रगतिशील गठबंधन सरकार के दो वर्ष पूरे होने पर अनेक स्वतन्त्र सर्वेक्षणों द्वारा इसके कार्यों की समीक्षा के विवरण आए तो सरकार ने स्वयं अपनी उत्कृष्ट उपलब्धियों का गुणगान किया। इनमें से अधिकांश तो अभी चल रहे कार्यक्रम/परियोजना ही हैं जिनके विषय में किसी विशेष टिप्पणी की आवश्यकता नहीं होती। आरक्षण कोटा विषयक आन्दोलन ने एक बार फिर पुराने ज़ख्मों को हरा कर दिया है—हमारे राजतंत्र की अन्तर्निहित विभाजनकारी प्रवृत्तियों को उजागर करने वाला यह आन्दोलन निश्चित ही (मुख्य विकास कार्यों की ओर से) ध्यान हटाने वाला रहा है। आशा है कि निवेशकों द्वारा भारत में कार्य करने की जोखिमों के विषय में अपने विचार परिवर्तित करने से पहले ही कोई मध्यममार्गी सहमति तैयार हो जाएगी। देश के 602 में से 165 ज़िलों में वृद्धिमान नक्सली हिंसा भी देश की समस्याओं को गम्भीर रूप प्रदान कर रही है। जोखिम विषयक अनुभूतियों का परिमाण निर्धारण सदैव कठिन ही होता है।

भले ही कुछ बहादुर अर्थशास्त्री इस बारे में आँकड़ों का निरूपण करते दिखाई दे जाते हैं, किन्तु इस अनुभूति में एक अमूर्त-सा गुण अवश्य रहता है जो हमारे निर्णयों को प्रभावित करता है। तो फिर पिछले दो वर्षों में सरकार का निष्पादन कैसा रहा है? प्रधानमंत्री को भी अपनी सरकार की उपलब्धि का लेखापत्र तैयार करने में झिझक हो रही है। उनके सम्मानबोध में *हिन्दुस्तान टाइम्स* के सर्वेक्षण में गिरावट के संकेत *एनडीटीवी* सर्वेक्षण के निष्कर्ष से विपरीत हैं। *इंडिया टुडे* ने मन्त्रियों को व्यक्तिगत स्तर पर उनके निष्पादन के आधार पर अंक प्रदान किए हैं। इस कार्य में उनके पिछले वर्ष के निष्पादन सूचकों के साथ वर्तमान सहज अनुभूति पर आधारित तुलनाएँ भी की गई हैं।

सबसे पहले तो इसी बात पर ध्यान दें। अभी हमारे देश में विदेश मंत्री

के पद पर कोई भी कार्य नहीं कर रहा—अतः इन सर्वेक्षणों में विदेश नीति पर कोई बात नहीं की गई। फिर भी एशियाई देशों से सम्बन्धों में सुधार, इन अर्थव्यवस्थाओं में जुड़ाव से लाभ, चीन से सम्बन्ध सुधार, पाकिस्तान के साथ शान्ति प्रक्रिया को बनाए रखना आदि किसी भी दृष्टि से 'नगण्य' उपलब्धियाँ नहीं कही जा सकतीं। अमरीकी कांग्रेस द्वारा भारत से नागरिक परमाणु संधि का अनुमोदन—जिसके सहारे नागरिक परमाणु ऊर्जा एवं दोहरे प्रयोग की प्रौद्योगिकी, सामरिक नीति-गत सहयोग आदि के रूप में भविष्य में बहुगुण लाभ सम्भव होगा—तो संयुक्त प्रगतिशील गठबंधन सरकार की विदेश नीति की सर्वोत्कृष्ट सफलता मानी जा सकती है। इससे अमरीका और जापान से प्रत्यक्ष विदेशी निवेश के प्रवाह में भारी वृद्धि के लिए भी उपयुक्त वातावरण तैयार होने के संकेत मिल रहे हैं। हाँ, बस यही शर्त है कि देश का आन्तरिक वातावरण खराब न हो और आधारभूत संरचनाओं में तीव्र दर से सुधार होता रहे।

दूसरी बात आर्थिक क्षेत्र की है। यहाँ विदेश नीति की भांति कोई उल्लेखनीय उपलब्धि नहीं रही। हाँ, चिदम्बरम इसी में खुश रह सकते हैं कि वे राजकोषीय अपव्ययता तथा आर्थिक सुधारों के विपर्यय के दबावों का सामना करने में सफल रहे हैं—साथ ही वे मूल्यवृद्धि कर (वैट) पर भी आम सहमति विकसित कर पाने में सफल हो गए हैं। किन्तु वित्तीय क्षेत्र के सुधार—पेंशन और बीमा तथा प्रत्यक्ष विदेशी निवेश के उदारीकरण के मामले अभी भी सहयोगी दलों की दलदल में फँसे हुए हैं। अभी भी चिदम्बरम ही वर्तमान सरकार के सबसे प्रमुख सुधारवादी चेहरे के रूप में प्रतिष्ठित हैं—पर *इंडिया टुडे* के क्रम-निर्धारण में ये कुछ फिसलते दिखाई दिए हैं। वास्तव में अभी भी उनकी उदारवादी घोषणाओं से लोग कुछ आशाएँ बाँधे बैठे हैं, वरना उनकी ये फिसलाहट बहुत अधिक होती।

तीसरे, मुक्त आकाश की ओर प्रगति ने देश में वायुमार्ग सम्पर्कों में नाटकीय सुधार किया है। यान भाड़ों में भीषण प्रतियोगिता, दिल्ली और मुम्बई विमानपट्टनों के निजीकरण तथा अन्य पट्टनों में भी इसी प्रयोग की पुनरावृत्ति के वादे ने प्रफुल्ल पटेल को एक अच्छे निष्पादन कर्ता के रूप में प्रतिष्ठित किया है। किन्तु अभी नागर विमानन में सुधार कार्य-सूची का समापन नहीं हुआ है। साल-भर से अलाभकर विमान मार्गों के 'भार' को तर्कसंगत रूप से विभाजित करने की नीति विचाराधीन ही है। साथ ही इस क्षेत्र में समतुलनीय व्यवहार की व्यवस्था के लिए उपयुक्त एवं विश्वस्त नियमन संरचना अभी भी विधायिका की अनुमति की प्रतीक्षा कर रही है। साथ ही अति संकुल होते जा रहे आकाश (मार्गों पर) यातायात को उच्चस्तरीय सुरक्षा के साथ नियमित-नियन्त्रित करने के लिए उपयुक्त कौशल के सृजन और उसके लिए प्रशिक्षण की व्यवस्था करना भी एक चुनौती सिद्ध हो रहा है।

चौथा प्रश्न एक ऐसी ऊर्जा नीति के मार्गदर्शन का है जिसमें दीर्घकालिक ऊर्जा सुरक्षा और वहनीय लागतों का समन्वय हो। इसका समाधान भी अभी अलभ्य बना है। राज्य सरकारों की अपने-अपने विद्युत क्षेत्र में सुधार कर पाने में विफलता के कारण वे विद्युत अधिनियम, 2003 के पूरे लाभ नहीं उठा पा रही हैं। कोयला क्षेत्र की रूढ़ अंतनिर्हित समस्याएँ किसी भी तर्कसंगत ऊर्जा नीति के निर्धारण के प्रयासों को कुंठित कर देती हैं। पेट्रोल कीमतों के मामलों में ढुलमुलपन केवल संभ्रम को ही जन्म देता है। तेल के वर्तमान उच्च मूल्य कोई अस्थायी विकृति नहीं है। यह सत्य है कि इस क्षेत्र में संगृहीत राजस्व बहुत ही विशाल रहा है, किन्तु फिर भी, समस्त स्फीतिकारी आशंकाओं के बाद भी कच्चे तेल के दामों में हो रही वृद्धि को उपभोक्ता कीमतों की वृद्धि में परिवर्तित होने देने का कोई विकल्प नहीं है। दीर्घकाल में यही ऊर्जा संरक्षण कर वैकल्पिक ऊर्जा स्रोतों के विकास में निवेश के लिए संप्रेरणाओं का सृजन करेगा। यदि अपने पूर्व तेल मंत्री द्वारा बड़े उत्साह से चलाई जा रही तेल कूटनीति का अनुसरण करते हुए मुरली देवड़ा आंतरिक स्तर पर तेल कीमत निर्धारण के आर्थिक और राजनीतिक पक्षों को भी संभाल सकें तो निश्चय ही उनके वर्गक्रम में बड़ा सुधार हो सकता है।

पांचवीं महत्त्वपूर्ण बात : रेल मंत्रालय में लालूप्रसाद यादव के निष्पादन की सभी ने सराहना की है। वैगन भराई और वापसी में सुधार द्वारा उत्पादिता वृद्धि के माध्यम से उपभोक्ता हितों की रक्षा करते हुए रेलों की वित्त व्यवस्था में सुधार से यह भी स्पष्ट हो जाता है कि इसी प्रकार के कदमों द्वारा अन्य अनेक क्षेत्रों में प्रगति संभव हो सकती है। यह सच है कि दीर्घकाल में पटरियों के रख-रखाव, एल्यूमीनियम के बने हल्के डिब्बों के प्रयोग तथा रेल-सुरक्षा के प्रश्नों पर भी अधिक ध्यान देना आवश्यक होगा। प्रौद्योगिकीय संरचना परिवर्तनों में लाभ की अपरिमित संभावनाएँ विद्यमान हैं। छुटपुट उत्पादिता सुधारों से लाभान्वित होने का क्रम शीघ्र ही थम जाएगा और फिर भाड़ों में पुनः सन्तुलन, अन्य 'सबसिडीज़' की समाप्ति तथा अधिक उग्र स्वरूप में निजी-सार्वजनिक भागीदारी का सहारा लेना ही पड़ेगा।

छठी बात : आजकल कोटे पर चल रहे विवाद में मानवीय संसाधन विकास की एक अधिक गहरे पैठी हुई समस्या की अनदेखी और गहन हो रही है। खेद का विषय है कि अब 'ज्ञान आयोग' आंतरिक विभाजन का शिकार हो निष्क्रिय हो गया है। प्राथमिक शिक्षा में सुधार, शिक्षकों के खाली पदों को भरना, स्कूली शिक्षा पूरी किए बिना पलायन, गणित और विज्ञान की शिक्षा में विशेष रूप से सुधार, विद्यार्थियों के अधिक बड़े अनुपात को माध्यमिक एवं उच्च शिक्षा की ओर उन्मुख करना तथा शिक्षण कार्य में प्रतिभाशाली व्यक्तियों को आकर्षित कर उन्हें यहीं रुकने की प्रेरणा देना, तकनीकी शिक्षा संस्थाओं की स्वायत्तता

आदि अनेक प्रश्न हैं जिनका बहुत दूरगामी महत्त्व है। दुर्भाग्यवश इनके विषय में कोई स्पष्ट मार्ग-चित्रण नहीं दिखाई पड़ रहा। हम अपने सबसे बड़े तुलनात्मक लाभ के स्रोत को यूँही बेकार जाने दे रहे हैं (यह स्रोत हैं युवा जनांकिकीय रचना), इसके आधार पर ज्ञान केंद्र का विकास नहीं कर पा रहे।

सातवाँ स्थान उन मुद्दों का है जिन पर शायद ही कोई कार्यवाही प्रारम्भ हो पाई है (न्याय व्यवस्था का सुधार) या फिर जहाँ अपेक्षित परिणाम नहीं मिल पा रहे हैं। (समेकित खाद्य अधिनियम) सड़क निर्माण कार्यों की लागतों में अनुमान से कहीं अधिक वृद्धि के कारण बाधा आ रही है। पर्यावरणीय अनुमति के लिए आवेदनों के ढेर लगते जा रहे हैं। मारन को निश्चय ही एक चमकता सितारा कहा जा सकता है। किन्तु अन्य सहयोगी दलों से आए मंत्रियों के बारे में अधिक कह पाना सम्भव नहीं होगा। अतः कोई हैरानी नहीं कि इन (अकर्मण्यता/प्रभावहीनता) से जुड़े मंत्रियों पर इन सर्वेक्षणों में कोई सकारात्मक टिप्पणियाँ नहीं दिखाई पड़ीं।

अन्तिम बात : प्रत्येक सरकार तो अपनी उपलब्धियों को प्रचारित कर आत्मउत्साह संवर्धन करती ही है। सर्वसमाहनकारी संवृद्धि के विचार ने ही भारत निर्माण, रोज़गार गारंटी योजना, शहरी पुनरुत्थान मिशन, सर्व शिक्षा अभियान और मध्यावकाश भोजन जैसे कार्यक्रमों को जन्म दिया है। यदि इन्हें पहले से बहुत बेहतर सार्वजनिक कार्य-व्यवस्था के माध्यम से ईमानदारी से क्रियान्वित किया जाए तो ग्रामीण समृद्धि संवर्धन पर बहुत नाटकीय प्रभाव दिखाई देंगे। जिन राज्यों में प्रशासन-व्यवस्था बहुत कमज़ोर रही है वहाँ इनके प्रभाव और भी अधिक अच्छे होंगे। किन्तु अभी इन कार्यक्रमों की सफलता का मूल्यांकन करने का समय नहीं आया है।

कुल मिलाकर वर्तमान मूल्यांकनों से एक मिश्रित-सा परिदृश्य स्पष्ट होता है। किन्तु सभी विवरणियों की भांति यह भी उपलब्धियों, विफलताओं और अपेक्षाओं का एक सहज सुलभ गणक है। क्या प्रधानमंत्री अपने उन सहयोगियों को दर्पण में उनकी छवि दिखा पाएँगे जो ठीक से काम नहीं कर पा रहे?

28 मई, 2006

IX
अर्थव्यवस्था का प्रबंधन

49

'योजना आयोग' को अपना पुनः आविष्कार करना होगा

राष्ट्रीय विकास परिषद ने 'तीव्रतर एवं सर्वसमाहनकारी संवृद्धि' नामक पत्रक में निहित ग्यारहवीं योजना की कार्यविधि को मंजूरी प्रदान कर दी है।

यह परिषद सदैव ही बहुत व्यवस्थित संस्था रही है। मुझे ऐसा कोई अवसर याद नहीं आता जब इस परिषद ने किसी पंचवर्षीय योजना को अस्वीकार किया हो। मुख्यमंत्री मंजे हुए राजनीतिज्ञ होते हैं और अपने-अपने राज्य की उपलब्धियों का गुणगान करने को आतुर रहते हैं। एक-आध अपवाद को छोड़कर वे कभी योजना प्रस्तावों की विश्लेषणात्मक या विचारधारात्मक त्रुटियों पर कोई टिप्पणी नहीं करते। वैसे भी केन्द्र सरकार को खुश करके वे बाद में उससे वांछित अनुग्रह प्राप्त करने में सफल रहते हैं।

अभी जिस दस्तावेज को मंजूरी मिली है वह अपने पूर्ववर्ती स्वरूप से अनेक रूप से बेहतर है। यह पठनीय है, इसका आकार बहुत बड़ा नहीं है, आधारभूत प्रश्नों पर केन्द्रित है और अनेक निगरानी योग्य लक्ष्यों के लिए ज़िम्मेदारी उठाने की बात भी इसमें कही गई है। मूलतः इसमें विश्वास व्यक्त किया गया है कि दसवीं योजना के अन्त में रही विकास दर, 8 प्रतिशत को ग्यारहवीं के अन्त तक 10 प्रतिशत तक पहुँचाने का लक्ष्य व्यावहारिक हो सकता है। इसका अर्थ होगा कि ग्यारहवीं योजना में सकल देशीय उत्पाद की 9 प्रतिशत वार्षिक दर से वृद्धि होगी। इसका दूसरा अर्थ देश में आन्तरिक निवेश दर वर्तमान 27 से बढ़ाकर ग्यारहवीं योजना में 35 प्रतिशत करना होगा। इस निवेश वृद्धि का वित्तीयन सार्वजनिक और निजी क्षेत्र मिलजुल कर करेंगे।

कभी-कभी भविष्यवाणियों की भांति सफलता भी स्वयं सिद्धिकारी हो जाती है। वर्तमान आर्थिक प्रफुल्लता ने अनेक आलोचकों के मुँह पर ताला और अनेक महत्त्वपूर्ण कमज़ोरियों पर परदा डाल दिया है।

इस संशोधित दस्तावेज में भले ही एक तर्कसंगत युक्ति की रूपरेखा रची गई है, फिर भी यह अनेक प्रश्नों के उत्तर नहीं दे पा रहा। पहला प्रश्न तो राजकोष से जुड़ा है। योजना के पहले दो वर्षों में केन्द्र और राज्यों में राजकोषीय उत्तरदायित्व पूर्ण प्रबन्धन अधिनियमों के कारण राजकोषीय व्यवस्था में पर्याप्त व्यवहार्यता के अभाव की चर्चा का अर्थ समझ से बाहर ही है। यह जाने क्या सिफारिश कर रही है। क्या यह उन अधिनियमों को स्थगित करने के संकेत हैं? या रियायतों के अथवा अधिनियमों में निर्धारित राजकोषीय सुधार लक्ष्यों को ही बदलने की ओर इशारे हैं? यह प्रश्न महत्त्वपूर्ण है। सिंचाई, स्वास्थ्य, शिक्षा, भारत निर्माण, राष्ट्रीय ग्रामीण रोज़गार गारंटी कार्यक्रम को सारे देश में लागू करने, फसल बीमा तथा असंगठित क्षेत्र के लिए महत्त्वाकांक्षी सामाजिक सुरक्षा कार्यक्रम लागू करने के परियोजनाओं से सार्वजनिक निवेश में विराटकाय वृद्धि होगी।

इन अधिनियमों द्वारा नियत वर्तमान राजकोषीय लक्ष्यों में तो अपेक्षित समग्र बजटीय समर्थन राशि की वृद्धि (योजना व्यय के सहायतार्थ में बजट में की गई व्यवस्था) को भी शामिल कर पाना सम्भव नहीं लगता। ये अपेक्षित बजटीय समर्थन राशि वृद्धि स्वयं ही नितांत अपर्याप्त भी है।

फिर, यदि केन्द्र स्वयं ही राजकोषीय लक्ष्यों का अनुपालन नहीं करेगा तो वह राज्यों को किस प्रकार अनुशासित रख पाएगा? आप केन्द्र के लिए अलग तथा राज्यों के लिए किन्हीं अन्य नियमों की रचना नहीं कर सकते।

दूसरे, विदेशी निवेश के लक्ष्यों में वृद्धि की गई है, पर उसे व्यावहारिक बनाने के लिए जिस नवीन चिन्तन और युक्ति की आवश्यकता होगी, उसकी कोई स्पष्ट रूपरेखा इस दस्तावेज़ में नहीं मिलती। श्रम नीति के बारे में भी बड़े उत्साह से श्रम कानून सुधारों की आवश्यकता का निरूपण कर ये कहकर बात समाप्त कर दी गई है कि "इन कानूनों के रोज़गार पर सम्भावित वास्तविक प्रभावों के विषय में अलग-अलग मत हैं।" यह बात ठीक तो है (कि अलग-अलग मत हैं) किन्तु इस कथन से यह स्पष्ट नहीं होता कि सरकार क्या करने जा रही है?

तीसरे, यह भी माना गया है कि सार्वजनिक निवेश में वृद्धि के लिए बहुत बड़ी धनराशि की व्यवस्था तो गैर-योजना व्यय के बेहतर प्रबंन्धन से ही उपलब्ध हो जाएगी। इस विषय में 'सबसिडीज़' को बेहतर ढंग से लक्षित करने और प्रयोक्ता शुल्कों की बात कही गई है। इन प्रश्नों पर हमने पहले भी चर्चा की है—किन्तु इन विचारों के क्रियान्वयन की दिशा में किसी ठोस प्रगति के कोई साक्ष्य नहीं दिखाई दे रहे। कुछ राज्यों ने पहल की है, आशा है अन्य राज्य भी उनका अनुकरण करेंगे। पर यह सब कुछ पर्याप्त रहता नहीं लग रहा। विद्युत क्षेत्र तो विशेष रूप से समस्यापूर्ण बना हुआ है। यह आशा कि राज्य संवहन-वितरण हानियों को 40 से घटाकर 15 प्रतिशत तक ले आएँगे, एक दिवास्वप्न बनी हुई है। किसी भी अन्य क्षेत्र में नीतिगत

सुधारों की ऐसी दुर्गति नहीं हुई है जैसी कि विद्युत क्षेत्र में हो रही है। फिर भी यही क्षेत्र (और इसके सुधार) हमें प्रतियोगिताशील बनाए रखने और निवेश संवर्धन का आधार रहेगा। चौथे, सार्वजनिक-निजी साँझेदारी पर बहुत भरोसा जताया गया है। आधारभूत संरचना के अतिरिक्त ये साँझेदारी व्यावसायिक और उच्च शिक्षा के क्षेत्रों में तो बहुत ही आवश्यक होगी।

योजना ने ठीक ही कहा है कि जहाँ अन्य विकासशील देशों में उपयुक्त आयु वर्ग का 25 प्रतिशत अंश विश्वविद्यालयों में शिक्षा पा रहा है वहीं भारत में मात्र 10 प्रतिशत ही यह लाभ उठा पा रहा है। अतः इस दिशा में बहुत बड़े विस्तार-प्रसार की आवश्यकता सहज स्पष्ट है।

निजी निवेश को प्रोत्साहन देना अपरिहार्य हो गया है। किन्तु शिक्षा क्षेत्र में सुधारों के बिना ये कैसे सम्भव हो पाएगा? भले ही 'ज्ञान आयोग' का गठन हो गया हो, किन्तु इस विषय में कोई संगतिपूर्ण मार्ग निर्देशन उपलब्ध नहीं है। अभी भी पूर्वाग्रहों और अतिरंजनापूर्ण आशंकाओं का ही वर्चस्व छाया हुआ है।

कुल मिलाकर योजना आयोग ने एक स्पष्टोक्तिपूर्ण दस्तावेज तैयार कर हम सभी पर अनुग्रह किया है। संवृद्धि दरों और अन्य सामाजिक लक्ष्यों की प्रत्याशाएँ इसी दस्तावेज में निहित बहुमुखी नीतियों के क्रियान्वयन पर निर्भर रहेंगी। अनेक अनसुलझे प्रश्नों पर अभी सार्वजनिक सहमति नहीं बन पाई है।

इस प्रकार की परिस्थितियों में गठबंधन की राजनीति सहायक सिद्ध नहीं होती। कुछ राज्य तो कठिन निर्णय करने को तैयार होते हैं। किन्तु केन्द्र के लिए ढुलमुलपन त्याग सुनिश्चित एवं ठोस कार्य प्रारम्भ करने के लिए यही सबसे उपयुक्त समय भी है।

योजना आयोग को स्वयं अपना पुनः आविष्कार करना होगा। अभी बहुत समय तक सार्वजनिक निवेश हमारी अर्थव्यवस्था में, भले ही सर्वोपरि नहीं, किन्तु बहुत महत्त्वपूर्ण भूमिका अवश्य निभाने वाला है। यह आयोग मात्र एक विचारक संगुट नहीं है—यह तो हमारी भविष्य की आर्थिक युक्तिनीतियों का महाभिरक्षक भी है। जिन नीतियों को अभी स्वीकृति मिली है उनके क्रियान्वयन का दायित्व भी अनेक रूपों में इस आयोग पर ही आएगा।

योजना आयोग का गठन एक सरकारी विज्ञप्ति द्वारा किया गया था। इस दृष्टि से यह एक 'संवैधानिक संस्था' नहीं है। किन्तु इसे अवहेलनापूर्वक गैरसंवैधानिक संगठन कह डालना उचित नहीं होगा। किन्तु इसे ऐसी संस्थागत शक्तियों/अधिकारिताओं का विकास करना होगा कि अन्य संस्थाएँ इसकी बातों को ध्यान से सुनें और निर्धारित नीतियों का अनुपालन करें। ग्यारहवीं योजना का क्रियान्वयन योजना आयोग की उपर्युक्त इंगित क्षमता की कसौटी सिद्ध होगा।

10 दिसम्बर, 2006

50

ग्यारहवीं योजना : मान्यताओं से आगे

अभी तो संसद पाठक रिपोर्ट लीक हो जाने तथा बहुमुखी आर्थिक चुनौतियों पर एक विशेषाधिकार हनन के प्रस्ताव में व्यस्त रही है। पिछले सप्ताह मैंने ग्यारहवीं योजना के सफल क्रियान्वयन की कुछ पूर्व शर्तों के विषय में लिखा था। मैं समझ रहा हूँ कि उन सभी शर्तों की पूर्ति सम्भव नहीं हो पाएगी। फिर भी कुछ-एक ऐसे मामले हैं जिन पर सुनिश्चित प्रयास से अच्छे परिणाम निकल सकते हैं, जैसे कि सरकार के खातों का पुनः वर्गीकरण और केन्द्र प्रायोजित परियोजनाओं की रचना में सुधार। यहाँ मैं उन निर्णायक चयनों के बारे में सुझाव दे रहा हूँ, जो योजना आयोग को राष्ट्रीय विकास परिषद् के समक्ष योजना की 'कार्यविधि' विषयक दस्तावेज प्रस्तुत करने से पूर्व करने पड़ेंगे।

प्रथम, 8-9 प्रतिशत संवृद्धि दर के लिए आन्तरिक बचत दर को 27.1 प्रतिशत से बढ़ाकर 32.3 प्रतिशत तक ले जाना आवश्यक होगा। इस बचत वृद्धि को कुछ सीमा तक पारिवारिक बचतों में मामूली वृद्धि पर आधारित माना जा सकता है किन्तु इसका मुख्य आधार तो सरकारी बचत होगा–सरकारी बचत को ऋणात्मक से बढ़ाकर धनात्मक 2.6 प्रतिशत करना आवश्यक माना गया है। परन्तु सरकार यह बचत कहाँ से करेगी? अब तो निजीकरण भी थम गया है। कर-आय अनुपात को बढ़ाने का सुझाव आया है किन्तु उससे तो निजी बचत पर दुष्प्रभाव पड़ेगा। और समग्र बचत दर को लेकर अनिश्चितता पैदा हो जाएगी। वैसे भी निजी बचतों की निबल (कर पश्चात्) आय के प्रति जो लोचशीलता मानी गई है उसकी अभी व्याख्या नहीं हो पाई है।

दूसरे, राजकोषीय उत्तरदायित्व और बजट प्रबन्धन अधिनियम को लेकर भी बहुत विवाद बना हुआ है। वरीयता व्यय और इस अधिनियम की व्यवस्थाओं को लागू करने के काल सोपान पर चर्चा की आधारभूत मान्यताएँ स्पष्ट नहीं की गई हैं। हम किस आधार पर यह मान लें कि अधिनियम के लक्ष्यों को दस वर्षों तक स्थगित कर देना (वरीयता व्यय) के उन ध्येयों की संप्राप्ति के लिए पर्याप्त रहेगा। इनके क्रियान्वयन की कठिनाइयों का क्या होगा? पुनः राजकोषीय उत्तरदायित्व पर ध्यान देने का उचित समय कब आएगा? अन्तरराष्ट्रीय निवेशकों को किस प्रकार

आश्वस्त किया जाएगा कि यह व्युत्क्रम अस्थायी है? मुझे नहीं लगता कि कोई भी यह आग्रह करेगा कि भारत को आधारभूत संरचनागत सुविधाओं और सामाजिक सेवाओं में निवेश नहीं करना चाहिए। किन्तु इन निवेश योजनाओं को लागू करने और वापस राजकोषीय उत्तरदायित्व की ओर लौटने की कोई विश्वासयोग्य समय-सोपान रचना भी तो होनी चाहिए। विशाल निवेश आवश्यकता के चलते तो यह बात और भी ज़रूरी हो जाती है। इन (राजकोषीय उत्तरदायित्व के) लक्ष्यों में श्रेष्ठ अन्तरराष्ट्रीय व्यवहार के अनुरूप चक्रीय आधार पर परिवर्तनों का कथन तो भ्रामक लगता है। इससे यह भ्रम होता है कि संरचनात्मक एवं सामाजिक वरीयता कार्यों पर व्यय सहज बनाने के लिए उन दायित्व लक्ष्यों की प्राप्ति को कुछ वर्षों तक स्थगित कर देना 'श्रेष्ठ व्यवहार' के अनुरूप है। ये 'श्रेष्ठ व्यवहार और चक्रीय रूप से समंजित बजट नियम' समष्टि स्तरीय सूचकों से जुड़े एक स्पष्ट (पारदर्शी) सूत्र के अनुसार प्रायः लक्ष्यों को ही परिवर्तित कर डालते हैं।

तीसरे, यह योजना समष्टि स्तरीय मूल तत्त्वों के विषय में भी कुछ अस्पष्ट-सी है। इन लक्ष्यों तथा तत्विषयक मान्यताओं के विषय में कुछ स्पष्टीकरणों की आवश्यकता है।

- विभिन्न संवृद्धि लक्ष्यों के लिए आवश्यक निवेश दरें और आन्तरिक बचत दरें कहाँ से आई हैं? ये किस प्रकार के समष्टि आर्थिक प्रतिमान और किन मान्यताओं पर आधारित हैं?
- निजी क्षेत्र की तत्परता को बढ़ाने के लिए क्या युक्ति होगी? आधारभूत संरचना, शिक्षा आदि की कुछ आवश्यक निवेशों की बात की गई है किन्तु कार्यों में धन लगाने के लिए निजी क्षेत्र की तत्परता बढ़ाने की विशेष विधियों की चर्चा नहीं की गई। योजना सप्तक में सार्वजनिक-निजी भागीदारी के लिए उपयुक्त कार्यक्रमों सम्बन्धी चर्चा अस्पष्ट है। यह सिफारिश कि यह प्रक्रिया उचित लागत पर पारदर्शिता सहित सेवा प्रदान करती हुई दिखाई भी देनी चाहिए, करनी तो बहुत आसान है किन्तु ऐसा किस प्रकार किया जाएगा?
- यदि देश में कोई आन्तरिक व्यवसाय-चक्र चल पड़ा तो उसका सामना करने की युक्ति क्या होगी? क्या उस चक्र को जल्दी से पहचान कर राजकोषीय और मौद्रिक उपाय करने से प्रत्याशाओं पर और प्रबल प्रभाव नहीं पड़ेंगे? फिर इस 'आन्तरिक' का क्या अर्थ है? क्या इसमें राजनीतिक व्यवहार द्वारा उत्प्रेरित व्यवसाय चक्र भी सम्मिलित होंगे? 'भूमिका' में ही एक बहुत मूल्यवान बात कही गई है। कृषि, लघु उद्योग और निगमित क्षेत्र सहित सारे निजी क्षेत्र को कहीं अधिक महत्त्वपूर्ण भूमिका निभानी होगी। किन्तु कहीं भी सार्वजनिक और निजी क्षेत्रों के तुलनात्मक लाभ

(दक्षता) तथा उनके बीच पारस्परिक निर्भरता का ज़िक्र नहीं किया गया। यह भी नहीं बताया गया कि सार्वजनिक संसाधन प्रयोग द्वारा निजी संसाधनों को और सक्रिय करने का सबसे अधिक प्रभावोत्पादक मार्ग क्या होगा।

इस रूपरेखा का एक आवश्यक अंग यह भी है कि हम इस विषय में अपनी अपेक्षाओं को वास्तविकता पर ही आधारित रखें कि निजी क्षेत्र क्या कर पाएगा, क्या नहीं। उदाहरण के लिए हम निजी क्षेत्र से कुछ-एक संरचना निर्माण परियोजनाओं में धन लगाने की आशा कर सकते हैं। किन्तु कुछ अराजकतापूर्ण प्रदेशों में निजी निवेशकों को राजनीतिक जोखिम अधिभार बहुत अधिक प्रतीत होगा। वहाँ तो सार्वजनिक निवेश का ही सहारा लेना होगा। ऐसे और भी मामले हैं जिन पर हमारी सिफारिशें और अधिक स्पष्ट होनी चाहिएँ। प्रत्यक्ष विदेशी निवेश को आकर्षित करने के लिए नीतियों का स्पष्ट निरूपण होना चाहिए। ये कह देना पर्याप्त नहीं कि विदेशी व्यवसायियों ने बहुलतापूर्ण ब्रांडों की बिक्री वाले खुदरा भण्डारों में निवेश करने में अच्छी रुचि दिखाई है। बीमा, बैंकिंग आदि क्षेत्रों में निवेश सीमा हटाने तथा कोयला एवं खनन आदि में निवेश सम्भव बनाने के लिए उपयुक्त कानून बनाने की आवश्यकता है और इनसे बचा नहीं जा सकता। राज्यों को अधिक विस्तृत विशाखीकरण के कार्य में सहभागी बनाने, आधुनिक विपणन प्रक्रिया के साथ राज्यों के बाज़ारों को जोड़ने और इस दृष्टि से राज्यस्तरीय कृषि उत्पाद विपणन अधिनियमों को निरस्त करने की आवश्यकता भी प्रतीत होने लगी है। यहाँ भी तुरन्त सक्रियता दिखाई जानी चाहिए। इसी प्रकार यह कह देना भर पर्याप्त नहीं होगा कि अपने तुलनात्मक लाभ बनाए रखने के लिए हमें श्रम कानूनों में लचीलापन लाना है।

क्या हम यह भी नहीं कर सकते कि यह लचीलापन भविष्य से प्रभावी होगा, या कि यह 'विशेष रूप से गठित' निकायों पर लागू नहीं होगा, या कि राज्यों को अपनी-अपनी विशेष आवश्यकताओं के अनुरूप फेरबदल करने की छूट होगी। योजना आयोग को कुछ-एक विवादास्पद विषयों पर सार्वजनिक चर्चा का मार्ग प्रशस्त करने पर बधाई भी मिलनी चाहिए। किन्तु किसी न किसी बिन्दु पर आकर उस चर्चा को निर्णय का रूप भी धारण करना होगा। आशा है कि योजना के अन्तिम प्रारूप में अभी तक दिखाई नहीं दे रही विभिन्न संरचनाओं के बीच संतुलन की नीरसता से आगे निकल कर कुछ ठोस सिफारिशें भी दिखाई देंगी। गठबंधन सरकारों के युग में कई बार अस्पष्टता में भी कई लाभ रहते हैं किन्तु (योजनाओं के) क्रियान्वयन में तो निश्चय ही इन अस्पष्टताओं को पीछे छोड़ना पड़ेगा।

13 अगस्त, 2006

51

ग्यारहवी योजना या उसी का ग्यारहवाँ संस्करण

आजकल संसद जसवन्त सिंह की पुस्तक में इंगित 'भेदिये' की पहचान करने में व्यस्त है—हाँ, इस बीच उसने 'लाभ के पद' विधेयक को अवश्य पारित कर दिया है। अनेक महत्त्वपूर्ण वित्तीय विधेयकों का भविष्य तो अधर में लटका है, किन्तु संसद का ध्यान कीमत वृद्धि और किसानों की समस्याओं के आर्थिक प्रश्नों की ओर अवश्य गया है। इन प्रश्नों पर जितना सम्भव हो, ध्यान दिया जाना चाहिए। किन्तु संसद के शीत सत्र से पूर्व ही राष्ट्रीय विकास परिषद् ग्यारहवीं पंचवर्षीय योजना के कार्य विधि पत्रक को अपनी मंजूरी दे चुकी होगी। संसद में पंचवर्षीय योजनाएं प्रस्तुत तो की जाती हैं किन्तु उन पर या उनमें निहित मध्यावधि कालिक आर्थिक युक्तियों पर चर्चा कभी नहीं होती। तकनीकी दृष्टि से योजनाओं को लागू करने के लिए संसद की अनुमति आवश्यक नहीं होती, कोई विधेयक पारित करना भी आवश्यक नहीं समझा जाता—किन्तु यह योजनाएँ (अधिकाधिक) हमारी नीतियों की दिशाओं की ओर संकेत करने लगी हैं।

कभी-कभी संसद की स्थायी समितियों में कुछ-एक क्षेत्रों से जुड़े प्रश्नों पर चर्चा हो जाती है। बजट के बाद उस पर आम चर्चा मुख्यतः वार्षिक बजटीय धन-आवंटन तक सीमित रह जाती है। ये चर्चाएँ कभी भी आर्थिक प्रश्नों, चयनों और विकल्पों पर कहीं अधिक पैनी और सारगर्भित चर्चा का स्थान नहीं ले सकतीं। (किन्तु खेद है कि) अर्थव्यवस्था की दशा पर (संसद का) बहुत ही कम ध्यान जाता है।

मैं इस लेख में कुछ ऐसे प्रश्न उठा रहा हूँ जिन पर अधिक व्यापक स्तर पर विचार-विमर्श होना चाहिए। नीति विकल्पों की चर्चा के तुरन्त बाद उनके लिए आवश्यक पूर्व शर्तों की समीक्षा पर मेरा आग्रह सर्वप्रथम होगा। योजना के कार्य विधि पत्रक 'तीव्रतर और अधिक सर्वसमाहनकारी संवृद्धि की ओर' में

राज्यों और केन्द्र की भूमिकाओं को लेकर अनेक वक्तव्य दिए गए हैं। उनसे यह आभास होता है कि राज्यों को अधिक परियोजनाओं का स्वामित्व वहन करना होगा और वे अपने कार्यक्रमों के लिए पहले से अधिक जवाबदेह होंगे—साथ ही पिछड़े रह गए क्षेत्रों को भी सर्वसमाहनकारी संवृद्धि प्रक्रिया में भागीदार बनाया जाएगा।

यह एक बहुत महत्त्वपूर्ण दिशा परिवर्तन होगा—हमें इसके लिए उपयुक्त राजकोषीय प्रोत्साहनों की रचना पर विचार करना होगा। कुल मिलाकर वर्तमान अंतरण व्यवस्था को बदलना होगा ताकि निष्पादन आधारित अंतरण और संवृद्धि में समाहित करने के ध्येयों की वरीयताओं के बीच तालमेल स्थापित हो सके। एक ओर निष्पादन आधारित अन्तरण बेहतर निष्पादन एवं निष्पादनकर्ताओं को पुरस्कृत करते हैं तो दूसरी ओर समाहनकारी संवृद्धि का अर्थ ही यह होगा कि निष्पादन की कसौटी पर पिछड़े रह गए राज्यों को स्थायी रूप से पिछड़ेपन की दलदल में धँसा हुआ नहीं छोड़ा जा सकता। पिछड़े राज्यों का परित्याग किए बिना उन्हें प्रोत्साहित किस प्रकार किया जा सकता है? यह एक जटिल कार्य है, इसमें अनेक पक्ष/हित शामिल होंगे। किन्तु कुछ-एक उत्तरोत्तर उठाए जा सकने वाले कदम अवश्य हैं, जिनके माध्यम से राजकोषीय अन्तरणों को अधिक पारदर्शी बनाया जा सकता है।

दूसरी बात संवृद्धि दर से जुड़ी है। ग्यारहवीं योजना की अवधि में 8.5 प्रतिशत की औसत वृद्धि की बात कही गई है—इसका अभिप्राय अन्तिम वर्षों में कहीं अधिक उच्च दर से वृद्धि के लक्ष्य की प्राप्ति करनी होगी। परिणामस्वरूप निवेश अनुपात को 31 से उठाकर 38 प्रतिशत तक पहुँचाना पड़ेगा। इसके लिए आन्तरिक बचतों को बढ़ाने और बाह्य संसाधन जुटाने का प्रयास आवश्यक होगा। इसी सन्दर्भ में प्रत्यक्ष विदेशी निवेश में तीव्र वृद्धि भी आवश्यक मानी जा रही है। इस संवृद्धि परिदृश्य के अन्य विकल्पों तथा उनके गरीबी निवारण तथा रोज़गार सृजन पर प्रभावों की भी व्याख्या की जानी चाहिए।

तीसरे, हमारी योजनाओं का आरम्भ सत्तासीन सरकार के कार्यकाल के मध्य से हो रहा है। हमारे वर्तमान चुनाव चक्र के कारण योजना प्रक्रिया एक प्रकार की अपंगता से ग्रस्त हो जाती है। पूर्व सत्तारूढ़ दल के प्रति वितृष्णा का परिणाम होता है कि योजना का मध्यावधि मूल्यांकन किन्हीं परिवर्तित नीतियों/वरीयताओं और युक्तियों के सन्दर्भ में होता है। इस प्रकार योजना की रचना और उसके क्रियान्वयन के बीच एक असत्वरता/अनिरन्तरता का समावेश हो जाता है। विभागों ने योजना परियोजनाओं पर कार्य शुरू ही किया होता है कि निर्वाचन जन्य असत्वरताओं और परिवर्तित जनादेश के कारण नई कार्यविधि और युक्तियों का प्रयोग अनिवार्य हो जाता है। विचित्रता यही होती है कि चुनाव चक्र को

योजनाओं के अनुरूप परिवर्तित नहीं किया जा सकता। किन्तु इन योजनाओं को सत्तारूढ़ सरकार का राजनीतिक-आर्थिक वक्तव्य माना जाता है। यही नहीं, यदि सरकारें अपने कार्यकाल पूरे न कर पाएं तो योजनाओं की पंचवर्षीय अवधि का सरकार के कार्यकाल से तालमेल बिठाना और भी कठिन हो जाता है।

एक, किंचित अतिवादी, विकल्प तो यही हो सकता है कि पंचवर्षीय योजनाएँ बनाई ही नहीं जाएँ, एक मध्यकालिक युक्ति का निर्धारण कर अनवरत योजना पद्धति को अपना लिया जाए। इसमें वरीयता परिवर्तन और युक्तियों में बदलाव अधिक आसान होते हैं। वैसे भी परियोजनाओं का क्रियान्वयन तो निरन्तर चलता रहता है, किन्तु उनके लिए धन की व्यवस्था वार्षिक बजटों के प्रावधानों के अधीन होने के कारण संशयग्रस्त ही रहती है।

चौथे स्तर पर पंचवर्षीय योजनाओं और वित्त आयोग की सिफारिशों के बीच सामंजस्य भी एक विवाद का मामला है। यदि योजना आयोग की सिफारिशें किसी वर्ष में आती हैं और वित्त आयोग किसी अन्य वर्ष में अपनी सिफारिशें लागू करने की अनुशंसा करता है, तो राज्य संसाधनों की उपलब्धता का पूर्वानुमान नहीं लगा पाते। केन्द्रीय सरकार द्वारा प्रायोजित परियोजनाओं की तो अपनी संसाधन प्रवाह सम्बन्धी काल सोपान रचना होती है। योजना एवं वित्त आयोगों के बीच विसंगति एक अन्य कारण से भी चिन्ताकारी हो जाती है : राज्यों को मिलने वाली योजना सहायता उनकी अपनी अंशदान क्षमता पर निर्भर रहती है और वह अंशदान किसी न किसी रूप में वित्त आयोग द्वारा प्रदत्त राशि पर भी निर्भर करती है। (आंशिक रूप से राज्य की राजस्व संग्रह क्षमता का भी योगदान होता है।) योजनाओं की अवधि का चुनाव चक्र से सामंजस्य अधिक कठिन है किन्तु उनका वित्त आयोग की अवधि के साथ तालमेल बिठाना तो इतना कठिन नहीं है। यह काम तो हम कर ही सकते हैं। वित्त आयोग एक संवैधानिक व्यवस्था है। इनकी सिफारिशों को पंचाट (या निर्णय/फैसला) माना जाता है। योजनाओं के कार्यकाल वित्त आयोग की सिफारिशें लागू होने के तुरन्त बाद प्रारम्भ करने से अनेक प्रकार के लाभ हो सकते हैं। सबसे बड़ा लाभ तो यही होगा कि राज्य अधिक सुनिश्चित संसाधन प्रवाह के आधार पर अपनी योजनाएँ तैयार कर पाएँगे।

पाँचवीं बात, राजस्व और पूँजी व्यय के बीच तर्कहीन अन्तर के बारे में योजना आयोग द्वारा उठाए गए प्रश्नों से जुड़ी है। इसने ठीक ही कहा है कि ऐसा अन्तर विकृतिग्रस्त है। 2008 तक राजस्व घाटे को पूरी तरह समाप्त करने का लक्ष्य तो और भी बेतुका है, क्योंकि, सभी अति आवश्यक सामाजिक क्षेत्रों में व्यय के बहुगुणित विकास प्रभाव पाते हैं और ऐसा सारा ही व्यय वर्तमान वर्गीकरण के अनुसार राजस्व खाते का व्यय माना जाता है। वास्तव में इस व्यय को समाप्त करने के विपरीत इसे तो और संवर्धित करने की आवश्यकता है।

राजस्व व्यय और पूंजी व्यय के बीच यह भेद तो त्रुटिपूर्ण है ही, इसी प्रकार योजना व्यय तथा गैर योजना व्यय का भेद भी विकृतिकारी ही सिद्ध होता है। अनेक प्रकार के गैर योजना व्ययों के विकास प्रभाव बहुत सकारात्मक होते हैं। और वे निवेश वातावरण को सुधारने में सहायक होते हैं। इस दृष्टि से सरकारी लेखे का पुनः वर्गीकरण एक निर्णायक प्रयाण बिन्दु सिद्ध हो सकता है। इस कार्य में महालेखापाल एवं नियंत्रक, नागरिक लेखा नियंत्रक, वित्त मंत्रालय और योजना आयोग का सहयोग आवश्यक होगा। इस वर्गीकरण में अधिक विवेक के संचार का प्रयास इतना आसान नहीं होगा। सरकार द्वारा इस कार्य के लिए उच्च स्तरीय लेखा पुनः वर्गीकरण समिति का गठन बहुत उपयोगी हो सकता है। इस समिति में किसी पूर्व महालेखापाल एवं नियंत्रक, व्यय सचिव एवं योजना आयोग से जुड़े व्यक्ति को रखा जाना चाहिए। इसकी सिफारिशों को लागू करने का काम ग्यारहवीं योजना से ही आरंभ हो जाना चाहिए। हमें अतीत से सीखना भी चाहिए। इन पूर्व शर्तों पर ध्यान देकर हम भविष्य में पंचवर्षीय योजनाओं की सफलता का आधार तैयार कर पाएँगे। आखिर कोई भी यह नहीं चाहता कि उसे उसी (पहली) योजना के ग्यारहवें संस्करण के दर्शन करने पड़ें

6 अगस्त, 2006

52

वित्त मंत्रालय भी सुधार मार्ग पर चले

आजकल संसद का मध्यावधि अवकाश चल रहा है। इस समय को समाचार जगत निष्क्रियता-भरा 'मूर्खता काल' मानता है (उन्हें कुछ भी करने को नहीं सूझता) तो मन्त्रियों को भविष्य की योजनाएँ बनाने की कुछ फुरसत मिल जाती है। चिदम्बरम् पहले ही बजट पूर्व के आयकर कानून के पुनःलेखन सम्बन्धी प्रयास आरम्भ कर चुके हैं। इसी समय वे यह चिन्तन भी कर सकते हैं कि ऐसे कौन से कार्य करें जो विवादों में फँसकर नहीं रह जाएँ। वित्त मंत्री के रूप में उनकी यह दूसरी पारी है और इसमें अभी तक उन्हें सीमित-सी सफलता ही मिल पायी है, उनके बड़े-बड़े बहादुरी भरे विचार और प्रयास गठबंधन की राजनीति की दलदल में फंसकर रह गए हैं। सरकार, और सहयोगी दलों में उनके विरोधियों की भरमार है। इन सीमाओं के बावजूद कुछ ऐसे विवादमुक्त क्षेत्र हैं जिनमें कुछ कर दिखाने से सार्वजनिक हित साधन ही होगा।

- सर्वप्रथम तो उन्हें कर सुधारों की कार्य सूची को पूरी तरह लागू कर देना चाहिए। नए आयकर अधिनियम की रचना का कार्य उन्होंने 1997 में आरम्भ किया था किन्तु ऐश्वरन समिति की सिफारिशों का क्रियान्वयन राजनीतिक घटनाक्रम की भेंट चढ़ गया था। उसके बाद से कर कानूनों में अनेक परिवर्तन आए हैं। यदि ऐसा कर कानून लिखा जाए जिसकी भाषा तकनीकी दुराग्रहों से मुक्त हो और जिसे आम आदमी ठीक से समझ सके तो उसका बहुत स्वागत होगा। एक बुरा उदाहरण तो वह स्वयं आय निर्धारण फॉर्म रहा है जिसका नाम तो सरल था किन्तु जो वास्तव में जटिल ही था। ऐसे मार्ग को छोड़कर चलना चाहिए। स्वयं विवरणी भरने और कर देयता का अनुमान लगाने की प्रक्रिया को और 'सरल' बनाया जा सकता है—यदि करदाता को केवल कर जमा कराने का निर्देश दिया जाए और अपनी कर-आकलन विवरणी संभालकर रखने

को कहा जाए तो कैसे रहेगा? यदि कर निर्धारण अधिकारी को कोई संदेह हो, तभी वह विवरणी की माँग करे, अन्यथा नहीं। वर्तमान व्यवस्था में तो विवरणियां संभालकर रखने के लिए बहुत-सी जगह की ज़रूरत होती है, अनावश्यक काम का भार बढ़ता है और एक विचित्र-सी परस्पर विरोध (और अविश्वास) की संस्कृति जन्म ले रही है।

- दूसरे, राजस्व विभाग के किसी पुनर्गठन में इसकी विभिन्न अन्वेषण एजेंसियों के बीच तालमेल पर अवश्य ध्यान दिया जाना चाहिए। केन्द्रीय प्रत्यक्ष कर बोर्ड का एक अन्वेषण प्रभाग है—जिसकी शाखाएँ देश-भर में फैली हुई हैं। ये करवंचना सम्बन्धी जानकारियों का संग्रह करता है। यही करवंचना के मामलों में छापे मारकर तलाशी आदि भी करता है। मेरा विचार है कि ये कार्य किसी सीमा तक करवचंना करने वाले को भय दिखाकर उससे बेहतर कर भुगतान कराने का प्रयास तो हो सकते हैं—इस सीधी कार्यवाही के मार्ग को छोड़कर किन्तु यदि हम धीरे-धीरे अन्वेषणात्मक लेखा परीक्षा पर आधारित व्यवस्था की ओर अग्रसर हो सकें तो बेहतर होगा। कम से कम क्षेत्र में कार्य कर रहे अधिकारियों के लिए छापे, जब्ती आदि के केस बनाने के लक्ष्य निर्धारित करने का घृणित किन्तु वर्तमान व्यवहार तो तुरन्त बन्द होना चाहिए।
- केन्द्रीय उत्पादन एवं बीमाशुल्क बोर्ड के पास तो एक से अधिक अन्वेषण संगठन हैं—राजस्व अन्वेषण महानिदेशालय, वंचनारोधक महानिदेशालय और पूर्वोपायी कार्यों का निदेशालय। इनके अतिरिक्त केन्द्रीय आर्थिक अन्वेषण ब्यूरो और प्रवर्तन निदेशालय भी हैं। विदेशी मुद्रा नियमन अधिनियम की निरस्ति के बाद तो प्रवर्तन निदेशालय के पास केवल पुराने मामलों की कार्यवाही को पूरा करने का काम ही बचा है। किन्तु मामलों का बहुत देर तक लटके रहना एक अनवरत उत्पीड़न का स्रोत बना हुआ है। यही प्रवर्तन निदेशालय अब नए विदेशी मुद्रा संरक्षण अधिनियम (FEMA) और मुद्रा धोवन निरोधन अधिनियम (Prevention of Money Laundering Act) को भी लागू करने का कार्य कर रहा है। केन्द्रीय आर्थिक अन्वेषण के अधीन एक आर्थिक अन्वेषण परिषद भी है जो अन्वेषण ब्यूरो (IB), शोध एवं विश्लेषण अनुभाग (RAW) तथा नशीले पदार्थ नियन्त्रण ब्यूरो (Narcotics Central Bureau) के साथ अन्वेषण कार्यों का समन्वय करती है। इस परिषद के कार्य राजस्व अन्वेषण महानिदेशालय से बहुत भिन्न नहीं है। अतः इन दोनों का विलय हो जाना चाहिए। राजस्व अन्वेषण महानिदेशालय एक पुरानी और अनुभवी संस्था है—ये

बड़ी आसानी से केन्द्रीय आर्थिक अन्वेषण ब्यूरो के कार्यों को भी संभाल सकती है। इसी प्रकार वंचनारोधक महानिदेशालय और पूर्वोपायी कार्य निदेशालय का भी विलय किया जा सकता है।

- तीसरे इस समय राजस्व विभाग जिन कानूनों को लागू कर रहा है उनमें भारी स्तर पर सरलीकरण की आवश्यकता है। प्रत्यक्ष करों के क्षेत्र में तो सभी वर्तमान करों को आय कर या सम्पत्ति कर में विलीन कर दिया जाना चाहिए।
- अप्रत्यक्ष करों में भी बहुत बड़े परिवर्तनों की ज़रूरत है। परिवर्तन की ज़रूरत वाले कानूनों में सबसे पहला क्रम तो विदेशी मुद्रा संरक्षण एवं तस्करी निरोधन कानून, 1974 (COFEPOSA) का है। इसका प्रमुख ध्येय विदेशी मुद्रा संरक्षण-संवर्धन हेतु तस्करी आदि में लगे लोगों को पहले ही जेल में डाल देने का प्रावधान था। यह कानून बहुत कठोर माना जा सकता है। इसमें न केवल तुरन्त बन्दी बनाने की व्यवस्था है वरन् इसकी अपराध सम्बन्धी परिभाषा भी विस्तृत है : कोई भी व्यक्ति जो तस्करी करता हो, जो तस्करी का सामान रखता हो, तस्करी के सामान का परिवहन करता हो, इन कामों में लगे लोगों को अपने पास रहने देता हो तथा उन क्षेत्रों में रहता हो जहाँ अक्सर तस्करी होती है, आदि।

इसी कानून को और बल प्रदान करने के लिए एक अन्य कानून भी बनाया गया था, तस्कर और विदेशी मुद्रा हेराफेरी (सम्पत्ति ज़ब्तीकरण) कानून, 1976 (SAFEMA) ये कानून तस्करी में लगे और विदेशी मुद्रा की हेराफेरी करने वालों की सम्पत्ति को ज़ब्त करने के लिए रचा गया था क्योंकि इन कार्यों का राष्ट्रीय अर्थव्यवस्था पर दुष्प्रभाव पड़ता है। इस कानून के अन्तर्गत कार्यवाही के विरुद्ध अपील सुनने के लिए ज़ब्त सम्पत्ति अपील प्राधिकरण का गठन किया गया है। इस प्रकार विदेशी मुद्रा संरक्षण के लिए ही तरह-तरह के संगठनों का विस्तृत जाल गढ़ लिया गया है जो निरोधक बन्दीकरण, जाँच, प्रवर्तन, सम्पत्ति की ज़ब्ती करने तथा अपील सुनने के काम करते हैं।

जब इस सन्दर्भ में रचे गए प्राथमिक कानून, विदेशी मुद्रा नियमन अधिनियम को ही बदल कर विदेशी मुद्रा संरक्षण अधिनियम बना दिया गया है और इसके उल्लंघन को एक नागरिक अपराध मान लिया गया है (जिसके प्रतिकार स्वरूप जुर्माना लगाने की व्यवस्था है) तो फिर निरोधक बन्दीकरण, सम्पत्ति की ज़ब्ती, आदि के कानून हास्यास्पद प्रतीत होते हैं। तस्करी जैसे अपराध तो वैसे भी सीमा शुल्क अधिनियम, 1962 की परिधि में आते हैं—आवश्यक हो तो उसकी व्यवस्थाएँ और सुदृढ़ की जा सकती हैं। आज तो भारत वैसे भी अपने विशाल विदेशी मुद्रा के भण्डार पर गौरव कर रहा है। भले ही रिज़र्व बैंक तटस्थता का दम भरता हो, पर समय-समय पर

विदेशी मुद्रा बाज़ार में चुपके से हस्तक्षेप कर रुपये के सापेक्ष विदेशी मुद्रा मूल्य में वृद्धि को रोकने के प्रयास भी करता रहता है। बड़ा विचित्र लगता है कि एक ओर आर्थिक कार्य प्रभाग और रिज़र्व बैंक अतिशय विदेशी मुद्रा भंडार संग्रह को रोकने के लिए चतुराई पूर्ण वित्तीय अभियांत्रिकी का सहारा ले रहे हैं तो वित्त मंत्रालय का ही दूसरा विभाग विदेशी मुद्रा संचय में बाधक होने के सन्देह में लोगों को बन्दी बनाने में जुटा है। अब हमारी समस्या अभाव की नहीं है—प्रचुरता की है। अतः कोफेपोसा तथा सफेमा जैसे कानूनों को बनाए रखना वास्तविकताओं के साथ मेल नहीं खाता। ये कानून तो अब प्रताड़ना, हेराफेरी और भ्रष्टाचार के स्रोत बनकर रह गए हैं।

- चौथी बात : व्यय विभाग के समक्ष दो बड़ी चुनौतियाँ हैं :

(i) चिदम्बरम् द्वारा संसद के समक्ष अभी कुछ समय पूर्व प्रस्तुत व्यय-उपलब्धि दस्तावेज के अनुरूप एक विश्वस्त व्यय निगरानी एवं मूल्यांकन व्यवस्था की रचना करना। उससे सही अर्थों में निष्पादन बजट को लागू करना सम्भव हो सकेगा।

(ii) वित्तीय सलाहकारों की जवाबदेही के द्वैध का निराकरण—इस समय ये सलाहकार अपने मूल विभाग की अपेक्षाकृत लचीली व्यय नियन्त्रण अपेक्षाओं और वित्त मन्त्रालय की कड़ी नियन्त्रण अपेक्षाओं के बीच फँसे रहते हैं।

पाँचवें, आर्थिक कार्य विभाग की भी पुनः रचना की आवश्यकता है। अब द्विपक्षीय एवं बहुपक्षीय सहायता अनुदान प्रवाहों की कोई महत्ता नहीं रही है। मन्त्रालय को करेंसी, सिक्कों की ढलाई, टकसाल आदि के संचालन में उलझने की भी कोई ज़रूरत नहीं है। ये सभी कार्य बहुत पहले से ही भारतीय रिज़र्व बैंक के सुपुर्द हो जाने चाहिए थे। अब मन्त्रालय का मुख्य ध्यान आधारभूत संरचना, निवेश तथा अन्य मन्त्रालयों में आर्थिक सुधारों को बढ़ाना देने की ओर होना चाहिए।

समकालीन चुनौतियों का सामना करने के लिए वित्त मन्त्रालय की रचना में सुधारों पर गम्भीरता से विचार होना चाहिए। अभी तक गठित सभी समितियों की रिपोर्ट या तो तदर्थ स्वरूप की रही है या फिर वे अव्यावहारिक तथा त्रुटिपूर्ण थीं। चिदम्बरम् अगले संसद सत्र तक के समय का इस दिशा में गम्भीरतापूर्ण प्रयास करने के लिए सदुपयोग कर सकते हैं। संयुक्त प्रगतिशील गठबन्धन सरकार के बहुमुखी कार्यक्रमों को लागू करने और उस मार्ग में आ रही चुनौतियों का निराकरण करने में एक पुनर्गठित वित्त मन्त्रालय केन्द्रभूत भूमिका निभा सकता है। बदले हुए समय के अनुसार आर्थिक नीतियों की रचना की विवशता भी इस पुनर्गठन को अपरिहार्य बना रही है।

11 सितम्बर, 2005

53

व्यय और उपलब्धियों में सन्तुलन

पिछले सप्ताह चिदम्बरम् ने संसद में एक दस्तावेज पेश किया—'व्यय और उपलब्धि बजट—बेहतर परिणाम प्राप्ति की ओर।' उन्होंने इसे एक ऐतिहासिक कदम बताया और कहा कि प्रधानमंत्री के निर्देश पर वे सामान्य बजट में किए गए एक वादे को निभा रहे हैं। जब सार्वजनिक व्यय में तीव्र वृद्धि हो रही हो तो यह चिन्ता स्वाभाविक होती है कि वह धन किस प्रकार खर्च हो रहा है और क्या उस खर्च के वांछित ध्येय भी प्राप्त हो रहे हैं। आम आदमी को बिजली या शिक्षा पर सरकार के अधिक खर्च से इतना ही वास्ता होता है कि उसे अधिक सुविधा से कम दरों पर बिजली सुलभ हो पा रही है या उसके आसपास अच्छे स्कूल हैं या नहीं।

व्यय के आँकड़ों को प्रायः अर्थविहीन संख्याएँ भी कह दिया जाता है। अब 700 पृष्ठ का विराटकाय दस्तावेज खर्च के आँकड़े, भौतिक लक्ष्य, प्राप्य लक्ष्य और उनकी प्राप्ति के समय सोपान की जानकारी से भरा होता है। वास्तव में यह जानकारी पहले भी उपलब्ध होती थी, सभी सरकारी खर्चों की मंजूरी के लिए यह प्रक्रिया पूरी करना अनिवार्य होता है। हाँ, संसद के समक्ष इन्हें एक दस्तावेज के रूप में पेश करने से इन्हें इसी रूप में लागू करने की ज़िम्मेदारी में कुछ वृद्धि अवश्य हो जाएगी। नागरिक अधिकारपत्र और सूचना अधिकार अधिनियम के साथ मिलकर यह दस्तावेज सम्भावित लाभ पाने वालों की बेहतर ढंग से कार्यक्रम पूर्ति के लिए आन्दोलन करने की शक्ति को बढ़ाने में सहायक होगा।

किन्तु इस प्रारम्भिक पहल ने अनेक प्रश्नों को अनुत्तरित ही छोड़ दिया है :

सबसे पहला और महत्त्वपूर्ण प्रश्न तो संस्थागत सामंजस्य का है। सांख्यिकी और कार्यक्रम कार्यान्वयन मन्त्रालय की स्थापना 9 अप्रैल, 1999 को हुई थी। इसके लिए सांख्यिकी तथा कार्यक्रम कार्यान्वयन के दो अलग-अलग विभागों का

विलय किया गया था। इन विभागों का दायित्व वही काम करना था जो अब चिदम्बरम् ने संसद के सामने रखा है। इन विभागों के बीस सूत्री कार्यक्रम प्रकोष्ठ एक अप्रैल 1986 से कार्यरत रहे हैं और उन्हें गरीबी निवारण, रोज़गार सृजन, स्वास्थ्य, शिक्षा आदि के परियोजनाओं की निगरानी करने तथा विशेषकर गरीबी रेखा से निम्न वर्गों की जीवन दशाओं पर रिपोर्ट तैयार करने के दायित्व दिए गए थे। इनके आधारभूत संरचना प्रकोष्ठ का कार्य कोयला, विद्युत, इस्पात, रेलवे, दूरसंचार, नागरिक उड्डयन और सड़क निर्माण आदि पर मासिक रूप से आँकड़ों का संकलन था। परियोजना निगरानी प्रकोष्ठ को 20 करोड़ रुपये से अधिक लागत वाले सभी केन्द्रीय परियोजनाओं की निगरानी करनी थी—साथ ही लागत वृद्धि, समय वृद्धि, आदि की समीक्षा करना तथा इन परियोजनाओं के मार्ग में आ रही बाधाओं की पहचान करना भी इसी प्रकोष्ठ का दायित्व था। दुर्भाग्यवश यह विभाग अवांछित अफसरों को फेंकने का एक प्रकोष्ठ बनकर रह गया। इसकी मासिक रिपोर्ट बहुत बेकार होती है, उन्हें पढ़ पाना भी आसान नहीं होता और उनसे शायद ही नीति निर्माण या परियोजना संचालन में कोई सहायता मिली हो। इनकी नवीनतम रिपोर्टों में तो बस बेमतलब के आँकड़े भरे होते हैं—उनसे 'प्रभावित' होकर कभी किसी से कोई काम नहीं बन पाता।

अभी-अभी योजना आयोग में एक नई इकाई का गठन हुआ है। 'कार्यक्रम परिणाम और प्रतिक्रिया निगरानी प्रभाग' (PO & RM) इसके कार्यों में त्रुटियों की पहचान, तथा कार्यक्रम निगरानी के लिए उपयुक्त आँकड़ों का संग्रह, समन्वय और विश्लेषण सम्मिलित होंगे। इस प्रभाग की प्रमुख नंदिनी आज़ाद हैं—वे अपने साथ गैर सरकारी संगठनों के साथ कार्य का दीर्घ अनुभव लाई हैं और उन्होंने आते ही इतने विश्वस्त ढंग से काम आरम्भ किया है कि स्वयं प्रधानमंत्री ने भी उसे सराहा है। अब कार्यक्रम कार्यान्वयन विभाग का इस प्रभाग में विलय कर देना चाहिए तथा प्रभाग को स्वतन्त्र दर्जा प्रदान कर सीधे अपनी रिपोर्ट प्रधानमंत्री को सौंपने को कहा जाना चाहिए—इससे इसके क्रियाकलापों में निष्पक्षता सुनिश्चित हो जाएगी।

अनेक संस्थाओं, केन्द्र एवं राज्य सरकारों तथा उनके सांख्यिकी विभागों, कार्यक्रमों के लक्षित लाभार्थियों आदि से संकलित जानकारी राजनीतिक दृष्टि से तटस्थतापूर्ण, विश्वसनीय और लागतों की दृष्टि से भी प्रभावपूर्ण होनी चाहिए। अन्यान्य संस्थाओं/संस्थानों के साथ गैर विरोध भावी सम्पर्क सूत्रों के विकास के लिए भी बहुत भाव संकल्पना और विश्वाससृजन क्षमता की आवश्यकता होती है।

दूसरे, कार्यक्रमों के मूल्यांकन की विधि का विकास जटिलतापूर्ण रहता है। पहले भी निष्पादन बजट के प्रयास हुए हैं—पर वे विफल रहे। उनमें वार्षिक धन

आवंटन का आधार पूर्ववर्ती वर्ष में निष्पादन को बनाया गया था। कार्यक्रम से पूर्व और 'बाद की दशाओं' के बीच 'कारण और प्रभाव' का निरूपण सहज नहीं होता। इस सन्दर्भ में हम विश्व बैंक के सांख्यिकीय क्षमता निर्माण परियोजनाओं तथा पैरिस-21 जैसे अंतर एजेंसी संगठनों से बहुत कुछ सीख सकते हैं। तीसरे, परिणामों की निगरानी/समीक्षा में भी कुछ कठिन अवधारणागत प्रश्न उठ खड़े होते हैं। व्यय और भौतिक कार्य के बीच सह-संबंध अधिक स्पष्ट होता है—यहाँ चिदम्बरम् का उपलब्धि बजट दस्तावेज मार्गदर्शन कर सकता है। किन्तु किसी केन्द्रीय संगठन द्वारा परिणामों की समीक्षा तो नौकरशाही के साहित्य की 'पुलिस गश्त' या फिर जनता की निगरानी की 'आग की चेतावनी' से अधिक नहीं हो पाएगी।

'पुलिस गश्त' का अभिप्राय है कि लेखा परीक्षक उन बातों पर नज़र रखें जहाँ गलतियाँ हो जाती हैं तथा खर्च को प्रमाणित करें। 'आग की चेतावनी' का अर्थ लाभार्थियों की अपेक्षाएँ पूर्ण होने को प्रमाणित करना होता है। नन्दिनी आज़ाद की निगरानी इकाई क्या होगी? 'पुलिस गश्त' या 'आग की चेतावनी'? व्यय विभाग की निष्पादन बजट बनाने और, सबसे महत्त्वपूर्ण, बजट व्यय प्रावधानों को स्वीकृति प्रदान करने के लिए उत्तरदायी है। नई व्यवस्था में अभी तक बाद में खर्च की लेखा परीक्षा और मूल्यांकन करने वाले महालेखा परीक्षक नियन्त्रक को भी किसी न किसी रूप में सम्मिलित करने की आवश्यकता है।

चौथे : कोई कार्यक्रम कितना प्रभावोत्पादक है? यह प्रश्न और भी कठिन है। कार्य से पूर्व एवं पश्चात की स्थितियों की तुलना के आधार पर इस निष्कर्ष पर पहुँच जाना कि कार्यक्रम प्रभावोत्पादक रहा, बहुत ही कठिन कार्य होगा। खाद्य 'सबसिडीज़' से पोषण स्तर में सुधार, ग्रामीण स्कूलों की देखभाल में अभिभावकों की भूमिका से उन स्कूलों में उपस्थिति में सुधार, शिक्षकों की उपस्थिति में सुधार या यह तय कर पाना कि किस कार्यक्रम का निर्णायक प्रभाव रहा है—अभी समस्याओं से मुक्त नहीं है। 'पहले और बाद में' की तुलना विधि में यह ध्यान रखना होगा कि मूल्यांकन के लिए चुने गए समूह पूर्णतः यादृच्छिक (random) हों, इनमें एक अनवरत तालिका के सम-सोपानी अंश की विशेषता हो तथा इनका चयन किसी निष्कर्ष विशेष पर पहुँचने के लिए ही नहीं किया गया हो।

साथ ही वस्तुओं और सेवाओं के सटीक मूल्यमानों के निर्धारण और आदानों की वास्तविक लागतों के आकलन में आभासी मूल्यों के प्रश्न भी महत्त्वपूर्ण हो जाते हैं। आर्नोल्ड हर्बर्गर ने कुछ कार्य विधिगत प्रश्न उठाए हैं : पूँजी बाज़ार की विकृतियों के प्रभावों का आकलन कैसे होगा? परियोजनाओं की लागतों और लाभों के मूल्यांकन में राष्ट्रीय कीमतों का प्रयोग हो या सीमा पर कीमतें अधिक सार्थक होंगी? और, विभिन्न समुदायों के हितलाभों एवं लागतों के मूल्यांकन में

वितरणात्मक भार मानों का प्रयोग किस प्रकार हो सकता है। इसी प्रकार अरिस्टाइड टॉर्च ने सामाजिक परियोजनाओं की समीक्षा के लिए प्रयुक्त परियोजना मूल्यांकन विधि के विभिन्न स्वरूपों की व्याख्या की है। संयुक्त राष्ट्र विकास कार्यक्रम (UNDP) द्वारा अपनी 'हैंडबुक फॉर मॉनीटरिंग एंड इवैल्युएटिंग रिजल्ट्स' में परियोजनाओं की गतिविधियों के समय-सोपान और उनके कालावधि से जुड़ी तुलनाओं के लिए उपयुक्त आधार स्तरीय आँकड़ों के विकास के लिए कुछ सुझाव दिए हैं।

और अन्त में, किसी भी परियोजना के परिणामों में उसकी धारणीयता तथा दीर्घकालिक प्रभावों का निर्धारण निर्णायक रहता है। परियोजना के बाद के युग में भी गरीबी में कमी बनी रहनी चाहिए, जीवन गुणवत्ता उच्च बनी रहनी चाहिए—अर्थात् विविधीकृत आर्थिक गतिविधियों के बहुविधि प्रभावों के स्थायी सामाजिक हितलाभ सुनिश्चित होने चाहिएँ।

कार्यक्रम के परिणामों पर वर्तमान आग्रह तो एक प्रारम्भिक बिन्दु है। यह व्यय, वित्तीय प्रावधान और भौतिक गतिविधियों के बीच सम्यकता स्थापित करने की दिशा में एक पहला कदम है। परिणाम के लिए उत्तरदायित्व का निर्धारण अभी भी अलभ्य बना हुआ है। प्रागैतिहासिक प्राविधियों से ऐतिहासिक परिणाम नहीं मिल सकते। मूल्यांकन प्रयासों को संस्थागत सामंजस्य जानकारी संग्रह की विश्वसनीयता, परियोजना परिणामों और लाभार्थियों पर उनके दीर्घकालिक प्रभावों के मूल्यांकन की स्वीकार्य प्रविधियों की रचना करनी ही होगी। इसे एक ज्ञानार्जन वक्र माना जा सकता है। अर्थात् अनुभवों के आधार पर इसमें निरन्तर परिमार्जन की सम्भावना होनी चाहिए। व्यय और उपलब्धि के बीच की खांई को पाटना एक बहुत बड़ी चुनौती है। चिदम्बरम् ने एक विश्वास जागृत करने वाली पहल की है।

4 सितम्बर, 2005

54

विदेशी मुद्रा भंडार कोई जादुई छड़ी नहीं

विदेशी मुद्रा भंडार के अधिक उत्पादक प्रयोग सम्बन्धी प्रस्तावों पर हुई मिश्रित प्रतिक्रियाओं पर आश्चर्यचकित होना उचित नहीं होगा। दोनों पक्ष एक दूसरे के तर्कों से भलीभांति परिचित हैं। कहा जाता है कि हमें वही उपदेश देने चाहिए जिनकी हम से अपेक्षा की जाती हो। योजना आयोग का ऐतिहासिक विचार रहा है कि वित्त मन्त्रालय में दूरदृष्टि का अभाव है, वह कंजूस है और किसी वित्तीय पूर्वाग्रह से ग्रस्त रहता है। इसके विपरीत उच्च दर पर संवृद्धि ही सबसे अधिक महत्त्वपूर्ण होती है क्योंकि वही दीर्घकाल में बड़े राजस्व प्रवाहों का सृजन करने में सहायक होगी। जब तक सार्वजनिक व्यय ऐसे पूँजी सृजक कार्यों में प्रवाहित होता रहे जिनसे संरचनागत सुविधाएँ सुदृढ़ हों और संवृद्धि से पैदा हुए सुचक्रों का निर्माण होता रहे, कुछ अस्थायी राजकोषीय असंतुलन भी सहनीय माना जाना चाहिए। इसके विपरीत वित्त मन्त्रालय का विश्वास है कि व्यय की उत्पादिता का मापन कठिन रहता है—उसकी निगरानी तो और भी कठिनतर होती है। यही नहीं, यदि किसी एक कार्य पर व्यय आरम्भ हो जाए तो उसे रोक पाना सम्भव नहीं होता। साथ ही, राजकोषीय असन्तुलन से निजी निवेश को अति संकुलन के कारण विस्थापन झेलना पड़ता है और अर्थव्यवस्था का व्यष्टि स्तरीय प्रबंधन अधिक कठिन हो जाता है। इससे बहुराष्ट्रीय संगठनों, साख निर्धारण एजेंसियों तथा सम्भावित विदेशी निवेशकों को भी नकारात्मक संकेत प्रेषित होते हैं। वास्तविकता सम्भवतः इन दोनों मतों के कहीं बीच में ही है।

यह भी एक विचित्र-सी बात है कि कई व्यक्ति पहले योजना आयोग के उपाध्यक्ष रहे हैं और बाद में वित्त मन्त्री बने हैं। किन्तु योजना भवन से वित्त मन्त्रालय में पहुँचते ही उनके स्वर और शब्द बदल जाते हैं। इस स्थान/पद परिवर्तन से अनेक गण्यमान्य व्यक्तियों के नाम जुड़े हैं—नारायण दत्त तिवारी, प्रणव मुखर्जी, जसवंत सिंह आदि। उपाध्यक्ष के रूप में योजना भवन में वही व्यक्ति महिमामण्डित

हो जाता है जो सकल बजट सहयोग की अधिक राशि जुटा पाने में सफल रहे और प्रधानमंत्री द्वारा कंजूस वित्त मंत्रालय के फैसलों को बदलवा ले। वर्तमान उपाध्यक्ष के पास पहले वित्त मंत्रालय में कार्य करने का अनुभव भी है, इन्होंने बहुत चतुराईपूर्वक अनेक वित्तीय पुनः रचनाएँ सुझाकर योजना आयोग को सुलभ राशियाँ बढ़वाने में सफलता पाई है और साथ ही वे चिदम्बरम को यह समझाने में भी सफल रहे हैं कि उन्होंने संसद के समक्ष जो आँकड़े और अनुमान रखे थे उन पर कोई आघात नहीं होगा। इससे अच्छा और क्या हो सकता है कि संवृद्धि का सम्पोषण भी हो जाए तथा वित्तीय घाटे की स्थिति भी नाज़ुक नहीं होने पाए?

उनका सुझाव है कि अगले दो वर्षों तक 500 करोड़ अमरीकी डॉलर के विदेशी मुद्रा भंडार का प्रयोग कर उच्च आयात घनता के आधारभूत संरचनागत परियोजनाओं का वित्तीय प्रबन्धन किया जाए, इसके लिए आयात शुल्क में भी आवश्यक समंजन कर लिया जाए। सरकार नई प्रतिभूतियाँ जारी कर अपनी घाटे की वित्त-व्यवस्था को बढ़ाएगी, रिज़र्व बैंक इनमें से कुछ प्रतिभूतियाँ खरीद कर इस घाटे का आंशिक मौद्रीकरण कर देगा और सरकार इस प्रकार प्राप्त रुपयों से विदेशी मुद्रा खरीद कर यथासम्भव 100 प्रतिशत आयातित संरचनागत परियोजनाओं की वित्तीय व्यवस्था कर लेगी।

यहाँ सबसे पहला प्रश्न तो यही है कि क्या आधारभूत संरचना में अधिक सार्वजनिक निवेश की आवश्यकता है? वास्तव में इस आवश्यकता का खंडन कर पाना सम्भव नहीं होगा। अभी भी विद्युत की लागत अधिक और गुणवत्ता निम्न बनी है, बन्दरगाहों की क्षमता का सीमित होना व्यापार की लागत को बढ़ा रहा है, विमान पट्टनों के विस्तार की नितान्त आवश्यकता है, राजमार्गों एवं ग्रामीण सड़कों के निर्माण कार्य धन के अभाव में अटके पड़े हैं तो रेलों को सुरक्षा व्यवस्था सुधारने, आधुनिकीकरण करने तथा व्यावसायिक दृष्टि से कमाऊ मार्गों पर तीव्र गति से चलने वाली गाड़ियों में वृद्धि के लिए भी बहुत बड़ी धनराशियों की आवश्यकता है।

किन्तु इस प्रश्न का उत्तर भी खोजना पड़ेगा, क्या ये संरचनागत त्रुटियाँ संसाधनों के अभाव का ही परिणाम हैं। हम जानते हैं कि प्रतिवर्ष हमारे वित्तमंत्री पहले से बेहतर वित्तीय निष्पादन का दावा करते आ रहे हैं। यह बेहतरी वास्तव में धीमी प्रतिरक्षा खरीददारी या शिथिल योजना व्यय के कारण आबंटित संसाधनों के अल्प प्रयोग का ही परिणाम होती है। चालू वर्ष में भी बंदरगाहों, विद्युत एवं अन्य संरचनागत कार्यों में आबंटित धन का उपयोग नहीं हो पा रहा है। अतः हाल ही में जीर्ण हो रही सार्वजनिक सेवाओं की गुणवत्ता को सुधारने के लिए सार्वजनिक क्षेत्र के संसाधनों का दक्षतापूर्वक उपयोग कर पाने की क्षमता भी

एक चुनौती का रूप धारण कर रही है।

सार्वजनिक बनाम निजी व्यय के प्रश्न, जिसे आजकल सार्वजनिक-निजी भागीदारी कहने का फैशन हो गया है पर भी ध्यान देना आवश्यक हो गया है। यदि वि-नियमन से निजी निवेश के लिए नए मार्ग प्रशस्त हो रहे हैं तो सार्वजनिक निवेश के क्षेत्रों को भी स्पष्ट रूप से अंकित करना आवश्यक हो रहा है। हम जानते ही हैं कि निजी क्षेत्र तो अभी यहाँ निवेश में संकोच कर रहा है किन्तु आधारभूत संरचना में सुधारों को अधिक समय स्थगित रखना उचित नहीं होगा। (इस क्षेत्र में सुधारों की समस्या भी अभी ज्यों की त्यों है) विद्युत में निजी निवेशकों का संकोच बना हुआ है—अन्य क्षेत्र विषयक सुधारों की तो बात दूर अभी तो विद्युत अधिनियम, 2003 का भी अनेक राज्य सरकारों ने विश्वासजनक ढंग से क्रियान्वयन आरम्भ नहीं किया है। क्षेत्रीय सुधारों के लिए वित्तीय दृष्टि जर्जर तथा विद्युत बोर्डों द्वारा नए संयंत्र लगाने तथा राष्ट्रीय थर्मल पावर निगम द्वारा नए राष्ट्रीय स्तर के परियोजना प्रारम्भ करना भी धारणीय प्रतीत नहीं हो रहा। इसी प्रकार रेलों के स्वर्णिम चतुष्कोणक को सुदृढ़ करने, पटरियों के उन्नयन एवं रेलतन्त्र के आधुनिकीकरण अब अपरिहार्य हो गए हैं। ये कार्य भी बहुत विलंबित रेल सुधारों का स्थान नहीं ले पाएँगे। इन सुधारों में अन्य बातों के अतिरिक्त यात्री और मालभाड़े की विसंगतियों की समाप्ति, रेल भाड़ों का गैरराजनीतिक आधार पर निर्धारण और विशेषज्ञों की सम्मति से अनेक विभागीय रूप से संचालित कार्यों का निगमीकरण प्रमुख हैं। मोंटेक अधिकारिता आधारित साधन अंतरण के प्रबल विरोधी और निष्पादन आधारित अंतरणों के प्रखर पक्षधर रहे हैं। वर्तमान चर्चाओं में भी इन सिद्धान्तों की अनदेखी नहीं हो सकती। विदेशी मुद्रा भंडार मूलरूप से सरकारी कोष नहीं है जिसके आधार पर बांड जारी करने के विचार बन रहे हैं। अभी अनेक अन्य विकल्प भी सुलभ हैं। एक विकल्प तो यही है कि अस्थायी रूप से सरकार की रिज़र्व बैंक से उधार पाने की सीमा से जुड़े अनुबन्ध को पूरी तरह लागू करने की समय अवधि को कुछ आगे बढ़ा दिया जाए। सरकारी प्रतिभूतियों के प्रारंभिक निर्गमन में भागीदारी पर प्रतिबन्ध तो 2007 से ही प्रभावी होगा। इससे भी संरचनागत परियोजनाओं के लिए निम्न ब्याज पर धन जुटाया जा सकेगा। यह अस्थायी प्रबन्ध राजकोषीय उत्तरदायित्व एवं बजट प्रबन्धन अधिनियम, (जिसे बड़ी मुश्किल से पारित किया गया था) में संशोधन की अपेक्षा बेहतर रहेगा। दूसरा विकल्प योजना आयोग द्वारा सुझाये गए विदेशी मुद्रा भण्डार के आधार पर प्रतिभूतियां जारी कर धन जुटाने और वित्तीय घाटे का प्रबन्धन करने जैसा ही है। तीसरा रास्ता यह स्वीकार करना है कि आधारभूत संरचना पर व्यय करने के बहुत ही सशक्त सामाजिक आर्थिक कारण है और इस आधार पर राजकोषीय घाटे में 0.5 प्रतिशत से 0.75 प्रतिशत की वार्षिक अधिकता बृहत्तर

सामाजिक हितों में सहनीय होगी। चौथा रास्ता एक दो वर्षों तक सार्वजनिक व्यय की गुणवत्ता सुधारने, क्षेत्रीय सुधारों को पूरा करने, सार्वजनिक पत्राधार को तर्क संगत बनाने और व्यय की वरीयताओं की पुनःरचना आदि पर ध्यान दिया जाए। सार्वजनिक विचार-विमर्श में इन विकल्पों तथा इनके प्रभावों के गुणदोषों पर ध्यानपूर्वक चर्चा होनी चाहिए। ये मुद्दा जितना वित्त जुटाने की विधि से जुड़ा है उतना ही सार्वजनिक व्यय की गुणवत्ता, निष्पादन व्यवस्था की प्रभावपूर्णता और क्षेत्रवार सुधारों से भी जुड़ा है। भले ही इस समय चतुराई से सार्वजनिक व्यय बढ़ाने का फैशला चल रहा हो, किन्तु यह चतुराई क्षेत्रों की अन्तर्निहित समस्याओं के समाधान का विकल्प नहीं हो सकती। संरचनागत सुधारों के बहुत सशक्त गुणक प्रभाव होंगे। अतः मोंटेक को इन प्रश्नों पर सार्वजनिक चर्चा प्रारम्भ करने का श्रेय अवश्य मिलना चाहिए। प्रधानमंत्री द्वारा इन प्रश्नों पर ही शीघ्र सहमति विकसित करने का आग्रह भी सही नस टटोल रहा है। (हाँ, ये तो स्पष्ट ही है) कि विदेशी मुद्रा की प्रचुरता हमारी आर्थिक व्याधियों का निदान करने के लिए कोई जादुई छड़ी नहीं है।

21 नवम्बर, 2004

X
संघ के राज्य

55

सही निदान करना है तो सही सवाल पूछें

असल में नीतियों से अधिक उन्हें लागू करने वाली व्यवस्थाएँ असफल हो रही हैं।

यह है अच्छी आधारभूत संरचना और सामाजिक सेवाएँ प्रदान करने में भारत की निरन्तर विफलता पर 1 जून, 2006 को एक लेख में *द इकॉनोमिस्ट* पत्रिका की टिप्पणी। उपलब्धियों के आँकड़ों, वादों से मुकर जाने के उद्धरणों और लागतों में वृद्धि और जनता की राय, सभी इस टिप्पणी की पुष्टि करते हैं। व्यवस्थाओं की इस विफलता को उलट पाने की कोई राह भी नहीं दिखती।

वास्तव में इस सन्दर्भ में अनेक चुनौतियाँ सामने आती हैं। सबसे पहले तो ऐसे प्रश्न पूछने होंगे जो विभिन्न उपयुक्त उत्तरों में अंतर कर पाने में सहायक हो सकें। दूसरे, लागतों को घटाकर न्यूनतम स्तर पर ले जाने के रास्ते खोजने को प्राथमिकता देनी होगी। और अंत में निष्पादन विषयक विस्तृत जानकारी को सहज सुलभ संक्षिप्त स्वरूप में व्यापक स्तर पर उपलब्ध कराना होगा ताकि त्रुटियों को समझ पाने और उनके समाधान करने का उत्साह बना रहे।

आवंटित धनराशि को व्यय कर पाने की व्यापक और लम्बे समय से चल रही विफलता का ही उदाहरण लें। साल में एकाध बार मीडिया ग्रामीण सड़कों, विद्युतीकरण या अन्य कार्यक्रमों के लिए बजट में निर्धारित राशियाँ खर्च न करने को लेकर केन्द्र और राज्य सरकारों की जमकर खिचाई करता है। योजना आयोग और वित्त मन्त्रालय में इस बात को लेकर खींचतान चलती रहती है कि अगले वर्ष के आवंटन में इस वर्ष लौटाई गई राशि के समान कटौती की जाए या नहीं। और इसी बीच अगले वर्ष के आवंटनों का निर्धारण हो जाता है।

इस विषय में सर्वग्राही समाधान प्रायः असफल रहे हैं। 'निष्पादन प्रबन्धन' के कई अर्थ हो सकते हैं। 'शून्याधार बजट निर्धारण' में लौटाई गई राशि के अनुपात में आवंटन कम कर दिया जाता है लेकिन प्रभाव एवं परियोजना गुणवत्ता

सुधार पर कड़ी नज़र न रखी जाए, तो इस कटौती से बचने के लिए सम्बद्ध विभाग फिज़ूलखर्ची पर उतर सकते हैं। आवंटित धन खर्च न कर पाने वाले कार्यक्रमों को बन्द करना तो सरकार की विफलता के लिए नागरिकों को दण्डित करने जैसा ही होगा।

अतः ऐसे प्रश्न पूछना अधिक उपयुक्त होगा जिनसे यह समझ आ सके कि प्रशासन तन्त्र पर चरमरा रहा है। यह बहुत सीधा काम है क्योंकि हम आवंटन पर प्रश्न नहीं उठा रहे, न ही कार्यक्रम के प्रभावों का मूल्यांकन कर रहे हैं। हम तो मात्र आवंटित धन के वास्तविक वितरण की श्रृंखला में कमज़ोर कड़ियों की पहचान का प्रयास कर रहे हैं क्योंकि अगला बजट काल आ रहा है और आवंटन प्रक्रिया फिर दोहराई जाने वाली है।

पहला प्रश्न है : क्या परियोजना का प्रस्ताव बनाने के समय ही प्रशासन तन्त्र चूक कर जाता है? क्या पहले से तैयार कोई परियोजना मंज़ूरी के इन्तज़ार में है या जिन्हें स्वीकार कर लिया गया हो लेकिन धन आवंटित नहीं हुआ हो? क्या आवंटन के लिए मूल्यांकन करते समय तो बहुत अधिक प्रस्ताव अस्वीकृत नहीं हो जाते? एकदम सम्भव है कि अनेक क्षेत्रों में पर्याप्त संख्या में अच्छी गुणवत्ता की परियोजनाएँ स्वीकार्य ही नहीं हों। राज्य स्तरीय नौकरशाही में पर्याप्त कर्मचारी नहीं होते, इंजीनियरों, सर्वेक्षकों तथा अन्य कुशल कर्मचारियों के पद अक्सर रिक्त पड़े रहते हैं।

यदि समस्या यही है तो इसका एक समाधान हो सकता है : सामाजिक संगठनों से परियोजना प्रस्ताव तैयार करने का आग्रह किया जाए—संसारभर में मांगप्रेरित सामाजिक निवेश कोषों का उपयोग इसी तरह होता है।

दूसरा तरीका केन्द्र से प्रशिक्षित व्यक्तियों को राज्य स्तर पर परियोजनाएँ तैयार करने में सहयोग और प्रशिक्षण देने के लिए प्रतिनियुक्ति करना हो सकता है।

किन्तु यदि अनेक अच्छी परियोजना पहले से तैयार हों तो ऐसे सभी प्रयास धन की बर्बादी ही होंगे। इस दशा में अगला प्रश्न होगा कि क्या परियोजनों की मंज़ूरी के स्तर पर समस्याएँ आ रही हैं? क्या बहुत से प्रस्ताव लंबित पड़े हैं और बहुत कम को मंज़ूरी मिली है? राज्य परियोजना मूल्यांकन स्तर पर असफलता है या केन्द्र सरकार के स्तर पर? यह सभी बातें सम्भव हैं, किन्तु इनसे परियोजना प्रस्ताव की विफलता नहीं, किसी अन्य स्तर पर समस्या का संकेत मिलता है।

फिर तो आवश्यकता मूल्यांकन करने वालों के प्रशिक्षण और मूल्यांकन विधि को सुधारने पर व्यय करने की होगी, परियोजना प्रस्तावों के मानकीकरण और कम्प्यूटरीकरण से मूल्यांकन की गति सुधर सकती है लेकिन अगर सचमुच

परियोजनाओं का ही अभाव हो तो यह खर्च व्यर्थ रहेगा।

यह भी सम्भव है कि केन्द्र द्वारा आबंटित धन इसलिए खर्च नहीं हो पाता कि राज्य सरकारें अपना उपयुक्त अंश नहीं दे पातीं। राज्य सरकार द्वारा अपना अंश न दे पाना अपने-आप में कोई बहुत स्पष्ट सूचना नहीं है इसका अर्थ यही हो सकता है कि नौकरशाही बाधाओं या कार्यक्रम पर नियन्त्रण समाप्त हो जाने आदि के मायनों में राज्य सरकार की संसाधन जुटाने की लागत उनके सम्भावित लाभों से अधिक हो गई है। किन्तु क्या इसका कारण लागतों का बहुत अधिक हो जाना है? सबसे महंगी पड़ने वाली बाधाएँ क्या हैं? क्या कार्यक्रम से होने वाले लाभ बहुत ही कम हैं? यदि लाभ सचमुच बहुत कम हैं तो क्या जनता सीमित धन को किसी अन्य बेहतर काम पर खर्च करना चाहती है? या फिर राज्य सरकार अपने नागरिकों के प्रति जवाबदेह नहीं रह गई।

यहाँ एक विकल्प तो लाभ की सार्वजनिक समीक्षा हो सकता है। जिन परियोजनाओं पर राज्य सरकार द्वारा अपना अंश नहीं चुकाने के कारण काम नहीं हो पाया उनकी सूची सार्वजनिक रूप से प्रकाशित कर जवाबदेही की भावना को बल प्रदान किया जा सकता है। यदि इस प्रकार की समीक्षा के बाद भी वर्षों तक कोई राज्य सरकार अपना अंश उपलब्ध नहीं करवाती तो यही मानना चाहिए कि उस प्रदेश की जनता उक्त धन राशि को किसी और काम में खर्च करना चाहेगी और इन परियोजनाओं में उसकी कोई रुचि नहीं है।

प्रयोक्ताओं इस मामले में राज्य सरकारों के सर्वेक्षण से लागत पक्ष को भी सुलझाया जा सकता है। व्यावसायिक एवं शोध संस्थान व्यवसाय—वातावरण सर्वेक्षण करते रहते हैं—इनमें ये फर्मों से बाधाओं की पहचान का आग्रह करते हैं। इसी प्रकार का सर्वेक्षण सरकारी तन्त्र में भी क्यों नहीं हो सकता; अधिकारियों से बाधाओं की पहचान करने को कहा जा सकता है। निष्पादन सुनिश्चित करने के लिए आवश्यक फेरबदल की दिशा में पहला आवश्यक कदम सिद्ध हो सकता है किन्तु यदि आबंटित धनराशि की वापसी परियोजना प्रस्तावों के अभाव या मूल्यांकन में बाधाओं के कारण हो रही हो तो फिर ऐसे सर्वेक्षण की लागत वहन करना समझदारी नहीं होगा।

सम्भवतः इन प्रश्नों के उत्तर सुलभ हों। यदि फिर भी समस्या का समाधान न हो पाए तो हालात और खराब होंगे। यह समस्या सभी वार्षिक व्यय बजटों को अन्तिम रूप देते समय सामने आती है। हमें इसका समाधान करने के लिए दृष्टि चाहिए।

जैसिका वैल्लेक के सहयोग से
14 जनवरी, 2007

56

केन्द्र और राज्य—एक नई सहमति

पिछले सप्ताह (अगस्त 2005 के प्रारम्भ) मैंने केन्द्रीय सरकार की उपलब्धियों और त्रुटियों पर ध्यान केंद्रित किया था। इस सप्ताह मैं लेख को राज्य सरकारों पर केन्द्रित रखना चाहता हूँ। अब यह कहना कि सब कुछ राज्यों को करना है—एक पिटी-पिटाई बात हो चली है। बात चाहे बिजली की हो, सड़कों या वैट अथवा शिक्षा, स्वास्थ्य, कृषि या ग्रामीण विकास क्षेत्र की, 8 प्रतिशत संवृद्धि के लिए राज्यों के कहीं अधिक प्रयास की आवश्यकता होगी। हम बहुत समय से इन बातों पर चर्चा करते रहे हैं। कुछ मुख्यमंत्रियों के काम बहुत सराहनीय रहे हैं—लेकिन समन्वित प्रयास अब भी नहीं दिख रहा। *इंडिया टुडे* ने इस दिशा में सराहनीय काम किया है। 5 अगस्त 2005 को इस पत्रिका ने लगातार तीसरे वर्ष 'इंडिया टुडे मुख्यमंत्री महासभा' का आयोजन किया था। इस महासभा की चर्चा की पृष्ठभूमि तैयार करते हुए विवेक देबरॉय और लवीश भंडारी ने मुख्य संवृद्धि सूचकों के आधार पर राज्यों के निष्पादन का आकलन, मूल्यांकन कर उन्हें क्रमांक प्रदान किए थे। पिछड़ने वालों की हताशा और विरोधाभिव्यक्ति और आगे रहनेवालों के जोश को नज़रअंदाज़ करके हमें मानना ही होगा कि यह सम्मेलन ऐसे वातावरण का निर्माण कर देता है कि सभी को और बेहतर काम करने का जोश आ जाता है।

पिछड़ों को अधिक काम करने को उकसाया जाता है तो आगे निकल रहे राज्यों को अपनी बढ़त बनाए रखने की चुनौती दी जाती है। 2005 में 15 मुख्यमंत्री इस महासभा में उपस्थित रहे, किन्तु दक्षिण भारतीय राज्यों के प्रतिनिधियों की अनुपस्थिति अखरती रही। चर्चाओं के 7 मुख्य मुद्दे रहे—व्यय और उपलब्धियों में सामंजस्य की स्थापना, छोटे राज्यों की आवश्यकता, किसानों के लिए समुचित या मुफ्त बिजली की व्यवस्था में चुनाव, वैट लागू करना, निजीकरण का भविष्य और अच्छे अर्थशास्त्र एवं अच्छी राजनीति का गठजोड़। यह सभी प्रश्न हमारी

संवृद्धि रणनीति के मुख्य अवयव हैं। अरुण पुरी ने सम्मेलन की अच्छी शुरुआत की। प्रभु चावला और जयराम रमेश ने संयोजन-संचालन का दायित्व बखूबी निभाया। प्रभु चावला ने अपना 'सीधी बात' वाला अन्दाज़ बनाए रखा तो जयराम ने उत्तेजक प्रश्न पूछते हुए भी निष्पक्ष भाव बनाए रखा।

कई प्रश्नों पर सहमति नहीं बन पाई। छोटे राज्यों में भले ही बेहतर निगरानी संभव हो किन्तु वे आन्तरिक विवादों में घिरे रहते हैं, उन्हें बड़े पैमाने पर काम करने की मितव्ययिताएँ भी सुलभ नहीं हो पातीं और उनका (केन्द्र पर) राजनीतिक दबाव भी कम ही होता है। विद्युत ऊर्जा के सम्बन्ध में अधिकांश राज्य किसानों को मुफ्त आपूर्ति के पक्ष में नहीं थे, किन्तु आगामी चुनावों को ध्यान में रखते हुए अमरिन्दर सिंह का तर्क था कि न्यूनतम समर्थन मूल्य अक्सर वृद्धिमान कृषि लागतों की पूर्ति नहीं कर पाते और इसलिए किसानों को मुफ्त बिजली के रूप में अतिरिक्त मुआवज़ा पाने का अधिकार होता है।

नरेन्द्र मोदी के सुझाव में बिजली की बात को पानी की ओर मोड़ने की चतुराई झलकी। वैट पर राजनीतिक विभाजन के बावजूद केन्द्रीय विक्रय कर की समाप्ति की एक निश्चित समय सीमा को लेकर हाल के अनुभव पर आधारित वैट पर एक नए श्वेत पत्र की आवश्यकता पर सहमति नज़र आई।

अभी इस व्यवस्था से न जुड़े राज्य बहाना तलाशते नज़र आए। हाँ, एक विषय पर सहमति थी। वसुंधरा राजे ने बहुत कुशलतापूर्वक केन्द्र-राज्य विमर्श के लिए एक नई संस्थागत व्यवस्था पर आग्रह किया। उनका कहना था कि सरकारिया आयोग की रिपोर्ट अस्सी के दशक में आई थी और आज की नई आर्थिक चुनौतियाँ इस दिशा में भी नए चिन्तन का तकाज़ा करती हैं। दरअसल केन्द्र में वर्तमान में सत्तारूढ़ दलों के साझा न्यूनतम कार्यक्रम में भी केन्द्र-राज्य सम्बन्धों पर एक नया आयोग गठित करने की बात निहित है। जब कभी ऐसे आयोग की स्थापना होगी वह काफी समय बाद अपनी रिपोर्ट दे पाएगा। यही नहीं, उस रिपोर्ट के क्रियान्वयन में तो और भी काफी समय लग जाएगा। तो फिर इस समय हमारे पास इस तरह के विचार-विमर्श के लिए किस प्रकार के मंच या संस्थाएँ हैं? सबसे पहला और महत्त्वपूर्ण मंच तो राष्ट्रीय विकास परिषद है जिसका गठन 15 मार्च, 1950 को योजना आयोग के गठन के बाद अगस्त 1952 में किया गया। इसके कार्यों में पंचवर्षीय योजनाओं के समर्थन में राष्ट्र स्तर के प्रयास जुटाना और देश के सभी भागों में सन्तुलित और तेजी से विकास सुनिश्चित करने वाली आर्थिक नीतियों को प्रोत्साहन देना प्रमुख थे।

कई वर्षों बाद 1967 में प्रशासनिक सुधार आयोग की सिफारिशों के अनुसार राष्ट्रीय विकास परिषद के कार्यों का विस्तार करके। इनमें 'राष्ट्रीय योजनाओं के निर्माण के लिए मार्गदर्शक निर्देशों का निर्धारण, संसाधनों का मूल्यांकन और

राष्ट्रीय विकास को प्रभावित करने वाली सामाजिक एवं आर्थिक नीतियों के महत्वपूर्ण मुद्दों पर विचार करना' भी सम्मिलित कर दिए गए।

दूसरा मंच राज्य पुनर्गठन आयोग की रिपोर्ट सौंपने के दौरान जवाहरलाल नेहरू द्वारा 1956 में सुझायी गई क्षेत्रीय परिषदें हैं। इस सुझाव में राज्यों में परस्पर सहयोग से कार्य करने की भावना को विकसित करने के लिए उन्हें चार या पाँच क्षेत्रीय परिषदों में गठित करने का विचार था ताकि आगे चलकर साझी साधन सम्पदाओं के प्रयोग में क्षेत्रीय सहयोग का मार्ग प्रशस्त हो सके। तीसरी संस्था सरकारिया आयोग के सुझाव पर 1990 में संविधान की धारा 263 के अन्तर्गत गठित अंतर्राज्यीय परिषद है। परिषद के प्रकार्यों के बारे में धारा 263 की व्यवस्था है : राज्यों के बीच उठे विवादों की जाँच पर उनके विषय में परामर्श देना, सभी राज्यों या संघ के साझे हित के विषयों पर विचार करना और इनके बारे में बेहतर सामंजस्य के लिए सिफारिशें करना।

आश्चर्य की बात है कि दूसरे वित्त आयोग ने '50 के दशक में इस परिषद् के गठन का सुझाव दिया था लेकिन लगभग तीस वर्ष बाद सरकारिया आयोग के आग्रह (1987) के बाद ही 1990 में इसका गठन हो पाया। वह वक्त ही कुछ और था, केन्द्र और राज्यों की सरकारें कहीं अधिक समांगी थीं, विकास की विचारधारा पर मतैक्य था, और बड़े तनावों के अभाव में संविधान की इस व्यवस्था का 43 वर्षों तक प्रयोग करने की आवश्यकता ही अनुभव नहीं की गई।

और अंत में वित्त आयोग है जो प्रत्येक पाँच वर्ष बाद राज्यों को वित्तीय संसाधन सौंपने पर विचार करता है। पिछले कुछ समय से यह आयोग राज्यों को अनेक आर्थिक नीतिगत परिवर्तन भी सुझा रहा है। किन्तु आयोग पारस्परिक विचार-विमर्श के लिए कोई स्थायी संस्था नहीं है।

खेद है कि धीरे-धीरे राष्ट्रीय विकास परिषद् की बैठकें एक ऐसी यंत्रचालित-सी व्यवस्था में परिवर्तित हो गई हैं जहाँ ऊबे मुख्यमंत्री अपने सहयोगियों के पहले से लिखे लम्बे-लम्बे भाषण सुनते हैं—आपस में कोई विचार-विमर्श नहीं करते, और अन्त में बड़े जोश के साथ किसी पंचवर्षीय योजना या उसके मध्यावधि मूल्यांकन का अनुमोदन कर उठ खड़े होते हैं। बैठक के ढांचे और कार्यविधि में भागीदारों के बीच विचार-मंथन की गुंजाइश ही नहीं होती। मुख्यमंत्री एक सामूहिक चित्र खिंचवाते हैं जिसे क्षेत्रीय समाचार पत्रों में ऐसे छापा जाता है जैसे राज्य ने कोई बहुत बड़ा तीर मार लिया हो। उसके बाद सभी अगली बैठक तक खर्राटे लेने रहते हैं। स्पष्ट है राष्ट्रीय विकास परिषद अपने घोषित दायित्व 'राष्ट्रीय विकास को प्रभावित करने वाली आर्थिक और सामाजिक नीतियों पर विचार' का निर्वहन तो नहीं ही कर रही है।

क्षेत्रीय परिषदें भी दिग्भ्रमित हो चुकी हैं। समय समय पर अन्तर्राज्यीय परिषदों की बैठकें गृहमंत्री की पहल पर आयोजित की जाती हैं। इन बैठकों से पहले तो स्थगित पड़ी क्षेत्रीय योजनाओं को लेकर काफी गहमागहमी दिखाई देती है लेकिन बैठक के बाद उन पर आगे की कार्यवाही काफी सुस्ती से होती है। या तो भारत को अब इन संस्थाओं की आवश्यकता नहीं रही या वह इनकी कार्यविधि से उकता चुका है। यदि *इंडिया टुडे* का महाधिवेशन इतना उत्साह पैदा कर सकता है तो इतने समय से चल रही सरकारी संस्थाओं में ऐसा कुछ क्यों नहीं हो पाता। महत्त्वपूर्ण मुद्दों पर आर्थिक नीतियों के लिए निर्माण में राज्यों के बीच सम्मति बहुत आवश्यक है।

14 अगस्त, 2005

57

केन्द्र-राज्य विग्रह : एक पुनरावलोकन

हाल ही में इण्डिया टुडे द्वारा आयोजित महासभा का विषय 'कल का भारत : विभाजिका पर सेतुबन्धन' रहा। पिछले कुछ वर्षों से वार्षिक आयोजन देश के समक्ष वर्तमान चुनौतियों पर एक रचनात्मक विचार-मंथन का रूप धारण कर रहा है। अरुण पुरी ने बहुत सटीक रूप से कहा कि आज की समस्या 'विचारों के टकराव' से 'व्यावहारिक सांझेपन' का विकास करना है। इस वर्ष विद्वानों और नीति-निर्धारकों को वैश्विक, लिंग, सरकार बनाम सभ्य समाज, आप्रवासन आधारभूत संरचना और केन्द्र-राज्य सम्बन्धों से जुड़ी विभाजिकाओं के विभिन्न आयामों पर विचार-मंथन के लिए आमन्त्रित किया गया था। जर्मनी के पूर्व चांसलर गेरहार्ड श्रोडर आतंकवाद, ऊर्जा सुरक्षा, मौसम परिवर्तन, धार्मिक असहिष्णुता और व्यापार वार्ताओं के बाद के कदमों पर बहुत सशक्त रूप से बहुपक्षीय कार्यविधि अपनाने के पक्षधर थे। विचारक मण्डल ने इन जटिल प्रश्नों के बारे में नए विचार और नवीन व्यवहार विधियां सुझाईं। 'राजनीति : केन्द्र-राज्य विग्रह' विषयक सत्र में दो वक्ता वसुन्धरा राजे और नीतीश कुमार थे। वसुन्धरा राजे ने राजस्थान की उपलब्धियों की विस्तृत जानकारी दी और उच्च शिक्षा, पर्यटन तथा विद्युत क्षेत्रों में प्रदेश की योजनाओं के विषय में बताया। नीतीश कुमार ने अपने बिहार विषयक मनःसृष्टि की रूपरेखा प्रस्तुत की। उनकी पहली प्राथमिकता तो जनसामान्य में विश्वास और सुरक्षा की भावना में सुधार लाना और साथ ही अभी तक नज़रअंदाज़ रहे विकास कार्यों को आगे बढ़ाने की दिशा में सशक्त प्रयास किए जाएँगे। वे कृतसंकल्प और सद्भावी प्रतीत हुए।

किन्तु केन्द्र-राज्य सम्बन्धों को लेकर कम से कम तीन पृथक-पृथक प्रश्न उठते हैं। हमारे संघात्मक प्रतिमान ने अभी तक अच्छी तरह काम किया है, किन्तु परिवर्तनशील विकासगत चुनौतियों, प्रशासन की विषमताओं, क्षेत्रीय दलों के उदय

और आय की बढ़ती हुई खाइयों के कारण अब नई चिन्तन और कार्यविधियों की आवश्यकता अनुभव हो रही है। सबसे पहला प्रश्न तो वित्तीय अन्तरणों की संरचना से जुड़ा है। संविधान रचित आयोगों ने समता और दक्षता पर बल देते हुए भी स्थायित्व को बनाए रखा है। किन्तु अन्य अन्तरणों के विषय में यह कह पाना कठिन रहता है। अतिरिक्त केन्द्रीय योजना धन प्रवाह यद्यपि सूत्रबद्ध-से प्रतीत होते हैं। किन्तु उनकी संविधानसंगत परिभाषा या व्याख्या नहीं होती। राज्यों और योजना आयोग के बीच विचार-विमर्श प्रायः अर्ध-राजनीतिक सरोकारों से मुक्त नहीं होते।

विभिन्न मन्त्रालयों के माध्यम से केन्द्रीय योजनाओं के निमित्त अन्तरण तो और भी कम पारदर्शी होते हैं। विभिन्न राज्यों के बीच बाँटे गए धन का पूँजी और चालू खातों के व्यय के बीच स्पष्ट विवेचन नहीं हो पाता। यह भी समझ से बाहर रहता है कि किस राज्य को किन शर्तों (परिस्थितियों) के अधीन ये धनराशियाँ आबंटित की गई हैं। विशेषज्ञों के अध्ययन, जैसे कि इंदिरा राजारामन का 'क्या भारतीय राजकोषीय संघ व्यवस्था संकट में है?' अनेक महत्त्वपूर्ण प्रश्न उठा रहे हैं। स्तुति खेमानी ने अपनी प्रस्तुति 'भारत में पक्षपाती राजनीति और अन्तरसरकारी अन्तरण' में दावा किया है कि 'अध्ययनों से स्पष्ट हो चुका है कि प्रान्तीय सरकारों की ओर अन्तरसरकारी धन प्रवाहों में अन्तरों की केवल समता और दक्षता की परम्परागत कसौटियों के आधार पर व्याख्या नहीं हो पाती। और सार्वजनिक प्रतिनिधियों की निर्वाचनीय सम्प्रेरणाएँ भी इन अन्तरणों के अतिरिक्त एवं महत्त्वपूर्ण निर्धारक कारक बन चुकी हैं।' जिस प्रकार अस्पष्टतापूर्वक केन्द्रीय मन्त्रालय राज्यों के बीच धन विभाजन करते हैं उसे देखते हुए किसी राज्य को एक वित्तीय वर्ष में मिली धनराशियों का समता या दक्षता पर आधारित सिद्धान्तों के साथ मिलान कर पाना सम्भव नहीं होता। बाह्य सहायता के रूप में प्राप्य राशियाँ प्राप्त करना भी जटिलतापूर्ण रहता है। विभिन्न राज्यों की 'अवशोषण क्षमता' या प्रयोजन क्षमता में अन्तरों के बावजूद दाता संस्थाओं को अपनी राजनीतिक वरीयताओं की ओर प्रवाह के संकेत देना सारी व्यवस्था को विकृत कर देता है। वर्तमान अन्तरण व्यवस्था में कई प्रकार के सुधार सम्भव नज़र आते हैं—ये सुधार केवल प्रशासन और न्यायपूर्णता के सुधार नहीं वरन् दक्षता और अन्यान्य प्रकार के अन्तरणों को समेकित स्वरूप प्रदान करने की दिशा में भी हो सकते हैं। उच्च पारदर्शिता और समन्वय इन कोषों को राजनीति के उतार-चढ़ावों से बचाकर इनके प्रयोग में सुधार ला पाएँगे।

दूसरी बात एक सुचारू रूप से संचालित केन्द्र-राज्य विचार-विमर्श की संस्थागत प्रक्रिया के अभाव की है। राष्ट्रीय विकास परिषद की रचना इसी कार्य

के लिए हुई थी, किन्तु अब यह केवल एक रस्मी मंच बनकर रह गई है, जो कभी-कभी मिलकर पंचवर्षीय योजनाओं, उनके मध्यावधि मूल्यांकनों या विशेष रिपोर्टों को मंज़ूर कर देती है। अन्तरराज्यीय परिषद को विवाद निपटाने में मुख्य भूमिका निभानी थी, किन्तु उसने भी अपना यह कार्य नहीं किया है। संविधान ने नदियों के जल के बंटवारे के विषय में अलग से व्यवस्था की है—इसके अतिरिक्त किसी अन्य मामले में अन्तरराज्यीय परिषद ने कोई सक्रियता नहीं दिखाई है कि इस परिषद को एक 'स्थायी अधिनिर्णयन निकाय' मान लिया जाए। राज्य निरन्तर अनेक मामलों में केन्द्र द्वारा एकपक्षीय निर्णयों की शिकायत करते रहते हैं, राजकोषीय मामलों में केन्द्र प्रायः उपकरों का प्रयोग करता है, जिनकी राशि राज्यों से बंटाई नहीं जाती, या राज्यों को राष्ट्रीय ग्रामीण रोज़गार गारंटी कार्यक्रम की परिवर्ती लागत का एक चौथाई भार वहन करने को बाध्य करना या फिर छठे वेतन आयोग का गठन करना (जबकि वे अभी पाँचवें वेतन आयोग द्वारा उनकी वित्तीय दशा पर किए गए प्रहारों से उबर भी नहीं पाई हैं) इन सब बातों से एक सक्रिय परामर्श व्यवस्था की आवश्यकता को ही बल मिलता है। राष्ट्रीय विकास परिषद के जनादेश की पुनः परिभाषा होनी चाहिए, और अन्तरराज्यीय परिषद को प्रधानमंत्री कार्यालय का अंग होना चाहिए। (आखिर प्रधानमंत्री ही तो इसके पदेन अध्यक्ष होते हैं) तभी राज्यों के साथ निरन्तर विचार विमर्श हो पाएगा। आगामी समय में भी क्षेत्रीय दलों तथा सांझी सरकारों की राजनीति के चलते रहने की संभावना को देखते हुए तो यह परिवर्तन और भी आवश्यक हो गए हैं।

तीसरे, परिवर्तन की रफ्तार को देखते हुए राष्ट्रीय महत्त्व के किन्तु राज्यों के अधिकार क्षेत्र के मुद्दों की अवहेलना करने वाले राज्यों से किस प्रकार निपटा जाए? यदि किसी राज्य में शिक्षा और चिकित्सा व्यवस्थाओं की दुर्दशा हो रही हो, शिक्षकों और डॉक्टरों के हज़ारों पद रिक्त पड़े हों तो ऐसी दशा में केन्द्र क्या कदम उठाए? यहाँ तो एक बृहत्तर नीतिगत प्रश्न उठाया जा रहा है कि वित्तीय अन्तरण निर्धारण किसी न किसी रूप में निष्पादन की कसौटी पर आधारित अधिकारिता सूत्र के अनुसार होने चाहिए। इस कार्य में यदि कोई विसंगति आ रही हो तो समता और दक्षता के तकाज़ों के बीच समन्वय की व्यवस्था भी होनी चाहिए। केन्द्र-राज्य विभक्ति का पुनरावलोकन आवश्यक हो गया है। नवीन विकास चुनौतियों का सामना करने के लिए प्राविधियों और संस्थागत रचनाओं को बदलने की आवश्यकता है। सभी जानते हैं कि विद्युत, शिक्षा, स्वास्थ्य और कृषि आदि प्रान्त सरकारों के अधिकार क्षेत्र के कार्यों में सुधार नितान्त अपर्याप्त ही है। अब हमारे पास अधिक समय नहीं बचा है। महत्त्वाकांक्षी संवृद्धि लक्ष्यों के साथ आदिम युग की संस्थाएँ और कार्यविधियों का कोई मेल नहीं हो सकता। कुछ बातें तो सहज स्पष्ट हैं। इनके लिए भविष्य में गठित होने वाले किसी

केन्द्र-राज्य सम्बन्ध आयोग की सिफारिशों की प्रतीक्षा करने की आवश्यकता नहीं होनी चाहिए। अब तो हमें नींद से उठना ही चाहिए। केन्द्र-राज्य सम्बन्धों से जुड़े तीन अलग-अलग प्रश्न ये हैं :

- वित्तीय अन्तरण;
- केन्द्र-राज्य विचार-विमर्श के लिए सुसंचालित प्रक्रिया का अभाव; और
- प्रान्तीय अधिकार क्षेत्र में आने वाले राष्ट्रीय प्रश्नों की उपेक्षा कर रहे राज्यों से निपटने की समस्या।

18 मार्च, 2006

58

नालन्दा का पुनरुत्थान : बिहार का गौरव

ह्यू जिंताओ की यात्रा भारत और चीन के सम्बन्धों के अनेक सकारात्मक पक्षों की ओर ध्यान आकर्षित कर रही है। भारत-चीन सांस्कृतिक सम्बन्धों का सशक्तीकरण चौथी से पन्द्रहवीं शताब्दियों के बीच रहे शैक्षिक एवं सांस्कृतिक बन्धुत्व के युग की यादें ताज़ा कर सकता है। नालन्दा विश्वविद्यालय उन सम्बन्धों के मूर्तिमत्त करता रहा है। दिसम्बर 2006 में नालन्दा में ह्युआन त्सांग स्मारक हॉल के उद्‌घाटन का प्रस्ताव सांस्कृतिक सम्बन्धों के पुनर्जीवित होने का प्रबल संकेत है। प्राचीन नालन्दा विश्वविद्यालय के अवशेषों के निकट ही शैक्षिक एवं सांस्कृतिक उत्कर्ष केन्द्र के रूप में नवीन नालन्दा विश्वविद्यालय की स्थापना पर बहुत तेज़ी से क्षेत्रीय सर्वसम्मति बन रही है। इस विचार का सूत्रपात बिहार के विधायकों के संयुक्त सम्मेलन को सम्बोधित करते हुए राष्ट्रपति अब्दुल कलाम ने किया और उसके बाद इस विषय में सिंगापुर, जापान और चीन की सरकारों से भी बातचीत हुई है। सिंगापुर सरकार के सांस्कृतिक मामलों के वरिष्ठ राज्यमंत्री बालाजी सदाशिवन के नेतृत्व में एक शिष्टमंडल सितम्बर 2006 में बिहार आया था

सिंगापुर के विदेश मन्त्री जॉर्ज येओ के व्यक्तिगत प्रयासों से 'नालन्दा : पूर्वी एवं दक्षिणी एशिया के बीच बौद्ध संस्कृति सम्पर्क सूत्र' विषय पर एक अन्तर्राष्ट्रीय विचार गोष्ठी का आयोजन भी हुआ जिसके सहप्रायोजक ईस्ट एशिया इंस्टीट्यूट, द इंस्टीट्यूट ऑफ साउथ एशियन स्टडीज़, और नेशनल यूनिवर्सिटी ऑफ सिंगापुर के कला एवं विज्ञान संकाय थे। सिंगापुर सरकार के विदेश मन्त्रालय और सिंगापुर बुद्धिस्ट फैडरेशन का सहयोग भी इस प्रक्रम को मिला।

गोष्ठी में भारत सहित जापान, चीन, श्रीलंका, वियतनाम, मलेशिया, कंबोडिया और थाइलैंड से अनेक विद्वानों ने भाग लिया। 'लाइव वीडियो प्रसारण' से अपने राष्ट्रपति कलाम ने नालन्दा की सांस्कृतिक परम्पराओं से प्रेरणा लेने का आग्रह

किया। उन्होंने कहा कि नालन्दा, बोध गया तथा बौद्ध धर्म से जुड़े अन्य स्थानों से प्रेरणा लेना आधुनिक सन्दर्भ में वरन् सारे ही क्षेत्र के नागरिकों में ज्ञान के एक नए आलोक के संचार की रूपरेखा तैयार कर सकते हैं।

नालन्दा विश्वविद्यालय की पुनर्स्थापना दक्षिणी और पूर्वी एशिया के बीच एक महत्त्वपूर्ण उत्कृष्टता सांस्कृतिक सेतु का कार्य करेगी। विदेश मन्त्री जॉर्ज येओ का आग्रह है कि उत्कृष्टता केन्द्र के रूप में नालन्दा एशियाई पुनर्जागरण के विश्वबन्धुत्व पर आधारित बहुआयामी प्रभाव केन्द्र बन जाएगा। उनका कहना है कि जैसे कभी यूरोप ने अपने सांस्कृतिक मूल को पहचाना था उसी प्रकार एशिया को भी यह सांस्कृतिक अनुसन्धान करना ही चाहिए, यह अन्वेषण इसलिए भी आवश्यक हो गया है कि अब प्रायः समस्त विश्व यह स्वीकार कर रहा है कि आर्थिक शक्ति की धुरी अब एशियाई देशों की ओर खिसक रही है।

उस गोष्ठी में भाग लेते हुए मैंने यह स्पष्ट करने का प्रयास किया कि नालन्दा पर चर्चाओं को एक अधिक विस्तृत परिप्रेक्ष्य में समझना चाहिए। नालन्दा विश्वविद्यालय का प्रस्ताव बोध गया, गया, नालन्दा और राजगीर क्षेत्र की समग्र आधारभूत संरचना को विकसित करने की एक व्यापक योजना का अंग है। इस समग्र विकास योजना का ध्येय, तीर्थयात्रियों, पर्यटकों, राजगीर के गंधक के स्रोतों में स्वास्थ्य लाभ के इच्छुकों को आकर्षित करना और नालन्दा के लुप्त शैक्षणिक उत्कर्ष को पुनर्जीवित करना है।

बिहार सरकार इस दिशा में बड़े उत्साह से काम कर रही है : इस परियोजना के निमित्त भूमि का अधिग्रहण हो रहा है, और आवश्यक धनराशि का प्रावधान कर दिया गया है। अन्तर्राष्ट्रीय ख्याति के विद्वानों को कुलपति और उपकुलपति पदों पर नियुक्त किया जाएगा। आशा है कि फिलीपीन्स में होने वाले पूर्वी एशिया शिखर सम्मेलन और प्रधानमंत्री की जापान यात्रा से इस विचार-विमर्श को और बल मिलेगा। इस संदर्भ में यूनेस्को और विश्व पर्यटन संगठन ने भी सहयोग की पेशकश की है।

बौद्ध मत को आज के परिवेश में समझा जाना चाहिए। एशिया में इसके अनेक रूप हैं। एक प्रश्न तो यही होगा कि इस विश्वविद्यालय को किस पथ का अनुसरण करना है 'पवित्र' या फिर 'धर्मनिरपेक्ष पथ' का। समकालीन प्रारूपों की ओर देखें तो तोकियो की यू. एन. यूनिवर्सिटी या अमरीका की नार्थ-वेस्टर्न यूनिवर्सिटी में विश्वबन्धुत्व का आदर्श अपनाया गया है तो थाईलैंड के बौद्ध विश्वविद्यालयों का परिप्रेक्ष्य कुछ अलग है।

नालन्दा विश्वविद्यालय की रचना का घोषित ध्येय 'युद्ध, आतंक, हिंसा और भय से मुक्त संसार में एक सर्वसमाहनकारी समाज की रचना करना'। औंर साथ ही विद्वानों और 'विश्व के किसी भी भाग में प्रचलित आचार-व्यवहार को

नकारे बिना आधुनिक सन्दर्भ में बुद्ध की शिक्षाओं को समझने के इच्छुक' जिज्ञासु जनों के बीच एक अनूठी साझेदारी का विकास है। यह कम विकास, पर्यावरण, पारिस्थितिक प्रबन्धन तथा जल और ऊर्जा के चिरन्तन अभावों की उन समस्याओं के निदान पर भी काम करेगा जिन्हें राष्ट्रपति अब्दुल कलाम गरीबी की समकालीन चुनौतियाँ मानते हैं।

यह विश्वविद्यालय एक बार फिर एशिया में बिहार को एक विशेष स्थान पर प्रतिष्ठित करेगा—एक नए ब्रांड बिहार की रचना करेगा जो इस परियोजना द्वारा सृजित सद्भावना का प्रयोग कर प्रगति की ओर अग्रसर होगा।

किन्तु यह कार्य इतना सहज नहीं है, वित्त जुटाना, ख्यातिप्राप्ति विद्वानों और शोधकर्ताओं को आकृष्ट कर यहीं बनाए रखना आदि कार्य इसमें असली चुनौती होंगे।

26 नवम्बर, 2006

59

बिहार : गरीबी और सम्भावनाएँ

आशा है बिहार में वर्तमान चुनावी गहमागहमी के बाद एक स्थायित्वपूर्ण सरकार का गठन हो पाएगा। बिहार के विकास के लिए वि-राजनीतिकरण आवश्यक हो गया है—गम्भीर आर्थिक अवनति के परिमार्जन के लिए भी एकजुट होकर काम करने की आवश्यकता है। इस लेख में मैं वर्तमान आर्थिक स्थिति और उसमें तुरन्त सुधार के लिए आवश्यक कार्यों पर ही चर्चा को केन्द्रित रखूँगा।

आज तो बिहार शब्द से ही गरीबी, पिछड़ेपन, हिंसा और विफल प्रशासन-व्यवस्था के परिदृश्य उभरने लगते हैं। मीडिया में भी बिहार की बातों में अधिक भ्रष्टाचार, अधिक चुनावी हिंसा, अधिक गरीबी आदि का निरूपण ही भरा होता है।

बिहार की इस छवि की वास्तविकताएँ क्या हैं? यह बहुत गरीब है। इसकी आधारभूत संरचनाएँ लचर हैं, साक्षरता दर निम्न है और जनसंख्या विशाल है।

भारत में क्षेत्रीय विषमताएँ वैसे ही चिन्ता का विषय हैं, बिहार तथा शेष देश के बीच का अन्तराल पिछले कुछ समय से उतार-चढ़ावपूर्ण ही हो रहा है। नब्बे के दशक में अन्य राज्यों की संवृद्धि दर में आए उछाल से यह अन्तर विस्तृत हो गया था किन्तु अभी इसमें कुछ कमी आई है। अस्सी के दशक में बिहार की संवृद्धि दर 5.2 प्रतिशत रही, जो राष्ट्रव्यापी औसत 5.6 प्रतिशत से कुछ ही कम थी। किन्तु अगले दशक में शेष देश तो 6 प्रतिशत का आँकड़ा पार कर गया और बिहार फिसल कर 3.46 प्रतिशत पर पहुँच गया। हाँ, अभी कुछ सुधार आया है। केन्द्रीय सांख्यिकी संगठन ने 1993-94 से 2003-04 की अवधि में बिहार की वार्षिक संवृद्धि दर 5.8 प्रतिशत आंकी है। यह राष्ट्रव्यापी दर 5.9 प्रतिशत से बहुत कम नहीं है।

किन्तु प्रति व्यक्ति राज्य सकल घरेलू उत्पाद की संवृद्धि के अन्तर अधिक विराट प्रतीत होते हैं। बिहार की प्रति व्यक्ति आय संवृद्धि तो अस्सी के दशक में 2.7 प्रतिशत से घटकर अगले दशक में 1.86 प्रतिशत रह गई—जबकि उसी

अवधि में शेष देश में यह दर 3.36 प्रतिशत से उठकर 4.07 प्रतिशत पर जा पहुँची। इस अवधि में बिहार में जनसंख्या वृद्धि दर में ही वृद्धि दिखाई दी–यह 2.14 से बढ़कर 2.43 प्रतिशत हो गई, जबकि इसी अवधि में भारत की जनसंख्या वृद्धि दर 2.44 प्रतिशत से गिरकर 1.94 प्रतिशत रह गई।

इस अवधि में बिहार में गरीबी में बहुत मामूली-सी कमी आई। यह देशभर में आई कमी से कम ही रही। 1977-78 से 1983 तक भारत का गरीबी अनुपात गिरकर 44.48 प्रतिशत रह गया–किन्तु बिहार 66.22 प्रतिशत पर जमा रहा। योजना आयोग का अनुमान है कि 1993-2001 के बीच देश का गरीबी अनुपात 35.97 से कम होकर 26.91 प्रतिशत रह गया, किन्तु बिहार अपनी गरीबी को 54.96 से घटाकर 42.6 प्रतिशत तक ही ला पाया। अतः बिहार का गरीबी स्तर भारत से 75 प्रतिशत उच्च है।

गरीबी के आँकड़ों की यह संक्षिप्त जानकारी परिणामों/उपलब्धियों के अनेक अन्तरों को छुपा जाती है। उदाहरण के लिए, इस अवधि में बिहार की शिशु मृत्यु दर राष्ट्रव्यापी दर से कम रही। तीव्र संवृद्धि भोग रही भारतीय अर्थव्यवस्था में 1991-2001 की अवधि में शिशु मृत्यु दर में मामूली-सा सुधार आया–यह 77 से घटकर 71 हो पाई। किन्तु बिहार में यह दर 75 से कम होकर 67 पर आ गई। इसी प्रकार बिहार में जन्म के समय जीवाशा 65.23 वर्ष थी–जो राष्ट्रीय औसत 64.77 वर्ष से अधिक रही। यदि गिनी गुणक की तुलना करें तो बिहार गरीब होते हुए भी देश से, विशेष ग्रामीण क्षेत्रों में, कम विषमतापूर्ण है। 1983 में बिहार में ग्रामीण विषमता का मान 0.272 था, जोकि राष्ट्रीय मान 0.291 से कम था। 1993-94 में यह कम होकर 0.236 हो गया–देशव्यापी मान 0.266 रहा। यदि और निकटस्थ अवधि की बात करें तो भी बिहार का ग्रामीण विषमता मान (0.225) राष्ट्रव्यापी मान से कम ही है। यह सूचक बताता है कि ग्रामीण संवृद्धि से गरीबी में बहुत कमी आ सकती है।

किन्तु बिहार में शहरी विषमता में 1983 के बाद से वृद्धि हो रही है। इसका गिनी गुणांक 1983 के 0.283 से बढ़कर 1993-94 में 0.324 तथा 1999-2000 में 0.342 हो गया। इस अवधि में देशव्यापी गुणांक के मान क्रमशः 0.293, 0.327 और 0.327 ही रहे। पिछली अवधि में इस गुणांक के उछाल पर चिन्ता स्वाभाविक है।

साक्षरता दर के मामले में भी बिहार का प्रदर्शन अच्छा नहीं रहा। 2001 में बिहार की साक्षरता दर 48 रही। यह 65 की राष्ट्रीय दर से बहुत कम है। पहले भी बिहार की हालत खराब ही थी–1981 में यह 32.3 प्रतिशत तथा 1991 में 38.54 प्रतिशत ही थी।

साक्षरता, जीवाशा और प्रतिव्यक्ति आय पर आधारित मानव विकास सूचक

से भारत और बिहार, दोनों में ही प्रगति हुई है, किन्तु बिहार 3.67 पर है और भारत की औसत 4.7 से काफी पीछे है।

सामाजिक और आर्थिक संरचनागत सुविधाओं के विकास के आधार पर देश के 15 बड़े राज्यों में से बिहार का स्थान 11वां है। इस संक्षेप आधारित आँकड़े में भी कई उतार-चढ़ाव छिपे हैं। बिहार की सड़क घनता (प्रति एक लाख जनसंख्या) 101.8 किलोमीटर है जो देशव्यापी घनता 25.82 से कई गुना अधिक है। किसी सीमा तक प्रदेश के समृद्ध खनिज भंडारों के विदोहन के लिए सड़क सम्पर्क सुधारना एक विवशता रही होगी। किन्तु बिहार के सड़क तन्त्र में अधिक विस्तार नहीं हुआ है—यह घनता वास्तव में 1981 के 119.73 किलोमीटर से कम होकर वर्तमान स्तर पर पहुँची है।

बिहार की रेल घनता भी शेष देश से काफी अधिक है। यहाँ प्रति एक हज़ार वर्ग किलोमीटर भू-क्षेत्र के लिए 30.22 किलोमीटर लम्बे रेल मार्ग हैं। देशव्यापी अनुपात तो मात्र 19.08 किलोमीटर ही है। किन्तु 1952 में शुरू रेलभाड़ा समता नीति (जो 1993 तक चली) ने कच्चे माल की सुलभता के सभी लाभों का निराकरण कर दिया और अधिकांश उद्यमी बाज़ार के निकट उत्तर और पश्चिम के क्षेत्रों में ही अपने कारखाने लगाते रहे।

विद्युत संरचना सुविधाओं का अभाव एक बहुत बड़ी बाधा हो गया है। जहाँ भारत में प्रति व्यक्ति विद्युत प्रयोग 354.7 किलोवाट है वहीं बिहार में यह औसत 140.8 किलोवाट बनती है। विद्युत क्षेत्र की 'सनातन' समस्याएँ हैं : निम्न संयंत्र प्रयुक्ति, उच्च संवाहन और वितरण लागतें और राज्य विद्युत बोर्ड का दिवालियापन आदि मिलकर प्रान्त को इस औसत में सुधार करने की इजाज़त नहीं देतीं। इसी अभाव के कारण उत्तर बिहार में प्रचुरता से उपलब्ध भूजल का प्रयोग भी नहीं हो पाता।

बिहार की बड़ी जनसंख्या, उच्च बेरोज़गारी तथा विकास अपेक्षाओं की पूर्ति कर पाने में विफलता के कारण बढ़ते हुए सामाजिक तनाव आदि मिलकर नीति-निर्धारकों के लिए एक ऐसी चुनौती की रचना कर रहे हैं जो आधारभूत संरचना से कहीं आगे निकलकर संस्थागत संरचना और प्रशासन पर भी बरबस ध्यान खींच रहे हैं।

अनुलेख

चुनाव परिणाम काफी स्पष्ट रहा। नीतीश कुमार के नेतृत्व में जनता दल (यू) और भाजपा की सरकार ने नवम्बर 2005 में कार्यभार संभाल लिया। यह सरकार सोद्देश्य एवं विकासोन्मुखी है। ग्यारहवीं पंचवर्षीय योजना में बिहार सरकार ने 8.5 प्रतिशत दर पर संवृद्धि पाने का पूर्वानुमान लगाया है। इसके निमित्त 59,000

करोड़ रुपये के सार्वजनिक तथा 1,07,000 करोड़ रुपये के निजी निवेश का संकल्प किया गया है। विकास कार्यों में आधारभूत संरचना, कृषि और मानवीय संसाधन विकास को प्रमुखता दी जाएगी।

अब बिहार की छवि में एक निश्चित बदलाव आ रहा है और यह राज्य सोद्देश्य सार्वजनिक-निजी भागीदारी की अपेक्षा कर रहा है।

30 अक्तूबर, 2005

60

बिहार की गरीबी और सम्भावनाएँ : समस्या का समाधान

बिहार अपनी प्रमुख विकास गुत्थियों को सुलझाने में विफल रहा है। यह एक विश्वास योग्य विकास युक्ति के अभाव और प्रशासन के निम्न स्तर का परिचायक है।

नीति और कार्यान्वयन के बीच का अन्तर नई बात नहीं है। भूमि सुधार तो कथनी-करनी के अन्तर का पहला ज्वलंत उदाहरण रहे हैं। स्वतन्त्र भारत में सबसे पहले इसी राज्य ने भूमि सुधार विधेयक पारित किया था। किन्तु उसका क्रियान्वयन—काश्तकारों को पट्टेदारी के अधिकार, बंटाईदारों को स्वामित्व और भूमि सीमा निर्धारण सभी आज भी निराशापूर्ण बने हैं। वास्तव में अपर्याप्त राजनीतिक इच्छाशक्ति और बड़े भूस्वामियों के दबदबे ने बिहार को कभी उन सुधारों को लागू करने की दिशा में कदम ही नहीं उठाने दिए।

बिहार ज़मींदारी उन्मूलन अधिनियम, 1948 को न्यायपालिका में चुनौती दी गई और वह वहीं अटका रह गया। फिर बिहार भूमि सुधार अधिनियम, 1950 आया, किन्तु इसे भी जटिल कानूनी समस्याओं का सामना करना पड़ा और इसका कार्यान्वयन भी धीमा रहा। भूमि सुधारों में प्रगति के अभाव के फलस्वरूप हरित क्रांति के लाभ सीमित रह गए। कृषि आय में महत्त्वपूर्ण वृद्धि करने वाली प्रौद्योगिकी बिहार नहीं पहुँच पाई। यहाँ कृषि निवेश और उत्पादिता ठप्प रहे। यह सब घटनाक्रम विचित्र ही था—अपने जलसंसाधनों के आधार पर बिहार तो देश का वह राज्य था जिसे इस प्रौद्योगिकी से सर्वाधिक एवं धारणीय लाभ मिलना चाहिए था।

बिहार की सरकारें निरन्तर प्रशासन की दशा सुधारने में विफल रही हैं। पिछले कुछ वर्षों में तो दुर्गति कुछ अधिक ही हो गई है। इस अवस्था को बदलने

के लिए सात निर्णायक घटकों पर ध्यान देना होगा।

सर्वप्रथम तो वि-राजनीतिकरण की बात आती है। प्रदेश में प्रत्येक बात को जाति या धार्मिक विभाजिका की दृष्टि से देखा जाता है या फिर वोट की राजनीति आर्थिक विवेक पर भारी पड़ने लगती है। इस स्थिति को कुछ ढीला करना होगा–कम से कम पाँच वर्षों तक राजनीति से हटकर अर्थनीति पर ध्यान केन्द्रित करना होगा। इस वि-राजनीतिकरण में नौकरशाही में सुधार, सार्वजनिक सेवाओं की प्रदाय व्यवस्था, काश्तकारी सुरक्षा, योग्यता के आधार पर नियुक्ति और सड़क तथा सिंचाई से जुड़ी संस्थाओं में पुनः विश्वास स्थापित करना भी शामिल है। इसी से विभिन्न परियोजनाओं की गुणवत्ता और दक्षता में वृद्धि सम्भव हो पाएगी।

दूसरी बात, प्रदेश में व्याप्त सुरक्षा वातावरण में सुधार है। आम आदमी को जीवन एवं धन की सुरक्षा की गारंटी मिलनी चाहिए–तभी पूँजी के अपप्रवाह और प्रबंधकीय क्षमताओं के अपवहन पर रोक लग पाएगी और इस प्रकार यह कदम प्रदेश में आर्थिक गतिविधियों में सुधार लाने में निर्णायक सिद्ध होगा।

तीसरे, बिहार के विभाजन की क्षतिपूर्ति के रूप में केन्द्रीय संगठनों द्वारा ही परियोजनाओं को लागू करने के प्रयोग को त्वरित एवं अधिक स्पष्ट किया जाना चाहिए। प्रारम्भ में तो इस प्रयोग का लक्ष्य राज्य स्तर के प्रशासन में बहुत गहराई तक व्याप्त विकृतियों से बचाते हुए इन परियोजनाओं को आगे बढ़ाना था। किन्तु परियोजना कार्यान्वयन, संचालन और देखरेख को लेकर अभी विभ्रम बना हुआ है।

चौथे, राजकोषीय परिमापों में सुधार भी राज्य की अर्थक्षमता के लिए अब अत्यावश्यक हो गए हैं–कम से कम केन्द्रीय धनराशि एवं केन्द्र-प्रायोजित परियोजनाओं के लिए उपयुक्त स्तर पर अनुदान को पाकर उसके प्रयोग की क्षमता के सन्दर्भ में तो ये सुधार निर्णायक सिद्ध होंगे। बड़ा विचित्र लगता है कि विश्व बैंक, एशियाई विकास बैंक जैसी बहुपक्षीय संस्थाएँ गरीबी निवारण हेतु धन सुलभ कराती हैं किन्तु देश में 'उच्चतम' गरीबी वाले प्रदेश में उनकी सहायता से एक भी परियोजना नहीं चल रहा। बहुपक्षीय बाह्य परियोजनाओं को प्रदेश में पदार्पण करने को तभी तैयार किया जा सकता है जब यहाँ जानमाल की सुरक्षा तथा न्यूनतम निष्पादन सुनिश्चित कर परियोजनाओं को अर्थक्षम बनाने की दिशा में पहल की जाए।

पाँचवें, उत्तर बिहार को बहुत कम गहराई पर प्रचुर मात्रा में भू-जल का तुलनात्मक लाभ सुलभ है–उसके प्रयोग द्वारा यहाँ कृषि उत्पादिता में भारी वृद्धि की जानी चाहिए। बेहतर सड़कों, फोन घनता और प्रशीतक श्रृंखला के साथ

संयोग तो मूल्यवर्धक कृषि प्रसंस्करण की भी असीम समता के विदोहन का मार्ग प्रशस्त कर सकता है। दक्षिण बिहार की सिंचाई व्यवस्था को पुनर्जीवित करने तथा वहाँ अपेक्षाकृत अकाल सम्भावित क्षेत्रों की भांति कम पानी का प्रयोग करने वाली फसलों को बढ़ावा देने की आवश्यकता है।

आधारभूत संरचना उपलब्धता की कसौटी के अनुसार बिहार 15 राज्यों में 11वें स्थान पर आता है। यहाँ ऊर्जा की उपलब्धता बढ़ाना निर्णायक हो सकता है। क्षमता संवर्धन, वितरण तन्त्र, सड़कों का सुधार, संप्रेषण और वितरण की हानियों को घटाना, बिजली बोर्डों का विभाजन, वितरण में निजी निवेश को प्रोत्साहन, कोयला खानों के पास निजी क्षेत्र से साँझे उद्यम के रूप में नए विद्युत संयंत्र लगाना आदि इसी ऊर्जायुक्ति के घटक होंगे। चल रहे राष्ट्रीय राजमार्ग परियोजनाओं का सहज क्रियान्वयन। राज्यस्तरीय राजमार्गों के लिए बेहतर धन व्यवस्था, और प्रधानमंत्री ग्राम सड़क योजना की राशि के प्रयोग पर भी ध्यान देने की आवश्यकता है। प्रदेश की वर्तमान न्यून फोन घनता से तो अल्पकाल में भी बहुत बड़े सुधार की सम्भावना प्रबल दिखाई दे रही है।

सातवें, बिहार की जनांकिकीय रचना भी इसके लिए स्पष्ट लाभ का स्रोत सिद्ध हो सकती है। बिहार के छात्र देश के अन्य भागों और विदेशों के अधिक स्पर्धा भरे वातावरण में बहुत सफल रहते हैं। यदि इस जनांकिकीय विलक्षणता का शिक्षा संस्थाओं के उन्नयन के साथ संयोग हो जाए तो उसके बहुगुण सद्लाभ मिलेंगे। फिर तो बिहार की विशाल जनसंख्या एक बाधा की बजाय एक सुयोग का रूप धारण कर लेगी। बेहतर शिक्षा और स्वास्थ्य व्यवस्था तथा बेहतर निवेश वातावरण बिहार से प्रतिभा पलायन को रोक उसके बेहतर प्रयोग को सहज बना सकते हैं।

अंत में हम यह भी कह सकते हैं कि भले ही आज विकास और उत्पादिता के निम्न स्तर दुखदायी प्रतीत होते हैं किन्तु इनसे यह सम्भावना भी प्रकट हो रही है कि सामाजिक क्षेत्रों में कुछ-कुछ निवेश द्वारा कितनी प्रगति सम्भव है। उपर्युक्त सभी कारकों में सबसे अधिक निर्णायक तो आम आदमी की जान-माल की सुरक्षा है—यही किसी भी राज-शासन व्यवस्था के अस्तित्व का मूल आधार भी होता है। सर्वोच्च न्यायालय के बिहार विधानसभा को भंग करने के विषय में राष्ट्रपति के आदेश को अवैधानिक ठहराने से—अनेक नैतिक प्रश्न उठे हैं, पर उनका कोई समाधान शीघ्र हो पाना सम्भव नहीं लगता। हम कम से कम इतना तो कर ही सकते हैं कि यहाँ जो भी सरकार विकास योजना के साथ

निर्वाचित हो और बिहार की गरीबी को इसकी सम्भावनाओं में परिवर्तित करने को कृत-संकल्प हो उसका समर्थन करें। हमें बिहारियों के आत्मसम्मान और बिहार के विलुप्त गौरव, दोनों को वापस लाना है।

6 नवम्बर, 2005

61

राजस्थान की सम्भावनाएँ

मैं अभी-अभी जोधपुर से लौटा हूँ। वहाँ मेरी नेस्डेक (NASDAQ) तथा न्यूयार्क स्टॉक एक्सचेंज के सलाहकार मंडल के सदस्यों से बातचीत हुई। वे नवोदित भारत से भली-भांति परिचित निकले। वास्तव में उनकी पत्नियाँ उनसे भी कहीं अधिक दूरदृष्टि-सम्पन्ना दिखीं—वे संवृद्धि एवं आर्थिक मामलों से भी कहीं आगे की सोच रही थीं। उन्होंने मुझसे जो प्रश्न पूछे वे बहुत ही जटिल समस्याओं के समूह से सम्बन्धित थे। उनका सरोकार जनांकिकी, मानव संसाधन विकास, जल आपूर्ति, स्थानीय स्वशासन, साँझा सरकारों की राजनीति के भविष्य, पाकिस्तान के साथ वर्तमान विश्वास जागृति अभियान की धारणीयता और अमरीका से परमाणु संधि की अन्य बातों सहित ऊर्जा सुरक्षा पर प्रभावों से रहा। मुझे यह विचित्र लग रहा था कि उन्होंने जोधपुर को ही अपनी भारत यात्रा का केन्द्र-स्थल क्यों चुना। कुछ ही दिन बाद मेरा आश्चर्य और भी गहरा हो गया जब पता चला कि हाल ही में क्रेडिट सुइस ने भी जोधपुर में ही अपने 150 वर्षों की पूर्ति का उत्सव मनाया था। उससे पूर्व ली एंड फुंग के बोर्ड की बैठक वहीं हुई थी, मास्टेक कस्टमर सम्मेलन, महिन्द्रा एंड महिन्द्रा, बिड़ला सनलाइफ आदि कितनी ही कम्पनियों की प्रबन्ध मण्डल स्तरीय बैठकों का आयोजन जोधपुर में हो चुका है। अगले कुछ महीनों में ऐसे ही जाने कितने और आयोजन होने वाले हैं। सेल्लोवेयर कान्फ्रेंस माइक्रोइंक्स की बोर्ड बैठक आदि-आदि।

नगर के आकार को देखते हुए तो जोधपुर बहुत ही अधिक इस प्रकार के आयोजकों के आकर्षण का केन्द्र बन गया लगता है। आयोजकों को आकर्षित कर उनके आयोजनों को सफल बनाना भारत का सामान्य व्यवहार नहीं रहा। स्पेन ने वर्ष 2003 में 18,566 बैठकों की मेज़बानी की किन्तु हमारे यहाँ तो सब कुछ तदर्थ आधार पर चलता है, विभिन्न मंत्रालयों के बीच भी पूरा तालमेल नहीं हो पाता—राज्यों और केन्द्र सरकारों के बीच तारतम्य की तो बात ही दूर

है, बहुत समय से भारत में एक आयोजन आयुक्त की नियुक्ति की आवश्यकता को नज़रअंदाज़ किया जा रहा है। अतः राष्ट्रीय स्तर पर किसी सम्यक नीति के अभाव के बावजूद यदि मध्यम दर्जे के नगरों ने भारत के नवीन परिदृश्य द्वारा सृजित सुअवसरों का लाभ उठाने की ठान ली है तो यह निश्चय ही सराहनीय कदम है। तो हम जोधपुर के अनुभव से क्या सीख ग्रहण कर सकते हैं? सबसे प्रथम और प्रमुख तो स्थानीय नेतृत्व का महत्त्वपूर्ण योगदान है। मारवाड़ राज्य के पूर्व शासक गजसिंह ने अपनी सारी ऊर्जा और नवप्रवर्तन क्षमता का परिचय देते हुए न केवल आन्तरिक एवं अन्तरराष्ट्रीय पर्यटन को बढ़ावा दिया है वरन् उन्होंने ही अपने नगर को विभिन्न आयोजनों की सफल मेज़बानी का श्रेय भी दिलाया है। उनका सफलता अभियान चल रहा है और प्रत्येक अनुभव से अनेक प्रकार के सबक सीखकर उनका आगे के आयोजनों को और बेहतर बनाने में प्रयोग किया जा रहा है।

दूसरे, जिन राज्यों में जान-माल सुरक्षित हो, समाज में व्यापक सामंजस्य हो और सम्वेदनशील स्थानीय प्रशासन हो, उन्हें इस प्रकार के आयोजनों में अधिक सफलता मिल जाती है। इस दृष्टि से राजस्थान सौभाग्यशाली रहा है—यहाँ भैरोंसिंह शेखावत, अशोक गहलोत और वसुंधरा राजे की सरकारों ने कानून के शासन, जनसामान्य में सुरक्षा की भावना का संचार किया है।

अन्य कितने ही राज्यों के विषय में ऐसा कह पाना सम्भव नहीं है। नीतीश कुमार की विकासोन्मुखी विचारधारा से बिहार में एक नई आशा का संचार हो रहा है। राजस्थान की सरकारें निरन्तर इन दायित्वों की विकास-प्रक्रिया में उत्प्रेरक भूमिका के विषय में जागरूक रही हैं।

तीसरे, निस्संदेह उच्चस्तरीय आधारभूत संरचना का होना भी अच्छी शासन व्यवस्था जितना ही महत्त्वपूर्ण होता है। राजस्थान में राष्ट्रीय एवं राज्य स्तरीय राजमार्गों के स्तर में महत्त्वपूर्ण सुधार, पेयजल, जल निकासी और अवजल निकासी व्यवस्थाओं में प्रगति से इसके 6-7 नगरों में बहुत उन्नति हुई है। यहाँ भी सरकारों ने पूर्ववर्ती सरकारों द्वारा प्रारम्भ अच्छे कार्यों को और आगे बढ़ाने में नीतियों की तत्परता का परिचय दिया है। कई कसौटियों—यथा शिक्षा और लड़कियों के साथ व्यवहार आदि के आधार पर राजस्थान का मानवीय संसाधन विकास स्तर उच्च नहीं माना जाता। प्रतिव्यक्ति बिजली खपत, बारम्बार पड़ने वाले अकालों के दौरान पशु चारे तथा पेयजल की सुनिश्चित व्यवस्था आदि की विकास कसौटियों पर ध्यान दें तो भी राज्य का निष्पादन बहुत अभावग्रस्त लगता है। तो फिर इस राज्य की वरीयताएँ क्या होनी चाहिएँ?

सबसे पहले तो इसे अपनी सरंचनागत सुविधाओं के स्तर में सुधार करना

चाहिए—इसके लिए राज्य को स्वयं अपने विद्युत संयंत्रों की शृंखला का निर्माण करने की आवश्यकता नहीं है—यह खान के मुहानों पर स्थित संयंत्रों से खरीदारी कर ऊर्जा के दक्षतापूर्ण प्रयोग तथा उसके व्यापार से लाभ उठा सकता है। गाँवों को बड़ी सड़कों से जोड़ने वाली ग्रामीण सड़क कार्यक्रम तथा राजकीय राजमार्गों के विकास पर भी ध्यान देने की आवश्यकता है।

दूसरे, अपने मानव संसाधन विकास सूचकों के सुधार के लिए भी राज्य को भरसक प्रयास करने होंगे—इस सन्दर्भ में प्राथमिक शिक्षा प्रसार, बेहतर फैलाव द्वारा शिक्षा अधूरी छोड़ने पर नियन्त्रण, शिक्षा की गुणवत्ता की निगरानी और बेहतर स्थानीय उत्तरदायिता का बड़ा योगदान हो सकता है।

तीसरी बात, इसके विशाल पर्यटन आकर्षण के विदोहन की है—राज्य के सभी होटलों के कमरे इसी वर्ष नहीं, बल्कि आगामी दो वर्षों के लिए भी पहले से ही बुक हो चुके हैं। यह तथ्य राज्य की पर्यटन की अविदोहित क्षमता की ओर इंगित कर रहा है। अच्छे और सस्ते होटलों के निर्माण तथा उनके कक्षों में सुधार के लिए उपर्युक्त पारदर्शितापूर्ण नीति की रचना की आवश्यकता प्रतीत हो रही है।

पर्यटन के साथ-साथ राष्ट्रीय एवं अन्तरराष्ट्रीय स्तर के बड़े आयोजनों की सफल मेज़बानी से राज्य की प्रतिष्ठा बढ़ती है, उन जैसे ही अन्य आयोजनों की सम्भावनाएँ बनती हैं और रोज़गार में वृद्धि होती है। किन्तु अभी तक राज्य की सरकारें बेहतर हवाई यात्रा सुविधाओं के विकास के लिए केन्द्र का अपेक्षित सहयोग पाने में सफल नहीं हो सकी हैं। बेहतर सड़क एवं वायु सम्पर्क तथा क्षेत्रीय विमानन केन्द्र की स्थापना से राजस्थान में पर्यटन उद्योग बहुत प्रगति कर सकता है।

अंतिम बात : राजस्थान को केवल पर्यटन नहीं, वरन् सूचना प्रौद्योगिकी और कृषि तक में निवेश आकर्षित करने की ज़रूरत है। धारणीय कृषि विकास की ऐसी युक्ति जो भूगर्भीय एवं भूतलीय जल भंडारों का अभीष्ट स्तर पर उपयोग करे तथा परम्परागत जल संरक्षण तकनीकों के सहारे चले, ही राजस्थान के भविष्य की कुंडली सिद्ध होगी। आज यह प्रदेश दिल्ली से निकटता एवं प्रबुद्ध मुख्यमन्त्रियों की परम्परा के आधार पर एक नए विकास पथ पर अग्रसर होने को तैयार दिखाई दे रहा है।

वसुन्धरा राजे द्वारा गठित आर्थिक नीति एवं सुधार परिषद् ने इन जटिल समस्याओं के विषय में कई विश्वासयोग्य सिफारिशें की हैं। इनके ऊर्जस्वी क्रियान्वयन की आवश्यकता है ताकि इनके स्थूल परिणाम भी सामने आएँ। राजे सरकार अपनी अवधि का अर्धांश भी पूरा नहीं कर पाई है—अपने ही दल तथा विपक्ष में आलोचकों की कोई कमी भी नहीं है—अफवाहों का बाज़ार भी गर्म

रहता है; किन्तु इन सबसे यदि सरकार की विकास प्रक्रिया लड़खड़ा गई या उसके विकासोन्मुखी इरादे कमज़ोर पड़ गए तो यह राजस्थान का दुर्भाग्य ही होगा। यह तो भविष्य ही बता पाएगा कि राजस्थान अपनी तुलनात्मक लाभ सम्भावनाओं का प्रयोग कर देश में विकास का एक प्रमुख केन्द्र बन जाएगा या नहीं।

62

चुनावी घोषणा-पत्र : आर्थिक निरक्षरता और सस्ती लोकप्रियता

यह लेख प्रकाशित होने तक महाराष्ट्र के चुनाव परिणाम आ चुके होंगे। सरकार किसी भी पक्ष की बने, शीघ्र ही सरकार के गठन से हटकर सरकार चलाने की ओर ध्यान केन्द्रित हो जाएगा। पद भार संभालने वाली सरकार के समक्ष दोनों संयुक्त घोषणा पत्रों में किए गए वादे (चुनौती भरी मुद्रा धारण किए) खड़े होंगे। क्या महाराष्ट्र की वित्तीय स्थिति उन घोषणापत्रों को लागू करने में सक्षम है? यही नहीं, अब तो चुनाव घोषणापत्रों में किए गए वादों की विश्वसनीयता को लेकर भी जनसामान्य के मानस में शंका भाव जागृत हो रहा है। पदासीन मुख्यमन्त्री इस भरोसे रहते हैं कि यदि चुनाव जीत गए तो वह उन वादों को भुलाने का कोई न कोई रास्ता निकाल ही लेंगे और हार गए तो फिर उनको पूरा न कर पाने का परिणाम विजयी दल भुगतेगा। मुख्य विपक्षी दल भी इसी भरोसे बड़े-बड़े वादे करते हैं कि शायद इनसे सत्ता हाथ लग जाए। यदि हार गए तो कोई बात ही नहीं—यदि जीत गए तो पिछली सरकार द्वारा जर्जर की गई अर्थव्यवस्था के ज़िम्मे अपने वादे न निभा पाने का दोष आरोपित करने में पूरा ज़ोर लगा देंगे। यह मानसिकता सभी घोषणापत्रों को अर्थहीन बनाती जा रही है। आइए दोनों घोषणा-पत्रों की समीक्षा करें। कांग्रेस और एनसीपी के गठबंधन ने अन्य बातों के अतिरिक्त किसानों को बंजर भूमि पर कृषि आरम्भ करने के लिए 30 प्रतिशत 'सबसिडी' का वादा किया है, प्रान्त की 32 लाख हेक्टेयर भूमि के 30 प्रतिशत पर कृषि आरम्भ कराने की योजना की घोषणा की है, कपास की एकाधिकारी प्रापण योजना के अन्तर्गत कपास की कीमत में 200 रुपये की वृद्धि कर उसे 2700 रुपये प्रति क्विंटल करने, बीज, उर्वरक खरीदने के लिये 6 प्रतिशत ब्याज पर ऋण, 5 अश्वशक्ति तक के पम्पों के लिए 1 अप्रैल, 2004 से मुफ्त बिजली देने, पुराने ऋणों और उन पर लगे दण्डब्याज का 59 प्रतिशत माफ करने, एक

करोड़ रोज़गार अवसरों का सृजन करने और विदर्भ, उत्तर महाराष्ट्र, मराठवाड़ा, कोंकड़ तथा पश्चिमी महाराष्ट्र के लिए 2400 करोड़ रुपये के विशेष आर्थिक संप्रेरणा कार्यक्रम का भी वादा किया है।

इसी प्रकार भाजपा शिवसेना ने अपने घोषणा-पत्र को 'वचननामा' कहा है। उनके वचनों में मुख्य है, धान के किसानों के लिए विशेष सहायता, किसानों को कृषि कार्यों के लिए मुफ्त बिजली, कृषि ऋणों की पूरी माफी, कृषि उत्पादों के लाभकारी दाम, कपास किसानों से की गई 3 प्रतिशत कटौती की वापसी, वैकल्पिक रोज़गार मिलने तक बेरोज़गारों के लिए विशेष वित्तीय सहायता व्यवस्था, विदर्भ, मराठवाड़ा और कोंकण के विकास अभाव की भरपाई, द्रौपदी अन्नपूर्णा योजना द्वारा गरीब वर्गों को 3 रुपये प्रति किलोग्राम खाद्यान्न का विक्रय और प्रत्येक गाँव तक पक्की सड़क का निर्माण।

इन सभी वादों को पूरा करने की लागत तो बहुत ही अधिक होगी और यह अनुमान आकलन विधि के अनुसार कम या अधिक हो सकते हैं। आइए, अब महाराष्ट्र सरकार की वित्तीय अवस्था से इनकी तुलना करें। मुझे महाराष्ट्र विकास रिपोर्ट के संयोजन का अवसर मिला था। उस रिपोर्ट में तो साफ-साफ कहा गया है कि यह राज्य विकास में पिछड़ रहा है और इसकी वित्तीय हालत बहुत ही नाज़ुक हो चली है। सकल घरेलू उत्पाद की वृद्धि दर पिछले पंद्रह वर्षों में 7.3 से कम होकर 6.8, 6.2 होते हुए पिछले 12, 8 और चार वर्षों में 5. 2 प्रतिशत ही रह गई है। 1993-94 से 2000-01 की अवधि में विभिन्न राज्यों से इसके तुलना क्रम में भी बड़ी गिरावट आई है। सकल राजकोषीय घाटे और राज्य घरेलू उत्पाद का अनुपात भी 1995-2000 में 6 प्रतिशत रहा, जबकि इससे पहले 5 वर्षों में यह 2.8 प्रतिशत ही था। महाराष्ट्र सरकार मुख्यतः वेतन, पेंशन चुकाने, सार्वजनिक उपक्रमों और विद्युत बोर्ड का घाटा भरने के लिए उधार लेने को विवश रहती है।

महाराष्ट्र सरकार ने उच्च ब्याज दरों के युग में बहुत से ऋण लिए थे। उनके कारण इसकी ब्याज की देनदारी में उत्तरोत्तर वृद्धि होती रही है। कई विशिष्ट कार्य संस्थाएँ बनाई गईं, कई राजकीय उपक्रमों ने सरकार की उदार और इकतरफा गारंटी के आधार पर पूँजी बाजार से भारी धनराशियाँ संगृहित की। वित्त मन्त्रालय और योजना आयोग द्वारा राज्य सरकार विशिष्ट कार्य संस्थाओं और अवशोषी संगठनों की गारंटी देने की क्षमता की उच्च सीमा के निर्धारण पर विचार करना चाहिए, क्योंकि यह गारंटी तो राज्य के ऋणों को विवेकसंगत सीमा में रखने के उद्‌देश्य को निरस्त कर देती हैं। अभी तक दी गई गारंटियों को मान राज्य घरेलू उत्पाद के 15 प्रतिशत तक पहुँच चुका है। ब्याज भुगतान दायित्व 1980-81 में 100 करोड़ रुपये था। ये 1990 में 880 करोड़ हुआ और 2002-03 में 7200

करोड़ रुपये के आँकड़े को पार कर गया। राजस्व प्राप्ति से ब्याज भुगतान का अनुपात भी 5.4 प्रतिशत से बढ़कर 21 प्रतिशत (2002-03) के आधारणीय स्तर तक पहुँच चुका है। यह सब अनायास ही घटित नहीं हुआ है। 1999 में 'महाराष्ट्र सरकार की वित्तीय स्थिति पर श्वेत पत्र' में चेतावनी देते हुए कहा गया था : 'उत्पादक व्यय का अनुपात गिर रहा है, और अधिक ऋण लिए बिना सरकार की पुराने ऋण चुकाने की क्षमता कम हो रही है। हाल ही के वर्षों में राज्य द्वारा गठित नियमों ने बांड जारी कर ऋण उठाए हैं और उनके ब्याज भुगतान का दायित्व सरकार ने निभाने का वादा किया है। इस प्रवृत्ति ने स्थिति को और गम्भीर बना दिया है।'

स्पष्टतः राज्य की वित्तीय स्थिति नई सरकार के लिए एक चिन्ता का विषय होनी चाहिए। कुछ समय पहले एक मर्चेंट बैंकर ने मुझसे पूछा था कि क्या 'कोई रास्ता' है—स्पष्टतः वह चर्चगेट स्टेशन या मन्त्रालय का रास्ता तो नहीं पूछ रहा था। अगले दो वर्षों में बिहार, झारखंड, हरियाणा, तमिलनाडु, केरल, पं. बंगाल और असम में चुनाव होने जा रहे हैं। इनसे पूर्व भी लोकप्रियता पाने की होड़ दिखाई देगी। उस होड़ में भी उन राज्यों की वित्तीय क्षमताओं का कोई ध्यान नहीं रखा जाएगा।

दुर्भाग्यवश देश में चुनावी वादे तोड़ने का दण्ड बहुत धीमे-धीमे और देर से मिलता है। इस अवधि में चुनावी वचनों और प्रशासकीय वास्तविकताओं के बीच की खाई और विस्तृत होती जा रही है। निश्चय ही मैं यह नहीं कह रहा कि चुनाव अपने-अपने घोषणा पत्रों के आधार पर लड़ो, किन्तु शासन किसी न्यूनतम सांझा कार्यक्रमानुसार चलाओ। किन्तु चुनावी प्रलाप कभी भी उस समझदारीपूर्ण सलाह को स्वीकार नहीं कर पाते कि 'वादे कम करो, काम अधिक करके दिखाओ।'

महाराष्ट्र में नई सरकार के लिए पहला काम जीर्ण वित्तीय अवस्था की मरम्मत करना, उच्च ब्याज वाले ऋण चुकता करना और अधिक धारणीय ऋण भुगतान अनुपात की दिशा में अग्रसर होना होगा। इसके आगे तो राज्य को पहले की भांति 7-8 प्रतिशत की संवृद्धि दर पुनः प्राप्त करने योग्य बना राज्य की पुरानी प्रतिष्ठा की पुनः प्राप्ति का बृहत्तर दायित्व ही है। चिदम्बरम् और मोंटेक सिंह आहलूवालिया सहायक हो सकते हैं, किन्तु राज्य सरकार को भी महाराष्ट्र की संवृद्धि दिलाने के लिए प्रशासकीय ज़िम्मेदारी और राजनीतिक इच्छाशक्ति का प्रदर्शन करना होगा। इस राज्य में कुछ-एक छोटे-छोटे धनी क्षेत्र भले ही दिख जाते हों, पर इसके बहुत बड़े भाग गरीबी और अल्प विकास में ही फँसे हुए हैं। जल्दबाज़ी में किए गए चुनावी वादों पर विश्वास नहीं हो पाता। शायद लार्ड केन्ज ने ठीक ही कहा था, दीर्घकाल में तो हम सब मर ही जाएँगे। किन्तु हमें

कुछ भी वचन देने से पूर्व सतर्क रहना चाहिए। केन्ज़ का यह भी कहना था, ''मैं नहीं जानता कि किसी व्यक्ति को अधिक अनुदार कौन-सी बात बना देती है—वर्तमान के अतिरिक्त कुछ भी नहीं जानना या फिर अतीत के सिवा कुछ नहीं जानना।'' इस मामले में तो जहाँ नई सरकार घोषणा-पत्र को लागू करने के प्रयास करेगी, वहीं अतीत की छाया वर्तमान को आक्रांत करती दिखाई दे जाएगी। महाराष्ट्र को अपनी विकास सम्भावना की प्राप्ति करने और एक बार फिर भारतीय अर्थव्यवस्था के लिए संवृद्धि का इंजन बनने के लिए हमारे सब प्रकार के सहयोग-समर्थन की आवश्यकता है।

17 अक्तूबर, 2004

63

केन्द्र-राज्य संबंधों की पुनर्रचना

पिछले सप्ताह मैंने पटना में सम्पन्न हुई स्टैनफोर्ड मिरर कांफ्रेंस पर एक लेख लिखा था। वहाँ टी. एन. श्रीनिवासन का एक लेख 'भारतीय अर्थव्यवस्था के समक्ष चुनौतियाँ' प्रस्तुत हुआ था। उसमें उन्होंने सुधार कार्यक्रम की उपलब्धियों का विवरण दिया और साथ ही उस कार्यक्रम को पुनः जीवित कर शेष कार्यसूची को पूरा करने का आग्रह भी किया था। इन शेष कार्यों में कुछ तो हमारे पूर्व परिचित शुल्क दरों में कटौती, राजकोषीय संयम—विशेषकर प्रासंगिक देयताओं के कारण उत्पन्न दुर्बलताएँ आदि ही हैं। वे चीन का अनुकरण कर विशेष आर्थिक क्षेत्रों की ओर हमारे रुझान को लेकर भी आशंकित हैं। मैं भी उनके इस विचार से सहमत हूँ कि हम चीन के विपरीत बहुत छोटे-छोटे अन-अभीष्ट आकार के विशेष क्षेत्र बनाकर उन्हें बहुत महँगी सिद्ध होने वाली राजकोषीय रियायतें दे रहे हैं। इसकी अपेक्षा हमें बेहतर प्रशासन और कुशल आधारभूत संरचना के माध्यम से पूरे देश के निवेश वातावरण को सुधारना चाहिए—यही अंतत हमारे देश की 'व्यवसाय सुविधा सूचक' के अनुसार क्रमिकता को सुधारने में सहायक होगा। उनके शोधपत्र का इतना ही महत्त्वपूर्ण अंश संस्थागत सुधारों, विशेषकर केन्द्र-राज्य सम्बन्धों से जुड़ा है। श्रीनिवासन ने बहुत आग्रहपूर्वक कहा है कि 'भारत के संविधान निर्माताओं ने 1950 के संविधान में (जानबूझकर) केन्द्रनिष्ठ अर्ध-संघवादी व्यवस्था का चयन किया था।' जब तक केन्द्र तथा राज्य स्तर पर एक ही दल की सामंजस्यपूर्ण सरकारों का गठन होता रहा, यह संवैधानिक व्यवस्था भी सुचारू रूप से चलती रही। किन्तु संविधान निर्माता कदाचित यह अनुमान नहीं लगा पाए कि भविष्य में राजतंत्र में विविध मतवाद का उदय होगा, संस्थाओं का ह्रास होगा और अर्थतंत्र में होने वाले परिवर्तन संविधान में निहित एकात्मकतापरक व्यवस्था तथा अर्ध संघवाद के तर्क आधार को क्षरित कर देंगे। मुख्य रूप से श्रीनिवासन ने चार महत्त्वपूर्ण प्रस्ताव रखे हैं। प्रथम, वित्त आयोगों के संवैधानिक

कार्याधिकार को परिवर्तित करो। उन्हें केन्द्र और राज्यों के वित्त को प्रभावित करने वाली सभी सार्वजनिक इकाइयों से जुड़े मामलों और उनकी दक्षता पर भी विचार करने का अधिकार दिया जाए। दूसरे, सभी अन्तरणों को एक समन्वित स्वरूप प्रदान करो। ऐच्छिक अन्तरण और भांति-भांति की केन्द्र प्रस्तावित योजनाओं की व्यवस्था समाप्त की जाए। तीसरे, एक राजकोषीय नीति समीक्षा परिषद् का गठन करो। इसमें प्रधानमंत्री, वित्तमंत्री, सभी मुख्यमंत्री और विशेषज्ञों को सम्मिलित किया जाए। यह परिषद व्यापक समष्टि दृष्टिकोण से सभी राजकोषीय प्रश्नों पर विचार करे। इस प्रक्रिया में केन्द्र और राज्यों के बीच भागीदारीपूर्ण विचार-विनिमय हो तथा राज्यों को केन्द्र की नीतियों को लेकर प्रश्न करने का अधिकार भी हो। आज योजनाएँ अपनी पुरानी उपयोगिता से हीन हो चुकी हैं—किन्तु सार्वजनिक निवेश अभी भी प्रासंगिक एवं महत्त्वपूर्ण है। अतः योजना आयोग को सार्वजनिक निवेश कोष के रूप में पुनर्गठित किया जाए। इसमें केन्द्र और राज्य, दोनों की सहभागिता हो और दोनों को ही किसी विकास बैंक की भांति योजना आयोग से दीर्घकालिक वित्त प्राप्त करने का अधिकार हो।

निस्संदेह, केन्द्र-राज्य संवाद की वर्तमान व्यवस्थाएँ अब सार्थक नहीं रही हैं। अन्तरराज्यीय परिषद् अपने मूल उद्‌देश्यों को पूरा करने में विफल रही है। राष्ट्रीय विकास परिषद भी एक 'उत्सवी' मंच है—इसके समक्ष कभी भी सही नीतिगत विकल्प रखे ही नहीं जाते और इसकी कार्यपद्धति में सार्थक सम्वाद की गुंजाइश भी नहीं होती। अब वास्तविक रूप में कार्य करने वाली संस्थाओं का निर्माण करना परिस्थितियों का तकाज़ा बन गया है। संसाधन अन्तरणों में राजकोषीय पक्षपात किसी न किसी रूप में झलक ही जाते हैं। यही नहीं, केन्द्रीय योजना परियोजनाओं के स्थान का चयन भी राजनीतिक पूर्वाग्रहों से मुक्त नहीं होता और राज्य सरकारों के केन्द्र में सत्तासीन गठबंधन से 'अच्छे सम्बन्धों' पर निर्भर करता है। राज्यों के कोष को प्रभावित करने वाले महत्त्वपूर्ण निर्णयों पर भी राज्यों से कोई परामर्श नहीं किया जाता। उदाहरण के लिए प्रत्यक्ष एवं अप्रत्यक्ष करों में रियायतें कुल राजस्व के एक बड़े अंश को निगल जाती हैं। 2007-08 के बजट में संगृहीत होने वाले कुल राजस्व का आधा हिस्सा इन्हीं रियायतों की भेंट चढ़ने वाला है। यह सारा कोष राज्यों के बीच विभाजनीय कोष होता है। राज्यों द्वारा यह प्रश्न उठाना स्वाभाविक है कि केन्द्र ये उदारतापूर्ण रियायतें किसकी जेब में से दे रहा है? कोई भी इन्कार नहीं कर पाएगा कि इन रियायतों की राशि का एक बड़ा हिस्सा वास्तव में राज्यों के राजस्व अंश में से ही दिया जा रहा है। यहाँ किसी की केन्द्र की बजट निर्धारण शक्तियों का अपहरण करने की इच्छा नहीं है। किन्तु केन्द्र और राज्य दोनों के ही हितों की साझेदारी को देखते हुए उनके बीच सार्थक विचार-विमर्श की व्यवस्था की रचना ज़रूरी प्रतीत

तथा अपने-आपको अधिक प्रासंगिक बनाने के अपने विशेषाधिकारों का स्वयं ही प्रयोग क्यों नहीं किया?

इसके स्थान पर हमें सुस्ती-संरक्षक, एक परिवर्तन विरोधी संस्थागत विशेषताओं के जाल-जंजाल की गुत्थियाँ सुलझाने के प्रयास करने चाहिए।

□□□